Robert Widl
Marie Antoinette und die Französische Revolution

Robert Widl

# Marie Antoinette und die Französische Revolution

Stieglitz Verlag
D-75417 Mühlacker
A-8952 Irdning/Steiermark

3

Schutzumschlag: Volker Riedel, Knittlingen

Titelfoto:
Porträt von Marie Antoinette von Vigée Lebrun
Bildarchiv preuss. Kulturbesitz Berlin

Die Deutsche Bibliothek – CIP-Einheitsaufnahme

Robert Widl:
Marie Antoinette und die Französische Revolution /
Robert Widl
Mühlacker, Irdning / Steiermark:
Stieglitz-Verlag, 2001
ISBN 3-7987-0358-2

© Stieglitz Verlag
D-75417 Mühlacker
A-8952 Irdning / Steiermark
2001

Druck: Karl Elser Druck GmbH, Mühlacker

„An den engen Toren der Weltgeschichte
sehe ich die Lügen sich drängen und
sich zusammen mit der Wahrheit den
Einlass erzwingen."

(Samuel Butler,
berühmter engl. Schriftsteller
des 17. Jahrhunderts.)


Meiner Familie in Liebe

# Inhalt

# Im Schlafgemach der Kaiserin

„Andere mögen Kriege führen!
Du, glückliches Österreich, heirate!"
(Wahlspruch des Hauses Habsburg)

*Wien, 20. April 1770, Kaiserschloss Schönbrunn (damals noch bei Wien):*
Die Gegenwart kann man nur verstehen, wenn man von den Abgründen der Weltgeschichte erfährt. Denn sie kennt keine Bilderbuchgeschichten, sie enthält größtenteils nur Horrormeldungen, wie die Medien unserer Tage es fortwährend bezeugen. Doch die Weltgeschichte, getränkt mit dem Leid ihrer Hauptdarsteller, gibt Einblick und Durchblick in die wahre Wirklichkeit der Welt. Strenge Schule, strengste Prüfung ist jedes Agieren auf der Bühne der Welt...

Kaiserin Maria Theresia, seit fünf Jahren Witwe, ist nunmehr 53 Jahre alt. Ihr ältester Sohn, Josef II., ist seit dem Tod ihres Mannes römischer Kaiser, ihr zweiter Sohn Leopold Großherzog der Toskana, ihre Tochter Karoline Königin von Neapel-Sizilien, ihre andere Tochter Maria Amalie Herzogin von Parma, Piacenza und Guastalla, ihr weiterer Sohn Ferdinand Karl regiert im Herzogtum Modena.

Maria Theresia ist eine Kämpfernatur, das Schicksal hatte sie dazu gemacht. Denn die Habsburgerinnen waren seit jeher nicht zum Gestalten der Weltpolitik bestimmt. Sie gehörten niemals sich selbst oder ihren Eltern, sie waren nur begehrliche Objekte für politische Schachzüge, nur dazu erzogen, als Repräsentationsfiguren ohne eigenen Willen auf Thronen zu sitzen und Gebärmaschinen abzugeben für künftigen dynastischen Machtzuwachs. Liebe und alle gefühlsmäßigen Abgründe der Weltgeschichte hatten an diesen Frauen spurlos abzugleiten, denn sie durften zeitlebens keine Eigenpersönlichkeiten sein, sondern lediglich Staffage in der allzu dünnen Hofluft eines Herrscherhauses.

Keine eigenen Gefühle durften die Seelen dieser Frauen lenken, sondern einzig und allein das unerbittliche Zeremoniell von Etikettepäpsten und oftmals verzopften Hausministern.

Und so wurden diese Habsburgerinnen zu blutlosen Geschöpfen degradiert, bis man sie nach Jahrzehnten ungelebten Lebens, unerfüllter Träume und schmerzlicher Sehnsüchte in Prunksarkophage bettete und ihre Namen in die Zahlenfriedhöfe der Geschichtsbücher eingab, um so ihr Schattendasein bisweilen vor endgültigem Vergessenwerden zu bewahren.

Dieses Geschick ist Maria Theresia erspart geblieben. Sie ist mittlerweile zur unumstrittenen Herrscherin der österreichischen Erblande geworden, zur ‚Schwiegermutter Europas', die den kaiserlichen Kindersegen erfolgreich über die zivilisierte Welt verteilen konnte. Denn nach dem Tode Karls V. erreichte der spanische Zweig der Habsburger mit dessen Sohn Philipp II. den Höhepunkt der Macht des Gesamthauses. Der deutschen Linie der Habsburger gelang erst nach dem Sieg über das Osmanische Reich im Jahr 1683 die österreichische Großmachtbildung, da die Habsburger nach dem Erlöschen des spanischen Zweiges im Jahr 1700 nur die europäischen Nebenländer des spanischen Erbes gewinnen konnten.

Das übrige, große spanische Erbe fiel durch Heirat an Frankreich. Dessen Herrscher, die Bourbonen, thronten nun als Könige in Frankreich, in Spanien und in Neapel-Sizilien sowie als Herzöge in Parma, Piacenza und Guastalla: demnach also vier Zweige einer einzigen Herrscherfamilie.

„Wir dürfen uns nicht mehr in Kämpfen mit den Bourbonen gegenseitig zerfleischen. Denn mit dem Haus Hohenzollern ersteht in Preußen eine neue Großmacht", sagte Staatskanzler Kaunitz immer wieder zu Maria Theresia. „Österreich und Frankreich müssen daher endgültig einen Strich unter ihre blutige Vergangenheit ziehen. Ludwig XV. und sein Minister Choiseul gingen auf unsere Friedensbemühungen ein und ließen es zu, dass unsere Erzherzogin Maria Antonia mit dem französischen Thronfolger Ludwig verlobt wurde. Nun also sind wir am Ziel, am heiß umkämpften Ziel."

„Ja", erwidert Maria Theresia, „die Brautwerbung wurde vor vier Tagen durch den französischen Gesandten überbracht. Nun darf meine Tochter nur noch Marie Antoinette genannt werden." Nach einer Pause fährt sie fort:

„Mein lieber Kaunitz, trotz der vielen, glänzenden Abschiedsfeste kann ich mich einer trüben Stimmung nicht erwehren."

„Majestät, Sie denken an diesen ehemaligen Geistlichen, Doktor Gassner, von dem man behauptet, er könne in die Zukunft sehen..."

„Es war entsetzlich, was er sagte..."

„Aber... vielleicht ist er bloß ein Scharlatan."

„Ich habe früher über seine Zukunftsvisionen gespottet, aber als ich ihn über meine Antonia ausfragte..."

„Firlefanz, Majestät, reiner Firlefanz..."

„Sage Er mir, holte ich ihn aus, wird meine Antonia glücklich werden? - Er sah mein Kind lange an, dann wurde er bleich, erschreckend bleich..."

„Majestät, in den Zeiten der Aufklärung..."

„Nun heraus mit der Sprache, drängte ich ihn weiter. Da zuckte er nur mit den Schultern und wollte partout keine Antwort geben."

„Wir schaffen wissenschaftliche Akademien und keinen Hokuspokus."

„Als ich ihn weiter aufforderte, mir doch endlich Rede und Antwort zu stehen, da sagte er schließlich mit gepresster Stimme, auf Antonia deutend: Jede Schulter hat ihr Kreuz zu tragen."

„Ich halte diesen Mann für einen Spinner."

„Er sagte nichts als: Jede Schulter hat ihr Kreuz zu tragen... jede Schulter... ihr Kreuz...", wiederholt Maria Theresia tonlos.

*Die darauf folgende Nacht, im Schlafgemach der Kaiserin:*
Maria Theresia hatte das Bett ihrer jüngsten Tochter
Antonia in ihr Schlafgemach stellen lassen, um dieses
ihr fünfzehntes Kind, das nach Frankreich abreisen und
sie damit für immer verlassen sollte, noch in den letzten
Stunden ganz nahe bei sich zu haben. Morgen früh
wird der große Aufbruch kommen, die Abreise in ein
fremdes Land, zu einem fremden, 15-jährigen Bräutigam...

Jede Schulter hat ihr Kreuz zu tragen... Bange Sorge
beschleicht die Kaiserin. War sie nicht all diese Jahre, da
ihre Kinder heranwuchsen, in allererster Linie Herrscherin und erst dann Mutter?

Da betritt die 14-jährige Antonia das Gemach.

„Mama", spricht sie, „Sie haben bereits auf mich ge-
wartet?"

„Ja, mein Kind. In ein paar Stunden wirst du uns verlassen. Da wollte ich noch ein wenig mit dir plaudern."

„Mama, ich höre..." Das anmutige, gut gewachsene
Kind mit hoch getürmter, blonder Haarpracht in ihrem
mit bunten Schleifen geschmückten Kleid, um den Hals
eine Seidenkrause gebunden, steht wartend vor der Mutter da.

„Der Leibarzt hat dich heute nochmals untersucht
und dich für vollkommen gesund befunden."

„Das ist fein." Antonia lächelt etwas gelangweilt.
„Sonst noch etwas, Mama?"

„Ich erkenne leider erst heute, dass deine Lehrerinnen
stets zu nachsichtig gegen dich waren. Für dich war es
immer das Wichtigste, Späße zu machen, Allotria zu
treiben, herumzutollen, aber lernen, lernen... das woll-
test du nie so recht." Antonia will widersprechen, unter-
lässt es aber. Mit Papa, da konnte man alles besprechen,
aber mit Mama? Sie verstand es stets, sich auch innerhalb der Familie Respekt zu verschaffen. Im Beisam-
mensein mit ihr gelang es ihr und den Geschwistern niemals zu vergessen, dass vor ihnen weniger die Mutter als
die Kaiserin stand. Auch ließen die Staatsgeschäfte der

Mutter wenig Zeit, sich mit der großen Kinderschar zu beschäftigen. Die Erziehung musste in die Hände von Gouvernanten und Hofmeistern gelegt werden. Wohl wählte die Mutter jene mit großer Umsicht aus und schrieb in genauen Umrissen den Gang des Unterrichtes vor. Aber sie fand indessen nie genügend Zeit, darüber zu wachen, ob diese Pläne auch stets eingehalten wurden. So machte denn Antonia, abgesehen vom Musikunterricht und dem Italienischen, kaum Fortschritte im Unterricht.

„Ich beklagte mich oft in Briefen", fährt die Mutter fort, „dass du dir den Unterricht deiner Lehrer so wenig zu Nutzen machtest."

„Aber mein Französisch?"

„Das sprichst du fehlerfrei. Kunststück! War es doch Papas Muttersprache, die er mit euch Kindern stets sprach. Doch deine übrigen Kenntnisse?"

„Ist das so wichtig, Mama? Ludwig XV. gefiel mein Bild, das er von einem französischen Maler anfertigen ließ."

„Der König ist 60 Jahre alt und der Großvater deines Bräutigams. Es ist nicht schwer für ein Mädchen, einem Greis zu gefallen. Allein, deine mangelhafte Bildung, dein etwas leichtsinniger Charakter, deine Unbeständigkeit, dich ernsthaften Tätigkeiten zu widmen..."

„Mama, Sie sind so streng zu mir. Gerade jetzt, zum Abschied..."

„Eben, weil ich dich nur noch ein paar Stunden um mich habe, drängt es mich, dir allen Ernstes noch einmal ins Gewissen zu reden, dich zu bessern..."

„Trösten Sie sich, Mama! Eines Tages wird Ihre jüngste Tochter auf Frankreichs Thron sitzen..."

„Antonia! Antonia! Möge dieser Tag noch in sehr weiter Ferne liegen! Möge Ludwig XV. sehr alt werden! Es wäre ein großes Unglück, wenn du zu jung auf den Thron kämest!"

„Warum, Mama? Ist es nicht herrlich, Königin eines so stolzen Volkes zu werden?"

„Ach, meine leichtsinnige, meine sorglose, unbedachte Tochter! Warum, meinst du wohl, nähte ich in letzter Zeit in deiner Gegenwart mein Leichengewand? Warum nahm ich dich so oft mit in die Kapuzinergruft, in der die römischen Kaiser vor uns sowie dein Vater ruhen? Jene hat man schnell vergessen, und mich wird man auch rasch vergessen."

„Mama, Sie, eine so starke Monarchin, und jetzt auf einmal so trübe Gedanken?"

„Warum nahm ich dich in letzter Zeit so oft mit in Spitäler und Asyle? Zu den vielen Waisenkindern? Ich hoffte, dir einprägen zu können, dass Arbeit und Pflichterfüllung das Einzige sind, das uns dauernde Zufriedenheit und Seelenharmonie verschaffen kann."

„Mama, Ludwig XV. hat mir im Namen meines Bräutigams ein Brillantendiadem übermitteln lassen. Ist es nicht prachtvoll? Gefällt er Ihnen?"

„Mein Kind, ich kann die Augen nicht davor verschließen, wie untergraben jener Thron ist, den du einst besteigen sollst."

„Mama, ich bin müde. Gute Nacht!"

„Noch etwas! Du wirst in Frankreich einem Jüngling angetraut werden, der erst 15 Jahre jung ist. Sein Portrait ist zwar nicht übel. Man hört nur Gutes über ihn. Aber... Portraits können geschönt sein. Hofberichte können lügen... Alles kann anders sein, als man annehmen möchte. Erweise dem König, deinem künftigen Großvater, Respekt!"

„Hat er nicht eine Mätresse?"

„Antonia! Solch ein Wort aus deinem Mund! Natürlich hat er... eine Dame, die ihn berät und ihm beisteht..."

„Vorher hatte er auch eine Mätresse, die Pompadour! Ich erfuhr es zufällig. Der König machte sie zur Marquise. Die Jetzige soll auch bürgerlich sein. Sie machte er zur Gräfin. Sie soll unehelich sein, ein früheres Straßenmädchen und ihr Zuhälter..."

„Geschwätz, sage ich dir. Hofklatsch! Unterstehe dich, in deiner neuen Umgebung in Frankreich hierüber ein Wort zu verlieren! Der König hat mit Recht von dir Ehrerbietung zu verlangen. Was immer er anordnet und tut, ist seine Sache. Deine ist es, ihn zu ehren und ihm als künftige Frau des Dauphins, seines Thronfolgers, unbedingten Gehorsam zu leisten. Denn du selbst bist als künftige Kronprinzessin Frankreichs die erste Untertanin des Königs. Benimm dich vorbildhaft und untadelig! Man hat ein Recht darauf, dies von dir zu erwarten."

„Gute Nacht, Mama."

„Gute Nacht, mein Kind! Vergiss ferner nicht, schon in der Bibel steht: Die Mächtigen stürzt Er vom Thron und die Reichen lässt Er leer ausgehen..."

## Was Marie Antoinette erwartet

> Wohin soll ich mich wenden?
> Wohin soll ich gehen?
> Kann ich etwas ändern
> an dem, was geschehen?
> Kann ich anders sein
> als Ich?
> (Ödön von Horváth, Glück)

*Am nächsten Tag, 21. April 1770:*
Frühmorgens verlässt Antonia ihr geliebtes Schönbrunn, ihr geliebtes Wien. Ihre Mutter will sie gar nicht mehr aus der Umarmung, aus der zärtlichen Umklammerung ihrer Arme lassen. Sie will ihr noch letzte Abschiedsworte zuflüstern, doch Tränen ersticken ihre Stimme.

Tränenüberströmt auch wirft sich die weichherzige Vierzehnjährige in die Kutsche, die sich nur mühsam ihren Weg durch die überfüllten Straßen der Stadt bahnen kann. In der gläsern-goldenen Equipage Ludwigs XV.

fährt Antoinette - so wird sie ab nun genannt werden - ihrem undurchdringlichen Geschick entgegen. Überall im Volk hört man Schluchzen. Man ist untröstlich über die Abreise der blutjungen Braut, die offen ihren Abschiedsschmerz zu erkennen gibt. Die Mutter hat ihr noch eine ausführliche Verhaltensvorschrift mitgegeben mit dem abgenommenen Eid, diese Denkschrift jeden 21. eines Monats gründlich durchzulesen und auch danach zu handeln.

In einem Handschreiben beschwört Maria Theresia den alternden Ludwig XV., „Nachsicht mit dem kindischen Unernst der erst Vierzehnjährigen zu üben..."

Noch ist die Tochter keinen Tag außer Reichweite, und schon sendet ihr die besorgte Mutter Brief um Brief nach.

„Wie froh wäre ich", schreibt sie ihr, „wenn ich Dich bei mir hätte behalten können. Aber ich beuge mich vor Österreichs Staatsinteresse und vor Deinem Glück, das, wie ich hoffe, gesichert ist. Schreibe mir oft, ich werde Deine Briefe mit Tränen benetzen.."

Aber kaum sind die Zeilen abgeschickt, wendet sich Maria Theresia erneut mit folgendem Schreiben an die Tochter :

„Ich erinnere dich, meine geliebte Tochter, an jedem 21. des Monats jenes Blatt nachzulesen. Sei verlässlich im Hinblick auf diesen meinen Wunsch, ich bitte Dich darum! Ich fürchte bei Dir nichts als Deine Nachlässigkeit im Beten und in der Lektüre sowie die daraus folgende Unachtsamkeit und Trägheit. Kämpfe gegen sie an... und vergiss nicht Deine Mutter, die, wenn auch entfernt, nicht aufhören wird, bis zum letzten Atemzug um Dich besorgt zu sein..."

Die Reise der Vierzehnjährigen dauert zwei Wochen und führt sie über München und Augsburg dem räumlichen Ende jener Provinzen entgegen, die unter der Herrschaft ihrer Mutter stehen. An der Grenze angelangt, verliert Antoinette die Fassung: „Nie werde ich mein Vaterland wiedersehen", schluchzt sie. Doch sofort wendet sie sich an ihre französische Begleitung, die sie mitleidslos anstarrt.

„Verzeiht mir!", ruft sie bewegt aus, „diese Tränen gelten meiner Familie und meiner Heimat, die ich verlasse. Ab jetzt werde ich nicht vergessen, dass ich von nun an Französin bin!"

In Straßburg wird sie vom Abgesandten Ludwigs XV. begrüßt. Unter Kanonendonner und Glockengeläute hält sie ihren Einzug in diese alte Hauptstadt der Provinz Elsass.

Am Portal des Straßburger Münsters begrüßt sie der Bischofs-Koadjutor, der 36-jährige Prinz Louis Rohan. In seinem bischöflichen Gewand sieht dieser junge Stutzer etwas weibisch aus. Doch der mondäne Priester, dessen Vorfahr seinerzeit als Hugenottenführer und Oberbefehlshaber Kardinal Richelieus das Veltlin erobert hatte, ist zwar kein guter Diener seines Heilands Jesus Christus, jedoch ein galanter Redner. So hält er jetzt eine pathetische Ansprache mit folgendem Abschluss:

„Sie sind für uns das lebendige Bildnis der verehrten Kaiserin, die Europa seit langem ebenso bewundert, wie die Nachwelt sie verehren wird. Heute vereint sich nun die Seele Maria Theresias glorreich mit der Seele der Bourbonen." Und die juwelengeschmückte Priesterhand, die jetzt ihr Haupt segnet, wird kaum zwei Jahrzehnte später ihr Verderben bringen.

Schon frühzeitig hat Maria Theresia einen Keil zwischen sich, ihre Familie und diesen Prinzen Rohan getrieben, ohne zu ahnen, welche verheerenden Folgen einstmals dies alles für ihre jüngste Tochter haben sollte.

Louis Rohan ist nämlich seit einigen Jahren außerdem Gesandter Frankreichs in Wien. Dort zieht er sofort den maßlosen Zorn Maria Theresias auf sich. Sie erwartete nämlich vom neuen Gesandten einen untadeligen Diplomaten, mit dem sie ab sofort eine dynastische Freundschaft aufbauen wollte, die zur Eheschließung des Dauphins mit ihrer Antonia führen sollte.

Dass dieser Gesandte von Natur aus mehr aufgeblasen als klug ist, hätte sie hingenommen, denn ein ungeschickter Diplomat einer ausländischen Macht ist ein Glücksfall für die eigene Politik. Dass er in Wien mit einem riesigen Pomp eingezogen war, der den kaiserlichen Hof in den Schatten stellte, hatte sie geärgert. Noch dazu, da dieser geistliche Würdenträger statt im priesterlichen Gewand im braunen Jägerrock einherschritt und bei einem einzigen Jagdausflug persönlich 130 Stück Wild abknallte.

In höchst erbosten Briefen macht sich die fromme Herrscherin alsbald Luft.

„...Unsere Frauen", schreibt sie ihren auswärtigen Kindern, „ob jung oder alt, schön oder hässlich, sind von ihm bezaubert. Er ist ihr Abgott, sie sind rein toll auf ihn, sodass er sich hier ausnehmend wohl fühlt und versichert, sogar nach dem Tod seines Onkels, des Bischofs von Straßburg, hier bleiben zu wollen..."

Schon muss Maria Theresia mit ansehen, wie dieser Stutzer aus ihrem erzkatholischen Wien ein frivoles Versailles und Trianon machen will. Maria Theresia mit ihren moralinsauren Keuschheitskommissionen will nicht erleben, wie auch bei ihrem Adel Sittenverfall und Zuchtlosigkeit einreißen. Noch wagt sie es nicht, Ludwig XV. zu bitten, diesen ausschweifenden bischöflichen Gesandten abzuberufen, um nicht das freundschaftliche Klima des Königs zu ihrer Tochter in Frankreich zu stören, doch kaum ist diese in Frankreich angelangt, bestürmt sie in jedem ihrer Briefe die selber noch so Unreife, alles in ihrer Macht stehende zu unternehmen, dass dieses „verwerfliche Individuum", dieser „unverbesserliche Geist", dieses „schreckliche Subjekt" aus ihrer Nähe endlich entfernt werde.

Die besonnene Maria Theresia verliert fast jegliche Selbstbeherrschung, wenn sie an Rohan auch nur denkt. Für sie ist er zum „Sendboten des Antichrist", zum wahren „Teufel in der Sakristei" geworden.

Antoinette kann daher in Gedanken an ihre Mutter den Ekel im Gesicht nicht verbergen, als dieser Rohan, die goldfunkelnde Monstranz in Händen, sie im Münster von Straßburg segnet.

Hastig verlässt sie die Kathedrale. Der Triumphzug geht weiter dem ersehnten Ziel der Reise entgegen, dem klassizistischen Schloss von Compiègne, in dem die königliche Familie diese 14-jährige Braut mit großer Neugierde erwartet.

Da stehen sie in Reih und Glied, allen voran der 60-jährige Ludwig XV., der Großvater des fünfzehnjährigen Pflicht-Bräutigams.

Als Waisenkind wurde der damals fünfjährige Ludwig XV. vom Bischof Fleury streng erzogen und stand unter der Vormundschaft seines Onkels, des Herzogs Philipps II. von Orléans aus der Nebenlinie der Bourbonen. Mit 14 Jahren wird Ludwig XV. bereits für volljährig erklärt und überlässt das Regieren seinem Erzieher, dem er zur Kardinalswürde verhilft.

Ludwig XV. wird ein ,schöner Mann', den man als Fünfzehnjährigen mit der um sieben Jahre älteren polnischen Königstocheter Maria Lesczynska vermählt. Bald entfremdet er sich seiner frommen Frau, die er infolge des unseligen Einflusses intriganter Adelscliquen fortan links liegen lässt. Man führt ihm die um elf Jahre jüngere bürgerliche Jeanne Poisson zu, die er zur Marquise de Pompadour erhebt. Bald wird die schöne Mätresse wegen ihrer enormen Verschwendungssucht und ihrer politischen Umtriebe äußerst unbeliebt. Mit 43 Jahren stirbt sie an einer Lungenentzündung. Ihr Günstling, der 45-jährige Herzog Etienne Choiseul, Kriegsminister und Leiter der französischen Außenpolitik, hatte das Heiratsprojekt zwischen Antoinette und dem Dauphin durchgesetzt.

Nun hat Ludwig XV. eine neue Mätresse, die 25-jährige Jeanne Bécu, uneheliche Tochter einer Köchin, Straßenmädchen mit einem Lebensgefährten, der ihr Zuhälter ist. Kurzerhand bekommt Jeanne einen Alibi-

Ehemann, den verarmten pensionierten Chevalier Guillaume Du Barry, der umgehend nach der Trauung weisungsgemäß verschwindet.

Die neue Mätresse, die nach dem Urteil der Kirche ihre Tage in Unzucht verbringt, wird zur Seele jener aufstrebenden Hofpartei, welche die Reformierung der Monarchie und der Kirche auf ihre Fahnen geschrieben hat. So wird die „Dirne" unverzüglich zur Hoffnung der vertriebenen Jesuiten, und schon bezeichnet der bigotte Herzog Vauguyon jene als das „Werkzeug Gottes", das Choiseuls verderbliche Herrschaft stürzen soll.

Das ist also das höfische Szenario, das die völlig ahnungslose Antoinette in Frankreich erwartet.


## Der Bräutigam

„Wie soll ich jemanden lieben,
wenn mich niemand liebt?"
(Ausruf des elternlosen Dauphins gegenüber
seinem Erzieher, Herzog Vauguyon).

Da stehen also die Mitglieder der königlichen Familie erwartungsfroh:

Allen voran Ludwig XV., dann der 15-jährige Bräutigam, danach die Tanten, die unvermählt gebliebenen, altjüngferlich gewordenen Töchter Ludwigs XV., ferner die jüngeren Brüder des Bräutigams, der 14-jährige Xavier Graf von Provence sowie der 13-jährige Karl Graf von Artois. Die Geschwister sind Vollwaisen, da ihre Eltern, der vormalige Dauphin Ludwig und Maria Josepha von Sachsen, bereits verstorben sind.

Dahinter wartet die königlich herausgeputzte Mätresse, die dynamische Du Barry, auf Antoinette.

Ein Eilkurier tritt ein und flüstert Ludwig XV. zu, dass die Vorhut des Brautzuges Antoinettes die Stadt Compiègne erreicht hat.

*Marie Antoinette, fünfzehn Jahre alt*

Die Du Barry hat es gehört. Ungeniert fordert sie daraufhin den König auf:

„Kommen Sie, wir wollen der Kleinen ein Stück entgegenfahren!"

Und...es geschieht!

Schon taucht der Wagen, in den Ludwig XV. mit der Du Barry und dem Bräutigam eingestiegen sind, im weiten Schlosspark auf. Gleich darauf erscheint die

Kalesche mit Antoinette. Der König entsteigt der Kutsche und geht langsam auf die golden-gläserne Karosse zu. Da macht man die darin sitzende Braut auf den sich nähernden Ludwig XV. aufmerksam. Behende springt sie aus dem Wagen und wirft sich dem König mit unnachahmlicher Grazie zu Füßen.

Dieser hebt sie zärtlich auf. Mehr mit dem Herzen eines Frauenkenners, der für kleinere und größere Mädchen schnell entflammt ist, als mit der Seele eines angeheirateten Großvaters.

Ludwig XV. betrachtet die 14-jährige mit höchstem Interesse. Er erkennt mit einem einzigen Blick die erotischen Reize dieses Mädchens, das fast noch ein Kind ist.

„Du bist hübsch, mein Kind!", spricht er mit verräterisch funkelnden Augen, „sehr hübsch. Das Portrait, das man mir von Dir geschickt hat, war überhaupt nicht geschmeichelt. Im Gegenteil..."

Er küsst sie zärtlich, höchst zärtlich. Antoinette errötet unter seinen Liebkosungen und forschenden Blicken.

Der kaum 15-jährige Dauphin steht neben Ludwig XV., dem Großvater. Er ist noch mehr verlegen als seine Pflicht-Braut, durch die Stellvertreter-Trauung in Wien bereits seine Fast-Ehefrau. Stumm wagt er es nicht einmal, sie anzusehen.

„Du darfst Madame la Dauphine bereits küssen", ermuntert ihn jetzt der König.

Unruhig bewegt der junge Enkel seinen Oberkörper hin und her, ohne ein Wort für dieses schöne Mädchen zu finden.

„Na, was ist", mahnt der Großvater, „so küsse sie endlich!"

Da kommt er unbeholfen dem Hofbrauch nach. Fast erstarrt vor Förmlichkeit und Verlegenheit, küsst er sie kühl auf die rechte Wange. Nur einmal, obwohl die Franzosen sonst dreimal auf beide Wangen küssen, die Pariser sogar viermal.

Nun aber rasch in den Thronsaal des Schlosses hinauf zur Vorstellung der übrigen Familienmitglieder! Dann hastiger Aufbruch nach St. Denis, dem nördlichen Vorortbereich von Paris. In dieser Stadt lebt im Karmelitinnenkloster Luise, die zweitälteste Tochter Ludwigs XV., seit einem Monat als Nonne. Von hier geht es weiter nach ‚La Muette' in Saint Cloud. In diesem Kloster werden die jüngsten Geschwister des Bräutigams, die 11-jährige Klothilde und die 6-jährige Elisabeth erzogen.

Spät abends kommt Antoinette endlich in Versailles an. Kaum findet sie Zeit, bei der Vorstellung der fast tausend Hocharistokraten und sonstigen Notabeln des Reiches ihren Bräutigam näher zu betrachten, der verlegen an ihrer Seite steht.

Er ist größer, als sie ihn sich vorgestellt hat. Das erfreut sie. Er ist breiter und muskulöser, als das Emailbild auf ihrer Brust es erahnen lässt. Sein Gesicht ist kräftiger, der Blick seiner wässerigen, hellen, kurzsichtigen Augen stumpfer, seine Ausstrahlung von Unsicherheit verdeckt.

Er ist tolpatschig, bemerkt sie. Er ist Vollwaise, ohne Elternliebe erzogen worden. Das flößt ihrem weichherzigen Gemüt sofort Mitleid für ihn ein, und sie lächelt ihn unentwegt freundlich an, was ihn jedoch nur noch verlegener zu machen scheint.

Andern Tags, also am 16. Mai 1770, findet die offizielle, im Sinne der Kirche erst jetzt wirksame Eheschließung in der Schlosskapelle von Versailles statt, in einer das Volk ausschließenden Zeremonie dieses absolutistischen Königtums.

Die Pariser feiern die Hochzeit mit einem prächtigen Feuerwerk. Da bricht plötzlich ein Brand aus. Das große Holzgerüst mit der Statue des Königs steht sofort in Flammen. Eine Panik bricht aus, bei der 32 Menschen umkommen.

Sofort lässt die weichherzige Antoinette ihren Schmuck für die Hinterbliebenen veräußern. Ihr Gatte überweist seine ganze Monatsapanage für den wohltätigen Zweck.

Der schreckliche Unglücksfall ist für viele Abergläubische bei Hof der Anlass, darin ein warnendes Zeichen für eine düstere Zukunft dieses frisch gebackenen Ehepaares zu erblicken.

Denn bereits in der Hochzeitsnacht des allzu jungen Paares geschieht es...

Nach der Hofetikette des 18. Jahrhunderts geleitet der Kardinal das Brautpaar in dessen Schlafgemach bis zu dem prunkvollen Doppelbett, das mit Rosen bekränzt ist, und segnet es. Dann wird das Paar allein gelassen.

Jetzt liegen die beiden Fast-noch-Kinder in diesem Riesenbett nebeneinander.

Kein Laut regt sich. Stille. Unheimliche Stille, die mit der Zeit beklemmend wirkt.

Da ergreift Antoinette zaghaft die Initiative.

„Wie geht es dir?", fragt sie ihn und lacht herzerfrischend.

„Hm...", gibt er einen brummenden Laut von sich.

„Hast du dir mich anders vorgestellt?"

„Eigentlich nicht."

„Gefalle ich dir...ein wenig?"

„Es geht..."

„Wir sind jetzt verheiratet. Mann und Frau, so sagt man."

„Ja."

„Magst du mich nicht küssen?" Ihr Herz schlägt bis zum Hals, bis zu den Ohren hinauf.

„Ich habe dich schon gestern abend bei der Begrüßung geküsst."

„Einmal. Nur einmal...", sagt sie kleinlaut.

„Ich bin müde." Er gähnt. „Gute Nacht."

„Gute Nacht, Louis..."

Und bald vernimmt sie die tiefen Atemzüge ihres 15-jährigen Ehemannes.

Die junge Frau stürzt zu einem der hohen Fenster und öffnet es. Kein Vogellaut ist zu hören. Keine Nachtigall, kein Stieglitz. Nirgendwo spielt in dieser Nacht ein Kavalier des Schlosses auf seiner Laute ein Liebeslied.

„Ob in dieser Nacht wohl schon ein Prinz für die Thronfolge gezeugt wird?", fragt Ludwig XV. die im Bett neben ihm liegende Du Barry.

„Ich glaube nicht", bemerkt sie mit wissender Frauenmiene.

„Warum nicht?"

„Weil er...dein Enkel noch ein kleiner Tolpatsch ist."

„Von mir hat er das nicht", stellt der König fest. „Von mir nicht...Natürlich", ergänzt der allzu Wissende, „ihre Brüste sind noch etwas...klein geraten."

Andern Morgens eilt die Schar der hierfür zuständigen Hofschranzen durch eine Reihe von Sälen hinüber zu den Räumen des neu vermählten Paares, das bereits die Ankommenden erwartet. Nach den üblichen Verbeugungen und Hofknicksen wird das ‚allerhöchste Linnen', auf dem das Paar seine erste Nacht verbrachte, zur Schau gestellt. Es soll nun – nach den ehernen Gesetzen höfischer Tradition – der Blutfleck darauf gezeigt werden, der gleichsam amtlich den Tatbestand der Entjungferung beglaubigen soll, dass also die ‚allerhöchste Ehe' vollzogen wurde.

Aber...das Linnen ist weiß und, höchst verräterisch, wie glatt gestrichen, unberührt...

Die aufgescheuchte Hofgesellschaft stürmt daraufhin wie ein Hornissenschwarm vor einem Gewitter davon, und bald weiß es Ludwig XV. mit seiner Mätresse, bald wissen alle diese 18.000 Hofbediensteten von Versailles, bald weiß es ganz Paris, dass es für das neue Kronprinzenpaar gar keine Hochzeitsnacht gegeben hat, dass die Kronprinzenehe also nicht ‚vollzogen' worden ist.

Die moderne Seelenkunde kennt zur Genüge die psychischen Auswirkungen einer fatalen Familienatmosphäre. Und diese ist fatal, wenn Kinder Vollwaisen sind und nach dem Verlust beider Elternteile keinen menschlichen Ersatz finden können, etwa in herzlichen

Adoptiveltern oder sonstigen Bezugspersonen, welche die Waisen gefühlsmäßig auffangen könnten.

Wer aber waren denn die Bezugspersonen Ludwigs? In der Kindheit ist seine Gesundheit sehr schwach. Noch ist seine Gouvernante, die Gräfin Marie Louise Marsan bei ihm auf Schloss Bellevue, wo ein einsames Landleben dem verschüchterten Kleinen die Gesundheit wiedergibt. Bald muss die Gräfin ihren Abschied nehmen, und schon treten Erzieher, nur Männer, an ihre Stelle. Ludwigs Hofmeister wird der schrullige und bigotte Herzog Vauguyon. Dieser ist zwar ein adelsstolzer Herr und seinem König sehr ergeben, aber er ist eines nicht: ein einfühlsamer Erzieher. Was Wunder, dass der unsichere, etwas naive, introvertierte Knabe rasch von seinem Hofmeister sehr gekonnt beherrscht wird. Hier liegen die unausrottbaren Wurzeln im Charakter Ludwigs.

Dabei ist der Dauphin gebildeter, als die meisten Historiker berichten. Er spricht fließend Latein, Italienisch und Spanisch. Doch hat er keine rasche Auffassungsgabe, ist überhaupt nicht schlagfertig und versteht es nicht, sich in Positur zu setzen. Er ist alles, nur kein Selbstdarsteller. Seinen jüngeren Brüdern trägt er oft deren Sachen nach, was ihm den Tadel seines Hofmeisters einbringt, der ihn ernsthaft ermahnt, seine Vorrangstellung gegenüber seinen Geschwistern um Himmels willen niemals zu vergessen! Er hat eben gar kein Selbstvertrauen, obwohl er äußerlich zu einem blonden, großen, breitschultrigen Jüngling heranreift, der nur leider, leider…allzu zurückgezogen und verschlossen ist.

Als die Schwester seines verstorbenen Vaters, die 39-jährige Louise, in das Karmelitinnenkloster von Saint Denis eintritt, sprechen beim Abschied seine jüngeren Brüder zwar erbauliche Worte, allein ohne viel menschliche Anteilnahme. Ludwig dagegen drückt ihr nur stumm die Hand, doch in seinen Augen stehen Tränen.

Er hatte in seiner Kindheit mehr gelitten als seine jüngeren Brüder und die meisten Jungen seines Alters.

26

Lange Zeit hatte er im Schatten seines älteren Bruders gestanden, des vormaligen Dauphins, der im Alter von zehn Jahren an Knochentuberkulose verstorben war. Nun werden auf einmal an ihn als Dauphin besonders hohe Anforderungen gestellt. Als es ans Heiraten geht, flüstert die Hofkamarilla hinter vorgehaltener Hand, er sei ein ungehobelter, langweiliger Kerl.

Jedenfalls ist er seelisch schwer angeschlagen. Ordnungsliebend wie er ist, lässt er nicht zu, dass Gefühle seine Gedanken verwirren. Für ihn ist die Ehe ein Abenteuer, dem er derzeit noch nicht gewachsen ist. Bisher hatte er keine Möglichkeit, mit Mädchen seines Alters in Berührung kommen, außerdem wurde er sehr puritanisch erzogen und überhaupt nicht aufgeklärt. Seine frommen Eltern hatten in gelehrt, Keuschheit sei die wichtigste aller Tugenden. Sein Hofmeister hatte ihm eingetrichtert, Frauen seien eine große Gefahr für Könige. Wenn er an die offiziellen Mätressen und die zahllosen übrigen Liebschaften Ludwigs XV. dachte, war für ihn allein schon das Wort ‚Bett' anstößig.

Seine verstorbene Mutter hatte für ihn eine Sächsin ihrer eigenen Dynastie ausgesucht, doch der Feind seines verstorbenen Vaters, Herzog Choiseul, hatte als Wahl für ihn eben Antoinette durchgedrückt. Die Königin und deren Töchter, seine Großmutter und seine Tanten also, hatten ihn jahrelang gegen Österreich beeinflusst. Seinem Hofmeister machte es diebischen Spaß, Schauermärchen gegen die Habsburger zu erfinden. Daher begegnet Ludwig, der große Schweiger, Antoinette mit Vorurteilen und Misstrauen.

Ludwig ist ein korrekter Pflichtmensch, deswegen will er auch seine ehelichen Pflichten gewissenhaft erfüllen. Aber etwas Unüberwindbares sperrt sich in ihm. Der unentrinnbare Zwang, das eiserne Muss lauern unabweisbar in seinem Herzen und hemmen den 15-jährigen Spätzünder, sich psychisch und physisch diesem heiteren, hübschen, warmherzigen jungen Mädchen zu öffnen.

# Spione und Tanten

,Denen, die Religion, Sitte und Anstand
leugnen, denen, die mit dem Laster prahlen,
sollte man nicht vertrauen.'
(Der 15-jährige Dauphin in einem Aufsatz)

Die Herzogin Elisabeth von Northumberland berichtet,
Antoinette sei „unreif und schmal. Ich hätte sie höchstens
auf zwölf geschätzt. Der Dauphin wiederum
wirkte bei seiner Trauung schüchterner als sie. Er zitterte
während der Zeremonie am ganzen Körper und errötete
bis unter die Haarwurzeln, als er ihr den Ring ansteckte..."

Gleich nach Antoinettes Hochzeit beginnt der Gesandte
ihrer Mutter mit seiner Bespitzelung. Der 43-jährige
Graf Florimond de Mercy ist ein gefühlskalter
Diplomat mit zarter Gesundheit, der nichts mehr fürchtet,
als nach Wien versetzt zu werden. Daher versucht er,
sich in Versailles für Maria Theresia unentbehrlich zu
machen.

Mit Brief vom 16. November 1770 schreibt er bereits
der Kaiserin: „...Es gelang mir, drei Personen, die im
Dienst der Erzherzogin (er schreibt nicht: der Dauphine)
stehen zu gewinnen, eine ihrer Zofen und zwei Diener,
die mir über alle Vorfälle ausführlich berichten. Über
ihre Gespräche mit Abbé Vermond, vor dem sie nichts
verbirgt, werde ich täglich unterrichtet. Außerdem informiert
mich die Marquise de Durfort über alles, was
jene mit ihren Tanten spricht. Schließlich bin ich im Besitz
von Informationsquellen, die mich, wenn die Dauphine
den König besucht, über alles auf dem laufenden
halten. Hinzu kommen noch meine persönlichen Beobachtungen,
so dass es im Tagesablauf der Erzherzogin
keine Stunde gibt, über die ich nicht genauestens Bescheid
weiß..."

Die zweite Person, von der Antoinette ständig überwacht
wird, ist ihr geistlicher Ratgeber und einstiger

Lehrer, der 35-jährige spätere Erzbischof von Toulouse, Abbé de Vermond, ein Mann mit schmalen Lippen und stechenden schwarzen Augen. Er verbringt täglich mehrere Stunden bei ihr, liest ihr vor, berät sie in allem und hilft ihr bei der Abfassung ihrer Briefe an ihre Mutter nach Wien. Er ist nach wie vor ein Werkzeug Choiseuls, dem er alles über Antoinette hinterbringt.

Nun gibt es noch eine Person, von der sie in jener Zeit beherrscht wird, und das ist niemand anderer als Maria Theresia selbst. Da sie Mercy nicht verraten will, schreibt sie in ihren Briefen an die Tochter, sie hätte „in der Zeitung gelesen", und nun folgen stets Ratschläge und Ermahnungen, so zum Beispiel, gute Bücher zu lesen, denn... „Sie haben es nötiger als andere Mädchen, da Sie in Musik und Zeichnen nicht perfekt sind", worauf Antoinette brieflich antwortet:

„Madame, meine Mutter, Sie tun so, als wäre ich ein blödes Vieh..." Tatsächlich las sie insgesamt nicht mehr als vier (!) Bücher in dem bewussten Jahr.

„...Eine Frau sollte sich immer ihrem Mann fügen", schreibt die Mutter ein andermal, „sie sollte stets darauf bedacht sein, ihn zufriedenzustellen und zu tun, was er wünscht. Sie kann alles von ihm erreichen, wenn sie liebenswürdig, zärtlich und unterhaltend ist..."

Doch die Welt von Wien ist eine gänzlich andere als jene von Versailles. Hier gibt Ludwig XV. das allerschlimmste Beispiel. Die Welt von Versailles ist denkbar schlecht für ein 14-jähriges Mädchen, das mit einem 15-jährigen Pflicht-Ehemann bisher nur ‚platonisch' verheiratet ist.

Kaum ist Antoinette einige Wochen in Versailles, ist sie schon unfreiwilliger Mittelpunkt von Intrigen und hässlichen Einflüsterungen. Der Hof gibt sich die größte Mühe, sie bei Ludwig XV. anzuschwärzen und ihren Gatten von ihr fernzuhalten. Der Hofmeister des 15-jährigen Dauphins will seine Macht nicht verlieren. Daher ist diesem bigotten Herzog Vauguyon kein Mittel zu schäbig, wenn es gilt, der Dauphine entgegenzuarbeiten. Er setzt es durch, dass Antoinettes Gemächer weit entfernt von denen ihres Gatten bleiben. Er horcht die Dienerschaft auf beiden Seiten aus und treibt sein Spitzelsystem so weit, dass Antoinette eines Tages zornig zu ihm sagt: „Der Dauphin bedarf keines Hofmeisters mehr, und ich keines Spions. Ich bitte Sie, sich bei mir nicht weiterhin zu zeigen."

Über Mercy weiß Maria Theresia bald davon Bescheid. Sie empfiehlt ihrer Tochter, die Freundschaft der ältesten Tochter Ludwigs XV., der 38-jährigen Prinzessin Adelaide zu suchen.

Adelaide hatte aus Stolz sämtliche Heiratsangebote königlicher Prinzen ausgeschlagen, weil dabei kein Thron für sie in Aussicht stand.

Nun lebt sie mit ihren beiden ebenfalls unverheirateten Schwestern, der 37-jährigen Victoire und der 36-jährigen Sophie, in Versailles. Alle drei sind von Natur aus Feinde der Habsburger und stehen daher Antoinette äußerst misstrauisch gegenüber. Adelaide ist die hübscheste der drei Tanten und die begabteste. Sie hat eine rauhe Stimme wie der Dauphin und ein männliches Wesen, das mitunter abstoßend wirkt. Sie spielt alle möglichen Instrumente, vom Waldhorn angefangen bis zur Maultrommel. Sie spricht perfekt englisch und italienisch. Sie ist eine gute Mathematikerin und beschäftigt sich mit dem Uhrmacherhandwerk. Auch verbringt sie viel Zeit an der Drehbank wie ihr Neffe, der Dauphin.

Adelaide ist Ludwigs XV. Lieblingskind. Außer dem König, ihrem Vater, duldet sie keine Macht an ihrer Seite und rächt sich für vermeintliche Zurücksetzungen durch Nadelstiche, die sie gekonnt austeilt. Nach dem Tod ihrer Mutter im Juni 1768, der vom Gatten seit Jahren sträflich vernachlässigten, frommen Maria Leszczynska, die sogar für die Mätressen ihres Gatten betete, nach ihrem Tod also ist Adelaide die Erste Dame des Reiches. Nun aber kommt diese verhasste Habsburgerin als frisch gebackene Dauphine an den Hof und stellt damit ungewollt Adelaide in die zweite Reihe.

Obschon voll heimlichen Hasses, begegnen diese drei bereits altjüngferlich gewordenen Tanten Antoinette anfänglich freundlich, zumindest äußerlich. Sie sind nicht imstande, Mitleid für dieses in die Fremde ausgesetzte Mädchen zu empfinden, das fast noch ein Kind ist. Doch sie spionieren die neue Rivalin aus, um sie umso leichter entweder beherrschen oder bekämpfen zu können.

Rasch gelingt es ihnen, das arglose Mädchen in ihre Netze, das heißt Intrigen, zu ziehen. Unbedacht nimmt Antoinette bald an ihren boshaften Verleumdungen teil und äfft hochstehende Personen zur Freude der hämischen Tanten nach. Von Natur heiter, hat Antoinette ein Auge für die komischen Seiten ihrer Mitmenschen und wägt ihre Worte nicht ab. Doch ihre Späße werden auf feindliche Weise ausgelegt und Ludwig XV. hinterbracht. Das dämpft rasch die Heiterkeit Antoinettes. Bald überträgt sich die altjüngferliche Isoliertheit der Tanten auf sie. Sie wagt es nicht mehr, das Wort an hochstehende Persönlichkeiten zu richten. Bei der Erfüllung ihrer Repräsentationspflichten wirkt sie mit einem Mal verkrampft und linkisch.

Unverzüglich berichtet der ‚alles sehende Mercy‘ seiner Kaiserin:

„...Die Prinzessinnen, das sind die Tanten, lassen es sich nicht genügen, die Kronprinzessin in Dingen zu beherrschen, die sie persönlich betreffen; sie dehnen ihre Herrschaft auch auf jene Personen aus, die im Dienst der letzteren stehen. Sie treten ihre Vorrechte mit Füßen und vernichten den bedeutenden Rangunterschied, der zwischen dem Hofstaat der Dauphine und jenem der Prinzessinnen herrschen muss...“

Jetzt ist natürlich Maria Theresia über den Einfluss der Tanten erschrocken. Sofort setzt sie sich hin und schreibt ihrer Tochter:

„...Alle Briefe benachrichtigen mich, dass Du nur tust, was Dir Deine Tanten befehlen. Ich hege Achtung vor diesen, aber sie haben es niemals verstanden, sich weder innerhalb ihrer Familie, noch gegenüber dem Volk Respekt zu verschaffen. Und Du willst denselben Weg einschlagen?..."

Doch vorläufig ändert sich nichts, außer dass Antoinette Ludwig XV. einen freundlichen Brief schreibt. Sofort teilt sie dies der Mutter mit:

„...Ich vergaß ... zu erwähnen, dass ich zum ersten Mal dem König geschrieben habe. Ich hatte große Angst, denn ich weiß, dass Madame Du Barry alle Briefe liest, aber seien Sie versichert, liebste Mutter, dass ich weder für sie noch gegen sie sprechen werde..."

Abermals drängt die Mutter, sich von den Tanten zu trennen. Sie schreibt:

„...Verdienen, meine Liebe, meine Ratschläge weniger beachtet zu werden als die der Tanten? Ich gestehe, dieser Gedanke betrübt mich. Denke über den Beifall nach, den sie in der Welt gefunden haben, und es kostet mich Überwindung, es auszusprechen – welche Rolle ich gespielt habe! Du musst mir doch mehr glauben, wenn ich Dir zu dem Gegenteil von dem rate, was sie tun. Ich vergleiche mich keineswegs mit diesen ehrenhaften Prinzessinnen, die ich um ihrer soliden Eigenschaften willen achte. Aber immer und immer wieder muss ich es wiederholen: Sie haben weder verstanden, sich beim Volk in Respekt zu setzen, noch sich bei Einzelnen beliebt zu machen. Durch allzu große Laxheit und die Gewohnheit, sich hofmeistern zu lassen, haben sie sich widerwärtig, unangenehm und sich selbst langweilig gemacht und sich zum Mittelpunkt für Intrigen und Geschwätz geschaffen. Dich sehe ich denselben Weg einschlagen, und ich soll schweigen? Ich liebe Dich allzusehr, um dies zu können oder zu wollen. Deine angenommene Schweigsamkeit in diesem Punkt tut mir sehr weh und lässt mir wenig Hoffnung auf Änderungen übrig..."

Allmählich löst sich Antoinette doch vom übermäßigen Einfluss der Tanten. Als diese das merken, verwandelt sich ihre bisher heimliche Eifersucht in offenen Hass.

Nun fürchtet Mercy, dass man ins Auge fassen könnte, sich der Dauphine zu entledigen, die offensichtlich dem Reich keinen Thronerben bescheren könne, da es nicht das erste Mal sei, dass es am französischen Hof so etwas gebe. So schreibt er am 19. Dezember 1771 seiner Kaiserin:

„...Wenn man sich ansieht, welcher Art die Menschen sind, die den König beherrschen, so kann man die möglichen Konsequenzen ihrer arglistigen Intrigen nicht ernst genug nehmen. Der König, durch sein ausschweifendes Leben vorzeitig gealtert, ...kann von einem Tag auf den anderen das Zeitliche segnen. Die Menschen, unter deren Einfluss er steht, können diesem Ereignis nicht ohne die schlimmsten Befürchtungen entgegensehen, besonders deswegen, weil sie die Dauphine gemäß ihrer eigenen Mentalität beurteilen und ihr daher die gleiche hasserfüllte Rachsucht zuschreiben, die sie selbst in deren Lage empfinden würden... Menschen solcher Art schrecken vor nichts zurück, wenn es darum geht, sich selbst zu retten..."

Ursache zu der Befürchtung Mercys ist die Tatsache, dass Antoinette unter dem früheren Einfluss der Tanten, welche die Du Barry hassen, es bisher abgelehnt hat, an diese auch nur ein einziges Wort zu richten. Am Neujahrstag 1772 gibt Antoinette endlich nach und sagt beim Empfang Ludwigs XV. zur Mätresse:

„Es sind heute viele Leute in Versailles."

Die Tanten sind hierüber höchst erbost. Doch der König schließt Antoinette liebevoll in die Arme. Die Du Barry triumphiert.

Antoinette bericht davon umgehend ihrer Mutter:

„Madame, meine geliebte Mutter, ich bin überzeugt, dass Mercy Sie über mein Verhalten am Neujahrstag unterrichtet hat, und ich hoffe, dass Sie darüber zufrieden sind. Sie werden mir gewiss glauben, dass ich stets meine Vorurteile und Abneigungen aufgeben werde, solange man nicht von mir verlangt, etwas zu tun, was gegen meine Ehre ist. Es würde mir das Herz brechen, meine beiden Familien, jene in Österreich und diese in Frankreich, entzweit zu sehen. Es ist allerdings schwer für mich, hier meine Pflicht jederzeit zu tun, da mein Herz immer bei meiner Familie in Wien sein wird..."

Die Unsicherheit Antoinettes, die durch ihren Umgang mit den Tanten entstand, drückt sich bald in einer steifen Haltung gegenüber ihrem Ehemann aus, was wiederum seine Gehemmtheit ihr gegenüber verstärkt. Auch bleiben infolge übler Hofintrigen beider Schlafzimmer nach wie vor durch getrennte Stockwerke und endlos lange Korridore weit voneinander entfernt.

Zwei Jahre nach der Hochzeit der beiden fragt Ludwig XV. seinen Enkel, wann er endlich die Ehe zu vollziehen gedenke.

„Sobald der Hof zu den Herbstjagden nach Compiègne reist", erwidert der jetzt 17-Jährige. Denn er weiß, dort gibt es keinen Mercy, der spionieren kann, keinen Abbé Vermont, keine Türhüter, die an Schlüssellöchern lauschen, mit einem Wort, dort ist das junge Ehepaar viel mehr unter sich als in Versailles.

Doch bevor es soweit ist, bekommt der 17-Jährige hohes Fieber, vermutlich aus Angst, sich dieser ernsten ‚Ehefrage' stellen zu müssen. Die moderne Seelenanalyse kennt genau die neurovegetativen Zusammenhänge zwischen Leib und Seele, da körperliche Vorgänge das Seelenleben beherrschen und umgekehrt auch.

Als das junge Paar endlich der höfischen Jagdgesellschaft nachreisen kann, erkrankt Ludwig abermals... und in der ‚Eheangelegenheit' bleibt nach wie vor alles beim Alten...

„Glauben Sie mir", sagt Ludwig zu seiner 16-jährigen Gattin, „ich weiß, was ich als Ihr Ehemann zu tun verpflichtet bin, und ich werde auch meine ehelichen Pflichten getreulich erfüllen..."

„Wirklich?" Eine Schamröte fließt in ihre Wangen.

„Bestimmt!", erwidert er entschlossen. „Heute oder morgen...oder nächsten Monat...es wird geschehen, ich verspreche es Ihnen feierlich!"

Inzwischen widmet er sich, da er von den Regierungsgeschäften völlig ausgeschlossen bleibt, nach höfischer Tradition dem Handwerk. Er lernt es rasch, mit Maurerkelle und Wasserwaage umzugehen und arbeitet fleißig mit den Maurern von Versailles mit. Auch lässt er sich auf dem Speicher eine Werkstatt einrichten, in der er Tischlerarbeiten verrichtet und Holz schnitzt. Am liebsten verweilt er in seiner Schmiede, in der er gemeinsam mit dem Gesellen François Gamain Bronzeornamente für Kamine hämmert oder Tische aus Schmiedeeisen und Goldbronze herstellt. In seine Arbeiten treibt er Muster von Sonnenblumen, Flieder und Goldrauten. Er erzeugt für den Eigenbedarf Schlösser, um seine persönlichen Briefschaften vor den höfischen Spionen zu schützen.

Es war von Ludwig XIV. und Ludwig XV. äußerst unklug, Paris zu meiden und sich in Versailles gleichsam zu verschanzen. Denn dadurch entstehen mit der Zeit zwei voneinander getrennte Welten: einerseits die höfische, überkultivierte, in sich abgeschlossene und dadurch von der Wirklichkeit mit ihrem realen Leben bald völlig entfremdete Welt von Versailles, und auf der anderen Seite in Paris die Welt der Gelehrten, Künstler und Geschäftstreibenden, die Welt der aufkeimenden neuen Philosophie der sogenannten Aufklärung, die Welt der berühmten Enzyklopädisten und der bekannten Schriften von Jean Jaques Rousseau und Voltaire.

Das Volk liebt schon längst nicht mehr Ludwig XV. mit seiner Mätressenwirtschaft und deren Verschwendungssucht mit Steuererhöhungen und zunehmender Verarmung weiter Bevölkerungsteile im Gefolge. Dieses niedergehaltene französische Volk liebt Ludwig XV. nicht mehr, und die Pariser schon gar nicht.

Ludwig XV. wagt es nicht mehr, nach Paris zu fahren, also findet man es nicht statthaft, das junge Kronprinzenpaar nach Paris reisen zu lassen.

Nichtsdestotrotz erteilt der große Zauderer Ludwig XV. endlich die Erlaubnis, das junge Paar zur offiziellen

Vorstellung nach Paris zu schicken. Die Begeisterung der Pariser ist unbeschreiblich.

Auf dem Balkon der Tuilerien, des Königsschlosses, sagt Herzog Louis de Brissac zu Antoinette:

„Madame, ich hoffe, dass es Monsieur le Dauphin nicht missfällt, aber da unten stehen zweihunderttausend Menschen, die in die Person Eurer königlichen Hoheit verliebt sind."

Doch Ludwig ist nicht eifersüchtig, er ist zum ersten Mal in seinem Leben glücklich. Die Begeisterung der Bevölkerung, die Anmut seiner 17-jährigen Frau, ja die spürbare Zuneigung des Volkes, das alles übt auf den 18-Jährigen einen großen Einfluss aus. Dem bisher Gehemmten, von Minderwertigkeitsgefühlen Geplagten gelingt es, seine Verlegenheit und Scheu zu überwinden. Fast mit Leichtigkeit erwidert er die vielen Ansprachen, die man an ihn richtet. Nicht mehr wie bisher plump und linkisch, tritt er bei den Empfängen würdevoll auf.

Antoinette bemerkt mit großer Freude die Veränderung an ihrem Mann. Sie fasst seinen Arm, hängt sich ein und geht so mit ihm unter den begeisterten Menschenmassen umher.

Sofort schreibt Antoinette ihrer Mutter:

„Madame, liebste Frau Mutter...letzten Montag erlebten wir ein Fest, das wir nie vergessen werden. Wir hielten unseren Einzug in Paris. Ich kann Ihnen, meine teure Mutter, die Freudenausbrüche, womit man uns überhäufte, nicht beschreiben. Wie glücklich ist man doch in diesem Land, da man so leicht die Hingebung des Volkes erringt! (!)...Ein zweites, das mir an diesem Tag Freude bereitete, war die Haltung des Dauphins... Er hatte ein Auge für alles, was man für ihn tat, und würdigte namentlich den Eifer und die Freude, die das Volk zu erkennen gab..."

Einen Monat danach zieht der Hof wieder nach Compiègne. Diesmal wird der 18-jährige Ludwig nicht mehr krank wie noch im Herbst zuvor. Er ist an seinem äußeren Erfolg gereift. Er beginnt, sich von seiner jungen

Frau angezogen zu fühlen, und sie fängt an, seinen im Grund gütigen, aufrichtigen und aufrechten Charakter zu schätzen. Endlich findet Ludwig auch die Gelegenheit, mit Antoinette allein zu sein. Die höfischen Spione, die bestochenen Spitzel, die missgünstigen Tanten sind nicht da.

Hier verliebt sich endlich – drei Jahre nach der Pflicht-Hochzeit Ludwig in seine 17-jährige, noch immer jungfräuliche Ehefrau. Er küsst sie sogar – man höre und staune – in aller Öffentlichkeit, er, der bisher allzu Scheue, allzu Verklemmte, gegen die Habsburgerin Aufgehetzte!

In Versailles erfahren davon bald die achtzehntausend Höflinge. Ein boshaftes Raunen durchläuft daraufhin die Salons von Versailles mit ihren zahllosen, böswilligen Klatschnestern ...

## Der zehnte Mai

,Die Weltgeschichte verdichtet sich in
der Lebensgeschichte weniger Menschen.‘
(Ralph Waldo Emerson).

Die Fastenzeit des Jahres 1774 ist gekommen. Der Hofprediger hält während der Karwoche in der Schlosskapelle von Versailles in Anwesenheit Ludwigs XV. eine donnernde Ansprache.

„Eure Sünden stinken zum Himmel", ruft er hallend dem lasterhaften König und seinem Hofstaat ins Gesicht. „Ninive wurde einst von den Babyloniern und Medern seiner Sünden wegen zerstört ... So wird auch bald der strafende Gott des Weltalls ... dieses französische Babylon furchtbar heimsuchen..."

Danach sagt Ludwig XV. scherzend zu seinem Freund, Herzog Louis Richelieu:

„Nun, mon ami, der Prediger hat heute viele Steine in Ihren Garten geworfen."

*Ludwig XVI.*
*Gemälde von Duplessis*

„Ja", lächelt daraufhin der Herzog, „und zwar so viele, dass etliche davon bis vor die Füße Eurer Majestät gefallen sind."

Der König ist jetzt 63 Jahre alt. Durch seine Ausschweifungen ist seine Konstitution geschwächt. Am 27. April 1774 wird er wie aus heiterem Himmel während der Jagd von den Blattern befallen. Die Leibärzte erkennen den Ernst der Lage und veranlassen die Überführung des bereits schwerkranken Königs in das Riesenschloss von Versailles.

Die erbberechtigten Prinzen und deren Frauen dürfen wegen der Ansteckungsgefahr das Krankenzimmer nicht mehr betreten. Nur des Königs Lieblingstochter Adelaide und Tochter Louise, die Nonne, dürfen ihn persönlich pflegen.

Jetzt befällt Höllenangst den Todkranken. Er will beichten. Doch die Kirche stellt Bedingungen: Erst müsse die Mätresse aus Versailles fortgeschafft werden. Nach langem Zögern entschließt sich der Sterbende am 4. Mai dazu. Sechzehn Minuten dauert die Beichte des alten Lüstlings. Die Hofschranzen zählen penibel die Minuten, die ein Ludwig XV. braucht, um seine vielen Sünden aufzusagen. Andern Tags bringt der Kardinal das Altarssakrament. Im Vorsaal spricht er danach zu dem versammelten Hofstaat:

„Messieurs, der König beauftragt mich, Ihnen zu sagen, dass er Gott um Vergebung für die Beleidigungen bittet bezüglich des schlechten Beispiels, das er seinem Volk gegeben hat."

Ludwig stammelt verzweifelt:

„Ich wollte, ich hätte die Kraft gehabt, diese Worte selbst zu sprechen."

Am 10. Mai, zwischen vier und fünf Uhr nachmittags, ist alles zu Ende.

Der bis zur Unkenntlichkeit entstellte, verfärbte Leichnam wird lediglich in ein Leinentuch gehüllt und hastig eingesargt. Mitten in der Nacht wird er ohne Förmlichkeiten in einem Jagdwagen zur Königsgruft nach Saint Denis geführt. Ein Spottlied macht sofort die Runde:

„Ludwig XV.", heißt es darin, „bezahlte mit Papiergeld, als er geboren wurde. Er bescherte uns den Krieg, als er heranwuchs, die Hungersnot, als er alt wurde, und die Pest, als er starb."

Als seinerzeit am 20. Dezember 1765 Ludwigs XV. Sohn starb, fiel dessen damals 11-jähriger Sohn vor Schmerz darüber in Ohnmacht. Bei diesem Anlass sagte Ludwig XV.:

„Armes Frankreich, du hast einen König, der ein Greis ist, und dein neuer Dauphin ist ein zu leicht gerührtes Kind!"

Nun aber ist dieser Dauphin ein junger Ehemann von 19 Jahren, und seine schöne Frau ist achtzehn.

Der Großkämmerer des Königs, Herzog Charles de Bouillon, tritt auf den Balkon des Jagdsalons und ruft der vor dem Schloss wartenden Menge zu:

„Der König ist tot, es lebe der König!"

Als man das neue Königspaar begrüßt, sinkt es in die Knie und ruft schluchzend aus:

„Mein Gott, schütze und bewahre uns, wir sind zu jung, viel zu jung, um zu regieren!"

Dieser Bericht von Antoinettes Kammerfrau, Louise Campan, trifft jedoch nur auf den bescheidenen neuen König Ludwig XVI. zu.

„Was für eine Bürde! Und... man hat mich nichts gelehrt!", sagt er tags darauf tränenden Auges zum englischen Botschafter, Lord David Stormont. Eine Woche später fragt er diesen Diplomaten:

„Wie lässt sich die Moral meines Volkes heben?"

„Durch Ihr Vorbild!", erwidert der Lord.

Ja, der 19-jährige Ludwig XVI. ist nicht glücklich über diese in seinen Augen ‚entsetzliche Rolle, den König Frankreichs spielen zu müssen'. Denn er war als Dauphin von den Staatsgeschäften planmäßig ferngehalten worden. Er war außerdem von Natur aus zum König nicht... geschaffen!

Anders jedoch seine 18-jährige Frau Antoinette!
Sie macht sich kaum Gedanken über die Problematik ihrer neuen Stellung. Ungezwungen heiter, sieht sie optimistisch in die Zukunft. Das Leben liegt vor ihr wie ein Sonnenaufgang im Gebirge, der einen schönen Tag verheißt.

Zu Ende sind nun für Antoinette die Jahre der Bevormundung durch die boshaften Tanten, durch Mercy, der alles wissen wollte, durch den gestrengen Abbé Vermond mit dem durchdringenden Blick, durch die eifersüchtige Mätresse Du Barry, durch den intriganten Herzog Vauguyon, durch die bestochenen Spitzel und Spione bei Hof, und nicht zuletzt durch die bisweilen übertriebenen Vorwürfe und Befürchtungen ihrer Mutter Maria Theresia, die alles entscheiden und lenken wollte.

Antoinette ist nun frei, endlich vollkommen frei. Jetzt kann sie nach Paris fahren, so oft sie will, nach dem herrlichen Paris mit seinen rauschenden Bällen und Redouten sowie seinen vielen Theatern und Varietés.

Vorbei die Jahre des Lernen-sollens, der Zucht, des Eingespanntseins in die Zwänge einer unerbittlichen Hofetikette.

Es ist einfach berauschend herrlich, frei zu sein, unabhängig zu sein, Königin zu sein!

Nein, Antoinette ist nicht einen einzigen Augenblick traurig darüber, Königin geworden zu sein. Nur er allein, ihr 19-jähriger Gatte, fühlt die ungeheure Last heraufdämmern, die das Königsein mit sich bringt, nur er...

Denn der Hof von Versailles ist nach wie vor in feindliche Parteien gespalten: das Finanzwesen in Unordnung, die Autorität des Königs durch die Ausschweifungen Ludwigs XV. sehr geschwächt. Aus allen 13 Provinzen des Reiches türmen sich gewaltige Schwierigkeiten auf. Die Intellektuellen Frankreichs schreien nach Reformen.

Das Volk von Frankreich, das Volk von Paris erhofft sich unerhört viel vom neuen jungen Königspaar. Auf den Sockel des Denkmals Heinrichs IV., der die religiöse Zerstrittenheit beseitigt und die Staatsfinanzen saniert hatte, pinseln die Pariser mit roter Farbe das eine Wort aus der christlichen Osterliturgie: ‚Resurrexit!', das heißt, er ist auferstanden!

Ludwig XVI. sagt dazu: „Welch hübsches Wort! Wenn es wahr wäre!"

Nein, allzu viel Selbstvertrauen hat dieser 19-Jährige, der nun in Versailles zu regieren genötigt ist, noch immer nicht. Mit unüberlegter Heftigkeit, die eine Schwäche des Nationalcharakters zu sein scheint, wünscht man, dass alle Mächtigen unter Ludwig XV. innerhalb von 24 Stunden aus ihren Stellungen entfernt werden sollen.

So schreibt Antoinette sofort ihrer Mutter:

„...Ich bin besorgt über die französische Begeisterung. Es ist unmöglich, alle in einem Reich zufrieden zu stellen, wo die Lebhaftigkeit fordert, dass alles in einem Augenblick geschehen soll..."

Maria Theresia sieht wieder einmal alles schwarz. Sie schreibt:

„...Ich glaube, die guten Tage sind vorüber... Ihr seid beide zu jung, meine lieben Kinder... Die Last ist schwer, ich bin euretwegen bekümmert, ach, sehr ... sehr bekümmert!"

Denn von allen Kindern Maria Theresias ist Antoinette diejenige, welche für Politik nicht das geringste Interesse aufbringt.

Maria Theresia, die allmählich gebrechlicher wird, ist von rastloser Unruhe erfüllt. Vier Jahre ist Antoinette bereits verheiratet, und noch immer stellt sich kein Nachwuchs ein, der doch das Ziel der Heiratspolitik zwecks dauerhaften Friedens zwischen Frankreich und Österreich sein sollte. Immer wieder mahnt sie ihre jüngste Tochter, an ihre Verpflichtung zu denken.

Mercy, der in seinen Briefen an die Kaiserin Antoinette zu entschuldigen sucht, versteigt sich im Oktober 1771 sogar zu der Bemerkung, Ludwig sei impotent.

Doch der Hofarzt Lassone stellte seinerzeit nur einen kleinen organischen Defekt fest, nämlich eine Phimose, eine angeborene Verengung der Vorhaut des Penis. Ärztliche Konsilien wechseln daraufhin einander ab, wobei sich die Argumente für oder gegen eine Operation die Waage halten. Denn die Ehefähigkeit oder Unfähigkeit, die Fruchtbarkeit oder Unfruchtbarkeit eines Königs sind hochbrisante Staatsangelegenheiten, weil sie die Erbfolge und damit das Schicksal einer Herrscherdynastie von Grund auf entscheiden.

Viele Historiker berichten von einer entsprechenden Operation Anfang August 1777. Doch ist es tatsächlich so, dass erst damit das eheliche Versagen Ludwigs behoben werden konnte?

Im Jahre 1974, also erst in jüngster Gegenwart, werden zwei bisher unbekannte Briefe Antoinettes aufgefunden und publiziert.

Am 17. Juli 1773 schreibt Antoinette ihrer Mutter:

„...dass meine Angelegenheiten, seitdem wir hier in Compiègne sind, sich gut entwickelt haben, und ich die Ehe für vollzogen halte, wenn auch noch nicht in dem Maße, um schwanger zu sein...“

In ihrem Antwortbrief auf den darauf folgenden Brief der Mutter ergänzt Antoinette am 13. August 1773 ihren seinerzeitigen Bericht folgendermaßen:

„...Nachdem ich Ihnen geschrieben habe, haben zwei Tage darauf, das ist also am 19. Juli 1773, Monsieur Dauphin und ich geglaubt, mit dem König über unseren Zustand sprechen zu sollen. Er hat mich mit großer Zärtlichkeit geküsst und mich seine teure Tochter genannt. Man hat geglaubt, es wäre gut, unser Geheimnis zu verbreiten. Jeder freut sich sehr darüber (?)... Ich gebe die Hoffnung der Geburt eines Kindes für den Monat Mai noch nicht auf...“

Doch da gibt es einen Brief Antoinettes vom 19. August 1777 an ihre Mutter:

„...Mein jungfräulicher Zustand ist unverändert, der große Angriff noch nicht gelungen...“

Aber am 30. August 1777 schreibt sie der Mutter:

„...Jetzt sind es schon acht Tage her, dass die Ehe vollkommen vollzogen ist..."

Der spanische Gesandte D'Aranda berichtet seiner Regierung, das Datum dieses schicksalträchtigen Ereignisses sei der 25. August 1777, während es nach dem Brief Antoinettes doch der 22. August sein müsste.

Man sieht also, Verwirrung über Verwirrung!

Am 14. Januar 1776 schreibt Antoinette der Mutter:

„...Der König hat gestern Dr. Moreau, den Chirurgen, vom Hôtel Dieu von Paris kommen lassen. Er hat dasselbe gesagt wie die anderen Ärzte, dass auch ohne Operation alle Hoffnung auf ein Kind bestände... Mein Mann hat mir versprochen, dass er sich aus eigenem zur Operation (damals noch ohne Schmerzbetäubung) entschließen würde, wenn es in einigen Wochen noch nichts Entscheidendes seitens der Ärzte gebe..."

Drei Monate später, am 10. April 1776, berichtet sie der Mutter:

„...und bin ich überzeugt, dass die Operation nicht mehr notwendig ist..."

Hinsichtlich der aufgezeigten Widersprüchlichkeiten muss darauf verwiesen werden, dass im Jahre 1803 von den Journalisten Babié und Imbert eine Unzahl von Briefen Ludwigs XVI. publiziert wurde. Die meisten dieser Dokumente stammen nicht von Ludwig, sondern sind eine sehr täuschende Fälschung der beiden Herausgeber. Außerdem gehen viele dieser und anderer Widersprüchlichkeiten bzw. Unwahrheiten unter anderem auf Pamphlete zurück, die im „L'Enfer", der „Hölle" der Bibliothèque Nationale in Paris, beziehungsweise im „Toxic Locker", dem „Giftschrank" des Britsh Museum in London, archiviert und teilweise auch publiziert wurden.

Obwohl Babié später die Fälschungen sogar eingestand, werden diese und andere sogenannte „verifizierte Quellen" bis in die Gegenwart sowohl von vielen Historikern für echt gehalten als auch von vielen Autoren weiterhin als „authentisch" verwendet.

Innerhalb der eigenen Familie begegnen Ludwig XVI. und Antoinette sofort Eifersucht und Widerstand.

Ludwig XVI., die Güte und Bescheidenheit in Person, will nicht, dass ihn seine Brüder mit ‚Majestät' ansprechen, wie es die Etikette verlangt. Auch Antoinette gestattet den Schwagern und Schwägerinnen dieselbe Freiheit.

Über Mercy erfährt Maria Theresia umgehend davon. Sofort schreibt sie der Tochter:

„...Man muss seinen Rang behaupten. Man muss seine Rolle zu spielen verstehen. Dadurch macht man es sich und andern leicht. Es ist schon recht, zuvorkommend und rücksichtsvoll zu sein, aber Vertraulichkeit und unnötiges Reden musst Du scheuen. Dadurch entgehst Du dem Zwiespalt..."

Bald können bei offiziellen Anlässen weniger Vertraute des Hofes und ausländische Gesandte nicht mehr unterscheiden, wer eigentlich der König ist. Denn seine Brüder sind in seiner Gegenwart derart aufsässig, dass ihr Benehmen vielerorts Anstoß erregt.

Adelaide ist gegen Antoinette voll Hass und Bitterkeit und hetzt gegen die ihrer Meinung nach zu sorglose Antoinette. Deren Schwägerinnen, geborene Prinzessinnen von Savoyen, geben Antoinette stets zu verstehen, dass der Hof von Turin besser sei als jener von Wien.

Bald zieht sich das Netz von Verleumdungen um Antoinettes Person von allen Seiten, besonders von der Familie ihres Mannes, immer enger zusammen.

Schon rotten sich ihre Feinde zusammen, die in erster Linie Feinde Österreichs sind, mit dem heimlichen, aber intensiven Wunsch, ihre kinderlose Ehe zu trennen und Antoinette selbst kurzerhand nach Wien einfach zurückzuschicken...

# Freundinnen und Freunde

,Ich habe Angst, mich zu langweilen.'
(Marie Antoinette)

Antoinette ist es inzwischen gelungen, Mercy, den Gesandten ihrer Mutter, durch ihren Liebreiz für sich zu
gewinnen. Wenn er ihr wieder einmal ihre Unvollkom-
menheiten vor Augen hält, erwidert sie ihm des öfteren:
   „Ich werde mich bemühen, möglichst keine Fehler zu
machen. Wenn ich aber welche begehe, werde ich sie
immer zugeben."
   Aber Maria Theresia lässt sich durch den Charme ihrer jüngsten Tochter nicht blenden. Sie schreibt daher
Mercy:
   „Ich kenne nur zu gut den Eigenwillen meiner Tochter und ich weiß, wie geschickt sie alles zu drehen und
zu wenden weiß, um ein Ziel zu erreichen. Nachgiebig
ist sie immer nur dort, wo es sich um Dinge handelt, an
denen ihr nicht viel liegt... Trotz ihrer guten Eigenschaften und ihrer Begabungen fürchte ich daher stets
die Folgen ihrer Unbesonnenheit und ihres Eigen-
sinns..."
   Bald erzählt man sich bei Hof, dass sich Antoinette
über alle hochgestellten Persönlichkeiten lustig macht.
So äußert sich die Neunzehnjährige einmal unbedacht,
sie verstehe nicht, wie sich Damen bei Hof zeigen könnten, wenn sie über dreißig seien.
   Bald wird alles, was man über Antoinette in Erfahrung bringen kann, ins Böswillige verdreht und eifrig
verbreitet, wodurch ihr Ansehen in Versailles schwer ge-
schädigt wird.
   Antoinette hofft, dass sie an den Sitzungen der Minister teilnehmen und damit Einfluss auf die Regie-
rungsgeschäfte gewinnen kann, wie seinerzeit die Mätressen Ludwigs XV.
   Doch der scheue Ludwig XVI. ist anders als sein
Großvater, Ludwig XV. Sofort setzt er das Parlament,

das sein Großvater aufgelöst hatte, wieder in seine alten Rechte ein. Die Hierarchie der Kirche erwartet von Ludwig vergeblich, dass er den evangelischen Gottesdienst verbietet und aufklärerische Bücher verbrennen lässt. Die Masse des Volkes wiederum wünscht sich als König eine Vaterfigur, einen zweiten Heinrich IV., leutselig wie dieser, der sich unters Volk mischte, in Paris in Kneipen dem Trunk kräftig zusprach und jedem Franzosen „sonntags ein Huhn im Kochtopf" versprach.

Doch Ludwig ist leider kein Heinrich IV. Der war ein höchst extrovertierter, kraftvoller Selbstdarsteller, der es stets verstand, sich gekonnt in Positur zu setzen. „Paris ist eine Messe wert", hatte dieser Calvinist ausgerufen und war zum Katholizismus übergetreten, um seine politischen Ziele erreichen zu können.

Nein, Ludwig XVI. ist absolut kein zweiter Heinrich IV. Das kann er nie und nimmer werden. Ludwig ist ein in sich gekehrter, stark introvertierter Mensch. Er kann sich überhaupt nicht ‚verkaufen'. Seine Güte, seine Bescheidenheit, seine Pünktlichkeit, Rechtschaffenheit, Gründlichkeit, Menschenfreundlichkeit und Hilfsbereitschaft, alle diese hervorragenden Tugenden, kann dieser junge Mann nur in der Stille üben, niemals jedoch marktschreierisch in der Öffentlichkeit! Man muss Ludwig schon sehr gut kennen und mit ihm oft beisammen sein, um den wahren, edlen Charakter dieses äußerlich so gar nicht strahlenden Menschen zu erfassen, der von sich selbst eigentlich gar nichts hält.

„Könnte ich nur so würdevoll und gemessen sprechen wie mein Bruder Provence", sagt er verzweifelt zu seinem neuen Minister und Berater, Jean Maurepas.

Ludwig will ein guter König werden. „Ich habe erkannt", sagt er, „dass es immer und überall der Einfluss von Frauen – legitimen oder Mätressen – war, der den Staat heruntergebracht hat." Eine Meinung übrigens, die später auch Napoleon teilen wird...

Daher beklagt Antoinette ihren Mangel an Einfluss hinsichtlich der Politik ihres Mannes und schreibt ihrem Bruder Josef II. nach Wien:

„Wenn ich die Hälfte von einer Angelegenheit erfahre, muss ich die andere Hälfte den Ministern entlocken, indem ich sie glauben mache, dass der König mir alles erzählt hat. Und wenn ich dem König Vorwürfe mache, weil er nicht offen mit mir darüber gesprochen hat, ist er nicht ärgerlich, sondern macht ein verlegenes Gesicht und sagt meistens, dass er nicht daran gedacht hat."

„Der König ist anscheinend willens, sich von niemandem beherrschen zu lassen", schreibt der englische Botschafter, Lord David Stormont, „oder zumindest den Eindruck zu erwecken, dass es so ist. Ob diese Haltung einem wirklichen Selbstbewusstsein entspringt, oder lediglich dem Wunsch, gewisse Schwächen zu verbergen, wird sich ja bald erweisen..."

Sooft Antoinette tagsüber ihren Mann in seinem Kabinett während der Arbeit besuchen will, weist er sie sanft hinaus.

„Madame, ich muss mich den Staatsgeschäften widmen", sagt er dabei jedesmal als Begründung.

Was soll Antoinette da tun? Einmal dringt sie in sein Arbeitszimmer ein, als Nonne verkleidet. Nicht einmal Ludwig erkennt sie. Da bricht sie in schallendes Gelächter aus. Niemand bei Hof versteht eben diese Äußerung unbändiger Lebenslust einer Neunzehnjährigen, die sich am Versailler Hof unverstanden fühlt und schrecklich an Langeweile leidet. Was macht man bloß dagegen? Ernsthaftere Charaktere wüssten schon etwas. Man könnte Bücher lesen, sich mit geistreichen Persönlichkeiten umgeben. In Paris Krankenhäuser, Asyle und Waisenhäuser besuchen, man könnt... Aber überall steht die unerbittliche Etikette dazwischen, die uralte Tradition der Bourbonen, die von der Frau des Königs würdevolle Haltung, Repräsentation und Kinderkriegen, aber sonst überhaupt nichts wünscht...

Um einer derartigen Isoliertheit und Vereinsamung zu entgehen, hält die noch seelisch Unreife Ausschau nach Freundschaft und menschlicher Wärme.

Da ist doch bei Hof eine junge kinderlose Witwe, stets in Begleitung ihres Schwiegervaters, diese sechs Jahre älter als Antoinette. Sie ist dürr von Gestalt, hat traurige Augen, eine unschöne Nase und langes, blondes Haar. Es ist Marie Thérèse, Prinzessin von Lamballe, von Geburt Turinerin und daher Ausländerin, also auch eine Fremde wie Antoinette. Sie wird trotz ihrer Jugend bereits der „gute Engel" genannt und ihr Schwiegervater, der Herzog von Penthièvre, „Vater der Armen".

Sie ist sensibel, beinahe „schrecklich sensibel". Eines Tages fährt Antoinette, die sofort mit ihr Freundschaft geschlossen hat, in einem Boot auf dem Schlosskanal. Antoinette erwähnt wie beiläufig, dass sie sich heute nicht wohl fühle, worauf die Prinzessin in eine zweistündige Ohnmacht fällt.

Ein andermal zerbricht in Anwesenheit der beiden eine Fensterscheibe. Antoinette bekommt dabei ein paar Kratzer ab. Doch Marie ängstigt sich derart um Antoinette, dass sie wieder für mehrere Stunden das Bewusstsein verliert, von den Ärzten zur Ader gelassen und hernach zur Kur nach Plombières geschickt wird, einem bekannten Heilbad am Südwestrand der Vogesen.

Antoinette ernennt diese treue Freundin zu ihrer Oberhofmeisterin nach dem Ausscheiden der Gräfin Anne Noailles, die Antoinette durch ihre übertriebenen Vorschriften stark auf die Nerven gefallen war und die sie bald spöttisch „Madame Etikette" genannt hatte.

Doch die Prinzessin Lamballe kann einem mit der Zeit auch auf die Nerven gehen mit ihrer allzu großen Empfindlichkeit. Der Duft von Veilchen macht sie beispielsweise krank. Beim Anblick gewisser Tiere, selbst wenn sie bloß gemalt sind, erleidet sie hysterische Anfälle.

Auf die Dauer kann diese übersensible Prinzessin auch nicht Antoinettes Langeweile gänzlich vertreiben.

Aber die Lebenslustige, etwas Oberflächliche braucht mehr, um sich zu amüsieren.

Da begegnet ihr eines Tages eine junge, verarmte Adelige aus der Gascogne auf einem Ball in Versailles. Gabrielle Polignac heißt sie und ist mit dem um vieles älteren Grafen Jules verheiratet, einem Oberst der Armee.

Gabrielle ist von kleinem Wuchs, schwarzhaarig, mit langem Hals und dunklen Augen.

Antoinette spricht sie sofort an. „Ich sah Sie noch nie bei Hof. Warum eigentlich?"

„Meine finanzielle Lage erlaubt es nicht", antwortet die elfenhafte Schöne. „Als Oberst der Armee erhält mein Mann als Jahresgehalt nicht mehr als 4.000 Livres."

Auch Gabrielle ist sehr sensibel und muss trotz ihrer Jugend wie die Prinzessin Lamballe oft auf Kur fahren.

Sofort ist Antoinette auch von dieser jungen Dame hingerissen, die sie unverzüglich zur Freundin ernennt. Damit diese bei Hof bleiben kann, verschafft sie ihrem Gatten die Stellung des Ersten Stallmeisters der Königin mit einem Jahresgehalt von 12.000 Livres sowie einem großen Appartement in der Nähe der Gemächer Antoinettes. Mit der Zeit wird jedoch der Geldbedarf der Polignacs und ihres Klüngels immer größer und größer, was Antoinette zu enormen Geldausgaben für diese Leute verleitet.

Lady Jersey schreibt über Antoinette:

„Man kann sich unmöglich ein angenehmeres Wesen als das der Königin vorstellen. Sie gewinnt bei näherer Bekanntschaft ungemein und ist selbst bei kleinsten Dingen äußerst gefällig und hilfsbereit."

Die Pastellmalerin Elisabeth Vigée-Lebrun erhält den Auftrag, Antoinette zu malen.

„Die Königin", schreibt sie, „stand mitten im Glanz von Jugend und Schönheit... Keine Frau in Frankreich hatte einen schöneren Gang... Auf ihrer Persönlichkeit ruhte etwas unerhört Mildes und Wohlwollendes."

Antoinettes Page, Graf Alexandre Tilly, berichtet über sie:

„Selbst in Augenblicken, in denen sie nichts anderes als eine schöne Frau sein wollte, sah sie wie eine Königin aus. Niemals hat eine Frau eine Verbeugung mit mehr Anmut gemacht, indem sie zehn Personen grüßte, während sie sich nur ein einziges Mal verneigte. Wie man anderen Frauen ein Taburett anbietet, war man versucht, ihr den Thronsessel hinzurücken... Wille, Sanftmut spiegelten sich abwechselnd in ihren Blicken, viel deutlicher, als ich dies bei einer anderen Frau je beobachtet habe."

Rose Bertin, ihre Hutmacherin, erzeugt mit der Zeit immer höhere Hüte. So entstehen bald auf den Köpfen der Damen die sonderbarsten Gebilde aus Federn, Blumen, Schleierstoffen und so weiter. Lebende Bilder, Gärten, Windmühlen, Sonne, Mond, Sterne, Vögel, Schiffe, Wiegen u.s.w. werden aus verschiedensten Materialien angefertigt und in die riesigen, hochgetürmten Frisuren eingearbeitet. Die Toiletten der Aristokratinnen werden immer kostspieliger, und die Schleppen der Hofkleider erreichen bald eine Länge bis zu zehn Metern.

Antoinettes Modetorheiten werden natürlich sofort überall nachgeahmt. Eines Tages erscheint sie in einem braunen Kleid.

„Diese Farbe erinnert an einen Floh", ruft der junge König aus. Sofort greift die Pariser Mode diesen Einfall auf. Stoffe werden hergestellt mit Namen wie: „Alter Floh", „junger Floh", „Flohmagen", „Flohkopf" und „Flohrücken".

Antoinette schickt ihrer Mutter ein Portrait, das diese ihrer jüngsten Tochter entrüstet zurückschickt.

„Madame, meine Tochter", schreibt sie ihr, „ich sende Ihnen das Geschenk zurück, das Sie mir zugedacht haben. Ihre Sendung muss auf einem Irrtum beruhen. Ich erhielt nämlich nicht das Konterfei der Königin von Frankreich, sondern das einer Schauspielerin..."

Das Beispiel, das von Antoinette gegeben wird, wirkt sich bald auf viele Stände schädlich aus. Denn viele Ehemänner stürzen sich in hohe Schulden, um ihren Frauen den gleichen Aufwand bieten zu können. Und bald schon weist die öffentliche Meinung auf Antoinette hin, die durch ihr negatives Vorbild ihr Geschlecht verdirbt.

Das vordem so bescheidene Ehepaar Polignac verändert sich seelisch unheimlich rasch durch die Gunst Antoinettes. Zuerst erhält das Paar 400.000 Livres, um seine Schulden zu bezahlen – wofür eigentlich? Bald danach die doppelte Summe, nämlich haargenau 800.000 Livres für die Aussteuer der Tochter, der späteren Herzogin von Gramont. Nun kommen die beiden Polignacs erst so richtig auf den Geschmack, wie herrlich es doch ist, reich zu werden. Sie „erbetteln" sich die Nutznießung eines königlichen Gutes, dessen Jahresertrag sich auf 100.000 Livres beläuft. Ferner erbitten sie sich die oberste Leitung des Postwesens, was für die Polignacs ein gigantisches, noch nie dagewesenes Riesengeschäft wird.

Gabrielle Polignac hat kaum Niveau, doch verbirgt sie unter ihrer scheinbaren Selbstlosigkeit eine gute Portion an Gerissenheit und Zudringlichkeit. Indem sie nämlich so tut, als wünschte sie sich nichts von Antoinette, übt sie sich doch hervorragend in der Kunst, die Königin dazu zu bringen, ihr noch mehr und immer mehr an materiellen Gütern anzubieten.

Es gelingt dem Ehepaar Polignac, die Prinzessin Lamballe vor Antoinette lächerlich zu machen. Diese, in ihrem Stolz verletzt, zieht sich daraufhin zurück und räumt so das Feld für die raffgierigen Polignacs und deren durchtriebenen Klüngel.

Die Polignac bekommt die Masern, Antoinette auch. Die Polignac wartet erneut auf die Geburt eines Kindes, und der Hof muss deshalb nach Marly übersiedeln, damit Antoinette bei ihr sein kann.

Der Schwiegervater der Polignac wird zum Gesandten in der Schweiz ernannt, ein sehr begehrter Posten, um den sich viele würdigere Bewerber vergeblich bemüht haben. Die Schwägerin der Polignac wird zur Ersten Gouvernante der Prinzessin Elisabeth, der jüngsten Schwester des Königs, ernannt. Der Mann der Polignac erhält bald darauf eine jährliche Vermehrung seiner Einkünfte um 80.000 Livres.

Mercy berichtet hierüber seiner Kaiserin Maria Theresia:

„Wenige Beispiele finden sich in der Geschichte, dass königliche Gunst innerhalb derart kurzer Zeit für eine einzige Familie so einträglich wird..."

Bevor Antoinette Königin wurde, hatte sie oft den Wunsch nach einem Haus auf dem Land geäußert. Ludwig erfüllt ihr diesen.

„Jetzt kann ich deinen Wunsch erfüllen", sagt er bald zu ihr. „Ich bitte dich, die beiden Schlösser Trianon in Besitz zu nehmen. Stets war es der Aufenthaltsort für die Lieblinge der französischen Könige. Folglich muss es fortan der deine sein."

Antoinette fällt ihrem Mann vor Freude um den Hals.

„Ich nehme nur das Kleine Trianon an, und zwar unter der Bedingung, dass du dich dort nur einfindest, wenn du von mir eigens eingeladen wirst."

Das zwei Stock hohe Klein-Trianon ist innerhalb des riesigen Parks von Versailles gelegen, umgeben von acht strohgedeckten Häuschen. Zu dem Schlösschen gehört ferner eine Windmühle und ein Schulhaus.

Hier gibt es keine Etikette. Morgens bereits eilt Antoinette zu Fuß dorthin, rührt eigenhändig Butter und macht Früchte selbst ein. Sie melkt meist ihre Lieblingskuh, gibt den Hühnern selbst Futter und pflegt die von ihr gesetzten Blumen. Hat sie Gäste, serviert sie persönlich den Tee. Jeder kann kommen und gehen nach Belieben. Abends spielt bald Antoinette, bald ein Gast am Fortepiano. Die Polignac zupft dann die Harfe. Antoinette singt oft romantische Lieder, die sie selbst gedichtet hat.

Einmal ist Gustav III. von Schweden zu Gast, der zu ihr sagt:

„Für eine Königin singen Sie nicht so übel!"

Hier wirkt sie auch in heiteren Theaterstücken mit. In dem Singspiel ‚Le Devin du Village' des französischen Dramatikers Michel Sedaine spielt sie die weibliche Hauptrolle, nämlich die Zofe Gotte.

Eine Königin in der Rolle einer einfachen Kammerzofe! Noch nie zuvor hatte eine Königin Frankreichs auf einer Bühne gestanden. Lediglich die Pompadour hatte für Ludwig XV. in seichten Komödien mitgespielt.

So hat also Versailles abermals einen Skandal, der natürlich wie immer Antoinette und nur sie allein betrifft.

Nicht nur, dass die Polignac mit Hilfe Antoinettes bald Minister je nach Bestechung ernennen und wieder absetzen lässt, kommt jetzt noch hinzu, dass Antoinette unter dem unseligen Einfluss dieser Frau sich in einen gewaltigen Strudel von Vergnügungen stürzt, der Unsummen verschlingt.

Beispielsweise kauft Antoinette im Januar 1776 ein Paar Diamantohrgehänge für 400.000 Livres, ein wenig später ein Armband für 250.000 Livres, und dies alles zu einer Zeit, da in vielen Städten Frankreichs Tausende arbeits- und obdachlos werden und vor Hunger nach Brot schreien.

Mercy berichtet auch davon umgehend seiner Kaiserin.

Unverzüglich schreibt Maria Theresia ihrer jüngsten Tochter:

„Madame, meine Tochter, die Geschichten, die ich über Sie höre, schneiden mir ins Herz. Die Berichte von Ihren Diamanten haben mich zutiefst niedergedrückt. Meine Tochter, meine liebe Tochter, meine erste Königin, wohin soll das alles führen? Der Gedanke ist mir unerträglich..."

Aber von nun an verfällt Antoinette noch der Spielleidenschaft. Seit jeher waren viele Hofkavaliere von Versailles dem Hasardspiel ergeben. Von jetzt ab wird es

Antoinette auch. Eines Tages verliert sie in Marly bei einem einzigen derartigen Spiel 140.000 Livres.

Ein reicher Engländer erhält durch Vermittlung der Polignac Zutritt zu Antoinette. In kurzer Zeit knöpft er beim Hasard dieser, ihren beiden Schwägern sowie einigen Hofleuten insgesamt die astronomische Summe von sage und schreibe 30 Millionen Livres (!) ab.

Eines Tages bemerkt ein österreichischer Besucher, nämlich Graf Stephan Esterházy, Tränen in den Augen Antoinettes.

„Was haben Sie?", fragt er.

„Ach!", erwidert sie. „Als ich neulich Paris besuchte, riefen mir die Fischverkäuferinnen auf der Straße zu: ‚Schaff dem Thron einen Erben, einen Erben.'"

„Das kommt noch! Sie sind jung", versucht Esterházy sie zu trösten.

„Ja, ich bin leichtsinnig", bricht es ungestüm aus ihr. „Ich bin oberflächlich, ich will mich dauernd amüsieren und nichts als amüsieren. Und warum, frage ich Sie, warum?"

„Fort mit trüben Gedanken! Sie sind schön, Sie sind begehrenswert."

„Neulich bat mich eine Hofdame, wegen eines Sturmes nicht auszureiten. Da rief ich ihr zornig zu: ‚Lassen Sie mich in Ruhe und nehmen Sie zur Kenntnis, dass ich dadurch keinen künftigen Thronerben aufs Spiel setze!'"

„Ich verstehe, dass Sie sich Sorgen machen, da Sie bereits einige Jahre verheiratet sind und sich noch immer kein Nachwuchs einstellt. Aber man darf eben die Geduld nicht verlieren."

„Geduld, Geduld! Sie wissen, dass die Herzogin von Orléans mit einem toten Kind niederkam. Doch, wie traurig dies auch sein mag, so möchte ich doch gern an ihrer Stelle sein. Besser ein totes Kind als gar keines!"

„Sie werden in nächster Zukunft bestimmt Mutter werden, und zwar Mutter eines gesunden Kindes!"

„Als mein Bruder, Kaiser Joseph, uns hier in Versailles besuchte, da ging er streng mit mir ins Gericht."

„Nehmen Sie es nicht zu schwer!"

„Er warf mir vor, dass ich den König nächtelang allein in Versailles ließe, während ich selbst in Gesellschaft der ganzen Kanaille in Paris wäre. Ja, er sagte wortwörtlich: Kanaille... Ein hässliches Wort!"

„Ein solch strenger Bruder zu einer solch schönen Schwester!" Der Graf strahlt sie an.

„Er wiederholte mir die Lehren meiner Mutter, ich sollte täglich zwei Stunden ernster Lektüre widmen... zwei Stunden seien nicht zu viel... Das würde mich vernünftiger machen."

„Aber wozu denn vernünftig sein? Ist es nicht besser, dem lieben Gott für einen lustigen Tag zu danken als für einen langweiligen?"

„Hören Sie, Graf! Mein Bruder sagte zum Abschied zu mir: ‚Ich zittere schon jetzt für dich, denn so kann es nicht weitergehen!'"

„Ach! Wegen der Lappalien von ein paar tausend Livres für Schmuck und Spiel am Roulette!"

„Er sagte allen Ernstes zu mir..."

„Was sagte er? Kaiser Joseph wird doch kein Pessimist sein?"

„Er sagte... Er sagte: Die Revolution... wird... grausam sein... Die Revolution... grausam..."

Antoinette ist sehr bleich geworden.

„Ach was!", wischt Esterházy solche Gedanken fort. „Revolution gegen eine so schöne, junge Königin und gegen einen so herzensguten König? Unsinn! Das Volk liebt Sie doch aus ganzem Herzen!"

# Ein junger Ritter aus Schweden

> ‚Eine Liebeserklärung mach ich einer
> spröden Schönen, die ihre Reize
> hinter dem Schleier der Geschichte verbirgt
> und meinen sehnsüchtigen Kuß abwehrt...‘
> (Hugo Schanovsky, Den Tod auf der Zunge)

*Zurückgeblendet:*

Am 19.November 1773 stellt der schwedische Gesandte Graf Creutz bei einem Empfang in Versailles der damals 18-jährigen Antoinette, damals noch nicht Königin, einen gleichaltrigen Landsmann aus Schweden vor.

Es ist dies ein gewisser Graf Axel Johann Frederik FERSEN. Er ist hochgewachsen, schlank, dunkelhaarig, alles in allem ein schöner Jüngling, ein trotz seiner Jugend ernster, seriös wirkender Offizier, der seine Mutter allzu früh verloren hatte.

Der blonden Antoinette gefällt dieser schmucke, dunkel Gelockte auf Anhieb, weil für sie in dieser Lebensphase eigentlich jeder junge, hübsche Mensch, unabhängig vom Geschlecht, eine Augenweide ist.

Das Schicksal mischt an jenem 19. November für die beiden jungen Menschen, für Antoinette und Axel, bereits die Karten. Aber noch können sich die beiden dieser Karten nicht bedienen, um ein beiderseitiges Spiel damit anzufangen.

Nein, obwohl Antoinette dieser romantisch wirkende Jüngling blitzartig gefällt, so ist doch dieser erste Eindruck noch allzu flüchtig.

Noch eilt sie gedankenlos von Stunde zu Stunde, hetzt von Programm zu Programm, das andere für sie erstellen, das von den Briefen der stets drängenden und fordernden Mutter aus Wien, von derem Gesandten Mercy, vom strengen Abbé Vermond und anderen, unerbittlich von ihr eingefordert wird.

Noch ist für die gedankenlose Achtzehnjährige der gleichaltrige Jüngling aus dem hohen Norden eine schillernde Seifenblase, die, kaum bemerkt, auch schon wieder zerplatzt ist..

Antoinette fährt jetzt oft in das leichtlebige Paris, das sie im Juni 1773 mit soviel Begeisterung begrüßt hat. Da ihr Gatte Frühaufsteher ist und daher früh zu Bett geht, während sie eher das Gegenteil ist, besucht sie also meistens allein, nur von einer Palastdame begleitet, in Paris die Oper, die übrigen Theater, Varietés und Redouten.

*Paris, Sonntag 30. Januar 1774:*
Auf einem Maskenball ist Antoinette als hellroter Domino sehr elegant gekleidet. Da erblickt sie einen hochgewachsenen Offizier in einer fremdländischen Uniform mit Maske. Ihre eigene Verkleidung macht die Lebenslustige sicher, und aus einer ausgelassenen Laune heraus spricht sie ihn an.

„Unbekannte Maske, so allein auf dem Ball? Haben Sie Ihre Begleiterin verloren?" Ihre Stimme ist angenehm. Ihre schlanke Erscheinung lässt auf eine nicht unhübsche Trägerin des Kostüms schließen. Mit hartem, schwedischen Akzent erwidert er, dem leichtes Tändeln fremd ist:

„Ich kam allein hierher. Sie etwa auch?"

Sofort fällt ihr sein nordischer Akzent auf. Da war doch jemand aus dem Eiszapfenland, der ihr vor ein paar Wochen vorgestellt wurde?

„Ich kam ebenfalls allein hierher. Beinahe allein...", erwidert sie.

„Wie soll man das verstehen? Dieses ‚Beinahe'?"

„Das ist mein Geheimnis".

„Ein Geheimnis, sehr, sehr spannend..." Er spricht langsam und überlegt. „Wenn ich nur wüsste, wer Sie sind..."

„Dann wäre es wohl kein Geheimnis, oder....?" Sie lacht ihm schelmisch ins Gesicht.

„Solange man sich persönlich nicht kennt...", erwidert er gedehnt.

„Es reizt Sie wohl, hinter die Maske zu blicken? Doch noch ist nicht Mitternacht. Noch dürfen die Masken nicht gelüftet werden."

„Ich spiele nicht gern Roulette, ohne den Einsatz zu kennen."

„Der Einsatz kann gering sein, aber auch hoch, sehr hoch."

„Wenn es sich lohnt, kann kein Einsatz zu hoch sein."

„Sie sind Nordländer, das hört man."

„Sie haben feine Ohren...Mademoiselle?"

„Schwede vielleicht?" Sie geht auf seine angedeutete Frage nicht ein.

„Das ist möglich. Mademoiselle, Ihre Stimme ist sehr angenehm."

„Danke, Monsieur. Tanzen Sie nicht?"

„Nur höchst selten."

„Und wann ist das?"

„Wenn mir eine junge Dame besonders sympathisch ist. Sie zum Beispiel..."

„Aber ...Sie kennen mich doch noch gar nicht."

„Das ist schade."

„Sie dürfen mich zum Tanz bitten, falls ich Ihnen sympathisch sein sollte..."

Da bricht die Musik ab. Der Tanzmeister betritt die Bühne und ruft in den Saal hinein:

„Mesdames et Messieurs, es ist Mitternacht. Die Masken bitte zu lüften..."

„Na endlich!" Der Schwede nimmt erfreut seine Maske ab.

„Oh...!" Antoinette blickt gebannt in das jünglinghafte Gesicht. „Ich glaube... ich bin überzeugt, wir beide, Sie und ich sind uns schon begegnet..."

„Darauf könnte ich nur antworten, Mademoiselle, wenn Sie... auch Sie die Maske ablegen. Darf ich darum bitten?"

„Nicht nötig, Monsieur. Wir sind uns bereits begegnet... in Versailles!"

„In Versailles?"

„Könnte es nicht sein, dass Sie der schwedische Gesandte der Dauphine vorstellte?"

„Tatsächlich! Es war der 19. November vorigen Jahres. Ein Freitag! Das ist demnach zehn oder elf Wochen her."

„Am 19. November also...", wiederholt sie leise. „Warum haben Sie sich dieses Datum so genau gemerkt? Warum eigentlich?"

„Besondere Ereignisse behält man unauslöschlich im Gedächtnis..."

„Was war daran so besonders, wenn ich fragen darf?"

„Sie haben wahrscheinlich Madame la Dauphine noch nie von Angesicht zu Angesicht gesehen. Wie sollten Sie auch? Es wird nicht jedermann bei Hofe vorgestellt."

„Ach, ich wäre so neugierig, die Dauphine einmal zu sehn. Ist sie sympathisch? Oder arrogant?"

„Keine Spur. Sie ist nicht nur schön, sondern auch..." „Wie schön?"

„Das kann man nicht beschreiben. Sie ist einfach...einfach einmalig. Ja, ganz und gar einmalig!"

„Würden Sie mir einen Wunsch erfüllen?"

„Vielleicht, wenn Sie Ihre Maske lüften wollten!"

„In drei Tagen, also Mittwoch, gibt es in Versailles einen Ball bei Gräfin Noailles. Wollen Sie kommen? Ich wäre auch dort. Da könnten wir uns wiedersehn, oder nicht?"

„Bei der Oberhofmeisterin der Dauphine? Wer sind Sie, dass Sie bei Hof aus- und eingehn?"

„Ich bin...ich bin..." Sie sieht sich hilfesuchend um. Plötzlich scharen sich maskierte Menschen neugierig um sie. Da eilen auch schon Antoinettes Hofdamen herbei.

Fersen scheint etwas aufzudämmern.

„Madame sind...", bricht es ungestüm aus ihm. „Madame sind gewiss..."

Da ziehen die herbeigeeilten Hofdamen Antoinette hastig mit sich fort, in deren Loge zurück.

Da geht Fersen ein Licht auf. Er weiß genug.

Fersen geht nicht zu dem Ball der Gräfin Noailles.

Aber er führt gewissenhaft Tagebuch.

In dürren zehn Worten berichtet er über diese Begegnung.

Dürre zehn Worte...

Scheinbar will er dieses Ereignis aus seinem Gedächtnis streichen.

Auch der hellrote Domino hat diese Begegnung scheinbar rasch vergessen. Noch ist die 18-jährige nicht Königin. Noch „hüpft und flattert sie wie ein Lied dahin", wie der Zeitzeuge de Goncourts die „kleine Dauphine" zu dieser Zeit beschreibt.

Doch bald wird der elegante Domino, über Nacht gleichsam, Königin von Frankreich.

Der Vater des jungen Grafen, vom Hauslehrer des Sohnes über die Begegnung Axels mit der Dauphine vom 30. Januar unterrichtet, befiehlt unverzüglich die Heimkehr.

Bereits zwei Tage nach der Thronbesteigung des jungen französischen Königspaares muss der schwedische Jüngling in seine Heimat zurückreisen.

Wer ist eigentlich dieser Graf Axel Fersen?

Gleichaltrig mit Antoinette, Sohn eines schwedischen Feldmarschalls und Staatsrates, hat er sehr früh die Mutter verloren. Vom adelsstrengen Vater wird er mit 15 Jahren in Begleitung eines Hauslehrers für drei Jahre auf Reisen geschickt, um ein gebildeter Weltmann zu werden.

In Deutschland betreibt der Jüngling auf Geheiß des Vaters Studien zur Allgemeinbildung, das heißt, er lernt Latein, Französisch, Geschichte, Geographie, Rechtslehre und Militärwissenschaften. Danach reist er mit dem Hauslehrer weiter nach Italien, um ein wenig Medizin und Musik zu studieren. Auch muss er in Genf Voltaire aufsuchen, den Papst der Aufklärung, der auf den philosophischen Anschauungen von Descartes, Malebranche und Bayle aufbaut. Voltaires propagierter Erkenntnisprozess basiert auf der Befreiung von Traditio-

nen, Konventionen, Institutionen und solchen Denk-
vorgängen, die nicht vernunftmäßig begründet werden
können, wie beispielsweise Religion, Mystik, Intuition
und so fort.

Der 17-jährige, frühzeitig gereifte Jüngling lauscht
sehr aufmerksam den Ausführungen des 78-jährigen
Geistesriesen Voltaire, der sich im Park seines Schlöss-
chens Ferney einen Altar errichten lässt mit der Aufschrift: „Deo Voltaire", das heißt, dem gottgleichen Voltaire!

Nach Ansicht des Vaters fehlt nun dem 18-jährigen zu
seiner geistigen Ausbildung nur noch der letzte Schliff,
und das ist nach Meinung des Familienoberhauptes ein
längerer Aufenthalt in... Paris!

Hier kann ein junger ausländischer Aristokrat nicht
nur sein erlerntes Französisch vervollkommnen, hier er-
lernt er auch die höfische Kunst feiner Manieren und
kultivierter Konversation, die eigentlich darin besteht,
geistreich zu plaudern, ohne Wesentliches von sich
selbst preiszugeben.

Nun ist der 18-Jährige bereits ein schöner junger
Mann, breitschultrig, ohne korpulent zu wirken, hat ein
fein geschnittenes Gesicht, strahlend blaue Augen, kurz
gesagt, eine äußere Erscheinung, die es erhoffen lässt,
einmal in eine hochstehende Familie einheiraten zu können, so dass einer künftigen Karriere als Gesandter, Minister oder General nichts im Wege stehen dürfte.

Kaum ist er vom schwedischen Gesandten in Versailles vorgestellt worden, berichtet darüber bereits Graf
Creutz seinem König Gustav III. nach Stockholm:

„...Von allen Schweden, die sich während meiner
Amtszeit hier aufgehalten haben, ist es der junge Graf
Axel Fersen, der in der großen Welt am besten aufge-
nommen wird..."

Der 31-jährige Gustav III. hat mittlerweile an dem
zurückgekehrten Axel Gefallen gefunden. Im Frühsommer 1777 stattet jener dem französischen Königspaar ei-

nen Staatsbesuch ab. Den 21-jährigen Axel nimmt er kurzerhand als seinen Adjutanten mit.

Er ist ein hübscher Mann, dieser Gustav III., mit seinem hellen Haar, den blitzenden, blauen Augen und einem Bubengesicht.

Nun betritt der Schwedenkönig in Begleitung seines Adjutanten lächelnd die von tausenden Kerzen erleuchtete Spiegelgalerie des Versailler Schlosses. Der gesamte Hofstaat ist um das französische Königspaar versammelt.

Die Hofmusikkapelle intoniert eine festliche Polonaise. Durch die endlos lange Gasse der Höflinge, der sich verneigenden Würdenträger und der im Hofknicks versinkenden adeligen Damen, schreitet Gustav auf das unter dem Thronbaldachin stehende Königspaar zu.

Lächelnd umarmt der 31-jährige Schwedenkönig den 23-jährigen Ludwig XVI. Galant küsst jener der 22-jährigen Antoinette die Hand.

Scheu und stumm steht Fersen dahinter. Doch schon hat ihn die etwas kurzsichtige Antoinette erkannt.

„Oh...!", ruft sie hocherfreut aus. „Wen haben wir den da? Das ist ja ein alter Bekannter!" Sie nickt lebhaft dem jungen Axel zu.

„Majestät kennen Graf Fersen bereits?", fragt Gustav III. erstaunt die heitere, unkonventionelle Antoinette, die wieder einmal die strenge Hofetikette ignoriert und den stummen Jüngling aus der zweiten Reihe ungeniert angesprochen hat.

„Natürlich!", lacht Antoinette frei heraus. „Fragen Sie doch einfach den jungen Grafen! Er kann es Ihnen bestätigen."

Axel ist über und über rot geworden. Er dachte, die Königin hätte ihn längst vergessen, hätte längst die kurze Begegnung eines eleganten Domino mit einem scheuen 18-jährigen auf einem Pariser Maskenball aus der Erinnerung verbannt.

Der junge Axel weiß nicht, was er auf die Worte der gleichaltrigen, strahlenden Königin erwidern soll. Verwirrt senkt er angesichts des gesamten Hofstaates den Kopf und schweigt.

Doch sie ist in ihrem aufbrodelndem Gefühlsüberschwang nicht zu bremsen.

„Treten Sie doch näher, Graf!", ermuntert sie den introvertierten, für seine Jugend zu ernsten Jüngling. „Treten Sie doch näher!", wiederholt sie und lächelt verführerisch den stummen Gleichaltrigen an trotz des neben ihr in feierlicher Staatsrobe stehenden Gatten. „Wiederholen Sie doch ruhig vor den beiden Majestäten, woher wir uns kennen und wie lange!"

Bald über und über rot im Gesicht und bald kreidebleich, stammelt der Jüngling angesichts der prüfenden Blicke sowohl Ludwigs XVI. als auch Gustavs III. ziemlich unbeholfen:

„Es war...es war Freitag, der 19. November 1773, also vor fast vier Jahren, da wurde ich von unserem Gesandten Madame la Dauphine vorgestellt und danach...danach..."

„Was war danach?" In Ludwigs XVI. Gesicht steht eine steile Falte.

„Was war dann?", redet Gustav III. begütigend auf Axel ein. „Dann..." Der 22-Jährige vermeint, im Boden versinken zu müssen. Die Blicke der beiden Könige brennen in seinem sich verfärbenden Gesicht, das Antlitz der jungen, schönen Königin scheint wie in einer erstrahlenden Morgenröte aufzuglühen, daneben die eifersüchtigen Augen der jungen Brüder Ludwigs und deren Ehefrauen sowie der altjüngferlichen Tanten, die hunderten und aberhunderten Hofschranzen im Rücken, deren stechende Blicke man schaudernd zu spüren vermeint...

„So sagen Sie es doch schon!", hilft ihm jetzt die gleichaltrige Antoinette, „später trafen wir uns auf einem Maskenball..."

„Es war ein Sonntag", wird Axel mit einem Schlag lebhaft, „ja, sonntags, der 30. Januar 1774... vor drei Jahren..."

Antoinette klatscht freudig in die Hände.

„Sie standen einsam in einer Saalecke, und ich fragte Sie, ob Sie etwa Ihre Begleiterin verloren hätten..."

„Unerhört", zischt da Prinzessin Adelaide, die mittlerweile 45-jährige älteste Tochter Ludwigs XV., die als einstige Madame Royale in die zweite Reihe der königlichen Hierarchie gedrängt worden ist und heute keine führende Rolle zu spielen hat, seitdem die verhasste ‚Österreicherin' mit 19 Jahren die Königin von Frankreich geworden ist.

„Majestät", fährt Axel unsicher fort, „beehrten mich als eleganter Domino eines Gespräches..."

„Ein Skandal!", sagt Adelaide laut zu der neben ihr stehenden, um ein Jahr jüngeren Schwester Victoire. „Solch ein Affront der Etikette gegenüber, der geheiligten, höfischen Tradition gegenüber..."

„Ja", wiederholt Victoire wie ein Echo, „ein Affront...ein Affront", wobei die kindlich Wirkende vor Entsetzen den Mund zu schließen vergisst.

„Na schön!" Gustav III. lacht jungenhaft heraus. „Jetzt hätten wir also diese originelle Geschichte vernommen! Madame la Dauphine und ein junger Schwede. Man müsste eine Ballade daraus komponieren!"

„Assez, genug der Worte!" Ludwig XVI. ist etwas unwillig geworden. „Darf ich Ihnen, Majestät", wendet er sich Gustav zu, „meine Schwester Clotilde mit ihrem Gatten Karl Emanuel IV. von Sardinien, desgleichen meine jüngste Schwester Elisabeth..."

Gustav küsst ihr ritterlich die Hand.

Da bessert sich Ludwigs Stimmung zusehends. „Meine Schwester ist erst dreizehn..."

Später im kleinen, intimen Kreis kann es Adelaide nicht unterlassen, sich auf Gustav zu stürzen und den König innig zu küssen, so wie sie ein paar Wochen zuvor den Bruder der ihr verhassten Antoinette, den 36-jährigen verwitweten Joseph II., innig geküsst hatte.

Bald, zu bald für Antoinette und wohl auch für Axel, geht der Staatsbesuch Gustavs III. zu Ende.

Der Schwedenkönig reist mit seinem Adjutanten wieder heimwärts nach Stockholm.

Bleibt eine gähnende, innere Leere in Antoinettes Seele zurück...?

*Graf Axel Fersen im Alter von 28 Jahren*

# Er kommt wieder

> „Wie schön der Abend war und zärtlich,
> wie weich der Wattebausch der Wolken,
> wie samtig die Nacht ..."
> (Hugo SCHANOVSKY, Mozart).

*Frühsommer 1778, Versailles:*
Ein Jahr später reist der mittlerweile 23-jährige Axel abermals nach Versailles, diesmal jedoch ohne Gustav III., ohne noch dessen Adjutant zu sein, vielmehr allein als sein eigener Herr, selbständig und unabhängig.

Der Vater, der Herr Feldmarschall und Staatsrat Graf Frederik Axel Fersen, findet es jetzt für angemessen, dass sein Sohn nochmals auf Reisen gehe, um sich eine reiche Gattin im Ausland auszusuchen.

Warum eigentlich nicht in Schweden?

Gibt es denn nicht dort genug junge hochadelige Damen aus den alteingesessenen, reichen Geschlechtern der Oxenstiernas, Brahes, de la Gardies, Torstensons, Königsmarcks, Wrangels und so weiter?

Muss es den unbedingt eine Ausländerin sein?

Aber... der 23-Jährige Axel schwärmt dem Vater von einem immens reichen Töchterlein eines englischen Lords aus London vor, desgleichen auch noch von einer Erbtochter eines französischen Herzogs aus der Normandie. Dem ehrgeizigen Vater gehen die Augen über ob der möglichen Einheirat seines Sohnes in allerhöchste Kreise. So schickt er abermals seinen bildhübschen, bereits zum Mann von Welt gewordenen Sprössling, mit Goldstücken reich versehen, auf Auslandsreise.

Doch Axel scheint dem Vater ein wenig vorgeflunkert zu haben.

Denn der reife Jüngling denkt nicht im Traum daran, etwa nach London oder in die Normandie zu reisen. In jugendlicher Ungeduld nimmt er das erste beste große Transportschiff, das statt einer endlosen Reise über Dänemark und Südschweden direkt den Hafen von Lübeck ansteuert. Von dort begibt er sich schnurstracks – man höre und staune – auf dem Landweg nach...Versailles.

An einem heißen Julitag trifft er hier ein. Sofort meldet er sich beim schwedischen Gesandten Creutz, der unverzüglich die Liste der in Frankreich angekommenen Schweden dem königlichen Hofamt vorlegt. Bald darauf erfährt Antoinette auf dem Amtsweg von der Ankunft Axels. Umgehend übermittelt sie ihm eine Einladung für den Spielabend des kommenden Sonntags.

Als er dort eintrifft, ist Antoinette bereits anwesend. Sobald sie ihn erblickt, ruft sie abermals gegen jede Hofetikette spontan aus: „Da ist er ja wieder, unser alter Bekannter!"

Der anwesende Klüngel der Polignacs wittert umgehend Gefahr. Ist hier vielleicht ein neuer Günstling im Entstehen? Doch die Gräfin Polignac beruhigt ihre Verwandten und Freunde: Er ist ein Ausländer, der kommt und geht. Besser ein solcher als ein Einheimischer, der eines Tages eine hohe Machtstellung einnehmen und uns alle verdrängen könnte!

Axels Freude über dieses sichtbare Zeichen von königlicher Sympathie, das ihm die offenherzige Antoinette bar jeder Verstellung diesmal abermals bezeugt, ist natürlich ungeheuer groß.

Also hat es sich doch gelohnt, dem Vater vorgegaukelt zu haben, auf Brautschau nach London und in die Normandie zu reisen und statt dessen mit fliegenden Fahnen sofort nach Versailles zu eilen.

Wie ein unbekümmerter Backfisch, der mit einem gut aussehenden Jüngling recht oft beisammen sein will, lädt ihn Antoinette auch für die nächsten und die darauf folgenden Tage ein zu ...ihrem Montagball, zum Schauspiel am Dienstag, zum Mittwochball der Polignac, donnerstags zum abendlichen Pfänderspiel und so weiter und so fort.

Bei derart zahllosen Gunstbeweisen der Königin von Frankreich an einen unbedeutenden Ex-Adjutanten

Gustavs III. ist der junge Axel sicher, dass sein Vater nichts dagegen haben wird, dass sein Sohn Versailles als ersehntes Ziel der Reise angesteuert hat. Er schreibt alsbald dem adelsstrengen Vater:

„...Die Königin, welche die schönste und liebenswürdigste Fürstin ist, die ich kenne, hat die Güte gehabt, öfters nach mir zu fragen. Neulich erkundigte sie sich bei Creutz, warum ich mich bei ihren Spielabenden an den Sonntagen nicht einfinde. Als sie hörte, dass ich an einem Tag dort gewesen war, wo kein Spiel stattgefunden hatte, brachte sie eine Art Entschuldigung dafür vor..."

Kaum ist jedoch Axel ein paar Tage in Versailles, wird auch schon am 5. August 1778 der Hof offiziell in Kenntnis gesetzt, dass die Königin ihre erste Niederkunft erwartet.

Was geht nun in dem 23-Jährigen vor, dem eine solche offizielle Mitteilung nicht verborgen bleibt? Zerstört dies nicht etwaige Illusionen, die er zweifellos hatte, als er ohne Zögern, kaum dass der Winter in Schweden zu Ende war, Hals über Kopf nach Versailles aufbrach? Wozu das alles, nur um zu einer verheirateten Gleichaltrigen zu reisen, die sich dem Pflicht-Gatten doch nicht versagt hatte und nun ein Kind von ihm erwartete?

Hat es unter diesen Umständen noch einen Sinn zu bleiben?

Axel weiß trotz seiner Jugend, was er will. Also... was will er eigentlich hier an diesem Hof, der durch Ludwig XV. lasterhaft wurde?

Am wahrscheinlichsten ist, dass Axel wissen will, woran er eigentlich ist. Er ist jung, aber er ist nicht naiv. Er beobachtet, wie in Paris, wie in Versailles hochstehende verheiratete Damen, wie diese Polignac etwa, ein Kind von einem Liebhaber bekommen. Könnte vielleicht Antoinette auch eine solche Frau sein? Aber Axel weiß, eine Königin kann es sich nicht leisten, schon aus Gründen der legitimen Thronfolge, sich einen Liebhaber vor den Augen der Welt zu halten. Außerdem, selbst wenn solches geschehen sollte, Axel ist absolut nicht der Typ, um eine derartige, in seinen Augen zwielichtige Rolle zu spielen. Also beschließt Axel, abzuwarten und trotz romantischer Gefühle, deren er sich bewusst ist, nüchtern zu bleiben und nichts zu überstürzen. Ohne Zweifel liest er in den Blicken Antoinettes so etwas wie Liebe... Liebe für ihn, den unbedeutenden Ex-Adjutanten Gustavs III. Ohne Zweifel erwidert Axel immer öfter diese Blicke, die eine heimliche Vertraulichkeit aufbauen zwischen einer noch jungen Königin und einem noch jungen Nordländer.

Eines Tages erzittert sie sichtlich bei seinem Eintreten und wird bald rot und blass, was den Anwesenden nicht verborgen bleiben kann. Tausend kleine und weniger kleine Anzeichen könnten bald der Umgebung verraten, dass sich hier eine gegenseitige Zuneigung entwickelt.

Der Herbst vergeht immer rascher, und die Schwangerschaft Antoinettes wird immer sichtbarer. Um die Peinlichkeit einer erotischen Begegnung nicht aufzuschaukeln, bemüht sich die Königin, ihn nicht immer anzusehen, wie auch er versucht, die Umgebung und auch sich selbst von dieser innigen Herzensneigung abzulenken.

Er macht auffällig anderen Damen den Hof. Dabei ist eine solche Anmut in seinen Bewegungen, eine solche Weichheit in seiner Stimme, eine solche Verbindung von Zuvorkommenheit und Verehrung, dass er die Herzen der Weiblichkeit im Sturm erobert. Bald nennt man ihn in den Salons der Königin dichterisch „Zephir", was soviel wie einen milden Südwestwind bedeutet. Offen wird er bald „der schöne Fersen" tituliert. Allgemein ist man der Ansicht, dass er einer der vollendetsten Kavaliere ist, den man seit langem bei Hof erlebt hat.

In dieser Zeit verändert sich Antoinette sehr zu ihren Gunsten. Ist es die bald zu erwartende Niederkunft des ersten Kindes? Oder...ist es vielmehr ihre offensichtliche

Verliebtheit in Fersen, der so ganz anders als die leichtlebigen, oberflächlichen Kavaliere dieses Hofes ist?

Mercy, der „alles sehende Mercy", bemerkt diese Veränderung Antoinettes. Sofort berichtet er Maria Theresia:

„...In einer Stunde des Vertrauens und der Güte geruhte die Königin mir zu sagen, sie wolle vor mir eine Generalbeichte ablegen...Sie sprach von ihren Vergnügungen und ihrer Gesellschaft, vor allem über solche Einzelheiten ihres Privatlebens, und befahl mir, ihr meine Ansicht über... jede Person... mitzuteilen... Sie fügte hinzu, dass die Betrübnis, in der sie sich befinde, sie dahin gebracht habe, sich ernste Gedanken über ihr künftiges Verhalten zu machen, und dass sie endlich die Notwendigkeit fühle, sich zum Guten zu entscheiden..."

Je näher der Tag der Niederkunft heranrückt, umso mehr wird aus dem bisher gefühlsmäßig unterkühlten Ludwig XVI. ein leidenschaftlicher Bewunderer seiner Frau.

Jene Höflinge, die nicht zum Klüngel der Polignacs gehören, fürchten jetzt, dass durch die Geburt eines Kindes Antoinettes Macht noch mehr gesteigert werden könnte. Wenige Tage vor der Niederkunft erscheint ein Band von Schmähliedern auf die Königin, der vor ihrem Appartement in den Schloßpark geworfen wird.

Am 20. Dezember 1778 kommt das erste Kind zur Welt. Es ist eine Tochter, die auf den Namen Marie Thérèse getauft wird. Prinzessin Lamballe, die während der Geburt anwesend ist, muss wieder einmal ohnmächtig hinausgetragen werden.

Kaiserin Maria Theresia ist gar nicht zufrieden. Statt ihrer Tochter Glück zu wünschen, schreibt sie lediglich:

„Madame, meine Tochter, ich muss Ihnen leider mitteilen, dass diese kleine Maria Theresia überflüssig ist..."

In jedem der folgenden Briefe wiederholt Maria Theresia hartnäckig:

„Madame, meine Tochter, ich muss leider immer und immer wieder betonen und darauf zurückkommen: Wir müssen unbedingt einen Kronprinzen zur ewigen Versöhnung unserer beiden Reiche haben, unbedingt..."

Oder in einem anderen Brief Maria Theresias an Antoinette:

„Madame, meine Tochter... die Ungeduld verzehrt mich... Mein Alter erlaubt es nicht, noch lange zu warten...Es wäre ein großer Schaden, nicht mehr Kinder von dieser Rasse, nämlich von Ihnen und dem König, zu gebären..."

Wiederum ein anderes Mal...:

„Madame, meine Tochter, noch keine Aussichten? ...Das macht mich wirklich ganz verzweifelt... Wir müssen endlich einen Kronprinzen haben, wir müssen, wir müssen ihn einfach haben...!"

Das Jahr 1779 bricht an.

Antoinette ist stolze Mutter und scheint völlig in ihrer Mutterrolle aufzugehn. Die Polignac wird zur Gouvernante des Neugeborenen ernannt, was ihren Einfluss bei Hof natürlich abermals bedeutend erhöht.

Der Karneval geht dieses Jahr unbemerkt an Antoinette vorüber. Sofort berichtet Mercy nach Wien, dass sich die Königin keinem Spieltisch mehr nähere. Ihre Vergnügungssucht sei verschwunden, und sie dürfe mit Recht auf weitere Schwangerschaften hoffen.

Ende Februar nach Klein-Trianon zurückgekehrt, gibt Antoinette wieder ihre Abendgesellschaften, zu denen natürlich sofort abermals Fersen eingeladen wird.

Wiederholt sich jetzt das alte erotische Spiel zwischen diesen beiden? Antoinette ist schlank wie zuvor und nach der Entbindung noch schöner geworden. Sie hatte tiefe Sehnsucht nach ihrem nordischen „Liebling" empfunden und sein Erscheinen in Klein-Trianon kaum erwarten können. Sie hatte ihn gebeten, in seiner schwedischen Paradeuniform zu erscheinen, einer Phantasieuniform, die der kunstsinnige Gustav III. eigens entworfen hatte.

„Eine hübsche Uniform", jubelt Antoinette auf. „Und wie gut sie Ihnen steht!" Ihre Augen scheinen den Jüngling fast verschlingen zu wollen.

Der schwedische Gesandte zieht hernach seinen jungen Landsmann beiseite.

„Sie erregen Aufsehen, mein Lieber", spricht er leise zu ihm. „Das ist nicht gut, weder für Sie und schon gar nicht für die Königin. Bedenken Sie doch, man wird Schmählieder gegen diese verfassen, und das wird ärger sein als das bisher Dagewesene!"

„Aber", verteidigt sich Axel, „man tut doch nichts, was gegen die Etikette verstieße!"

„Nicht direkt, mein Bester, das gebe ich zu. Doch es ist nicht zu übersehen, dass Sie die Königin anschmachten..."

„Ich bin jung, ungebunden..."

„Aber die Königin ist eine verheiratete Frau, eben zum ersten Mal Mutter geworden, leider noch nicht eines Dauphins..."

„Was kann ich dafür?", versucht er aufzubegehren.

„Mein lieber Freund, wir beide wollen doch nicht die französisch-schwedische Freundschaft aufs Spiel setzen wegen..." Er sucht nach einem zutreffenden Wort, „wegen... einer erotischen...Lappalie..."

„Die völlig harmlos ist", ergänzt Axel rasch, „völlig unschuldig und platonisch..."

„Derzeit vielleicht noch. Ich gebe Ihnen einen guten Rat: Halten Sie sich zurück! Sie dürfen die Königin auf keinen Fall kompromittieren, selbst wenn diese ganze Sache unbedeutender ist, als es nach außen hin den Anschein hat..."

Nun gibt sich Axel der Dame seines Herzens gegenüber zurückhaltend. Nur einmal kann er nicht umhin, sie aus seinen treuen, blauen Augen anzustrahlen. Antoinette, von soviel Liebesbezeugung überwältigt, will ihn zärtlich umarmen. Da... entwindet er sich doch tatsächlich ihrer Zärtlichkeit mit einer höflichen Redewendung.

Fein lächelnd sagt er zu ihr:

„Madame werden doch nicht einen Ausländer bevorzugen wollen bei soviel Ergebenheit, die Ihnen Frankreich darbringt..."

Das ist Antoinette absolut nicht gewohnt, dass man sich ihrer Huld entzieht. Verletzt in ihrer Eigenliebe, im Augenblick einer heißen Aufwallung ihres zutiefst getroffenen Stolzes, vertraut sich die später allein Gebliebene der Polignac an:

„Was sagst du dazu, Gabrielle, er hat mich... ja, mich schaudert es, dies auszusprechen... er hat mich regelrecht... zurückgewiesen!"

„Ich habe es genau beobachtet", darauf die Polignac, „es ist kaum zu glauben! Dieser scheinbar Scheue, Stille, Musterhafte, und dann das! Du musst ihn dir zähmen, Antoinette!"

„Er ist doch sonst nicht so. Ich weiß einfach nicht, was ich davon halten soll."

„Er will dich für sich allein haben, mit einer äußerst besitzergreifenden Liebe. Gleichzeitig ist er aber zu stolz, nicht mehr als dein Liebhaber werden zu können, gleichsam nur eine männliche... Mätresse!"

„Ich will das nicht hören!", wehrt Antoinette heftig ab. „Ist denn dein Vaudreuil nicht auch zufrieden, so wie es ist? Auch du hast einen Gatten."

„Joseph Hyacinthe, von dem das Baby ist, er ist kein Nordländer. Die sind anders, nehmen alles viel tragischer."

„Was soll ich machen, Gabrielle?"

„Du musst ihn dir einfach erziehen. Ich musste meinen Joseph auch erst dressieren, so dass es ihn nicht stört, dass ich verheiratet bin. Übrigens lebt mein Mann seit einem Jahr auf dem Land, fern von mir. Das erleichtert natürlich alles."

„Eben", gibt Antoinette gedehnt von sich. „Ich kann aber beim besten Willen den König nicht für ein Jahr aufs Land schicken."

„Es gibt einen besseren Weg", verkündet Gabrielle wichtig." „Wenn er dich liebt, dann tut er, was du willst!" „Du meinst...?"

„Du hast den König so weit gebracht, dass er bereits macht, was du willst...Jetzt müsste es dir doch gelingen, diesen schwedischen Jüngling auch dorthin zu bringen, wonach dein Wille steht!"

„Wie soll ich dabei vorgehn, Gabrielle?

„Mache ihn eifersüchtig! Mache ihn rasend eifersüchtig! Dann ist er bald Wachs in deinen Händen. Du liebst ihn doch?"

„Ach, Gabrielle...Gabrielle!" Antoinette schluchzt auf und vergräbt ihr Gesicht auf der Schulter der Gräfin.

Ein paar Tage später erkrankt die Polignac an den Masern. Man schreibt den März 1779.

Nur ein wenig später erkrankt auch Antoinette, ebenfalls an den Masern. Um den König nicht der Gefahr einer Ansteckung auszusetzen, übersiedelt sie ganz ins Klein-Trianon. Ihre Hofdamen und Dienerinnen kommen natürlich mit. Aber wer soll ihr gekonnt die Langeweile vertreiben helfen? Eingedenk des Ratschlages der Polignac, den jungen Axel eifersüchtig zu machen, nimmt sie zu ihrer Gesellschaft zusätzlich vier lebenslustige Herren mit, und zwar den Oberstallmeister des Königs, Herzog François von Coigny, ferner Herzog Adrien von Guines, dann den bulldoggengesichtigen Grafen Stephan Esterházy, Vater eines kleinen Sohnes, sowie Baron Pierre Besenval.

Natürlich macht das sofort die Runde durch Versailles. Die Klatschmäuler überlegen lautstark, welche vier „Pflegeschwestern" bei einer solchen Krankheit für den König in Frage kämen.

Mercy ist natürlich außer sich, berichtet sofort Maria Theresia darüber und setzt es durch, dass diese vier männlichen „Krankenpfleger" nicht auch über Nacht an Antoinettes Bett zubringen dürfen.

Die drei Wochen lang kranke beziehungsweise rekonvaleszente Königin hat jedoch ihre vier „Betreuer" seelisch etwas überfordert, besonders den 50-jährigen Baron Besenval. Ein mildes Lächeln und einmal sogar ein strahlender Blick ihrer himmelblauen Augen bringt das Blut des Barons in zu heftige Wallung. Er wirft sich ihr zu Füßen und stammelt unbeholfen eine Liebeserklärung. Das ist Antoinette denn doch zuviel.

„Stehen Sie auf!", befiehlt sie ihm. „Der König soll keine Kenntnis von dieser Verirrung erhalten, die Ihnen seine Ungnade für immer zuziehen müsste!"

Bald darauf nimmt Antoinette ihr gesellschaftliches Leben in Klein-Trianon wieder voll auf. Jetzt bereut sie, dass sie Axel eifersüchtig machen wollte, was ihr mehr gelungen sein dürfte, als ihr nun lieb ist. Jetzt tut er ihr aufrichtig leid.

Er ist gewiss böse auf sie. Denn keine einzige Briefzeile noch einen Gruß ließ er ihr während der „Fürsorge durch ihre vier Krankenpfleger" zukommen.

Natürlich lädt sie ihn sofort wieder zu ihren ununterbrochenen Abendgesellschaften ein. Er kommt, aber er schmollt sichtlich.

Sie hat ihn mit diesen demonstrativ zur Schau gestellten „vier Krankenpflegern" zutiefst getroffen. Er erkennt, dass ihm seine Neigung für die allzu sorglose Antoinette gefährlich werden würde. Denn was könnte dabei auf Dauer herauskommen? Den Ruf der Königin vollends zerstören, ihre Ehe wesentlich zerrütten, und das alles lediglich höchstens für einige berauschende und angesichts der Umstände gleichzeitig wahnsinnig machende Stunden, da ein junger Nordländer kaum straflos mit einer verheirateten Königin Ehebruch begehen könnte, der an diesem Hof mit tausenden von Klatschmäulern irgendwann ruchbar werden müsste.

Axel beschließt also fortzugehn. Für immer? Nach Schweden zurückzukehren? So radikal ist sein Entschluss nun auch wieder nicht. Fort von Antoinette. Ja... aber auf solche Weise, dass später einmal eine Tür zu ihr immer noch geöffnet werden könnte. Er beschließt daher, am französisch-amerikanischen Feldzug gegen Großbritannien teilzunehmen.

Am 6. Februar 1778, also im Vorjahr, unterzeichnete Ludwig XVI. das französisch-amerikanische Bündnis gegen die britische Kolonialmacht in Nordamerika. Die aufrührerischen Kolonien, die sich in Nordamerika gegen die Kolonialmacht Großbritannien erheben, gewinnen in Frankreich sofort allergrößte Sympathien. Aus französischen Seehäfen gehen Waffen und Kriegsvorräte nach Amerika zur Unterstützung der amerikanischen Aufständischen unter Führung des 46-jährigen Generals Georges Washington ab, welcher bereits 1789 der erste Präsident der USA werden wird.

Der Wunsch, Englands überseeische Macht einzudämmen, bewegt Ludwig XVI., die Partei der amerikanischen Freiheitskämpfer gegen ihre Kolonialherren zu ergreifen. Scharenweise melden sich junge Franzosen zur Teilnahme an diesem Krieg, der jenseits des Atlantischen Ozeans ausgetragen wird.

Das ist nun die willkommene Gelegenheit für Axel, sich diesen jungen Kämpfern anzuschließen. Im April 1779 schickt Ludwig XVI. 5.500 französische Soldaten unter dem Kommando des Generals Jean Baptiste Rochambeau über den Ozean.

Axel erbittet sich über seinen Gesandten Graf Creutz von Ludwig XVI. die Erlaubnis, in jenes Regiment eintreten zu dürfen, das vom 22-jährigen General Joseph Marquis La Fayette aufgestellt wird. Natürlich entspricht Ludwig XVI. sehr gern dieser Bitte Fersens.

Als Antoinette davon erfährt, ist sie nicht imstande, ihren Schmerz über seine bevorstehende Abreise zu verbergen. Einige Tage vor diesem Datum rinnen wider ihren Willen immer wieder Tränen aus Antoinettes Augen, sooft sie Fersen betrachtet.

Der ritterliche Axel kann seine Trauer über den nahenden Abschied besser verheimlichen. Der schwedische Gesandte, der Axel nicht aus den Augen lässt, hört zu seinem Vergnügen einen Dialog mit, den die Herzogin von Fitz-James eben mit Fersen führt.

„Wie, lieber Graf", fragt sie den 24-jährigen, „Sie lassen so ohne weiteres Ihre große Eroberung im Stich?"

„Madame, hätte ich eine gemacht", darauf er, „so würde ich diese partout nicht im Stich lassen. Jedoch, ich reise frank und frei ab, und ich lasse leider auch niemanden zurück, der mein Fortgehn bedauern sollte."

Sofort berichtet Creutz hierüber Gustav III. und fügt hinzu:

„…Eure Majestät werden übereinstimmen, dass diese Antwort von einer Klugheit und Zurückhaltung zeugt, die weit über seine Jahre hinaus ist…"

Graf Alexander Tilly, ein Page Antoinettes, schreibt:

„…Sie (Antoinette) empfand lebhafte Sympathie für ihn (Fersen). Seine Neigung zu ihr aber wuchs von Tag zu Tag. Es fehlte ihm zwar das Beschwingte und Sprühende des französischen Charakters, denn er war etwas melancholisch, aber durch seinen männlichen Ernst bezauberte er alle Frauen…Wenn etwas das Übermaß seiner Neigung vermuten lassen konnte, so war es sein immer zurückhaltenderes und respektvolleres Benehmen, das freilich auch als Verstellung eines Höflings hätte gedeutet werden können. Aber Herr von Fersen verstellte sich nicht. Seine ganze Kunst bestand darin, schlicht zu sein…"

Mit dem Regiment des Marquis de La Fayette reist Fersen also ab. Doch es wird nichts als ein falscher Alarm daraus. Nach langer Wartezeit in der französischen Hafenstadt Le Havre wird die geplante Kriegsexpedition zugunsten Amerikas vorläufig aufgeschoben, und Axel muss nolens volens nach Versailles zurück.

Nun ergreift aber Antoinette sofort die Initiative. Sie setzt es beim König durch, dass er zum Oberst à la suite im französischen Regiment ‚Royal Deux Ponts' ernannt wird.

Axel schreibt seinem Vater:

„...Die Güte der Königin und meine Ernennung zum Oberst haben mir die Eifersucht aller jungen Leute des Hofes zugezogen."

Das erotische „Spiel" Antoinettes und Axels geht also weiter.

Ludwigs XVI. Innenminister François Saint-Priest berichtet:

„...Frau von Polignac unternahm nichts, um ihre Freundin von Fersen abzubringen...So wurde die Königin ermutigt, ihrer Neigung zu folgen, der sie sich ohne viel Vorsicht überließ..."

Doch Axel ist noch immer klüger, vorsichtiger und beherrschter als sie. Abermals bestürmt er seinen Gesandten Creutz, und dieser bittet Ludwig XVI., Fersen doch endlich in Nordamerika mitkämpfen zu lassen.

„Oberst" Fersen wird zum Adjutanten des Generals Rochambeau ernannt und begibt sich, sehr zum Kummer Antoinettes, die hierbei sichtlich übergangen wird, diesmal nach dem französischen Kriegshafen Brest.

Am 13. April kann er sich nun endlich...auf dem französischen Kriegsschiff Jason einschiffen, das mit 64 Kanonen bestückt ist.

Creutz berichtet darüber Gustav III.:

„...Übrigens benimmt sich die Königin jetzt viel zurückhaltender und besonnener als früher..."

Nun steigt die Macht der Polignac ins Gigantische. Sie wird zur Herzogin ernannt. Ihre noch gar nicht heiratsfähige Tochter wird mit dem Herzog von Guiché vermählt und erhält eine Mitgift von sage und schreibe 160 Millionen Livres. Der Polignac selbst werden wieder einmal Schulden in Höhe von 400.000 Livres bezahlt. Das Neugeborene der Polignac erhält ein Herzogtum, der Schwiegersohn der Polignac ein Gut mit Jahresrente von 35.000 Livres, ihr Liebhaber Vaudreuil eine Jahrespension von 30.000 Livres.

Bei Hof macht folgende Scherzfrage die Runde:

„Ist der neugeborene Sohn der Polignac von Vaudreuil oder von der Königin, da Herzog Polignac schon seit einem Jahr nicht mehr bei seiner Frau, sondern auf dem Land lebt?"

Maria Theresia wird über diese Vorgänge immer verzweifelter. Ihrem Gesandten Mercy schreibt sie:

„...Meine Tochter läuft mit großen Schritten ihrem Verderben entgegen..." Oder ein anderes Mal:

„...Meine Tochter wird nicht verfehlen, ihren Untergang zu beschleunigen..."

Der Tochter selbst schreibt die unglückliche Kaiserin:

„Madame, meine Tochter, hören Sie um Gottes willen endlich auf, nur noch die Königin von Trianon zu sein!..."

Doch mit der 63-jährigen Maria Theresia geht es jetzt gesundheitlich rasch bergab. Die Sorgen um die Staatsgeschäfte, der Kummer innerhalb ihrer eigenen Familie, seit sie Witwe geworden ist, machen ihr immer mehr und mehr zu schaffen.

Am 24. November 1780 wird sie ernstlich krank. Aus heutiger medizinischer Sicht kamen wahrscheinlich ein sehr hoher Blutdruck, eine schwere Zuckerkrankheit und ein äußerst geschwächtes Herz zusammen.

Als sie ihr Ende nahen fühlt, lehnt sie es ab, sich zu Bett zu legen. Hoch aufgerichtet zwischen Polstern, im breiten Fauteuil sitzend, erwartet sie im vollen Besitz ihrer geistigen Kräfte den Tod.

„Ich habe immer gewünscht, so zu sterben", erklärt sie. „Ich fürchtete, es werde mir nicht vergönnt sein. Aber ich sehe, dass man mit der Gnade Gottes alles kann."

Am 29. November 1780 stirbt sie.

Am 6. Dezember trifft die Todesnachricht in Versailles ein.

Antoinettes Schmerz ist unbeschreiblich. Zwölf Tage lang schließt sie sich in ihre Gemächer ein. Dann spricht sie mit einem Ausdruck von tiefer Liebe über ihre Mutter, von deren Vorzügen, guten Ratschlägen an sie, von ihren zahllosen Briefen...

Diesmal ist sie in ihrer Trauer nicht allein. Trotz aller Vorurteile Frankreichs und der Bourbonen gegen die Habsburger hört man jetzt nur Äußerungen großer Hochachtung für die Verstorbene. Leider war es ihr nicht mehr vergönnt, die Geburt des Kronprinzen, den sie brieflich ständig herbeigesehnt hatte, zu erleben.

Am 22. Oktober 1781, also elf Monate nach Maria Theresias Hinscheiden, wird der lang erwartete Dauphin geboren. Er erhält die Namen Louis Joseph. Ungeheurer Jubel herrscht in Paris, in ganz Frankreich.

Der 27-jährige Ludwig XVI. kann seine Freude nicht verbergen. Mit Tränen in den Augen jubelt er:

„Der Dauphin bittet um die Erlaubnis, seine Mutter begrüßen zu dürfen."

Das junge Königspaar scheint jetzt alles zu haben, was es sich gewünscht hat. Derzeit gibt es in ganz Frankreich nur Bewunderung und Stolz für Ludwig und Antoinette.

Nur innerhalb der engsten Familienangehörigen sieht es anders aus. Die Gräfin von Provence, die Schwägerin des Königspaares, ist in jenen Tagen in „übelster Laune".

Der Graf von Artois, der jüngste Bruder Ludwigs XVI., nimmt seinen 6-jährigen Sohn Antoine mit ins Schloss, um ihm den neugeborenen Dauphin zu zeigen.

„Wie klein mein Vetter ist!", meint der Knabe.

„Der Tag wird schon kommen", entgegnet sein Vater bitter, „wo du erkennen wirst, dass er mehr als groß genug ist!"

Am Tauftag des kleinen Dauphins wird am Tor der Schlosskapelle eine Schmähschrift angeschlagen, in der über Antoinette die abscheulichsten Lügen und Verleumdungen aufgezählt werden. Sie wird verdächtigt, mit ihrem Schwager Artois ein ehebrecherisches Verhältnis unterhalten zu haben, desgleichen mit neunzehn anderen, namentlich angeführten Aristokraten, sowie ein widernatürliches mit der Polignac.

Den Taufpaten, den abwesenden König von Spanien, vertritt der Graf von Provence, Ludwigs zweiter Bruder, dessen Titel „Monsieur" ist. Der Kardinal fragt in der Kathedrale Notre Dame, welchen Namen man dem Kind zu geben wünscht.

Da antwortet Monsieur eiskalt und mit laut hallender Stimme:

„Darum geht es zunächst noch nicht. Vor allem muss man doch wissen, wer eigentlich Vater und Mutter des Kindes sind!"

Der spöttische Ton entgeht den Anwesenden nicht. Sofort machen diese Worte die Runde durch Versailles. Selbst Monsieur scheint also zu bezweifeln, dass der König der Vater des Kindes ist.

Antoinette war allerdings wirklich allzu leichtsinnig gewesen, bevor sie Mutter wurde. Doch bei aller Oberflächlichkeit ist Antoinette ähnlich schamhaft wie Maria Theresia. Wenn sie beispielsweise ein Bad nimmt, trägt sie stets ein bis zum Hals zugeknöpftes Baumwollhemd, und sobald sie aus der Wanne steigt, müssen zwei Dienerinnen ein riesiges Badetuch hochhalten, um Antoinette vor den Blicken der diensttuenden Hofdamen zu schützen.

Mehr als drei Jahre ist diesmal Axel Graf Fersen von Versailles abwesend. An einem heißen Juninachmittag des Jahres 1783 ist er endlich wieder da.

Leise klopft der Türhüter an die Doppeltür des vergoldeten Salons, in dem Antoinette eben Harfe spielt.

Und schon steht der nunmehr 28-jährige Axel im Gemach. „Schön wie ein Engel" war er 1780 bei seiner abermaligen Abreise nach Amerika. Jetzt aber hat der Krieg seine Spuren hinterlassen. Wird nun das alte erotische Spiel zwischen beiden wieder aufleben?

Ja, es wird! Denn einen Monat nach dieser Rückkehr schreibt er seiner Schwester Sophie, seiner großen Vertrauten:

„...Ich habe meinen Entschluss gefasst. Da ich der einzigen, der ich angehören möchte und die mich wirklich liebt, nicht angehören kann, will ich niemandem angehören..."

Axel will jetzt für immer in Frankreich bleiben.

Am 3. September 1783 wird der Friede von Paris unterzeichnet, in dem Großbritannien die Unabhängigkeit der USA anerkennt und auf seine Kolonien in Nordamerika endgültig verzichtet.

Nun bewirbt sich Axel um das Kommando eines französischen Ausländerregiments. Graf Alexander Sparre ist bereit, ihm die Inhaberschaft seines Regiments Royal Suédois (das schwedische Regiment) für 100.00 Livres zu verkaufen. Axel bittet brieflich den Vater um dieses Geld:

„...Bitte erfüllen Sie mir den einzigen Wunsch, der mich für immer glücklicher machen und mir es ermöglichen würde, einen Teil des Jahres in Versailles zu verbringen. Außerdem habe ich dafür noch tausend andere Gründe, die ich dem Papier nicht anzuvertrauen wage..."

Der Vater antwortet umgehend:

„...Ich würde Ihrem Plan gerne zustimmen, wenn ihm nicht eine praktische Unmöglichkeit entgegenstände: wir haben, weder Sie noch ich, die dafür notwendigen Mittel..."

Axel wendet sich jetzt an Gustav III. Der wiederum bitte sofort Ludwig XVI., Fersen ein Regimentskommando zu verleihen, „...der in den Armeen Eurer Majestät in Amerika unter allgemeiner Anerkennung gedient und daher sich Ihres Wohlwollens würdig erwiesen hat..."

Der gutmütige Ludwig XVI., der nicht nein sagen kann, stimmt natürlich auf der Stelle zu.

Mit Brief vom 12. September 1783 kann Fersen bereits Gustav III. mitteilen:

„...Der König (Ludwig XVI.) hat sogleich zugestimmt und die größte Bereitschaft gezeigt, sich dieser Angelegenheit anzunehmen..."

Und schon neun Tage später, nämlich am 21.September, ernennt Ludwig XVI. Fersen zum Kommandeur-Inhaber des königlich-schwedischen Regiments. Fersen zahlt dem Grafen Sparre die verlangten 100.00 Livres, die er sich „ausgeliehen hatte". Von wem wohl? Am gleichen Tag bewilligt Ludwig XVI. Fersen den gleichen Betrag als Akontozahlung auf sein zu erwartendes Jahresgehalt.

Doch Antoinette weiß, dass ihr „penchant" (=Herzensneigung) vermögenslos ist. Sie setzt daher durch, dass ihm als ehemaligem Oberst eine Jahresrente von 20.000 Livres bewilligt wird.

Völlig überraschend beruft ihn Gustav III. nach Stockholm zurück. Aus welchen Gründen wohl?

Allein...Axel ist infolge seiner Jahresrente finanziell nicht mehr vom schwedischen König abhängig. Kurzerhand kehrt er daher schleunigst wieder nach Versailles zurück.

Denn sein Herz hat dafür wohl triftige Gründe...


## Das Verhängnis naht

,Was macht es schon, wenn meine Autorität
leidet, wenn nur mein Volk glücklich ist...'
(Ludwig XVI.)

Nun ist es bereits allgemein bekannt, dass der äußerst gutmütige Ludwig XVI. nicht nein sagen kann, wenn man ihn um etwas bittet, und dass er besonders seiner Frau gegenüber, was deren Geldausgaben betrifft, willenlos ist, um nicht zu sagen, fast hörig.

Der Hofjuwelier Charles Böhmer, wohnhaft in Paris, Rue Vendôme No. 11, träumt seit Jahr und Tag von

Reichtum und Ruhm. Sein seit langem gehegter Traum ist es, das kostbarste Halsband aller Zeiten anzufertigen und natürlich auch zu...verkaufen. Aus 647 Brillanten von insgesamt sage und schreibe 2.000 Karat fertigte er zusammmen mit seinem Kompagnon Bassenge ein vierreihiges Kollier an. Der Preis hierfür beträgt die gigantische Summe von 1.600.000 Livres.

Die beiden Juweliere waren felsenfest überzeugt, der Frauen gegenüber spendable Lasterkönig Ludwig XV. werde es gewiss für die Du Barry erwerben, der nichts teuer genug ist.

Jedoch...kaum ist das protzige Halsband fertig, stirbt der „Hirsch- und Pirschkönig", und die Mätresse wird aus Versailles verbannt.

Antoinette aber macht sich jetzt nicht mehr viel aus Diamanten. Zwei Jahre, nachdem sie Königin geworden war, kaufte sie noch beim Hofjuwelier Ohrringe, die sie in sechs Jahresraten abzahlte. Ebenfalls zwei Jahre danach dann noch ein Armband, dessen Preis sie dadurch verringerte, dass sie einige altmodisch gefasste Diamanten, die sie aus Wien mitbekommen hatte, in Abschlagszahlung dafür hergab.

Zu Ende des Jahres 1781 zeigt der Hoflieferant Ludwig XVI. das Halsband. Dieser will es seiner Frau aus Anlass der Geburt des Dauphins am 22. Oktober schenken. Doch...Antoinette lehnt dies mit Dank ab. Sie besäße genug Schmuck, sagt sie. Aber der König könnte ja für dieses Geld ein Linienschiff kaufen. Das gefiele ihr als Patriotin viel besser.

Der Hofjuwelier bietet daraufhin das Halsband dem spanischen König Karl III. an. Dieser will es aber auch nicht.

Zwei Jahre später, also 1783, legt es der Hoflieferant Ludwig XVI. abermals vor. Wiederum ist er sofort bereit, es Antoinette zu schenken. Sie erwidert unbeeindruckt, sie würde dieses Halsband niemals tragen, da ihr das Volk sonst gewiss Verschwendungssucht vorwerfen würde. Aber wenn es der König unbedingt erwerben wolle, könnte er es ja ihrer gemeinsamen 5-jährigen Tochter Marie Thérèse schenken als...Mitgift. Da diese aber noch so jung ist, entschließt sich Ludwig XVI., den teuren Schmuck eben doch nicht zu kaufen.

Aber Charles Böhmer hat sich für dieses einmalig kostbare Halsband tief verschuldet. Er hatte beim Bankhaus der französischen Marine dafür 800.000 Livres geliehen. Nun drohen ihn allein schon die Zinsen zu ruinieren.

Jetzt erscheint er bei Antoinette in Audienz. Der bullige Mann wirft sich ihr verzweifelt zu Füßen.

„Madame", schluchzt er auf, „ich bin ein toter Mann, wenn Sie mein Halsband nicht kaufen. Ich muss mich für diesen Fall noch heute in die Seine stürzen."

„Stehen Sie auf!", erwidert sie darauf in strengem Ton, um ihn zur Vernunft zu bringen. „Monsieur, ein ehrlicher Geschäftsmann hat es nicht nötig, auf den Knien zu betteln. Ich habe Sie niemals beauftragt, ein Halsband für mich anzufertigen. Ich wollte dieses auch niemals kaufen. Der König wollte es mir einmal sogar schenken, doch ich lehnte das ab, weil ich es nicht brauche. Kommen Sie mir nie wieder mit dieser Angelegenheit! Zerlegen Sie einfach das Schmuckstück und versuchen Sie doch, die Diamanten einzeln zu verkaufen... dann brauchen Sie sich auch nicht zu ertränken..."

Enttäuscht geht Böhmer fort. Aber der starrsinnige Mann – der bereits ein pathologischer Fall ist – will den Rat der Königin einfach nicht befolgen. Erstens wäre dies für ihn ein Verlustgeschäft, und zweitens...hätte er damit den Traum seines Lebens, das kostbarste Halsband der Welt verkauft zu haben, endgültig zerstört. Er ist daher felsenfest entschlossen, sein Lebenswerk, koste es was es wolle, letzten Endes doch noch der Königin zu verkaufen.

Da spielt dem Mann das Schicksal zwei Menschen in die Hände, die sehr hoch hinaus wollen. Eine Frau und einen...Herrn, einen . . . geistlichen Herrn!

# Der Kardinal und die Betrügerin

,Wie Ludwig XVI. hat Antoinette von Anfang
an nicht auf die Mächtigen und Reichen gebaut,
sondern auf das Volk. Die Fürsorge für die Hilfs-
bedürftigen war Antoinette sehr wichtig.‘
(Aus Zeitzeugenberichten)

In diesem schicksalhaften Jahr 1784 ist Kardinal Louis
Fürst von Rohan fünfzig Jahre alt. Er könnte eigentlich
zufrieden sein. Vor sechs Jahren hatte ihm der Polenkö-
nig Stanislaus II. Poniatowsi durch Intervention bei
Papst Pius VI. zum Kardinalshut verholfen.
Maria Theresia hatte damals mit beißendem Spott
hierüber an ihre Tochter Antoinette geschrieben:
„...Würdiger Beschützer eines würdigen Schütz-
lings...“
Die Universität von Paris, die altehrwürdige Sor-
bonne, machte Rohan zu ihrem Provisor, also Schutz-
herrn, ihn, der weder von der Theologie noch von anderen Wissenschaften viel Ahnung hat. Die hochadelige
Sippe der Rohans und der Herzöge von Soubis hatte für
Prinz Rohan die Würde des Großalmoseniers bei dem
gutmütigen Ludwig XVI. – gegen den Willen Antoinettes – herausgepresst, obwohl für diesen Kardinal er
selbst der Bedürftigste ist, für ihn, der stets in tiefen
Schulden steckt. Er ist außerdem hochdotiertes Mitglied
der Französischen Akademie, ferner Abt von Saint Vaast
und Vorsteher des königlichen Spitals. Alles in allem
verfügt er über ein Jahreseinkommen von sage und
schreibe 800.000 Livres.
Er könnte also, wie gesagt, höchst zufrieden sein.
Doch er ist es nicht. Durch die ablehnende Haltung Antoinettes ist dieser Hocharistokrat und Kirchenfürst in
seinem Stolz tief verletzt.
Antoinette aber ist bei all ihrer Güte und Sanftheit
gegen gewisse Menschen wie Rohan oder die Du Barry
nicht bereit, Zugeständnisse zu machen. Sein unsitt-

licher Lebenswandel als Jünger Jesu Christi ist ihr zutiefst zuwider.

Als er noch französischer Gesandter in Wien war, glaubte er, durch übertriebenen Luxus Maria Theresia blenden zu können.

Aber seine Verschwendung wurde beim Wiener Hof scheel angesehen. Niemals erreichte Rohan bei Maria Theresia die erbetene Privataudienz. Um sich immer neue Geldmittel zu beschaffen, hatte Rohan seine Privilegien als Gesandter gröblichst missbraucht und viele Waren zollfrei nach Wien schmuggeln lassen. In einem einzigen Jahr wurden damals von seiner Gesandtschaftsresidenz in Wien mehr Seidenstoffe verkauft als in Paris und Lyon zusammen.

Damals hatte Rohan an den Herzog Emmanuel Aiguilon folgenden Brief geschrieben:

„...Ich habe Maria Theresia über das Unglück weinen gesehen, welches das unterdrückte Polen getroffen hat. Diese Fürstin, welche in der Kunst, sich nicht durchschauen zu lassen, geübt ist, scheint auf Kommando Tränen vergießen zu können. Mit der einen Hand benützt sie nämlich das Taschentuch, um jene zu trocknen, mit der anderen hält sie das Schwert des Staatsinteresses, um sich einen Anteil an der fetten Beute zu sichern..."

Herzog Aiguilon, damals Außenminister Ludwigs XV. und Auch-Liebhaber von dessen Mätresse Du Barry, überließ ihr dieses Schreiben. Die Mätresse spottete daraufhin über die „Falschheit und Scheinheiligkeit" Maria Theresias. Zum Beweis für ihre Behauptung zog sie den bewussten Brief aus ihrem Pompadour und zeigte ihn Ludwig XV. und der ganzen Hofgesellschaft.

„Hört einmal", rief sie ausgelassen, „wie Prinz Rohan die Kaiserin beschreibt!", und sie las diese Zeilen der Tafelrunde Ludwigs XV. vor. Nun bezweifelte niemand, dass der Kirchenfürst-Gesandte mit der Mätresse des Königs in regem Briefwechsel stehe.

Jeder Einflussreiche hat natürlich bald seine Feinde. So auch Rohan. Jener beeilte sich, Antoinette von dem bewussten Brief in Kenntnis zu setzen.

„Ist es denn möglich", rief sie damals erbittert aus, „dass ein so hoher Kirchenmann mit einem gefallenen Frauenzimmer Briefe wechselt, und dass er diese Korrespondenz dazu verwendet, meine edle Mutter, welche die Güte in Person ist, in derart abscheulicher Weise zu verleumden?"

Als dann Ludwig XVI. den Thron besteigt, ist es eine seiner ersten Regierungshandlungen, Rohan als Gesandten von Wien abzuberufen. Natürlich aufgrund von Antoinettes Abneigung gegen diesen Mann, die sie von ihrer Mutter übernommen hat.

Nichtsdestotrotz setzen es die einflussreichen und geldgierigen Cliquen der Fürsten von Rohan und der Herzöge von Soubis beim gutmütigen Ludwig XVI. durch – ist doch seine einstige Gouvernante eine Tante des Kirchenfürsten – dass dieser der Primas der Kirche von Frankreich wird.

Antoinette schreibt darauf ihrer Mutter:

„Madame, meine geliebte Mutter...Ich bin der gleichen Meinung wie meine teure Mutter bezüglich des Prinzen Rohan, von dem ich annehme, dass er von äußerst schlechten Absichten erfüllt ist, und den ich infolge seines intriganten Charakters für gefährlich halte. Wenn es von mir abgehangen wäre, hätte er hier überhaupt kein Amt erhalten. Übrigens bringt ihn seine Stellung als oberster Kirchenfürst nicht in Verbindung mit mir. Er wird auch keine Gelegenheit finden, mit dem König zu sprechen, den er, außer bei den allgemeinen Morgenaudienzen, beim Lever und in der Kirche, nicht zu sehen bekommt..."

Der ehrgeizige Kardinal, der vom König kaum beachtet und von der Königin völlig übersehen wird, weiß, dass er dadurch ständigen Demütigungen ausgesetzt ist, solange er bei Antoinette in Ungnade steht. Daher schreibt er ihr einen Brief nach dem anderen. Aber sie ist nicht bereit, einen dieser Briefe auch nur zu öffnen.

Der Kardinal ist nicht nur sehr eitel und krankhaft ehrgeizig, er ist auch eine Stehernatur. Dieser an sich wenig kluge Herr gibt die Hoffnung nicht auf, eines Tages dennoch die Gunst Antoinettes erringen zu können. Der von seiner erotischen Ausstrahlung auf Frauen von sich sehr eingenommene Mann ist durch die Kälte Antoinettes ihm gegenüber regelrecht entflammt für sie. Der höchste Kirchenmann Frankreichs, dem bisher keine Dame widerstehen konnte, wird von einer heftigen Leidenschaft für Antoinette entzündet. Tag und Nacht grübelt er darüber nach, wie er sich Antoinette erfolgreich nähern könnte. Nun ist es nicht mehr allein der große Wunsch, die Gunst der Königin zu erringen, jetzt ist es mehr, viel...viel mehr! Nun will er die Königin als Frau erobern! Für dieses Ziel ist ihm kein Preis zu hoch, koste es, was auch immer es wolle. Für dieses erotische Roulett ist dem gewissenlosen Mann wahrlich kein Einsatz zu hoch...

Da wurde ihm doch vor drei oder vier Jahren auf dem Weg nach Straßburg, wo er einstmals neben seiner Gesandtenwürde gleichzeitig auch Koadjutor des dortigen Erzbischofs, seines Onkels, gewesen war, auf dem Weg dorthin wurde also dem damals 48-Jährigen die um 23 Jahre jüngere Jeanne vorgestellt, die ihn ein Jahr später bereits in Paris aufsuchte, mit ihm intim wurde, und jetzt, 1784, kommt sie zu ihm mit folgender, wahrhaft tollen Geschichte...

Doch wer ist eigentlich diese Jeanne, mit der Lockenpracht ihrer dunklen Haare, ihrem hübschen Gesicht, ihrem koketten Auftreten?

Sie ist die Tochter eines armen Bauern aus der Champagne und dessen Magd, am 22. Juli 1756 geboren, also ein Jahr jünger als Antoinette. Jeannes Vater, dieser mittellose Landwirt, behauptet allen Ernstes, über einen gewissen Baron de Saint-Rémy von Heinrich II. aus dem Hause Valois abzustammen. Diese Seitenlinie der Capetinger regierte ab 1328 bis 1498 und danach in den Linien des älteren Hauses Orléans bis 1589.

Nichtsdestotrotz wächst Jeanne völlig verwahrlost auf, hütet die Kühe der Nachbarschaft und wird vom Dorfpfarrer mit einer täglichen Suppe für die Ortsarmen ausgespeist.

Eine gutherzige Marquise hat Mitleid mit der Kleinen nach dem Tod ihres Vaters, nimmt sie zu sich und lässt sie auf ihre Kosten erziehen. Jene verschafft sich eine Audienz bei Ludwig XVI. und setzt es bei der bekannten Gutmütigkeit des Königs durch, dass er der inzwischen 20 Jahre jungen Jeanne eine Jahrespension von 800 Livres bewilligt. Dadurch ist sie nicht mehr ganz mittellos.

Die besagte Marquise hat einen Neffen, einen Taugenichts, einen degradierten Soldaten der Militärpolizei, der sich Nicolas de La Motte nennt.

Jeanne heiratet Nicolas und macht kurzerhand einen Grafen aus ihm.

Als sogenannte Gräfin de La Motte-Valois eilt sie unverzüglich zu Rohan nach Paris.

„Monseigneur", spricht sie ihn dreist an, „finden Sie es nicht auch beschämend, dass eine Nachfahrin von Heinrich II. vom König derart vernachlässigt wird? Man will mich doch regelrecht verhungern lassen."

Der ehrgeizige Kardinal sieht sofort in Jeanne eine nützliche Karte im Pokerspiel der mächtigen Prinzen von Rohan und Herzöge von Soubis gegen den gutmütigen Ludwig XVI., der nur leider den hohen Kirchenfürsten kaum beachtet.

„Ja", spricht der elegante Herr, „diese Situation ist wirklich zu beschämend. Wenn der König schon nichts tut..."

Wohlweislich verschweigt die raffinierte Jeanne die ihr bewilligte Jahrespension von 800 Livres für ...eigentlich nichts und wieder nichts!

„Und das mir, die ich von König Heinrich II. direkt abstamme!" Jeanne zerdrückt gekonnt etliche Tränen.

„Wissen Sie was", tröstet der 50-jährige Kardinal die mittlerweile 28-jährige Jeanne, „ich bin zwar kein König..." Er lächelt selbstgefällig, „aber...der jüngste Bruder des Königs, der Graf von Artois, weiß wohl die Stellung des Primas der Kirche von Frankreich gebührend zu schätzen...Also, ich verschaffe Ihrem kleinen Ehemann ganz einfach ein ...Offizierspatent bei der Leibwache des Grafen von Artois. Na, was sagen Sie dazu?"

„Oh, Monseigneur..." Jeanne ist eine vollendete Schauspielerin. „Ich werde Ihre Güte nie vergessen... nie!" Und gekonnt wirft sie sich gefühlvoll an die Brust des Kardinals, der für weltliche Reize sehr empfänglich ist. Er betrachtet mit Kennermiene die schmächtige Frau mit dem hellen Teint, den langen, dichten Locken und dem kleinen Busen. Aber ihr Lächeln ist sehr einnehmend und außerdem, sie ist noch so jung...

„Wenn ich jemals durch irgendeine Gefälligkeit mich erkenntlich zeigen könnte für das, was Sie ... meinem Gatten und mir Gutes erweisen..."

„Ach, meine liebe, kleine Gräfin..." Er lächelt zerstreut in sich hinein. „Wenn Sie wüssten, meine Teure, wenn Sie wüssten..."

„Sie muss man lieben, ob man will oder nicht!", bricht es leidenschaftlich aus Jeanne heraus, und abermals wirft sie sich gekonnt gefühlvoll an seine elegante Mannesbrust.

Sanft entwindet er sich ihrer Umklammerung. „Alle lieben mich leider nicht", seufzt er auf. „Vor allem eine nicht..."

„Wer könnte denn so hartherzig sein?", flammt Jeanne leidenschaftlich auf, „wer denn?"

„Sie!" Der Kardinal erhebt sich ruckartig. „Sie, die gestrenge Königin!"

„Nicht doch!" In Jeannes durchtriebenem Köpfchen klingelt es schlagartig. „Die Königin? Mit ihrem großen, weiten Herzen? Wenn es weiter nichts ist... Ich stehe übrigens mit ihr... so!"

Sie spreizt den zweiten und dritten Finger ihrer rechten Hand übereinander. „Mit ihr geht es doch ganz leicht. Was eine Herzogin Polignac kann, was eine Prinzessin Lamballe vermag..." Jeanne lacht sehr anzüglich.

„Das könnte vielleicht eine süße, charmante Gräfin auch...", ergänzt der Kardinal süffisant. Der wenig kluge Mann beginnt langsam zu begreifen. Diese Jeanne mit den tatsächlichen oder angeblichen königlichen Vorfahren könnte einem vielleicht nützlich werden.

„Ich würde es mich ganz schön kosten lassen", hebt er bedächtig an, „wenn es möglich werden könnte, dass die Königin ihre Gunst auch mir...auch mir...in gewisser Hinsicht..."

Die habgierige Jeanne begreift unheimlich rasch, wenn es irgendeine Möglichkeit gibt, eine Geldquelle für sich sprudeln zu lassen.

„Ich wohne derzeit in Paris", sagt sie mit lauerndem Unterton, „ich könnte natürlich bei der Königin noch viel, viel mehr erreichen, wenn ich auch in Versailles, in ihrer allernächsten Nähe..."

„Das müsste sich doch bewerkstelligen lassen!", fällt er rasch ein.

„Natürlich", darauf sie, die den dicken Fisch bereits in ihrem Netz zappeln sieht. „Es ist nur eine Sache des Geldes. Eine standesgemäße Wohnung in Versailles..." Sie betont auffallend das Wort ‚standesgemäß', „also eine standesgemäße Wohnung in Versailles", wiederholt sie siegessicher, „ist natürlich sehr teuer..."

„Wenn es weiter nichts ist", darauf er, „das lässt sich machen. Wenn nur der Erfolg hinterher gewiss ist, wird sich der finanzielle Aufwand sicher rechtfertigen lassen."

Jeanne springt auf. Sie hat genug gehört. Sie weiß sofort untrüglich, dass man mit diesem Mann sehr ertragreiche Aktionen wird durchführen können. Diese Geldquelle dürfte es in sich haben, vielleicht wird sie unerschöpflich werden.

Jeanne hat einen scharfen Verstand, einen weitaus schärferen jedenfalls als der im Wohlleben geborene, verweichlichte Kardinal. Zusätzlich verfügt Jeanne über einen äußerst starken Willen, der durch keine wie immer geartete Skrupel auch nur im geringsten eingeengt wird. Jeanne ist außerdem sehr dynamisch und höchst einfallsreich. Mit solchen ‚Qualitäten' ausgestattet, ist es für Jeanne ein leichtes, bald nach oben zu schwimmen.

Natürlich erhält sie dank der Zahlkraft des Kardinals sehr schnell in Versailles eine hübsche Zweitwohnung. Da ein Betrüger einen anderen instinktiv sofort erkennt, macht sie in Paris ungefähr zeitgleich die Bekanntschaft eines sogenannten Grafen Cagliostro, in Wirklichkeit Sohn eines Obsthändlers aus Palermo, in Wahrheit als einfacher Guiseppe Balsamo geboren. In einer schwarz lackierten, mit goldenem Adelswappen geschmückten Kutsche trifft er in Paris als sogenannter ‚Großkophta', letzter König von Trapezunt, Großmeister der ägyptischen Loge, Großherr von Europa und Asien, ein.

Bald schon ist Jeanne Dauergast im ‚Palais Cardinal' Rohans in Paris. Der Kardinal hat hochfliegende Pläne. Ein Kardinal Richelieu war Erster Minister Ludwigs XIII. und auch Ludwigs XIV. Kardinal Mazarin war dann nach Richelieus Tod Erster Minister Ludwig XIV., Kardinal Fleury Leitender Minister Ludwigs XV.

Kardinal Rohan ist zwar nicht sehr klug, aber wie diese seine Vorbilder möchte auch er Erster Minister des Königs werden. Er weiß, der gutmütige Ludwig XVI. kann niemand auf Dauer eine Bitte abschlagen, doch das bisher unüberwindliche Hindernis ist und bleibt...die Königin!

Aber vielleicht kann diese grundgescheite Jeanne, die wahrscheinlich eine höchst intime Freundin Antoinettes ist, von der man doch allenthalben klatscht, sie hätte neunzehn Liebhaber sowie zwei oder drei sehr intime Freundinnen, also vielleicht lässt sich über diese Jeanne, die absolut kein Kind von Traurigkeit ist, wie er inzwischen aus sehr persönlicher Erfahrung weiß...

Die raffinierte Jeanne macht rasch dieses Vielleicht zur auffälligen Gewissheit. Schon hat sie neben dem Taugenichts von Ehemann einen Liebhaber, der sich großspurig Réteaux de Villette nennt, ein Hochstapler, nicht weniger gerissen als Jeanne und nicht weniger gewissenlos als diese. Auch in diesem Fall, wie bei Cagliostro, erkennen zwei Gauner einander auf den ersten Blick.

Dieser Réteaux hat eine hübsche Stimme, aber viel mehr noch, er kann wunderbar kalligraphisch, also wie gestochen schreiben.

Auf goldgerändertem Papier mit dem bombastischen Briefkopf ‚fleurs de lis‘, den bourbonischen Lilien, dem alten französischen Königswappen, verfasst der durchtriebene Réteaux angebliche Briefe Antoinettes an ihre „liebe Cousine, die höchstwohlgeborene Gräfin von Valois“. Es sind dies von Zärtlichkeit überquellende Briefe, die den Eindruck erwecken, als sei Jeanne die intimste Freundin Antoinettes. Jeder dieser Briefe wird umgehend dem Kardinal gezeigt, der darüber höchst entzückt ist. Sehr klug ist er allerdings wirklich nicht, sonst müsste ihm sofort auffallen, dass diese Schreiben falsch unterzeichnet sind.

Denn die angebliche Antoinette unterschreibt diese vorgezeigten Briefe stets mit der Passage „Marie Antoinette de France“, während ein Prinz Rohan eigentlich wie selbstverständlich wissen müsste: die Königinnen von Frankreich unterschreiben nie anders als bloß mit ihrem Vornamen.

Jetzt beichtet Rohan der so verständnisvollen Jeanne seinen seinerzeitigen Brief an Herzog Aiguilon, in dem er Maria Theresia der Falschheit bezichtigt hat und der die wahre Ursache der Feindseligkeit Antoinettes gegen ihn, Rohan, sei.

Sofort verfertigt der erfindungsreiche Réteaux einen ‚Brief Antoinettes‘, in dem sie vom Kardinal eine Rechtfertigung hierfür verlangt. Der prinzliche Kirchenfürst tut dies natürlich.

Der „Antwortbrief" Antoinettes versetzt den Kardinal sofort in Hochstimmung. Denn darin steht zu lesen: „...Ich freue mich festzustellen, dass Sie keine Schuld trifft. Doch kann ich Ihnen die gewünschte Audienz noch nicht gewähren. Sobald es jedoch die Umstände erlauben, werde ich es Sie wissen lassen. Seien Sie diskret!..."

Nach dem Motto: ‚Gleich und gleich gesellt sich gern', ist Cagliostro bald nicht nur ein gern gesehener Gast im Salon Jeannes, sondern auch in jenem des Kardinals. Ja, er wird mit der Zeit sogar dessen ‚Lieblingsprophet'. Sagt er doch diesem voraus, dass er sehr bald eine leitende Rolle in der Regierung Ludwigs XVI. spielen und mit seinem Einfluss zum Ruhm des ‚höchsten Wesens' sowie zum einmaligen Erfolg der Freimaurer – ist doch Cagliostro begeisterter Freimaurer – tätig sein werde.

Bleibt nur noch eines: ein handfester Beweis, dass Antoinette nicht nur brieflich dem prinzlichen Kirchenfürsten ab jetzt sehr wohlwollend eingestellt ist, sondern auch...hautnah!

Wie jedoch dies bewerkstelligen?

Da kommt doch Jeanne glatt der berühmte Zufall zu Hilfe. Sie hatte im April dieses Jahres 1784 das politisch höchst anrüchige Theaterstück ‚Die Hochzeit des Figaro' von Pierre Beaumarchais gesehen, das einen unverhüllten Angriff auf das Regime Ludwigs XVI. darstellt. Es ist dies eine Satire auf das Königtum, weshalb Ludwig XVI. die Aufführungserlaubnis verweigert.

Der gutmütige König gibt wie immer der Intervention Antoinettes nach und hebt das Verbot auf. In einer Schlüsselszene verkleidet sich Gräfin Almaviva in ihre eigene Zofe und trifft sich zum mitternächtlichen Stelldichein mir ihrem eigenen Mann, dem Grafen Almaviva.

Dieser komödiantische Trick inspiriert nach einem Besuch des Theaterstücks sofort die gleichfalls trickreiche Jeanne. Man müsste eine junge Dame ausfindig machen, hämmert es in Jeannes Geist, die der Königin äußerlich ähnlich sieht und sich als diese verkleiden könnte. Jeanne berät sich mit ihrem Freund Cagliostro. Der weiß Rat. Im Pariser Rotlichtmilieu, in dem er zuhause ist, kennt er eine Prostituierte mit ähnlicher Gestalt wie Antoinette. Diese wird auf Vorschlag Jeannes zur Baronin Oliva ernannt, ein verkürztes Anagramm, das buchstabenversetzt für ‚Valois‘ steht.

Am 10. August 1784 eröffnet Jeanne dem ahnungslosen Kardinal, dass die Königin ihm gestatte, morgen Abend um elf Uhr nachts im Park von Versailles vor ihr zu erscheinen. Es ist Neumond – für die Betrügerin gerade recht – und es wird daher sehr finster sein. Da von den Feinden Antoinettes inzwischen viele Pamphlete über sie im Umlauf sind, wäre es der Königin zuzutrauen, sich nachts im riesigen Park mit einem möglichen Liebhaber zu treffen. Jeanne wird natürlich Rohan persönlich zu der bewussten Stelle führen, da nur sie die genaue Örtlichkeit des Stelldicheins kenne, kündigt ihm die gerissenen Schwindlerin an.

Anderen Abends diniert Jeanne mit Oliva und Réteaux in Versailles in einem Gasthof mit dem symbolträchtigen Namen „La belle image", das heißt, die schöne Phantasie‘. Dort bekleidet sie Oliva mit einem langen weißen Kleid, ähnlich jenem, das Antoinette auf dem berühmten Portait der Hofmalerin Elisabeth Vigée-Lebrun trägt. Auf Olivas Kopf setzt Jeanne einen breitkrempigen Hut mit einem dichten Schleier.

Die Betrügerin instruiert die Prostituierte, die allmählich unsicher wird, ein hoher Herr werde sich ihr im dunklen Park nähern. Ihm habe sie einen Brief und eine Rose zu überreichen. Dabei habe sie zu sagen: ‚Sie wissen, was das bedeutet!‘...Nur diese fünf Worte, sonst nichts!

„Und dann?", fragt Oliva verängstigt. „Was dann?"

„Dann werde ich aus dem Gebüsch dahinter herausstürzen, und den Herrn mit mir fortziehen."

„Wird auch nichts schief gehen?"

„Warum so zimperlich? Schließlich bekommen Sie 15.000 Livres für fünf Worte. Das nenne ich einen tollen Lohn. 15.000 Livres für lächerliche fünf Worte! Soviel haben Sie bei einem einzigen Kunden noch nie verdient!" Auch nicht in Ihrem Nebenberuf als Choristin mit piepsender Stimme am Pariser Boulevard-Theater, hätte sie am liebsten noch hinzugefügt.

Alles läuft scheinbar wie geplant ab. Der gefoppte Kardinal wartet am 11. August 1784 um elf Uhr nachts – es ist Neumond und erwartungsgemäß stockdunkel – im weitläufigen Park an der von Jeanne bezeichneten Stelle, genannt das Bosquet de Vénus, was soviel wie Hain der Venus bedeutet…Hier wartet also der Kardinal mit Nerven, die zum Zerreißen gespannt sind, auf die Königin, wie er glaubt, wie es ihm Jeanne verheißungsvoll versprochen hat. Er trägt dabei einen dunklen Mantel und einen breitrandigen Hut, den er tief ins Gesicht gezogen hat.

Mittlerweile haben Jeanne und ihr Réteaux die Prostituierte Nicole Leguay bis vor das besagte Bosquet geleitet, und sie selbst sind in den dahinter stehenden Spalieren von Magnolien, Tamarisken, Trompeten- und Judasbäumen – wie bezeichnend – verschwunden.

Da tritt auch schon die große Gestalt des als Weltmann getarnten Kirchenfürsten auf.

Nicole alias Oliva beginnt unerklärlicherweise zu zittern. Ihr liegt wohl die Rolle des horizontalen Gewerbes, nicht aber eine derartige in vertikaler Hinsicht. Sie steht da wie erstarrt und, statt wie verabredet, eine kurze Szene zu spielen, wartet sie, was der seltsame Fremde wohl mit ihr vorhaben mag.

Dieser benimmt sich auch wahrlich sehr kurios. Er nimmt seinen riesigen Hut beinahe feierlich ab, dann…Mon Dieu!…dann kniet er doch wahrlich vor ihr nieder, als ob sie eine Göttin wäre und…nein, dass es so etwas gibt! …er küsst doch tatsächlich den Saum ihres

Gewandes sowie den Rasen rundherum, den sie betreten hat.

So etwas ist Nicole Leguay aus dem Rotlichtmilieu noch nie passiert! Sie blickt wie gebannt auf den seltsamen Kauz hernieder, der sich jetzt langsam, sichtlich auf etwas wartend und daher ganz langsam...erhebt.

Da fällt ihr ein, wie sie ihre kurze Rolle nun zu spielen hat. Sie reicht dem Unbekannten die Rose und stammelt unbeholfen:

„Sie...Sie wissen, was das...bedeutet..."

Dabei behält sie in ihrer Aufregung beinhart den ihr mitgegebenen Brief in ihren vor Aufregung feuchten Händen.

Der komische Fremde nimmt zitternd die Rose – ihre Farbe kann er in der Dunkelheit nicht ausmachen – und will irgendetwas stammeln, ein geistreiches Wort, ein beglückendes Wort, das Eindruck auf die Spenderin machen sollte, tiefen Eindruck...da eilt auch schon Jeanne herbei, packt den Incognito-Kardinal am Ärmel: „Kommen Sie, kommen Sie!", ruft sie ihm zu und zieht ihn gekonnt fort.

Gleichzeitig nähert sich der dem Kirchenfürst unbekannte Réteaux der ‚Dame in Weiß‘, indem er sehr laut sagt:

„Madame kommt!", wobei er die Gräfin von Provence oder Prinzessin Elisabeth, die jüngste Schwester des Königs, meinen könnte, und setzt wie triumphierend hinzu, als ob diese beiden Damen noch nicht genug wären:

„Und...die Gräfin von Artois!"

Alle diese vier Schmierendarsteller hasten wie in Panik davon:

Der Kardinal in zitternden Händen die bewusste Rose, und in entgegengesetzter Richtung Jeanne mit ihrem Liebhaber Réteaux sowie Nicole Leguay alias Baronin d'Oliva.

Die ihre Rolle nur teilweise richtig spielende Prostituierte erhält statt der versprochenen 15.000 Livres von Jeanne jedoch nur sage und schreibe 4.268 Livres.

Dafür knöpft Jeanne sofort dem gefoppten Kirchenfürsten 50.000 Livres für eine ,notleidende Adelsfamilie' ab, natürlich auf Wunsch ihrer ,lieben Cousine, der Königin'. Elf Tage danach braucht Jeanne abermals 50.000 Livres, und im November zum Darüberstreuen noch einmal 100.00 Livres, immer ,auf Wunsch der Königin', und immer für eine ,notleidende Adelsfamilie'.

Der Kardinal zahlt brav und zahlt...und zahlt, ist er sich doch der Gunst Antoinettes sicher, seit er die bewusste Rose in einer eigens hierfür angefertigten Schatulle bei sich hat.

Umgehend schreibt er der Königin einen glühenden Liebesbrief, in dem er ausführt:

„...Diese entzückende Rose ruht an meinem Herzen. Ich werde sie mein Leben lang aufbewahren; sie wird mir ständig die erste Stunde meines Glücks wachrufen..."

Jeanne spielt wie immer den Briefträger, meint der Kardinal.

Doch sie liest die Zeilen jedes Mal ihrem Mann und ihrem Liebhaber Réteaux vor und wirft das geduldige Papier danach mit diebischer Freude ins Feuer.

Jeanne führt bereits in Versailles ein großes Haus mit Dienerschaft und allem luxuriösem Drum und Dran, hat sie doch in den letzten Monaten durch ihre Gaunertricks aus dem Kardinal mehr als eine Viertelmillion Livres herausgepresst.

*Man schreibt den 29. November 1784:*

Die abgefeimte Betrügerin gibt in ihrem nunmehr hochherrschaftlichen Heim in der Rue Neuve Saint-Gilles einen Abendempfang.

Sie selbst klimpert auf der Harfe, ihr Liebhaber Réteaux singt dazu höchst gefühlvoll. Die Hausfrau ist natürlich prächtig herausgeputzt und trägt kostbare Juwelen, selbstverständlich alles vom Geld des Kardinals.

Unter den Gästen befindet sich der Advokat Laporte, der den Hofjuwelier Böhmer in Rechtsangelegenheiten vertritt.

„Madame la Comtesse", fragt er ehrerbietig die sogenannte Gräfin Jeanne de La Motte-Valois, „könnten Sie nicht meinem armen Mandanten Böhmer helfen?"

„Wieso braucht er denn Hilfe?"

„Mein Gott, der Arme...er hat das teuerste Halsband der Welt für die Königin angefertigt, aber sie will...und will es nicht kaufen!"

„Das teuerste Halsband der Welt?" Die Augen Jeannes glänzen verdächtig und das Wasser läuft ihr im Mund zusammen. „Ist es das wirklich? Haben Sie es selbst schon gesehen?"

„Ja, es ist ein wahres Wunderwerk! Es hat über 600 Brillanten mit zwanzigmal mehr Karat als der Regent-Diamant, den der König bei Staatsempfängen auf dem Hut trägt."

„Tatsächlich?" Die Augen der sogenannten Gräfin werden immer gieriger.

„Sie stehen doch mit der Königin auf derart gutem Fuße, wie man hört...Könnten Sie denn nicht Ihre Majestät dahin bringen, das Halsband doch noch zu kaufen? Der arme Böhmer ist ansonsten total pleite!"

„Ich müsste das Halsband vorher persönlich sehen." Ihre Augen glühen wie Feuer.

„Wunderbar! Man wird es Ihnen gewiss sehr bald zur Ansicht vorlegen!"

Gesagt, getan...

Am 29. Dezember bringt Bassenge, der Kompagnon Böhmers, das Geschmeide in die Rue Neuve Saint-Gilles.

Nun liegt es gleißend und funkelnd aus den herrlichsten Diamanten der Welt vor Jeanne. Ihre Brust wogt hoch. Das Halsband hat dreifach gewundene Girlanden mit Ketten und Quasten daran, alles in allem insgesamt 647 Brillanten von lupenreiner Qualität. Man könnte die Girlanden, Ketten und Quasten einzeln zerteilen und somit den Schmuck im Ausland leichter verkaufen.

Jeanne ist sofort entschlossen, das Geschmeide sich selbst anzueignen.

„Ich werde tun, was sich machen lässt", gibt sie dem Juwelier sofort Bescheid.

Der Kardinal ist derzeit auf Reisen im Elsass. Nach seiner Rückkehr ist Jeanne unverzüglich bei ihm in seinem Pariser Palais.

„Die Königin", eröffnet sie ihm ohne Umschweife, „will das Halsband, von dem Ihnen Cagliostro bereits erzählt hat..."

„Ja, was ist damit?", fragt der Kirchenfürst.

„Die Königin will es ohne Wissen des Königs auf Kredit kaufen. Sie würde es in Vierteljahresraten abzahlen."

„Was soll ich dabei?"

„Sie braucht einen vornehmen Bürgen, der dem Juwelier für eine so hohe Summe als Sicherstellung dienen könnte, und dabei hat sie eben an Sie gedacht. Oh...welche Ehre!"

Der eitle Kardinal ist gerührt.

Am 24. Januar 1785 besichtigt der Kirchenfürst das Halsband in der Rue Vendôme.

„Es ist plump und hässlich", sagt er zu den beiden Juwelieren Böhmer und Bassenge.

„Aber, aber...Eminenz, ich bitte Sie!" Böhmer schlägt vor Entsetzen beide Hände zusammen.

„Es ist doch bekannt", fährt Rohan fort, „dass die Königin einen zarten, kultivierten Geschmack hat. Aber dieses Ding!", er deutet auf das Geschmeide, „ist eigentlich... eigentlich ein... Monstrum!"

„Madame la Comtesse hat uns versichert, dass es die Königin wünscht."

Doch ein zartes, parfümiertes Briefchen ‚der Königin‘, verfertigt wie immer von Réteaux, stimmt den Kirchenfürsten um.

Fünf Tage später, also am 29. Januar 1785, händigen Böhmer und Bassenge höchstpersönlich das Halsband dem Prinzen Rohan im ‚Palais Cardinal‘ aus. Der Preis beträgt 1 Million 600.000 Livres, zahlbar in vier Halbjahresraten, beginnend ab 1. August 1785.

Das Geschmeide soll am 1. Februar geliefert werden, da es die Königin nach den Versicherungen Jeannes am Lichtmesstag, das ist am 2. Februar, erstmals tragen will.

Rohan unterzeichnet den Vertrag, den Jeanne ‚der Königin‘ übermittelt.

Am 31. Januar 1785 gibt Jeanne persönlich den Vertrag dem Kardinal zurück, der von ‚der Königin‘ mit ‚Marie Antoinette de France‘, natürlich wiederum von Réteaux gefälscht, gegengezeichnet ist.

Nun übergibt Böhmer dem Kirchenfürsten das Halsband, der sich damit umgehend zu Jeanne nach Versailles kutschieren lässt.

Dort erscheint gleich darauf ein schwarz gewandeter Herr, den Jeanne als Bediensteten der Königin vorstellt. Natürlich ist es abermals der dem Prinzen Rohan unbekannte Réteaux. Er weist einen Brief ‚der Königin‘ vor, in dem diese den Kardinal bittet, dem Überbringer desselben das Geschmeide auszuhändigen.

Selbstverständlich ist auch dieses Schreiben von dem wackeren Réteaux verfertigt worden.

Das Halsband wechselt also den Besitzer, und der gefoppte Kirchenfürst kehrt ‚erleichtert‘ im wahrsten Sinn des Wortes in sein Prachtpalais nach Paris zurück.

Bei der nächsten Séance, die Cagliostro im Beisein Rohans abhält, lässt jener sein Medium, genannt ‚Taube‘, in ein Wasserglas blicken.

„Siehst du darin eine Frau in Weiß?", fragt Cagliostro die ‚Taube‘.

„Ja".

„Sieht sie aus wie die Königin?"

„Ja, sie ist es zweifellos."

Da wirft sich der anwesende Kardinal entzückt auf die Knie, weint dabei vor Freude und starrt wie gebannt gen Himmel.

Am 27. März 1785 wird Ludwig Karl, der zweite Sohn des Königspaares, in Versailles geboren.

Bei seiner Taufe, die der Kardinal in der Schlosskapelle vornimmt, ist er sehr enttäuscht, weil ihn die Königin wie bisher völlig ignoriert. Auch trägt sie bei diesem festlichen Staatsakt wie stets ihren alten Schmuck.

Warum denn nicht das kostbarste Halsband aller Zeiten, auf dessen Erwerb sie doch so scharf gewesen ist, hämmert es in dem Kirchenfürsten.

Warum denn nicht?

Der Kardinal versteht die Welt nicht mehr.

Jetzt schlägt der enttäuschte Kirchenfürst den beiden Juwelieren vor, an die Königin ein Dankschreiben für den Kauf des Kolliers zu richten.

Bassenge tut dies, der Kardinal formuliert es um und ergänzt es mit einem äußerst höflichen Schlusssatz.

Als Antoinette am 12. Juli 1785 nach der Messe die Schlosskapelle verlässt, überreicht ihr Böhmer den Brief.

In ihrem Privatzimmer öffnet sie im Beisein ihrer Kammerfrau Louise Campan das Schreiben, das folgendermaßen lautet:

„Madame,

wir sind überglücklich in der Annahme, dass die jüngsten Arrangements, die uns vorgeschlagen wurden und die wir mit Begeisterung und Respekt entgegennahmen, einen neuen Beweis unserer Ergebenheit und Verehrung für die Aufträge Ihrer Majestät liefern, und es erfüllt uns mit echter Befriedigung, dass das schönste Diamantenkollier der Welt die größte und beste der Königinnen zieren wird..."

Antoinette schüttelt nur den Kopf und reicht das Schreiben ihrer Kammerfrau.

„Lesen Sie, meine Beste...na, lesen Sie!", fordert sie die Campan auf.

Nachdem Louise den Brief gelesen hat, werden ihre Augen weit.

„Madame haben sich doch geweigert, dass der König Ihnen das Kollier kauft!", bricht es aus ihr.

„Eben!", bekräftigt Antoinette. „Doch der Hofjuwelier will und will das nicht zur Kenntnis nehmen. Er drohte mir sogar mit Selbstmord, wenn ich nicht das Geschmeide erwerben wolle."

„Unerhört!", darauf die Kammerfrau. „Der Mann muss verrückt geworden sein."

„Das ist es. Das Kollier ist unverkäuflich. Das hat ihn um den Verstand gebracht."

„Man müsste die Polizei verständigen."

„Ach!", erwidert leichthin die Königin. „Mein kleiner Ludwig Karl hat die letzte Nacht viel geschrien, meldet mir die Gouvernante. Vielleicht brütet er eine Krankheit aus. Jeden Augenblick muss Dr. Jeffries eintreffen."

„Wollen Sie nicht dem König diesen Brief zeigen?", fragt die Kammerfrau.

„Unsinn! Er ist nicht das Papier wert, auf dem er geschrieben wurde." Und Antoinette hält das Schreiben über die brennende Kerze auf ihrem Schreibtisch, die ihr zum Schmelzen des Siegellacks dient.

„Ich hätte die Zeilen nicht verbrannt!", sagt keck die Kammerfrau. „Wer weiß, was für ein Skandal sich noch aus einem solchen Unfug entwickeln kann. Dann fehlt doch ein wichtiges Beweisstück."

„Meine liebe Louise", dazu Antoniette, „vielleicht haben Sie recht, vielleicht auch nicht. Ich habe andere Sorgen..."

„Der Arzt", meldet ein eintretender Diener. Die Königin eilt fort. Damit ist für die arglose Antoinette die Angelegenheit mit dem Juwelier erledigt, wie sie meint.

Am Abend des 31. Juli 1785 beichtet Jeanne dem Kardinal, dass die Königin die vereinbarte Rate nicht vor dem 1. Oktober bezahlen könne. Rohan teilt dies den Juwelieren mit, die Verdacht schöpfen, da die Königin auf ihren Brief nicht reagierte.

Jeanne erkennt, dass die ganze Wahrheit bald ans Licht kommen wird. Umgehend schickt sie einen Diener zu Böhmer und Bassenge und lässt ihnen folgendes bestellen:

„Messieurs, Sie sind einer falschen Unterschrift aufgesessen. Halten Sie sich schadlos an dem Kardinal!"

Unverfroren fährt die Betrügerin daraufhin auf ihr frisch erworbenes Landgut nach Bar-sur-Aube.

Am 5. August eilt Böhmer zur Königin. Sie lässt den scheinbar sturen, offensichtlich übergeschnappten Juwelier nicht ein, bittet aber ihre Kammerfrau, beruhigend auf diesen einzuwirken.

Louise Campan berichtet aber hinterher Antoinette folgendes:

„Madame, es ist ungeheuerlich, was Böhmer erzählte. Es sind gefälschte Briefe mit Ihrer Unterschrift in Paris in Umlauf und..."

„Was noch, Louise, was noch? So sprechen Sie doch schon!"

„Und...der Kardinal ist in den Kauf des ominösen Halsbandes verwickelt und zwar...in Ihrem Auftrag, wie er vorgibt!"

„Das ist eine unerhörte Intrige gegen mich!", empört sich Antoinette. „Eine Intrige des Kardinals, der mich vernichten will, weil ich seit Jahren nicht mit ihm spreche, weil ich ihn einfach übersehe...Louise, Böhmer soll sofort einen schriftlichen Bericht über das alles erstellen. Aber rasch, bitte, sehr rasch!"

Am 12. August hat Antoinette den Bericht des Juweliers in Händen. Sofort eilt sie damit zu Baron Breteuil.

Louis Breteuil, Innenminister Ludwigs XVI., ein Mann von fünfundfünfzig Jahren, ist aufrichtig, dynamisch und klug. Er nimmt die Sache nicht weniger ernst als Antoinette; sie leider erst jetzt, zu diesem Zeitpunkt! Er berichtet stehenden Fußes dem König, wie auch Antoinette abends mit ihrem Gatten darüber spricht.

Der besonnene Ludwig, nicht so vorschnell wie seine Frau und daher kein Freund unüberlegter Entschlüsse, will vorerst im kleinen Kreis mit dem Kardinal über alles reden. Leider aber ist dieser wieder einmal nicht erreichbar, weder in Versailles noch in Paris. Zwecks einer

Unterredung wird er daher zum König für den kommenden Tag eingeladen.

Das ist der 15. August, der höchste Feiertag in Frankreich.

Es ist Mariä Himmelfahrt, der besondere Lieb-Frauentag, und außerdem der Namenstag der Königin.

Bevor diese noch frisiert worden ist, erscheint sie im Arbeitskabinett des Königs, in dem sich bereits Innenminister Breteuil sowie der Siegelbewahrer Amond Miromesnil eingefunden haben.

Antoinettes große Aufregung über diesen ‚Fall‘ und den Kardinal hat sich inzwischen etwas gelegt.

„Diese Geschichte braucht vielleicht nicht ernster genommen zu werden als jene Affäre der Madame Cahuet de Villers...", sagt sie nun.

„Madame meinen die Gattin des königlichen Schatzmeisters, die vor acht Jahen Ihren Namen gleichfalls missbraucht hatte, um Privatleuten Geld herauszulocken?", unterbricht Siegelbewahrer Miromesnil die Königin.

„Ganz recht!", darauf Antoinette. „Auch diese hatte damals vorgegaukelt, sie verkehre bei mir. Auch sie hatte Schmuck angeblich in meinem Auftrag gekauft und Briefe mit meiner Unterschrift gefälscht. Und der Generalpächter Béranger hatte damals über 200.000 Livres Bürgschaft geleistet, in der Hoffnung, dadurch bei Hof Zutritt zu erhalten."

„Hm..." Innenminister Breteuil wiegt zweifelnd sein Haupt.

„Ob der Kardinal ein zweiter Béranger ist? Die Frage ist: Hat er selbst das Halsband für sich unterschlagen? Ist er nun ein Dummkopf oder ein Betrüger?"

„Ich vermute", jetzt Antoinette, „Rohan ist in Geldverlegenheit und hat eben geglaubt, die beiden Juweliere zum bewussten Termin bezahlen zu können, sodass dann eben nichts entdeckt worden wäre."

„Allein der schriftliche Bericht des Juweliers Böhmer vom 12. August?" Ludwig XVI. sieht sich fragend in der Runde um.

„Ich muss die Verhaftung des Kardinals verlangen", ereifert sich Antoinette. „Er missbrauchte meinen Namen, indem er unter Eid behauptete, mit mir persönlich verhandelt zu haben."

„Ich rate dringend zur Vorsicht." Miromesnil erhebt warnend seine Stimme.

„Ach!", ruft der Innenminister aus, „ich bin überzeugt, der Kardinal wollte sich einfach des Halsbandes bemächtigen."

Mittlerweile ist es elf Uhr vormittags geworden, als Rohan im vollen bischöflichen Ornat das Arbeitskabinett des Königs betritt.

„Mein teurer Cousin", fragt ihn Ludwig XVI., „haben Sie bei Böhmer Diamanten gekauft?"

„Ja, Sire."

„Was haben Sie damit gemacht?"

„Ich denke, sie sind der Königin übergeben worden."

„Wer hat Sie zu diesem Kauf ermächtigt?"

„Eine gewisse Gräfin de La Motte-Valois. Sie wies mir einen Brief der Königin vor, und ich nahm an, Ihrer Majestät damit einen Dienst erweisen zu können."

„Wie konnten Sie das glauben, Monseigneur", unterbricht ihn Antoinette, „gerade Sie, mit dem ich seit Jahren kein Wort gesprochen habe! Noch dazu über die Vermittlung einer Hochstaplerin!"

„Ich erkenne nun, dass ich betrogen wurde. Ich werde das Halsband bezahlen. Ich durchschaute den Betrug nicht und bedaure die Angelegenheit zutiefst." Nach diesen Worten zieht er den Vertrag hervor.

„Das ist nicht die Schrift der Königin!", ruft Ludwig XVI. aus.

„Ein Prinz Rohan, ein Großalmosenier von Frankreich, der Primas der Kirche Frankreichs, sollte denn doch wissen, dass eine Königin nur mit ihrem Vornamen unterzeichnet, aber...nicht mit der Floskel: ‚Marie Antoinette de France'!...Ich verstehe das einfach nicht."

„Sire, ich bin zu verstört, um Eurer Majestät hierauf antworten zu können!"

„Beruhigen Sie sich, Monsieur le Cardinal!", erwidert Ludwig XVI. „Gehen Sie bitte in mein Privatkabinett! Dort finden Sie Papier, Feder und Tinte. Schreiben Sie mir auf, was Sie mir diesbezüglich zu sagen haben!"

Nach einer Viertelstunde bringt der Kardinal einen dermaßen verworrenen Bericht, dass der König daraus nicht klug wird.

„Wo ist diese Frau...diese Hochstaplerin jetzt?", fragt er.

„Sire, ich weiß es nicht."

„Haben Sie das Halsband?"

„Es befindet sich in Händen dieser Frau."

„Ich muss Sie darauf aufmerksam machen, dass ich Sie leider verhaften lassen muss."

„Sire, ersparen Sie mir die Schmach, im geistlichen Ornat vor dem versammelten Hofstaat verhaftet zu werden."

„Es muss sein", erwidert Ludwig XVI. kurz.

„Darf ich Eure Majestät daran erinnern, dass Gräfin Marsan, meine Blutsverwandte, die Erzieherin Eurer Majestät gewesen ist, ferner dass die Fürsten Rohan und die Prinzen von Soubise stets treue Diener der Könige von Frankreich gewesen sind, und ich daher bitten darf, in meinem Fall Gande vor Recht ergehen zu lassen..."

Schon will der gutmütige Ludwig XVI. nachgeben, doch...da blickt er in die Augen seiner Frau, die voller Tränen sind, Tränen ohnmächtigen Zornes...

Da rafft sich Ludwig energisch auf. „Ich wünsche sehr, dass Sie imstande sein werden, sich zu rechtfertigen. Doch bis dahin...muss ich tun, wozu ich als König und Gatte verpflichtet bin!"

Da geht der Innenminister zur Tür, die in den Salon de la Pendule führt, in dem die Hofchargen auf den gemeinsamen Gang zum feierlichen Hochamt in der Schlosskapelle warten.

Der übrige Hofstaat drängt sich im Salle du Conseil, im Chambre de Parade und in der riesigen Spiegelgalerie zusammen.

Mit lauter Stimme ruft Breteuil dem Hauptmann der Leibgarde zu:

„Verhaften Sie Monsieur le Cardinal!"

Das Aufsehen ist ungeheuer.

Nur Rohan allein behält die Nerven. Vor dem Eingang zur Spiegelgalerie schreibt er ein paar Worte an seinen Vertrauten, den Abbé Georgel. Er bittet ihn, alle Briefe ‚in dem roten Portefeuille' zu verbrennen. Es sind dies Briefe, angeblich von Antoinette, in Wahrheit jedoch gefälscht von Rétaux.

Rohan nächtigt noch genüsslich in seinem Pariser Palais und tritt erst andern Tags den Weg in die Bastille an, in das einstmals berüchtigte Staatsgefängnis von Paris.

Antoinette schreibt ihrem Bruder, Kaiser Joseph II. nach Wien:

„... Ich bin vom gesunden Menschenverstand und der festen Haltung, die der König bei dieser schwierigen Zusammenkunft an den Tag legte, aufrichtig gerührt... Ich hoffe, dass diese eklige Angelegenheit und alle ihre Details für jedermann erkennbar ans Licht gebracht werden mögen..."

Ludwig XVI. erlässt an den Kommandanten der Bastille, Marquis Bernard de Launay, folgende Weisung:

„Monsieur de Launay, ich fordere Sie hiermit auf, in meinem Schloss in der Bastille meinen Vetter, den Kardinal de Rohan, zu empfangen und ihn bis auf weiteres von mir dort festzuhalten..."

Launay leitet die Bastille wie ein gutes Pariser Hotel. Der Kardinal darf zwei persönliche Bediente bei sich behalten, er darf täglich Besuche empfangen. Eines Tages serviert er dort zwanzig Gästen ein reichhaltiges Menü mit Austern und Champagner.

Bald verlangen drei höhere Offiziere der Bastille eine Sonderzahlung von 9000 Livres, da ihnen die zahlreichen Besuche des Kardinals viel Mühe und Mehrarbeit bereiten.

Der gutmütige Ludwig XVI. bewilligt natürlich umgehend dieses Ansuchen.

Die öffentliche Meinung ist zunächst gegen den Kardinal eingenommen. Sobald irgendein weiblicher Name in der Halsbandaffäre auftaucht, heißt es: ,Wieder eine von den Mätressen des Kardinals!'.

Doch die einflussreiche Sippe der Rohans und Soubises zieht den Adel auf ihre Seite und behauptet lautstark, ein Franzose aus uraltem Geschlecht wurde wegen der Launen einer ausländischen Königin verhaftet.

Der französische Klerus tritt zu einer Synode zusammen und fordert, dass ein Bischof nur von seinesgleichen verurteilt werden darf.

Der 68-jährige Papst Pius VI., nach Goethe ,die schönste und würdigste Männergestalt', hat für den hochfeudalen Lebensstil Kardinal Rohans volles Verständnis. Hatte doch der Papst höchstpersönlich einstens seinen Neffen Luigi Onesti-Braschi fürstlich ausgestattet und eigens für diesen anlässlich dessen Vermählung mit einer reichen Falconieri-Tochter den gigantischen Palazzo Braschi an der Piazza Navona erbauen lassen.

Nun, Pius VI. verlangt, dass Prinz Rohan in Rom vor einem Kardinalskollegium zu erscheinen habe, denn ,die Konzile von Antiochia und Nizäa haben entschieden, dass über Bischöfe nur Bischöfe zu Gericht sitzen dürfen'.

Als Gegenbeweis führt nun Ludwig XVI. den Fall des Kardinals de la Balue an, den Ludwig XI. im 15. Jahrhundert selbst abgeurteilt hatte. Oder Heinrich III., der ein Jahrhundert später den Kardinal de Guise zum Tod verurteilen ließ. Das französische Parlament beruft sich schließlich auf etliche ,frühere Bullen', in denen Bischöfe und Kardinäle darauf hingewiesen wurden, ,dass während ihres irdischen Daseins sogar ihre Seelen den Gesetzen der weltlichen Herrscher unterworfen sind'.

Jedoch bald stellt sich heraus, dass der kommende Prozess nicht ein solcher gegen den Kardinal, sondern in Wahrheit ein Prozess gegen ... die Königin sein wird!

Axel Fersen schreibt, drei Wochen nach der Verhaftung des Kardinals, seinem König Gustav III. am 9. September folgenden Brief:

„...Nach der gängigsten Version sei alles eine Intrige zwischen der Königin und dem Kardinal gewesen. Sie habe vorgegeben, ihn nicht zu mögen, um ihr kleines Spiel besser zu verbergen. In Wahrheit hätte er bei ihr in großer Gunst gestanden, und sie hätte ihn beauftragt, das Halsband für sie zu kaufen. Der Kardinal habe sie über alle Vorgänge in den Ratsversammlungen unterrichtet, die sie an den Kaiser (Joseph II.), ihren Bruder, weitergegeben habe... Schließlich habe der König davon erfahren und ihr eine Szene gemacht, worauf sie eine halbe Ohnmacht gespielt habe mit der Entschuldigung, sie wäre schwanger..."

Das Groteske an den Vorbereitungen des Prozesses ist die Tatsache, dass die wirklichen Ereignisse rund um die Halsbandaffäre von der Pariser Sudelpresse ins Gegenteil verkehrt werden, und zwar zu dem einzigen Zweck, um mit den Angeklagten sympathisieren zu können.

Die auf schnellstem Weg publizierten Verteidigungsschriften der Angeklagten werden sofort Bestseller. Rohan, Jeanne, die sogenannte Oliva alias Nicole Leguay sowie Rétaux, sie alle werden zu Volkshelden hochstilisiert. Die Pariser Mode kreiert den neuesten Frühjahrshut, den sie ‚Kardinal im Stroh' nennt und mit langen roten Bändern schmückt.

Der Prozess beginnt am 22. Mai 1786 im Pariser Justizpalast. Die Richter bestehen aus 64 Mitgliedern der Oberkammer des Parlaments. Am 31. Mai findet die Urteilsverkündigung statt.

Der Kardinal wird mit 26 gegen 22 Stimmen ‚von jeder Schuld freigesprochen', ebenso Cagliostro. Das Verfahren gegen Oliva alias Nicole wird eingestellt, Rétaux aus Frankreich ausgewiesen. Lediglich die Betrügerin Jeanne La Motte wird zu lebenslänglichem Kerker verurteilt.

Die ‚Beleidigung' des Kardinals gegen die Königin wird also nicht geahndet.

Die Pariser wollen abends ein festliches Feuerwerk abhalten, was die Polizei jedoch verbietet.

Zehntausende Menschen strömen nach der Bastille, um dem Kardinal wie einem Volkshelden zuzujubeln, weil er der ‚Österreicherin' eine derart schwere Niederlage durch sein Verhalten bereitet hat.

Nur Ludwig XVI. allein hält Rohan noch immer der ‚Beleidigung der Königin' für schuldig. Er enthebt den Kardinal seines Amtes als Großalmosenier, verfügt, dass er Paris binnen drei Tagen zu verlassen und sich nach seiner Abtei La Chaise-Dieu zu begeben habe. Cagliostro hat Frankreich binnen drei Wochen zu verlassen.

Der Liebhaber der Herzogin von Polignac, Graf Joseph Vaudreuil, trägt seine Sympathien für Rohan so offen zur Schau, dass Antoinette es bald nicht mehr wagt, den Salon der Herzogin zu betreten, weil diese ihre ‚Freunde' nicht bloß deswegen aus ihrer Gesellschaft ausschließen will, weil die Königin auf Besuch kommen möchte.

„Ich bin Frau von Polignac deswegen nicht böse", sagt dazu die im Grund ihres Wesens gutmütige Antoinette zu Graf de La Marck. „Sie ist gut und liebt mich, aber ihre Umgebung hat sie gegen mich eingenommen."

Die Herzogin von Orléans sammelt öffentlich gegen die ‚arme' Jeanne, vor deren Gefängnis täglich die Karossen vieler Hocharistokraten warten, weil diese die sogenannte ‚Gräfin' besuchen, das ‚Opfer' der Königin. Schließlich verhilft man unter ‚allerhöchstem Einfluss', wie die Pariser Sudelpresse behauptet, der Betrügerin zur Flucht.

Sofort rächt sie sich an Antoinette durch Veröffentlichung ihrer Memoiren, in denen sie unverfroren folgendes behauptet:

„...Zwischen dem Kardinal und der Königin bestanden unerlaubte Beziehungen...Seine Eminenz fand es anstrengend, den erotischen Anforderungen seiner königlichen Geliebten gerecht zu werden, und gab zu, dass er von verschiedenen stimulierenden Mitteln Gebrauch machte. Zunächst stärkte er sich mit einer Dosis von Cagliostros berühmtem Aphrodisiakum...“

Sofort verfassen bestochene Journalisten in Paris hunderte von Spottliedern auf den König und die Königin. Auf der Suche nach solchen Autoren bleibt die Polizei von Paris jedoch stets ohne jeden Erfolg...

# Verheerende Folgen

,Ludwig XVI. erweist dem menschlichen Genius
unendlich große Dienste, indem er der Presse
mehr Freiheiten einräumt als je zuvor. Wir sind
diesbezüglich bereits schon ganze Engländer...‘
(Voltaire, Haupt der Philosophie der Aufklärung).

Um den Schaden der Halsbandaffäre hinsichtlich der öffentlichen Meinung zu beheben und das Königtum in Frankreich wieder populär zu machen, unternimmt Ludwig XVI. zum ersten Mal in seinem Leben eine Dienstreise durch sein Reich.

Am 20. Juni 1786 verlässt er Versailles und fährt über Rambouillet nach Cherbourg, seit dem vorigen Jahrhundert einer der wichtigsten Kriegshäfen Frankreichs. Antoinette rät man ab, den König zu begleiten, da sie unmittelbar vor der Entbindung ihres vierten Kindes steht.

Ludwig XVI. werden auf seiner Reise überall begeisterte Ovationen bereitet. Die Menge schreit sich die

*Die Königsfamilie:*
*Marie Antoinette und Ludwig XVI.*

*Davor: Marie Thérèse und ihr Bruder Louis (Ludwig XVII.)*

Kehlen heiser mit dem Ruf: ,Lang lebe der König!'...
Doch er beeilt sich, bei jeder sich bietenden Gelegenheit
zu erwidern: ,Lang lebe mein Volk!'.

Von seiner Rundreise durch die Normandie schickt er
Antoinette täglich ausführliche Berichte. Für solche
Unternehmungen ist Ludwig XVI. der ideale König. Er
wird nicht müde, die Bauten für den umfangreichen
Kriegshafen von Cherbourg zu besichtigen. Er inspiziert
die Truppenverbände. Überall, wo immer er sich zeigt,
gewinnt er sofort die Sympathien der Bevölkerung wie
im Flug. Er mischt sich unter die armen Leute, hört ihre
Sorgen an und verspricht Abhilfe. Er tritt mit ungekün-
stelter Schlichtheit auf. Er verbreitet überall Behag-
lichkeit und gute Laune. Er sitzt zu Tisch mit einfachen
Leuten, nennt sie ,meine Kinder' und scherzt mit ihnen.

In Caen, in Le Havre oder in Honfleur... überall ist es
das Gleiche. Die Bevölkerung ist hoch erfreut über sein
Kommen. Allenthalben nennt man ihn ,unseren Volkskönig'. ,Er ist einer von uns', geht es überall von Mund
zu Mund.

„Die Liebe meines Volkes hat mich zutiefst ergriffen",
schreibt er Antoinette. „Urteilen Sie selbst, ob ich nicht
Ursache habe, der glücklichste König der Welt zu sein!"

Doch... je näher er auf der Rückreise an Versailles herankommt, umso mehr nimmt die Begeisterung der Bevölkerung ab. Denn der Hass, den das aufgehetzte Paris
gegen Antoinette hegt, fällt auf Ludwig zurück, der ein
zu nachgiebiger Gatte sei, der ,nie eifersüchtig und zu
unbekümmert sei', wie man in Paris hinter vorgehaltener Hand tuschelt.

Am 9. Juli 1786 gebiert Antoinette ihr viertes und
letztes Kind, Sophie Hélène. Aber nur jene Pariser
freuen sich darüber, die an den Marktständen gratis zu
trinken bekommen.

Eines Tages marschieren zweitausend wütende De-
monstranten nach Versailles, um gegen eine Regie-
rungsverordnung zu protestieren. Da lässt der komman-
dierende Offizier die Palastwache aufziehen. Doch der

gutmütige Ludwig XVI. befiehlt dem Kapitän der Garde, die Wachen abzuziehen.

„ Das ist doch nur ein Sturm im Wasserglas!", sagt er dazu lächelnd. Bald spricht es sich im weiten Reich herum, dass man sich bei diesem König alles erlauben könne.

Am 21. Juli 1787 demonstrieren in Grenoble 165 Adelige, 500 geistliche Würdenträger sowie 276 Bürgerliche gegen die sozialen Reformen des Königs, die ihre Steuerprivilegien beeinträchtigen sollten. Bald kommt es zu ähnlichen Aufständen in der Bretagne, in Burgund, in der Provence und in Béarn.

Nun beschuldigen sich Adel und Bürgertum gegenseitig, zuviel vom Volksvermögen für sich zu beanspruchen, während der Klerus in einen franzosentreuen und in einen absolut papsttreuen Teil aufgespalten ist.

In Paris wird bereits aufhetzerisch behauptet, Antoinette habe ihrem Bruder Kaiser Joseph II. hunderte Millionen Livres zukommen lassen, während in Wahrheit ihr Bruder ihr des öfteren brieflich Vorhalte macht, sie sei zu sehr Französin geworden und überhaupt keine Österreicherin mehr.

Infolge verheerender Unwetter und darauf folgender Missernten sind seit 1787 Teuerungswellen und Hungerrevolten an der Tagesordnung.

Sofort wird dafür von der Pariser Sudelpresse in erster Linie die Königin verantwortlich gemacht. Denn das wirkliche Opfer der Halsbandaffäre ist nicht der Kardinal, sondern einzig und allein Antoinette. Tratsch und übelster Hofklatsch umkreisen sie fortan unaufhörlich, bald in Form von boshaften satirischen Liedern, bald in Zeitschriften, Flugblättern und anonymen Zusendungen. Alles aus ihrem bisherigen Leben wird nun als Waffe gegen sie geschmiedet: ihr Heimatland, dem sie gigantische Unsummen auf Kosten der armen Bevölkerung überweisen lasse, ihre österreichische Familie, die Frankreich mit Hass verfolge, ihre Schönheit und Modetorheiten, durch die Volksvermögen verschleudert werde, ihre angeblich neunzehn Liebhaber, ihre angeblich lesbischen Freundinnen und so verleumderisch fort und fort...

Obszöne Illustrationen über Antoinette werden den Adeligen, ja sogar dem König von unbekannten Händen unter der Serviette bei Tisch zugesteckt.

Unwahre, höchst widerwärtige Anklagen gegen die Königin werden tausendfach gedruckt und vor öffentlichen Schulen verteilt, damit selbst die Schulkinder in der Verachtung gegen Antoinette großgezogen werden.

Gewisse Fehler der Regierung, etwaige unpopuläre Maßnahmen derselben, ja sogar Korruptionsfälle werden dem alleinigen Einfluss der Königin zugeschrieben. Das Staatsdefizit, die Teuerungswellen, die Hungersnöte, das alles wird als Folge der Verschwendungssucht Antoinettes gebrandmarkt.

Als sie erfährt, dass in Paris fast kein Brot mehr zu haben ist, soll sie nach den Verleumdungen ihrer Gegner darauf erwidert haben:

„Sollen die Leute doch einfach Kuchen essen!"

Dieser ungeheuerlich klingende Ausspruch wurde allerdings wirklich getan, aber nicht von Antoinette, sondern ein ganzes Jahrhundert zuvor von der Gattin Ludwigs XIV., des ‚Sonnenkönigs', von der Königin Maria Theresia von Österreich, die jedoch in Spanien geboren worden war. Dieser Ausspruch war bereits im Jahre 1737, also 18 Jahre vor Antoinettes Geburt, dem damals 25-jährigen Jean Jacques Rousseau bekannt, der als französischer Moralphilosoph durch seine Abhandlungen später nachhaltig die Deklaration der Menschenrechte beeinflusste.

Aber es ist eben keine Verleumdung mehr zu ungeheuerlich, um sie nicht als Kriegslist gegen Antoinette einzusetzen.

Einer der besten Freunde der Herzogin von Polignac, der mehr als irgendjemand sonst der Königin zu großem Dank verpflichtet wäre, verfasst über sie das boshafteste aller Chansons. Sofort wird es in Paris und Versailles zum Ergötzen der Feinde Antoinettes gesungen.

Besucht sie nun ein Theater in Paris, so pfeift man sie aus. Die Maler dürfen ihr Portrait in den Galerien nicht mehr ausstellen. Auf offener Straße verkauft man Karikaturen über sie und Ludwig XVI. Beide werden darin bei Fress- und Sauforgien dargestellt, während das arme Volk zuschauen muss und vor Hunger aufschreit.

Schon umringen Verrat und Abfall Antoinette von allen Seiten.

Eines Abends, es ist Mittwochabend, an dem bisher allwöchentlich Antoinette zur Abendgesellschaft einlud, betritt ein einsamer Gast die Räume von Klein-Trianon.

Louise Campan, Antoinettes Kammerfrau, begrüßt den Besucher.

„Findet vielleicht der heutige Abendempfang nicht statt?", fragt der 33-jährige Schwede.

„Oh, Monsieur le Comte, man hat sicherlich vergessen, Sie davon zu verständigen."

„Nun, dann gehe ich eben wieder", murmelt er leicht enttäuscht.

„Nicht nötig, Graf Fersen!" Antoinette ist herausgetreten und hat die letzten Worte Axels mitgehört. „Kommen Sie, leisten Sie mir ein wenig Gesellschaft!"

Axel blickt voll Mitgefühl in das traurig wirkende Antlitz der gleichaltrigen Königin, der man so übel mitspielt...

# Eine Revolution zweier Herzen?

,Wahrscheinlich empfand Antoinette für Ludwig
nur eine aufrichtige Zuneigung, und das war in
königlichen Ehen schon eine Rarität...'
(Vincent Cronin)

„Störe ich auch nicht?", fragt Axel Fersen unsicher,
nachdem sich die Türen hinter beiden geschlossen haben.

„Seit wann stören Freunde?", erwidert Antoinette.
„Bitte, setzen Sie sich! Ich bin heute so allein...Dabei
hätte ich Lust, ein wenig zu singen. Wenn Sie mich dabei am Clavicembalo begleiten könnten....Man erzählt
sich, Sie wären ein hervorragender Cembalist..."

„O mein Gott!", darauf er. „Ich spiele doch nur ab und
zu, für mich privat, eben nur so..."

„Sie untertreiben!", lächelt sie. „Ihre Bescheidenheit
ehrt Sie. Wenn ich Sie vergleichen sollte mit gewissen
anderen Kavalieren hier bei Hof..."

„Die gewiss charmanter und geistreicher sind als ich!"

„Bitte, lassen wir das! Man hat mir soeben aus Wien
einen Klavierauszug aus Glucks Oper ,Orpheus und
Eurydike' geschickt. Sie kennen Gluck?"

„War er nicht im April 1777 hier in Paris, wenn ich
mich richtig erinnere? Ich kam leider erst ein paar Wochen später als Adjutant Gustavs III. nach Versailles zurück."

„Diese Oper, aus der ich liebend gern etwas singen
möchte, wenn Sie die Güte hätten, mich am Cembalo zu
begleiten..."

„Mit dem größten Vergnügen, wenn die Noten nicht
zu schwierig für mich sein sollten..."

„Hier zum Beispiel...Der Chor der Furien...Nicht zu
schwer, hoffe ich, lediglich drei B's... Un poco andante...
,Wer ist der Sterbliche, der dieser Finsternis zu nahen
sich erkühnt?'", singt sie verhalten.

„Lassen Sie sehen, Madame!" Er beugt sich über die auf dem Instrument liegenden Noten. „Nun ... das könnte gehen! Ich will es versuchen." Er setzt sich davor nieder.

„Diesen Liebesdienst vergesse ich Ihnen nicht", sagt sie lächelnd, während eine feine Röte ihre Wangen überzieht.

„Wirklich nicht?", wiederholt er fragend. „Wirklich niemals?"

„Es ist so. Wirklich... niemals!"

„Wissen Sie, Madame, wir Schweden nehmen alles viel ernster als vielleicht andere in der Welt."

„Als zum Beispiel ich, nicht wahr?"

„Solches auch nur zu denken..."

„Warum nicht? Sie kennen doch gewiss die Liste jener neunzehn Liebhaber, die man mir andichtet..."

„Auf Pamphlete übelster Art verschwende ich keinen Gedanken..."

Er versenkt sich in die aufliegenden Noten. „An welche Arie haben Madame gedacht?"

„Die Arie des Orpheus...,Ach, ich habe sie verloren!'"

„Ist das nicht eine Baritonarie?"

„Für eine Altstimme komponiert."

„Also eine Hosenrolle, dieser Orpheus...Hat er seine Eurydike an das Leben verloren oder...?"

„An den Tod...an den Tod, das ist leichter zu ertragen als an das Leben..."

„Ist das nicht etwas zu traurig, Madame? Eine schöne, noch junge, liebenswerte Königin...sollten nicht fröhlichere Arien von Ihnen gesungen werden?"

„Ach, mein Freund, als Königin auf der Bühne der Welt sieht alles viel großartiger und beglückender aus als hinter den Kulissen..."

„Bewahrt die Etikette Sie nicht vor dem schmutzigen Dunkel der Kulissen...die Etikette und ein liebevoller König?"

„Das ist er wirklich, der König, mein Gemahl...Ehen werden im Himmel geschlossen. Sagt man nicht so?"

„Madame, ich bin Lutheraner. Bei uns ist die Ehe ein ‚weltlich' Ding. Das heißt, nicht unbedingt unauflösbar, weil von Menschenhand geschaffen...Allein, wenn zwei Seelen aus völlig unbeeinflusster Freiwilligkeit heraus, aus Liebe und nichts als Liebe..." Die sonst so überaus beherrschten Blicke dieses äußerst disziplinierten Nordländers schießen mit einem Mal feurige Blitze.

„Ja, aus Liebe und nichts als Liebe...", wiederholt sie versonnen. „Ich wurde als 10-jähriges Kind verlobt mit einem 11-jährigen Knaben, den ich noch nie gesehen hatte und der mich noch nie..." Sie bricht ab und blickt gedankenverloren vor sich hin.

„Man sollte nur aus Liebe heiraten", murmelt er fast tonlos.

„Wenn man aber verheiratet wird, wenn man erst gar nicht gefragt wird, weil einem nicht das primitivste Recht zugestanden wird, selbst in einer so wichtigen Angelegenheit ein Wörtchen mitreden zu dürfen..."

„Das ist schlimm...sehr schlimm!" Er senkt sein Haupt, als ob es einen wuchtigen Schlag erhalten hätte.

„Ein Staatsvertrag zwischen zwei mächtigen Reichen wurde geschlossen zu dem Zweck, dass es künftig nie mehr zum Krieg zwischen Frankreich und Österreich kommen sollte, und das Faustpfand dafür, der Garantieschein, das waren eben wir: der 15-jährige Dauphin, ein noch völlig unreifer Knabe, und ich, ein unaufgeklärtes Mädchen von 14 Jahren..."

„Das sind Fesseln, die zwei Herzen erwürgen könnten!" Unwillkürlich springt er hoch von dieser kleinen Sitzbank vor dem noch unberührten Cembalo.

„Ja...Man nannte die Besiegelung dieses Staatsvertrages kirchlicherseits ein Sakrament, ein unauflösliches, weil Ehen nun einmal im Himmel geschlossen werden, wie man so schön sagt..."

„Sind denn die Staatsminister hüben und drüben der Himmel? War der französische Minister Choiseul oder der österreichische Staatsmann Fürst Kaunitz ...waren diese Männer vielleicht die Abgesandten des Himmels?"

„Mein Freund..." Sie lächelt versöhnlich. „Wir lösen dieses Problem nicht. Wir beide... nicht."

Er setzt sich betreten wieder nieder und beugt tief sein Haupt.

„Wollen wir beginnen? Beginnen mit...der Arie?", fragt sie ganz leise.

„Wenn es gefällig ist..." Er greift in die Tasten des Instruments.

Zaghaft und leise beginnt sie mit belegter Stimme zu singen:

„Ach ich habe sie verloren...All mein Glück ist nun dahin..." Sie bricht jäh ab.

„Pardon, ich habe das Tempo wohl zu rasch genommen", will er sich entschuldigen.

„Das ist es nicht.... Aber... wie kann man jemanden verlieren, den man noch gar nicht gewonnen hat?" Sie bricht in Tränen aus und läuft in wilder Hast, also völlig unköniglich, fluchtartig aus dem Salon.

Das könnte nun vielleicht eine Revolte oder gar eine Revolution zweier Herzen werden, aber da bahnt sich doch fast zeitgleich im politischen Leben Frankreichs etwas völlig Neues an, etwas aufrührerisch Neues...

## Ludwigs schwerer Entschluss

,Ludwig XVI. zeigte ein ungewöhnliches Verlangen, der ärmeren Schicht seiner Untertanen ein erträglicheres Leben zu bereiten und die Bürde, unter der sie ächzten, zu erleichtern.'
(Lord David Stormont, brit. Botschafter in Paris)

,Jedermann führt nur Klagen im Munde. Vom Hochadel über den Klerus bis hinunter ins Bürgertum, nichts als Gejammer. Der Mensch ist nicht, wie die Philosophen sagen, ein vernunftbegabtes, sondern ein winselndes Tier', so schreibt Abbé Joseph de Veri über die Menschen seiner Zeit.

Da fasst Ludwig XVI. eine Maßnahme ins Auge, die seit 175 Jahren kein König von Frankreich mehr gewagt hat, nämlich: die Generalstände des Reiches erneut einzuberufen.

Diese, États généraux genannt, sind eine Versammlung von Vertretern der drei Stände des Reiches, und zwar des Adels, der Geistlichkeit sowie des Bürgertums der städtischen Körperschaften.

Ludwig XIII. hatte im Jahre 1614 die Generalstände abgeschafft und damit den Grundstein für die absolutistische Monarchie Frankreichs geschaffen.

Also... am 1. Mai 1789 beruft Ludwig XVI. die Generalstände ein. Dabei erhält er nicht weniger als 55.000 Beschwerde- und Wunschlisten, welche die Wähler aus den 13 Provinzen des Reiches ihren Abgeordneten für deren Einberufung nach Versailles mitgegeben haben. Umgehend erheben Adel und Klerus die Forderung nach der gesellschaftlichen Beibehaltung der Trennung zwischen den drei Ständen; der dritte Stand jedoch, das Bürgertum, fordert deren Beseitigung.

Ländliche Bezirke beschweren sich über die allzu großen Rechte der Feudalherren, das sind die Adeligen, sowie über den Zehent, den die freien Bauern an den jeweiligen Gemeindepfarrer zu entrichten haben. Die Städte wiederum fordern Garantien für die Freiheit des Einzelnen, die liberté, sowie die allgemeine Pressefreiheit.

Der erste Stand umfasst 300 Adelige, die in schwarzen Satinanzügen, den Degen an der Hüfte und mit weißen Straußenfedern auf den Hüten, erscheinen.

Zum zweiten Stand gehören unter anderen der Erzbischof von Toulouse, Etienne Loménie de Brienne, der Bischof von Autun, Fürst Charles Talleyrand, Abbé Jean Maury, und natürlich Kardinal Prinz Rohan!

Der dritte Stand zählt 621 Bürger. Ludwig XVI. gesteht dabei die Verdoppelung der Vertreter des dritten Standes zu, um sie mit den beiden anderen, privilegierteren Ständen des Adels und der Geistlichkeit gleichzustellen. Jene Vertreter erscheinen in schwarzen Tuchanzügen und Dreispitz. Aber sofort reihen sich aus populistischer Berechnung auch Adelige in den dritten Stand ein, wie etwa Herzog Philippe von Orléans, der Vetter des Königs, oder Graf Honoré Mirabeau sowie bald danach schon der Bischof von Autun, Fürst Talleyrand.

Am 3. Juni trifft endlich die aufmüpfige Pariser Delegation des dritten Standes in Versailles ein. Ihr Wortführer ist der stimmgewaltige Abbé Emmanuel Sieyès.

Er hatte in einem weit verbreiteten Pamphlet bereits früher die Frage gestellt:

„Was ist der dritte Stand?"

Seine Antwort hierauf: „Nichts!"

Seine neuerliche Frage: „Was sollte er sein?"

Seine Antwort dazu: „Alles!"

Das war natürlich eine krasse Irreführung der öffentlichen Meinung angesichts der Verdoppelung der Mitgliederzahl.

Nun trifft das Königspaar ein schwerer Schicksalsschlag: Am 4. Juni stirbt der Dauphin Louis Joseph. Dieses freundliche, hochbegabte Kind, der Thronfolger, litt an der ‚bourbonischen Königskrankheit', der Knochentuberkulose.

Bereits am 22. Februar 1788 schrieb darüber Antoinette ihrem Bruder, Kaiser Joseph II.:

„...Eine Hüfte ist höher als die andere... Seine Rückenwirbel sind verschoben und treten heraus... Er muss seit Wochen das Bett hüten und leidet sehr große Schmerzen..."

Der weichherzige Ludwig XVI. ist über den Verlust des ältesten Sohnes besonders schwer getroffen. Zehn Tage zieht er sich in Versailles völlig von der Außenwelt zurück und danach noch eine Woche lang in Marly.

Damit laufen die dramatischen politischen Ereignisse dieser Tage ohne seine Anwesenheit ab. Weltpolitik kennt eben kein Mitleid mit privatmenschlichen Schicksalen.

Natürlich nützt die aggressive Hetzpresse diesen Umstand und verkündet, der König interessiere sich nicht mehr für die Geschicke seines Volkes.

Denn bereits am 17. Juni konstituiert sich der dritte Stand, um einen großen Teil des niederen Klerus erweitert, zur Nationalversammlung. Drei Tage danach zieht diese selbst ernannte Nationalversammlung in das ‚Ballhaus‘, in dem bisher eine Art Tennis, genannt jeu de paume, gespielt wurde. Hier schwört man unter dem Vorsitz von Jean Bailly, einem Astronomen und dem nachmaligen Bürgermeister von Paris, sich nicht eher zu trennen, als bis eine Verfassung ausgearbeitet und anerkannt sei.

Das bedeutet nach den Worten des britischen Botschafters das Verlangen des dritten Standes an den König, diesem seine Krone ‚zu Füßen zu legen‘.

Und wahrlich: Mit der eigenmächtigen Erhebung zur verfassunggebenden Nationalversammlung in der Zeit vom 6. bis zum 9. Juli, stellt diese auch schon automatisch die Legitimität der Monarchie in Frage.

Der gutmütige Ludwig gibt sich gesprächsbereit. Er verspricht die Abschaffung der Steuerprivilegien für den ersten und zweiten Stand, die er zuvor ja bereits vergeblich gefordert hatte, ferner soll der dritte Stand die öffentliche Wohlfahrt sowie die Krankenhäuser und Gefängnisse selbständig verwalten.

Fürst Charles Talleyrand, als Bischof und Adeliger eigentlich Vertreter des ersten und des zweiten Standes, erwidert darauf dem König in der Versammlung:

„Eure Majestät hätten nicht weitergehen können, ohne die Grenzen der Gerechtigkeit zu überschreiten.“

Der Delegierte des dritten Standes, der Nationalökonom Arthur Young, schreibt hierüber :

„Der Plan des Königs war gut. Dem Volk wurden in großen und wichtigen Dingen viele Zugeständnisse gemacht ...Aber viele werden schließlich nichts akzeptieren außer der völligen Machtübernahme. Im Namen der Gerechtigkeit werden sie sich selbst alles aneignen..."

Unter den 621 Mitgliedern des dritten Standes gibt es natürlich unterschiedliche Charaktere: versöhnliche, abwartende, vermittelnde, ängstliche, aber auch tapfere und sehr aggressive...

Der herausforderndste ist Graf Honoré Mirabeau, ein vordem mittelmäßiger Publizist, der nun zum Demagogen und Politiker heranwächst.

Dieser 40-jährige Aristokrat hat sich wie der Herzog von Orléans aus Berechnung in den dritten Stand hineingeschwindelt, dem er mehr Chancen und Erfolg als seinem angeborenen Stand des Adels beimisst.

Wegen seines ausschweifenden Lebenswandels wurde dieser Grafensohn vom eigenen Vater mehrmals ins Gefängnis gebracht. 1777, also mit 28 Jahren, wird er wegen schwerer Verbrechen zum Tod verurteilt, jedoch nach 5-jähriger Haft vom gutmütigen Ludwig XVI. begnadigt.

Mirabeau ist es, der jetzt als erster dem König trotzig die Stirn bietet und der kühn erklärt, nur ,der Macht der Bajonette' zu weichen.

Die Bevölkerung von Paris sieht in ihm einen Heros der Nation. Ein Historiker urteilt über ihn, er sei ,am Fuß der Rednertribühne ein Mann ohne Scham und Tugend, auf ihr aber ein tapferer Mann gewesen'.

Er donnert in der Nationalversammlung, der König sei lediglich ein Echo der grauen Eminenzen, das ist des höheren Klerus, der sich durchtrieben hinter dem Thron versteckt. Auf seinen Antrag hin erklärt sich der dritte Stand mit 493 zu 34 Gegenstimmen als unverletzlich, das heißt, über dem Gesetz stehend.

Jacques Necker, in Genf geboren, ein anerkannter Nationalökonom und Bankfachmann, ist seit mehr als zwei Jahrzehnten im französischen Finanzwesen an leitender Stelle tätig. Seit einem Jahr ist der 57-Jährige Chef des Finanzrates, das ist soviel wie Wirtschafts- und Finanzminister. Er berichtet der Nationalversammlung, dass der König 35 Millionen für Getreidebeschaffung ausgibt, um die Lebensmittelversorgung in Paris sicherzustellen. Ab dem 4. Juli isst die Königsfamilie nur noch Roggenbrot, um Weizen zu sparen.

Als Herzog John von Dorset die Bemerkung macht, die Königin sollte noch einen Sohn bekommen, antwortete diese erregt:

„Warum sollte ich? Damit ihn Monsieur d´Orléans umbringen lassen kann?"

Dieser 42-jährige Philippe d'Orléans, Vetter des Königs aus der Nebenlinie der Bourbonen, hatte bereits 1775 als 28-jähriger Prinz gegen die damals 19-jährige Antoinette sehr gehetzt, und zwar anlässlich des Besuches ihres 20-jährigen Bruders Maximilian, des nachmaligen Erzbischofs von Köln.

Auch die Herzogin von Orléans zählte seit jeher zu den Feindinnen Antoinettes. Als Ludwig die Steuerprivilegien der Prinzen etwas schmälerte, ging der Herzog zu offener Opposition gegen den König über.

Philippe, acht Jahre älter als der König, ist zwar von kleinem Wuchs, jedoch ein ausgezeichneter Reiter, Fechter und Tänzer. 1779 will der 32-Jährige Großadmiral werden und posaunt zu diesem Zweck aus, er habe in der Seeschlacht von Ushant 30 englische Linienschiffe erfolgreich angegriffen, was jedoch nicht zutraf. Der Polizeipräfekt von Paris berichtigt, dass Philippe aufgeschnitten hat. Daraufhin spottet die Bevölkerung über den ‚Feigling'. Jetzt will er Oberst werden, was der gutmütige König sofort bewilligt. Daraufhin nennt die Bevölkerung Philippe nur noch den ‚Oberst der Wirrköpfe'.

Um sich vor der Bevölkerung von Paris wieder in Positur zu setzen, lässt er am 1. Dezember 1784 einen mit Wasserstoff gefüllten Ballon starten. Immer und überall will er den König übertrumpfen, sein unstillbarer Ehrgeiz verzehrt ihn.

Er wird zum notorischen Trinker und hält sich eine Mätresse, nämlich Frau von Benlins, die ihn mit den Gedankengängen des sozialkritischen Philosophen Jean-Jacques Rousseau vertraut macht. Dieser, Lakai in adeligen Häusern, tritt in seinen späteren Schriften für die ‚Freiheit und Gleichheit' aller Menschen ein.

Um seinem persönlichen Bankrott zu entgehen, lässt der Herzog von Orléans die riesigen Gärten seines Pariser Palais Royal in Geschäftsviertel umwandeln, in denen er Cafés, Läden, Spielsalons und Bordelle errichten lässt. Unter die Servietten seiner vielen Gäste lässt er Präservative aus Schweinsblasen, mit Wasserstoff aufgepumpt, legen. Allen voran ist er es, der die Adeligen in den Verruf der Korruption bringt. Da seine Laster in Paris offenkundig werden, nimmt man an, dass es in Versailles nicht anders zugeht.

Der Herzog ist der Großmeister sämtlicher Freimaurerlogen Frankreichs. Seine Logen führen die Menschen vom Christentum weg zu Idealen des sogenannten Deismus, das ist der Glaube an einen unpersönlichen Gott, sowie zum Pantheismus und Materialismus, dass der Mensch nämlich erst durch soziale Besserstellung vollkommen werde. Damit blüht der Okkultismus auf und die Lehre von der Wiedergeburt des Menschen, desgleichen Wahrsagerei und Zauberei, also jegliche Formen versponnener Esoterik.

Mitglieder dieser Freimaurerlogen werden hauptsächlich Künstler, Wissenschaftler und Lehrer, aber auch die rasch aufsteigenden Sterne des dritten Standes, wie beispielsweise Abbé Sieyès, Danton, Bailly, der Bürgermeister von Paris, Advokaten, Journalisten und sofort.

Unheimlich rasch breitet sich in den Städten Frankreichs dadurch die Leichtgläubigkeit aus. Alles wird geglaubt, solange es nur mit Sensationen lockt und etwas Prickelndes verspricht.

Die Naturphilosophie Rousseaus, der Deismus Voltaires, zum Pantheismus — in allem und jedem ist Gott — umgemünzt, werden jetzt die große Mode.

Demnach hat der Mensch Tugend nicht mehr nötig, weil er das Böse nicht kennt. Er braucht keine Gesetze mehr, weil er von Natur aus ‚weise Instinkte' besitzt. Deshalb hat er auch Autoritäten nicht mehr nötig. Er braucht daher weder die Autorität des Königs noch jene eines Kirchenfürsten oder Pfarrers.

Der Glaube an Gott schwindet zunehmend und wird ersetzt durch einen überspannten Glauben an den Menschen. Hauptsächlich in den Städten Frankreichs, und da vor allem in Paris, geht das Gemeinschaftsgefühl für Nächstenliebe und Solidarität verloren, das bisher durch die Kirche sowie das Gottesgnadentum der Krone das verbindende Glied zwischen den Franzosen gewesen ist.

Folgender Ausspruch Voltaires wird zur Maxime der Intellektuellen in den Städten Frankreichs, vor allem aber von Paris:

„Ich bin leidenschaftlich gegen das, was sie (die Gegner der Monarchie) sagen, aber ich werde kraftvoll dafür eintreten, dass sie es öffentlich vorbringen können".

Das heißt im Klartext, völlige Meinungs- und Pressefreiheit wird sofort gefordert.

Der einflussreichste Minister des Königs, Jacques Necker, erkennt jetzt die Kernfrage, die da lautet: ‚Ordnung oder Anarchie'. Er rät daher Ludwig XVI., den Wünschen des ‚guten Volkes' in allem nachzugeben. Popularität um jeden Preis sei die Devise der Stunde!

Da findet selbst der gutmütige König, Necker besitze doch zu wenig politisches Rückgrat.

Am 11. Juli 1789 enthebt er daher den äußerst volkstümlichen, populistischen Minister seines Amtes.

Dieses Ereignis ist die berühmte Lunte, die in ein prall gefülltes Pulverfass geworfen wird. Und dieses Pulverfass heißt... Paris!

# Revolte oder Revolution?

,Ich betrachte Ludwig XVI. mit Bewunderung,
weil er Tugenden besaß, weil er nicht den Weg
seiner Vorfahren weiterging, kein Despot war
und die Generalstände einberief...'
(Camille Desmoulins,
Anstifter des Sturms auf die Bastille).

Camille Desmoulins, französischer Schriftsteller und
Revolutionär, ist 29 Jahre alt. Trotz seiner Jugend hat er
bereits etliche gehässige Pamphlete gegen die Königin
verfasst. Er geht als Freund des Herzogs von Orléans in
dessen Stadtpalais ein und aus.

Am 12. Juli 1789, einen Tag nach der Entlassung Neckers, springt Desmoulins im Palais Royal des Herzogs
auf einen Sessel und ruft einer ins Schloss strömenden,
aufgehetzten Menge zu:

„Hört, liebe Freunde! Ich komme soeben aus Versailles. Necker ist entlassen worden! Wisst ihr, was das bedeutet? Das ist das Signal zu einer neuen Bartholomäusnacht gegen die Patrioten. Heute abend, ihr werdet es
erleben, heute abend...werden wir von den schweizeri-
schen und deutschen Bataillonen des Königs ermordet
werden. Wir alle, Männer, Frauen und Kinder. Niemand
wird verschont werden. Es bleibt uns nur noch ein einziger Ausweg: Wir selber müssen zu den Waffen greifen,
wir müssen ihnen zuvorkommen, diesen Volksverrätern
und Mördern... Zu den Waffen, Freunde, auf, zu den
Waffen!"

Zur gleichen Zeit erscheint bei Ludwig XVI. eine De-
putation der Nationalversammlung. Sie bittet ihn,
die auf dem Marsfeld kampierenden Truppen abzuziehen.

„Wozu?", fragt Ludwig.

„Zur Beruhigung der Stadt Paris."

„Ist sie denn unruhig?"

„Die Pariser marschieren gegen die Bastille."

„Der Gouverneur derselben, Marquis von Launay, hat Kanonen. Er wird die Bastille zu verteidigen wissen. Übrigens, morgen werde ich zur Nationalversammlung sprechen..."

Friedlich legt sich der König ins Bett, friedlich schläft er ein.

Doch in Paris geht es keineswegs friedlich zu. Diese Stadt mit ihren fast 700.000 Einwohnern ist nämlich übervölkert. Bis zu diesem Juli 1789 ist bereits die Hälfte aller Erwerbstätigen von Paris arbeitslos.

Denn durch den seinerzeitigen Handelsvertrag vom Jahre 1786 wurde das weite französische Reich mit englischen Waren förmlich überschwemmt, mit besseren und vor allem billigeren Waren als den einheimischen. Paris leidet bald nicht nur unter der englischen Handelskonkurrenz, sondern auch unter den rigorosen Sparmaßnahmen von Versailles.

Genau vor einem Jahr, nämlich am 13. Juli 1788, war über Paris ein sehr schweres Unwetter niedergegangen, das zahllose Häuser verwüstete. 1.200 Dörfer der Umgebung wurden dabei ernstlich beschädigt und ein großer Teil der Ernte vernichtet. Um die Bevölkerung vor einer Hungersnot zu bewahren, gab Ludwig XVI. seit dem August 1788 für Getreideimporte 74 Millionen aus, eine gigantische Summe. Trotzdem müssen aber die Hausfrauen vor den Bäckereien Schlange stehen. Schuld daran ist das Verteilersystem, das von korrupten Geschäftsleuten und gewissenlosen Schiebern sabotiert wird, um die Lebensmittelpreise künstlich in die Höhe treiben zu können.

In den Cafés, Restaurants, Buden und Läden innerhalb des Reviers des Palais Royal sammeln sich sofort nach den Nachrichten von der Entlassung Neckers die politischen Agitatoren der Opposition auf diesem Grundbesitz des Herzogs von Orléans, auf dem die Polizei von Paris nicht einschreiten darf.

Hier werden sofort, wie auf Bestellung, aggressive Schmähreden gehalten und Pamphlete zu tausenden verteilt. Zu diesen Hauptrednern zählen vor allem Mirabeau, Danton und Camille Desmoulins.

Dass der gutmütige Ludwig XVI. bereits Vorbereitungen für eine neue Bartholomäusnacht treffe, wie seinerzeit seine Vorfahren gegen die Hugenotten, und dass er nun die aufgehetzten Pariser abschlachten lassen wolle wie wilde Tiere, wie diese Aufhetzer und Einpeitscher jetzt demagogisch behaupten, diese Anschuldigungen sind völlig aus der Luft gegriffen und nichts als eine dreiste Lüge, da Ludwig XVI. nichts mehr verabscheut als einen Bürgerkrieg.

In der darauf folgenden Nacht auf den 13. Juli, einen Montag, plündern aufgewiegelte und vom Herzog bewaffnete Banden in Paris Getreidelager, Geschäfte und Weinkeller. In den Kellerlokalen seines Palais lässt der ruhmsüchtige Herzog tausende Gewehre und Piken an die Aufgeputschten verteilen. Dann stürzen diese zur Bastille, einem festungsähnlichen Staatsgefängnis aus dem 14. Jahrhundert, das von den revolutionären Einpeitschern als das Symbol der Tyrannei bezeichnet wird.

Die verhetzte Menge stürmt voller Wut dieses ‚Fanal der Tyrannei‘, in dem jedoch statt der angeblich tausenden Häftlinge lediglich sage und schreibe s i e b e n (!) eingekerkert sind. Darüber ist die aufgeputschte Horde derart aufgebracht, dass sie in blindem Hass sich auf den Kommandanten der Festung stürzt. Dieser 49-jährige Bernard de Launay, der noch vor kurzem Kardinal Rohan jeden Besuch gestattete, wird dem rasenden Pöbel ausgeliefert. Man reißt ihm büschelweise die Haare aus, und ein Küchengehilfe namens Dénot schneidet ihm mit seinem Schlachtmesser kurzerhand unter dem johlenden Beifall der entmenschten Masse den Kopf ab, der sofort auf einer Pike aufgespießt wird.

Das ist der eigentliche, völlig improvisierte Beginn der Französischen Revolution. Ihre Anführer und Einpeitscher sind weder Demokraten noch echte Politiker, solche gibt es im derzeitigen Frankreich noch gar nicht. Es sind dies in erster Linie junge Rechtsanwälte, Publi-

133

zisten oder sonstige Intellektuelle, die aber alle nichts von Politikgestaltung verstehen.

Es ist auch keine Revolution der von ‚unten‘ gegen die von ‚oben‘. Jene sind vor allem beschäftigungslose Ehrgeizlinge, von den Provokateuren und Agenten des Herzogs von Orléans bestochen, politische Dilettanten ohne jegliches Programm oder auch nur vage Zukunftsperspektiven.

Zu Beginn ist das alles hintergründig nichts anderes als eine unterirdische, intrigante Palastrevolution der engsten Blutsverwandten Ludwigs XVI. gegen seine Frau, die Königin.

Des Königs Tante, Prinzessin Adelaide ist es, die Antoinette den Spottnamen ‚l'Autrichienne‘ anhängt, was ‚die Österreicherin‘ heißt, gleichzeitig jedoch durch einen hinterhältigen Doppelsinn soviel wie ‚wilde Hündin‘ bedeutet.

Des Königs zweiter Bruder wiederum, der Graf von Provence, dieser Leisetreter, bringt in Bezug auf die Königin das hässliche Wort ‚Madame Déficit‘ in Umlauf, gerade er, für dessen aufwendigen Lebensstil der König mehr Geld ausgeben muss als für den eigenen königlichen Haushalt.

Drittens ist es des Königs Vetter, Herzog Philippe von Orléans, der selbst nur zu gern König wäre, dieser Herzog, der gigantische Schulden macht, um die hunderte von Pamphletenschreibern, Publizisten und sonstigen Agents Provocateurs, ... Revolutionseinpeitschern also, bezahlen zu können. Zu dem einzigen Zweck, seinen engen Blutsverwandten vom Thron zu stürzen, um selber auf diesen hinaufklettern zu können.

Wahrlich, die Initialzündung zu dieser Französischen Revolution liegt in den Händen königlicher Personen, die dieses von Wirtschaftskrisen, Missernten, schweren Naturkatastrophen und hoher Arbeitslosigkeit geplagte Volk hasserfüllt zum Aufruhr aufhetzen.

Es ist aber auch keine Revolution der Jungen gegen die Alten. Denn: der älteste dieser Revolutionäre ist der Arzt Marat, er ist 45. Der Herzog ist erst 40 wie Mirabeau, Bischof Talleyrand ist 35, Marquis La Fayette und Hébert erst 32, Robespierre 31, Danton und der Priesterlehrer Fouché 30, Desmoulins 29, und der Benjamin ist Saint-Just, er ist gar erst 22.

Und der König? Er ist selbst erst 35, die Königin 34. Man sieht es deutlich: Hier steht Jugend gegen Jugend.

Die Französische Revolution ist eine solche der Jungen gegen eine antiquierte Ordnung der Jungen.

Schon gar nicht ist es eine Revolution von geknechteten Sklaven gegen einen blutrünstigen Diktator. Denn dieser schwerblütige Ludwig XVI., dieser ehrgeizlose, gutmütige Phlegmatiker, der so uneitel ist, dass er bei Empfängen bisweilen mit zwei verschiedenen Schuhen erscheint, ohne dies zu merken, nein, dieser tieffromme Mann ist kein rechter Angriffspunkt für Revolutionäre, die einen verhassten Blutsaugerkönig etwa stürzen wollen. Das wären seine Vorgänger Ludwig XIV. (Der Staat bin ich!) oder Ludwig XV. mit seinen Mätressen und ihrer Verschwendungssucht schon eher gewesen.

Aber dieser Tatchrist von einem König, der getreu der Bibel die eine Wange geduldig hinhält, wenn man ihn bereits auf die andere geschlagen hat? Er muckt nicht auf gegen die Revolution, er duckt sich unter sie nieder.

Unsanft wird er nach dem Sturm auf die Bastille aus dem Schlaf gerissen. Der Herzog von La Rochefoucauld, der kurz zuvor noch dem König bei der Dekretierung der Gleichstellung von Mann und Frau geholfen hat, er steht plötzlich vor dem Bett des schlaftrunkenen Königs.

„Die Bastille ist erstürmt", schreit er Ludwig ins Gesicht, „Launay wurde bestialisch ermordet. Sein Kopf wird auf einer Pike durch die Stadt getragen und von Tausenden johlend begleitet."

„Aber", stammelt der Schlaftrunkene und richtet sich mühsam auf. „Aber...das ist ja eine...Revolte!"

„Nein, Sire, nein! Das ist eine…Revolution!"

Der nervenschwache Ludwig ist über die Ereignisse zutiefst entsetzt, er ist vom Schock darüber wie gelähmt. Er ist überzeugt, dass man die ‚guten Pariser' irregeleitet und über alles falsch informiert hat.

Am Morgen wird bei Hof beratschlagt, was nunmehr zu tun sei.

„Wir müssen unverzüglich nach Metz aufbrechen!", ruft Antoinette aus. „Dort befindet sich eine der stärksten Festungen Frankreichs. Von da aus kann der König erfolgreich gegen die Revolution ankämpfen."

„Nach Metz fahren ist leicht", darauf Victor Broglie, Marschall von Frankreich. „Was sollen wir aber dort tun?"

„Das fragen Sie noch, mein Herr?", ruft ihm Antoinette aufgebracht entgegen.

„Madame", erwidert er von oben herab. „Mit Offizieren, die nicht zu schießen wagen, werden die besten Truppen zu…Zinnsoldaten."

„Nach Metz zu reisen, das wäre eine Flucht. Ein König flieht nicht", sagt der Graf von Provence. „Mein Bruder, ich rate Ihnen dringend zu bleiben."

„Er hat vollkommen recht. Ich bleibe."

Ludwig schätzt eben seit jeher die Intelligenz seines zweiten Bruders höher ein als seine eigene.

Später, leider…zu spät erkennt Ludwig, dass es ein Fehler war, sich von seinem Bruder überreden zu lassen und nicht nach Metz zu fliehen.

Ein Jahr danach wird er zu Axel Fersen voll Wehmut sagen:

„Ich habe den richtigen Augenblick verpasst."

Am Tag nach der Erstürmung der Bastille eilt Ludwig in Begleitung seiner beiden Brüder in die Nationalversammlung.

„Ich bin eines Sinnes mit der Nation und vertraue euch mein Schicksal an."

Dieser Satz löst begeisterten Jubel bei den Delegierten aus. Der bisweilen zu nachgiebige Ludwig bestraft nicht die Mörder des Sturms auf die Bastille und schwört, dass auf seinen Befehl hin niemals französisches Blut vergossen werden wird.

Nun werden in Paris Kopfgelder für die der Revolution derzeit verhasstesten Menschen, nämlich den jüngsten Bruder des Königs, den Grafen von Artois, und die Herzogin von Polignac ausgesetzt.

Daraufhin gibt Ludwig unter öffentlichem Druck den Befehl, dass diese beiden mit ihren Familien Frankreich unverzüglich zu verlassen haben.

Nun wird der König in Paris in der Nationalversammlung als ‚Wiederhersteller der Freiheit‘ überschwänglich begrüßt, worüber er sich sehr freut. Doch Antoinette sieht klarer. Sie prophezeit, dass die Pariser mehr siegestrunken wegen der Ängstlichkeit Ludwigs als gerührt über seine Güte auf Dauer sein werden.

Doch Mirabeau, jener Graf, den Ludwig im Jahr 1782 begnadigt hat, schreit in der Nationalversammlung:

„Das Vertrauen der Franzosen in seine Könige ist weniger eine Tugend als...eine Schwäche!"

Jetzt beruft Ludwig seinen entlassenen Minister Necker wieder zurück. Doch auch dieser ist nicht mehr imstande, die Ordnung im Reich wieder herzustellen.

Die Bauern zahlen ihren Zehent nicht mehr. Sie töten ihre Gutsherren und brennen deren Häuser nieder. Der Nationalgarde in Versailles fehlt es an Stärke, der Armee an Disziplin. Man gehorcht den Offizieren nicht mehr. Klöster werden geplündert, Schlösser verbrannt.

Axel Fersen, der sich als Oberst in französischen Diensten derzeit in Valenciennes aufhält, schreibt seinem Vater, dass innerhalb eines einzigen Monats 13.000 Soldaten von ihren Regimentern desertierten.

In einem anderen Brief berichtet Axel seinem Vater:

„....Im Königreich herrscht weder Gesetz noch Ordnung, noch Gerechtigkeit, Disziplin oder Religion... Alle Bande sind gelöst...und wie will man jemals imstande sein, sie wieder zu knüpfen?...Der König hat jede Macht verloren. Die Nationalversammlung zittert vor

Paris, und Paris zittert vor vierzig- bis fünfzigtausend Landstreichern, Leuten ohne Haus und Hof, die sich in Montmartre und im Palais Royal des Herzogs von Orléans niedergelassen haben, die man nicht fortjagen kann und die nicht aufhören, Unruhe zu stiften...

In den Provinzen ist das Volk von dem Gedanken berauscht, dass alle Menschen gleichberechtigt sind, ein Gedanke, der vor langer Zeit durch die Schriften der Philosophen, nämlich Voltaire und Rousseau, Ausbreitung gefunden hat. Und die Aufhebung der Lehensrechte und der übrigen Privilegien, die im Verlaufe von drei Stunden so flott von der Nationalversammlung beschlossen wurde, hat dem Volk die Überzeugung gebracht, dass es nicht weiter irgendwelche Abgaben zu zahlen bräuchte. Der Adel ist in Verzweiflung, die Geistlichkeit scheint von Wahnwitz erfasst, und der dritte Stand ist vollkommen missvergnügt...Viele Regimenter haben gemeutert, ja es gibt sogar solche, in denen die Soldaten Hand an ihre Offiziere gelegt haben...“

Ludwig schickt das gesamte Silbergeschirr seiner Schlösser zum Erlös für die Armen nach Paris. Doch alles, alles ist vergebens. Die Hungersnot wächst und wächst, da viele Bauern ihre Felder wegen der Plünderung durch Marodeure nicht mehr bestellen.

Die Nationalversammlung als ‚Souverän‘ Frankreichs verkündet am 26. August 1789 die Menschen- und Bürgerrechte, die sogenannte Déclaration droits de l'homme et du citoyen.

Freiheit, Gleichheit, Brüderlichkeit, das ist liberté, égalité, fraternité, wird ab diesem Tag zur propagandistischen Maxime jedweder Politik schlechthin.

Der 40-jährige Mirabeau begegnet in den Gängen der Nationalversammlung dem 32-jährigen La Fayette, der, beeinflusst von nordamerikanischen Verfassungsprinzipien, maßgeblich am Entwurf der Deklaration der Menschenrechte in Frankreich beteiligt gewesen ist.

„Lieber Ex-Marquis“, sagt Mirabeau zu ihm, „Sie sind natürlich über die Deklaration sehr begeistert. Ab nun beginnt das Paradies auf Erden. Der Mensch ist eben frei geschaffen von Natur, und wäre er selbst in Ketten geboren. Die Knechtschaft der Tyrannen ist zu Ende. Der Ruf nach Freiheit wird zum allgemeinen Schlachtruf der Menschheit werden. Er wird sich rauschhaft bis zur Decke des Himmels erheben!"

„Finden Sie, werter Ex-Graf?", fragt zweifelnd La Fayette. „Der Mensch ist ab diesem Tag, ab diesem 26. August frei, gewiss! Aber ich frage Sie: Frei wozu, frei wofür? Freiheit, nun ja! Wir haben zwar jetzt die Freiheit, aber auch die Möglichkeit, von ihr einen falschen Gebrauch zu machen."

„Freiheit darf nicht zur Willkür entarten, wer wüsste das nicht? Doch nun zur Gleichheit! Die Zeiten sind nun gottlob vorbei, da nur ein Hocharistokrat Bischof werden durfte oder nur ein Hocharistokrat General. Wir alle sind gleich. Gleich an Rechten, gleich an Pflichten. Selbst der König ist nicht gleicher als ein Intellektueller, ein Intellektueller nicht gleicher als ein Arbeiter. Das ist die neue Zeit, mein Herr."

„Was ist Gleichheit, frage ich Sie? Genügt es, den Besitzlosen Selbstbewusstsein zu geben und sie gegen die bisherigen Besitzenden aufzuwiegeln? Gleichheit ist eine solche der Rechte, sagten Sie so schön. Auch eine solche des Vermögens? Ist der Schwache gleichzusetzen dem von Natur aus Starken? Der Fleißige unbedingt auch dem Faulen? Der Kluge dem Geistesträgen? Der Dynamische, Kreative demjenigen, der für sich von anderen denken lässt?"

„Von Rom beispielsweise oder von Versailles, ich verstehe..." Mirabeau ballt die Fäuste. „Seien wir vorsichtig, dass man uns nicht um die Früchte der Revolution betrügt. Doch nun zur Brüderlichkeit, lieber La Fayette, wie finden Sie diese?"

„Brüderlichkeit...Solidarität ist Brüderlichkeit zu gleichen Teilen und erwächst aus jener Wurzel, die Gleichheit im guten Sinne heißt. Zerschlagt die Brüderlichkeit, und ihr habt damit sofort auch die Gleichheit zertrampelt, ohne die es keine dauerhafte Freiheit gibt."

„Schon gut, mein Herr La Fayette, ganz recht. Doch ich hege den nicht unbegründeten Verdacht, dass der Revolutionär in Ihnen noch mehr Embryo als Ausgeburt eines echten Umsturzgeistes ist."

„Nur so weiter, Mirabeau! Ihre Ansichten sind wie Ihr Körper: breitschultrig, mit kräftigem Bauch, runden Bewegungen und dröhnender Stimme. Alles an Ihnen ist ein wahrer angriffslustiger Titan mit Löwenhaupt. Ihr macht unbekümmert Schulden und nehmt das Geld, wo immer Ihr es findet."

„Sie sind sehr direkt, La Fayette . Ja, ich gebe zu, ich bin ein ausgiebiger Weintrinker, ein fröhlicher Esser. Ich trage das Hemd bisweilen offen und mache auch ungeniert Flecken auf die Weste als Zeichen der Gleichheit mit den Sansculotten ohne die Kniehosen der Aristokratie. Ich pfeife eben auf Ihre reine Weste..." Mirabeau entfernt sich beleidigt.

Kurz danach wird in Paris das Brot immer knapper, seine Qualität immer schlechter. Aufgrund einer neuerlichen Trockenperiode können nämlich die Wassermühlen im Land das Getreide nur noch sehr langsam vermahlen.

Da verbreiten die Pariser Revolutionäre das Gerücht, Antoinette habe höhnisch erklärt, wenn die Pariser kein Brot zu essen hätten, so sollten sie sich eben Kuchen kaufen. Ein Ausspruch, der von ihr nie und nimmer getan wurde, sondern nachweislich von der Gattin des ‚Sonnenkönigs' Ludwigs XIV., und das bereits im Jahre 1737, also 18 Jahre vor Antoinettes Geburt, wie bereits berichtet. Doch die Pariser, aufgehetzt von den revolutionären Einpeitschern, glauben eben alles, was diese behaupten.

Am Morgen des 5. Oktober 1789 versammeln sich vor dem Pariser Rathaus – scheinbar wie aus heiterem Himmel – die Marktfrauen und demonstrieren für mehr Brot. Derlei ‚spontane' Demonstrationen werden in der

Weltgeschichte ja zu allen Zeiten immer wieder von professionellen Einpeitschern organisiert und gelenkt. Diese ‚Marktfrauen nehmen den Wachen die Waffen weg' und beschließen, nach Versailles aufzubrechen. Ihr Anführer ist unter den tausenden Landstreichern auf dem exterritorialen Schlossgelände des Herzogs von Orléans zu finden. Er ist eine Marionette der bestochenen Agents Provocateurs des Herzogs. Sein Name ist Stanislaus Maillard, ein dunkelhaariger Schwindsüchtiger, der sich bereits beim Sturm auf die Bastille sehr gewalttätig hervorgetan hat. Die Schar der ‚Marktfrauen' schwillt auf siebentausend an, unter ihnen natürlich höchst aktiv die revolutionären Einpeitscher des vom Herzog bezahlten Klüngels.

„Auf nach Versailles!", erschallt jetzt dieser neue Schlachtruf der jungen Revolution. „Dieser Antoinette, die uns verhöhnt, weil wir kein Brot haben, der werden wir es zeigen. Auf nach Versailles! Na los, macht schon! Nach Versailles! Nach … Versailles!"

# Der Tod lauert auf dem Balkon

‚Der König verfügt nur über einen einzigen
Mann, und dieser ist seine Frau!'
(Honoré Mirabeau, Publizist und Revolutionär)

In Versailles angekommen, schreien die alkoholisierten Weiber, Landstreicher und Einpeitscher:

„Antoinette! Wir werden aus deiner Haut Riemen schneiden. Wir werden unsere Tintenfässer mit deinem Blut füllen. Wir werden deine Eingeweide in unseren Schürzen mitnehmen!"

Ein diesem Zug gröhlender Weiber entgegenkommender Geistlicher reicht einer Fischverkäuferin scheinbar wohlwollend die Hand zum Kuss. Doch sie schreit empört auf: „Ich bin nicht dazu geschaffen, die Pfote eines Hundes zu küssen."

Unterdessen erfährt man in Versailles von der Ankunft der Aufständischen. Ludwig ist völlig ratlos. Einige raten zur Flucht, andere zum Bleiben oder nach Paris aufzubrechen.

„Ich weiß, dass sie gekommen sind, meinen Kopf zu verlangen", sagt Antoinette. „Ich habe von meiner Mutter gelernt, den Tod nicht zu fürchten. Ich will ihn daher mutig erwarten."

Nun rät man ihr, allein zu fliehen. Aber sie will nicht ihre Familie verlassen.

„Natürlich lauert hier große Gefahr", erklärt sie ruhig. „Also ist mein Platz an der Seite des Königs."

Er aber will und will nicht fliehen. „Ein fliehender König!", ruft er ein um das andere Mal aus. „Ein fliehender König! Ganz unmöglich!"

Sehr zeitig am Morgen heult die aufgeputschte Menge vor dem Schloss:

„Wir werden das Herz der Königin aus ihrer Brust schneiden. Wir wollen ihre Eingeweide haben, um daraus Kokarden zu machen."

Bald darauf stürzt die Menge in das Schloss und erreicht im Nu den Marmorsaal. Schließlich sammelt La Fayette, der Führer der Nationalgarde, seine Soldaten und drängt die Horden aus dem Schloss.

„Wir wollen den König sehen!", schreien sie jetzt unisono. „Er soll sich zeigen!"

In Begleitung La Fayettes tritt er auf den Balkon hinaus. Nach einer Weile ziehen sich beide wieder zurück.

„Die Königin!", brüllen jetzt die betrunken gemachten Aufständischen. „Wir wollen sie sehen!"

Da nimmt sie den 4-jährigen Dauphin auf den Arm. Ihre 11-jährige Tochter an der Hand, tritt sie auf den Balkon.

„Fort mit den Kindern!", schreit der Pöbel. „Das Volk soll leben! Der Herzog von Orléans soll leben!"

Rasch zieht sich Antoinette mit den Kindern zurück.

Nun leisten die bestochenen Einpeitscher ganze Arbeit, die johlende Menge vollends aufzuwiegeln.

„Wir wollen die Königin draußen auf dem Balkon haben...die Königin allein!"

„Madame", spricht da La Fayette zu ihr, „das Volk verlangt, Sie zu sehen!"

„Herr General", darauf Antoinette, „Sie verlangen von mir, dass ich allein da hinaustreten soll? Hören Sie denn nicht die wüsten Drohungen gegen mich?"

„Ich muss darauf bestehen!", jetzt er.

„Nun denn, ich gehe hinaus, und wenn es mein Tod ist!"

Allein...mit über der Brust gefalteten Händen, schreitet sie langsam hinaus und schaut zum Himmel von Versailles hinauf.

Beim Ansturm der Menge zum Marmorsaal war sie in Hast aus dem Bett gesprungen. Sie ist deshalb nur mit einem einfachen, gelb gestreiften Morgengewand bekleidet. Ihr Haar ist noch nicht ausgekämmt.

Nun steht sie auf dem riesigen Balkon, allein den unberechenbaren Massen ausgeliefert. Hunderte Gewehre sind auf sie gerichtet. Ein düster aussehender Mann legt das Gewehr an die Wange und zielt auf die einsame Frau auf dem Balkon. Aber irgendetwas lässt ihn zögern, sodass er nicht abdrückt.

Zwei lange, bange Minuten verharrt Antoinette in dieser Stellung, indessen die Massen unter ihr vor Zorn zu kochen scheinen. Aber urplötzlich verstummt dieses grollende Brausen und Tosen der schreienden Tausenden und Abertausenden fanatisch Aufgehetzter auf dem weiten Schlossplatz.

Mittlerweile ist La Fayette zur Königin hinausgetreten.

Dieser 32-jährige Ex-Marquis, seit kurzem General der Pariser Nationalgarde, dieser neu aufgestellten bewaffneten Armee der Nationalversammlung, da die Revolution den Soldaten des Königs misstraut,...dieser neu gebackene Oberkommandierende der Revolutionsgarden also, der zwar seinerzeit als Adeliger zuerst in den ersten Stand der Nationalversammlung eintrat, doch seit kurzem wie der Herzog von Orléans oder Mirabeau, Talleyrand, Sieyès, sich dem dritten Stand zugesellte, dieser Aristokrat bewundert in diesem Augenblick den ungeheuren Mut der aus dem Schlaf aufgescheuchten Antoinette, die vier Kinder geboren und zwei davon bereits an den Tod verloren hat, nämlich den 8-jährigen Thronfolger und die einjährige Sophie, ihre jüngste Tochter.

La Fayette aber nahm als frisch gebackener Generalmajor seinerzeit am amerikanischen Unabhängigkeitskampf teil. Nach dessen Beendigung schrieb er:

„...Ich bin zufrieden. Die Menschheit hat ihren Prozess gewonnen, und die Freiheit ist nicht mehr obdachlos auf Erden."

Im Grunde will dieser Mann jedoch nicht die Ausrufung der Republik, sondern bloß die Umwandlung der absolutistischen Monarchie in eine konstitutionelle, also auf einer Verfassung beruhende.

La Fayette ist daher kein Feind des Königs, aber er ist gegen Antoinette eingenommen, da auch er dem Lügengewebe der vielen gegen diese verfassten Pamphlete erlegen ist.

Jetzt aber wird er unwillkürlich seelisch besiegt durch die heldenhafte Unerschrockenheit dieser 33-jährigen Königin und Mutter. Ritterlich beugt er sich über ihre Hand und küsst sie.

Und die bisher schreiende, hysterisch brüllende Masse unter dem Balkon des Schlosses, dieses wankelmütige, von unkontrollierbaren Leidenschaften getriebene Etwas, das man bisweilen mit dem negativ klingenden Vokabel ‚Proletariat' bezeichnet, springt plötzlich wie ein Blitz aus wolkenlosem Himmel ins Gegenteil über, und zwar von verhetzter Gefühlsraserei in ein Gefühlshoch edlen Mitleids. Der Hass gegen diese angebliche ‚Hure' schlägt mit einem Mal also um in Bewunderung der Todesverachtung dieser schönen Frau.

„Hoch der General! Hoch die Königin!", schreit jetzt die unberechenbare Masse, schreien diese tausenden hysterischen Furien, die noch vor ein paar Minuten den Tod der ‚Österreicherin‘, der ‚Frau Defizit‘, des ‚Ungeheuers‘ gefordert haben.

In diesen schrecklichen Augenblicken, da Antoinette auf dem Balkon gestanden hat und der Tod haarscharf an ihr vorbeigeschritten ist, wird ihr hellblondes Haar weiß, richtiggehend...weiß.

Doch die vom Geld des Herzogs bestochenen Agitatoren und Einpeitscher geben nicht auf. Diese Lösung passt denn doch nicht in ihr Konzept. Soll alles denn vergebens gewesen sein? Ist nun nicht ein Versiegen des Geldstromes des herzoglichen Auftraggebers zu befürchten? Nein und abermals nein! Der König muss unbedingt nach Paris. Schwer gedemütigt, als ein völlig machtloser Hampelmann muss dieser Schattenkönig nach Paris geschleppt werden...wie ein schwer verwundetes Tier zur Schlachtbank.

Der König muss nach Paris, reden diese Einpeitscher demagogisch auf die Menge ein, die man aufs Neue mit Fusel rauschig machen muss, da sie nüchtern zu werden droht.

Bald darauf tobt und schreit denn auch schon wieder die Menge:

„Der König nach Paris!“... „Alle nach Paris!“

Ludwig XVI. bespricht sich mit seinen Ministern. Nun ist eine Flucht wohl nicht mehr möglich.

La Fayette wendet sich an Antoinette, um ihre Meinung zu hören.

„Ich kenne das Schicksal, das mich erwartet“, entgegnet sie, „aber es ist meine Pflicht, an der Seite des Königs und in den Armen meiner Kinder zu sterben.“

Die königliche Familie bricht nach Paris auf, vom sogenannten ‚Volk‘ dorthin geleitet.

Wenige Tage später schreibt Fersen nach Schweden:

„....Ich kehrte in einer der Kutschen, die dem König folgten, nach Paris zurück. Wir waren sechseinhalb Stunden unterwegs. Möge Gott mich davor bewahren, jemals wieder ein so herzzerreißendes Schauspiel mitansehen zu müssen wie das der vergangenen Tage...Die Menge brüllte: ‚Da bringen wir den Bäcker, die Bäckersfrau und den kleinen Bäckerjungen...'

Unterwegs begegneten dem Zug viele Fahrzeuge, die alle Mehl nach Paris brachten. Die Sendung war von den Revolutionären zurückgehalten worden, um durch eine künstlich hervorgerufene Hungersnot die Bevölkerung erfolgreicher aufwiegeln zu können..."

Die Zuschauer des Spektakels rufen Antoinette triumphierende oder beleidigende Worte zu. Doch sie spricht freundlich zu ihnen:

„Der König hat nie etwas anderes als das Glück seines Volkes gewollt", sagt sie. „Man hat euch viel Schlimmes von uns erzählt. Das haben jene getan, die euch schaden wollen. Wir lieben die Franzosen, wir lieben euch alle..."

Die Menge gerät immer mehr in Erstaunen über ihren Mut und über ihre herzliche Leutseligkeit. „Wir kannten sie früher nicht", schlägt die Stimmung der Menge wieder einmal um.

In Paris angekommen, geleitet man das Königspaar aufs Rathaus, in dem der Bürgermeister Bailly dem König die Schlüssel der Stadt feierlich übergibt.

Der schottische Gärtner des Grafen von Artois, Thomas Blaikie berichtet:

„...Die Königin saß auf dem Boden der Kutsche mit dem Dauphin auf den Knien, während einige Lumpen aus dem Pöbelhaufen mit ihren Gewehren über ihre Köpfe hinwegschossen. Als ich neben der Kutsche stand, schoss ein Mann viermal über den Kopf der Königin. Ich sagte zu ihm, er solle das lassen, aber er antwortete, er würde weitermachen. Doch als ich erwiderte, ich würde versuchen, ihn mit Gewalt daran zu hindern und nicht zulassen, dass Menschen durch seine Dummheit verletzt würden, schrien einige, ich hätte recht, und so schlich er sehr still fort...und dann ging der Zug weiter, und sie brachten den König und seine Familie in die Tuilerien..."

„Es ist sehr hässlich hier", stellt der 4-jährige Dauphin Ludwig Karl altklug fest.

„Der einstige König Ludwig XIV., den man den Sonnenkönig nannte, lebte hier", erklärt Antoinette dem Kind, „und er war zufrieden. Wir dürfen nicht anspruchsvoller sein als er."

Andern Tags sagt Ludwig XVI. zu seinen beiden Kindern:

„Es sind böse Menschen, die das Volk aufgehetzt haben. Aber wir dürfen gegen das Volk keinen Groll hegen."

Antoinette aber schreibt dem österreichischen Gesandten Mercy:

„...Trotz der unerfreulichen Dinge, die man mir angetan hat, hoffe ich, den ehrlichen, anständigen Teil des Volkes zurückzugewinnen..."

Ludwig ist ab nun kein absoluter Herrscher mehr. Nach den Dekreten, die er jetzt unterzeichnen muss, ist er ‚König der Franzosen', und ‚der Ursprung der Souveränität liegt bei der Nation'.

Nun wird Ludwig von schweren Depressionen befallen, die seine Neigung verstärken, Entscheidungen vor sich herzuschieben, ohne sie im richtigen Augenblick zu treffen. Er kann in Paris nicht mehr auf die Jagd gehen wie in Versailles. Er verlässt, um öffentlichen Ausschreitungen zu entgehen, kaum mehr die Tuilerien. Dadurch wird er korpulent, was seine Energie noch mehr zum Schwinden bringt. Fast vier Monate bleibt er der Nationalversammlung fern, die in seinem eigenen Schloss tagt.

Dadurch wird die Politik von Tag zu Tag radikaler. Die drückende Arbeitslosigkeit unter der Bevölkerung kann nicht von einem Tag auf den anderen behoben werden, Inflation und Hungersnot nehmen beängstigend zu.

Die Gemäßigten unter den Abgeordneten werden durch Aggressivere nach und nach verdrängt.

Die Gemäßigten, die sich nach dem Departement Gironde die Girondisten nennen, das ist die Partei des eher wohlhabenden, von den Ideen der Aufklärung erfüllten Bürgertums, diese sind vorerst für die Beibehaltung einer konstitutionellen Monarchie in Frankreich.

Dann ist da der Klub der Jakobiner, deren Name von ihrem Versammlungsort, dem Kloster Saint Jacques in Paris, abgeleitet ist. Dieser wichtigste politische Klub der Französischen Revolution wird ab 1790 von seinem Präsidenten angeführt, dem Ex-Grafen Mirabeau. Die Gemäßigten setzen sich nun in der Nationalversammlung zu seiner Rechten, während die Radikalen, unter ihnen Danton, Desmoulins und Robespierre, sich links von Mirabeau auf den Sitzbänken gruppieren. So entsteht bald der Begriff der politischen Rechten beziehungsweise der politischen Linken.

Die Französische Revolution, deren Beginn mit der Erstürmung der Bastille am 14. Juli 1789 anzusetzen ist, dem Tag, den Frankreich bis in die Gegenwart als Feiertag zelebriert, diese Revolution ist keine organisierte Bewegung frei gewählter, demokratischer Abgeordneter. Denn noch gibt es keine echten politischen Parteien, noch hat man nicht erlebt, was Demokratie ist oder bedeutet, es sind verschwommene Träume in Oppositionskreisen.

La Fayette und seine soldatischen Mitstreiter im amerikanischen Unabhängigkeitskampf brachten nach dessen erfolgreichem Ende Kunde von einem riesigen Land jenseits des Ozeans, einem Land, in dem es keinen König, keinen Adel, keinen politischen Absolutismus gibt, sondern freie Bürgerrechte für jedermann, unabhängig von Geburt, Bildung oder sozialer Stellung.

La Fayette formuliert denn als erster diese Ideen in eine Deklaration von Menschenrechten um und fordert Freiheit, Gleichheit und Brüderlichkeit für alle.

Das Volk verliert mittlerweile zunehmend den Glauben an Gott, angestachelt durch die aufklärerischen Strömungen der Zeit, welche die mittelalterlichen Bindungen an ‚Autoritäten' wie Gott, Geistlichkeit, König und Adel langsam, aber sicher unterwandern, nicht zuletzt auch durch höchst negative Fallbeispiele beeinflusst, wie etwa den abstoßenden Lebenswandel des Kardinals Rohan, des Bischofs Talleyrand und so fort, die kaum wegen ihrer theologischen Ausbildung oder religiösen Berufung, als vielmehr aufgrund adelig verwandtschaftlicher Beziehungen zu ihrer Würde als Kirchenfürsten gelangten.

Die Revolution oder besser, ihre Revolutionäre wissen zu Beginn wirklich nicht, was sie eigentlich wollen. Ihre anfänglichen Anführer und Heroen, Mirabeau etwa oder Talleyrand oder La Fayette, begnügen sich mit einer von Abbé Emmanuel Sieyès ausgearbeiteten Verfassung, die aus dem absolutistischen König Ludwig XVI. einen konstitutionellen Monarchen machen will.

Doch der gutmütige, lammfromme Ludwig ist allzu selbstgenügsam. Er ist mit jeder Reformmaßnahme, mit jedem radikalen Reformvorschlag, mit jeder noch so umstürzlerischen Aktion allzu schnell zufrieden und zur Zustimmung sofort bereit. Er bestraft keinen einzigen der am Sturm der Bastille beteiligten Mörder und Halsabschneider, er bestraft nicht die Mörder der Wachsoldaten, die an der Zwangsumsiedlung der Königsfamilie von Versailles nach Paris beteiligt waren, nein...dieser König fügt sich blitzschnell in alles und jedes.

Soll man, so fragen sich nun die aggressiveren unter den Revolutionären, wie eben Danton, Desmoulins oder Robespierre, soll man nun die Revolution gar so billig verscherbeln an einen König, der überhaupt nicht zur geringsten Gegenwehr ansetzt und von dem man sofort alles haben kann, was immer man auch verlangt?

Kann man denn unter solchen Umständen nicht wirklich noch mehr und immer noch mehr fordern, wo doch für jede beim König durchgesetzte Aktion auch nicht der geringste Preis zu bezahlen ist?

Nun ist Mirabeau der Präsident des allmächtig gewordenen Jakobinerklubs und hat derzeit das große Sagen in der Nationalversammlung und damit in der französischen Politik.

Infolge Ludwigs angeborener Gutmütigkeit und seiner tieffrommen christlichen Gläubigkeit, nach einem erhaltenen Backenstreich gleich beide Wangen hinzuhalten, das heißt konkret, nur ja keinen Bürgerkrieg zu provozieren, nur ja nicht Franzosen auf Franzosen schießen zu lassen und wären es selbst die radikalsten Aufrührer und Monster, leidet dieser König zusätzlich noch an schweren Depressionen und verliert nun gänzlich die Fähigkeit zum Agieren und politischem Pokern. Ludwig weiß nur eines: die einzige Rettung aus diesem unseligen politischen Perpetuum mobile kann derzeit nur von einem Manne kommen, und das ist Mirabeau, in dessen Adern doch auch blaues Blut fließt, der Mann, der ohne die Begnadigung durch Ludwig im Jahre 1777 hingerichtet worden wäre.

Mirabeau, der langsam erkennt, dass auf die angebliche Diktatur dieses allzu gutmütigen Königs die konkrete Diktatur des Pöbels folgen würde, dieser Mann, der eigentlich zum heimlichen Beschützer des wackeligen Throns werden könnte, – an ihn also müsste man sich nun direkt wenden.

Wie sagte doch der von Ludwig mittlerweile zurückgeholte Minister Necker schon seit langem?

„Schenken Sie, Majestät, jedem Revolutionär eine Villa, und er hört auf, Revolutionär zu sein!"

Nun, so reich ist der für seine Person äußerst sparsame König wirklich nicht.

Jedoch ein paar tausend Livres für einen einzigen Mann, das wäre machbar, überlegt Ludwig XVI. Auch kann der rauhe Mirabeau Frauen gegenüber sehr galant sein.

Also bittet Ludwig seine Frau, mit Mirabeau unter vier Augen zu sprechen.

Antoinette aber hat keine gute Meinung von Mirabeau, ja sie äußert sich sogar abfällig über ihn:

„Seine ganze Existenz ist nichts als Täuschung, Arglist und Lüge."

Aber die Gefahr, von der Revolution verschlungen zu werden, ist groß und wird von Tag zu Tag immer größer. Also stimmt Antoinette widerwillig doch zu.

Allein... da stirbt unversehens am 20. Februar 1790 der Bruder der Königin, Kaiser Joseph II. in Wien mit 49 Jahren.

Nach dem Tod seiner Mutter Maria Theresia regierte er zehn Jahre als... aufgeklärter Fürst. Er hob die Leibeigenschaft der Bauern auf, führte ein gerechteres Steuersystem ein und modernisierte das Rechtswesen. Er gewährte allgemeine Religionsfreiheit, baute Krankenhäuser, Waisenhäuser, Siechenanstalten. Er führte Bildungsreformen durch sowie eine Zentralisierung der Regierungsgewalt in Wien. Dennoch stieß er bei seinen Vorhaben auf viel Widerstand.

„Warum bin ich bei meinem Volk nicht beliebt?", fragte er verzweifelt unmittelbar vor seinem Tod.

Er hatte zwar viel für die Bevölkerung getan. Dennoch trauerte man kaum um ihn. Man wollte Reformen, ja... aber von unten her, nicht von oben.

Sein Nachfolger wird sein jüngerer, 43-jähriger Bruder, der als Leopold II. den Thron besteigt. Dieser moderne Herrscher ist ein bedeutender Mäzen von Wissenschaft und Kunst. Er verhält sich gegenüber der Französischen Revolution zunächst abwartend.

Antoinette trauert ehrlich um ihren Bruder Joseph, der sie in ihrer Jugend zwar oft sehr stark kritisiert und streng beurteilt hatte, aber ihr dennoch in geschwisterlicher Zuneigung stets verbunden war.

Nach viermonatiger Trauerzeit um einen verlorenen Bruder, aber auch gleichzeitig nach einjähriger Trauer um den geliebten 8-jährigen Sohn, den vormaligen Thronfolger, ist Antoinette schließlich und endlich doch bereit, mit Mirabeau unter vier Augen zusammenzutreffen.

Am 3. Juli 1790 führt diesen sein Neffe bis ans Parktor von Saint Cloud, wo er sofort zu den Gemächern Antoinettes geleitet wird. Dort empfängt sie ihn vorerst in Gegenwart des Königs, der die beiden jedoch bald allein lässt.

Antoinette ist zu diesem Zeitpunkt vierunddreißig, Mirabeau einundvierzig.

„Madame, ich bin entzückt, die Gelegenheit erhalten zu haben, mit der schönsten Königin Europas ein paar Worte wechseln zu dürfen", sagt er zur Begrüßung galant zu ihr.

„Auch ich freue mich, den Präsidenten des Jakobinerklubs näher kennenzulernen, den berühmtesten Redner unserer Tage."

„Zuviel der Ehre, Madame! Ich hoffe, Ihnen nicht zu sehr zu missfallen, da ich mich einsetze für eine Erneuerung der Politik Frankreichs."

„Für eine Erneuerung? Ich denke, für die Fortsetzung der Revolution!"

„Revolution ist kein schönes Wort. Ich spreche lieber von einer glorreichen Bewegung, welche die Ideale von Freiheit, Gleichheit und Brüderlichkeit auf ihre Fahnen geschrieben hat."

„Monsieur, sind das tatsächlich Ideale, wenn man beim Sturm auf die Bastille den Gouverneur wie ein Vieh abschlachtet, ebenso hunderte andere treue Wachsoldaten, die kein anderes Verbrechen begingen, als die Gesetze des Staates zu erfüllen."

„Gesetze des Staates...Gesetze von Autoritäten, die zweifelhaft geworden sind. Ich denke zum Beispiel an die Autoritäten der Kirche, die sich sehr weit entfernt haben von der christlichen Nächstenliebe ihres Religionsstifters. Ich frage Sie, Madame: Was haben uns denn achtzehnhundert Jahre Christentum eigentlich wirklich gebracht? Nichts anderes als eine männliche Klerusgesellschaft und einen riesigen Kindergarten Gottes...Darf ich beispielsweise an die vielen Äbte erinnern, die ihre Leibeigenen wie Sklaven halten, desgleichen an die vielen Dorfpfarrer, die unerbittlich den Zehent von der armen Landbevölkerung eintreiben, ferner an die zahllosen Gutsherren, die wie Diktatoren sich außerhalb jeglicher Gesetze und Menschenrechte bewegen, darf ich erinnern an…"

„Darf ich Sie erinnern", unterbricht Antoinette brüsk, „dass Sie als geborener Graf dem König einst die Treue geschworen haben, die jedoch nur er allein Ihnen gegenüber gehalten hat? Denn Sie wissen sehr wohl, dass Sie ohne seine damalige Begnadigung nicht imstande wären, heute der Präsident des Jakobinerklubs zu sein und damit die Nationalversammlung Ihrem Willen zu unterwerfen!"

„Ich muss zu allererst Frankreichs Wohl im Auge haben."

„Tut dies etwa der König nicht? Dieser gute König, der alles für sein Volk unternimmt, das er aufrichtig liebt, für das er Tag und Nacht sich voll und ganz einsetzt…"

„Sagten Sie ‚sein Volk', Madame? Gehört denn das Volk dem König, ist es sein Eigentum? Oder…gehört nicht vielmehr der König dem Volk? Wer ist eigentlich der wahre Souverän? Ein Herrscher, oder nicht vielmehr die von ihm Beherrschten?"

„Graf Mirabeau, seit Jahrhunderten gibt es das Geschlecht der Mirabeaus, seit einem halben Jahrtausend regieren die Bourbonen in Frankreich. Mein Gemahl hat sich nicht selbst zum König von Frankreich gemacht. Der Stellvertreter des Papstes hat ihn in Reims gesalbt, Gott selbst hat ihm die Krone aufs Haupt gesetzt, und der König hat im Krönungseid geschworen, mit Gerechtigkeit sein Volk im Namen Gottes zu regieren. Der König ist nicht ein Monarch von Volkes Gnaden, er ist es vielmehr von Gottes Gnaden. Verstehen Sie: von Gottes Gnaden!"

„Madame, Sie kennen gewiss die Bibel besser als ich. Steht aber dort nicht geschrieben: Die Mächtigen stürzt Er vom Thron, und die Reichen lässt Er leer ausgehn?"

„Sie, Graf Mirabeau, einer der vornehmsten Untertanen des Königs, Sie wollen also der sein, der den König vom Thron stürzt?"

„Bei Gott, ich will ihn nicht stürzen. Wir wollen nur nicht, dass der König über dem Gesetz steht. Auch er soll dem Gesetz unterworfen werden wie wir alle. Die Verfassung soll über allen und jedem stehen, die vom Volk ausgearbeitete Konstitution!"

„Der König ist von klein auf erzogen worden für seine künftige Aufgabe, genauso wie alle seine Vorgänger in vielen Jahrhunderten vor ihm. Die Kontinuität, die lückenlose Aufeinanderfolge eines neuen Königs nach dem Tod seines Vorgängers, garantiert letzten Endes eine friedliche Fortsetzung einer jeden Epoche nach der vergangenen. Wollt ihr Revolutionäre aber wirklich die Diktatur der Massen? Während eine Einzelpersönlichkeit das Produkt von Erziehung und Gesellschaftskultur ist, sind dagegen die Massen etwas Schreckliches, Monsieur le Comte. Die Massen sind ein fürchterliches Chaos von Trieben und Leidenschaften, die aus Untiefen der Seele plötzlich emporschießen...wo sich die einen an den zahllosen anderen gewaltsam aufschaukeln und schließlich zum reißenden Strom werden, der alles bisher friedlich Dagewesene überflutet und schauerlich unter sich begräbt. Wollen Sie das? Wollen Sie die Herrschaft von wilden Tieren, Monsieur?"

„Warum so trübsinnige Gedanken, Madame? Diese passen nicht zu einer so schönen Königin. Ich bereiste kürzlich den Süden Frankreichs, da war ich auch in Marseille. Ich sage Ihnen..."

„Ja, lieber Graf, was?"

„Dort erhebt sich eine feurige Begeisterung...Madame, Sie stehen im Namen der alten Ordnung auf der einen Seite, wir jedoch auf der anderen im Namen einer neuen, noch ungeahnten Freiheit. Die angefachte politische Glut trägt in ganz Frankreich ihr Feuer von einem Dorf zum anderen, von einem Klub zum nächsten, hinein in die Restaurants, Cafés und Wohnhäuser. In allen

Zeitungen, auf allen Plakaten, auf allen Lippen wiederholen sich drei Worte, jubelt die Menge hierüber unaufhaltsam immer und immer wieder. Wie ein Schlachtruf ertönt es aus allen Herzen, schwimmt es fort von Welle zu Welle, ein aufbrausendes Meer hin zu einem anderen, bis daraus ein machtvoller Ozean wird, der Ozean dieser drei Worte, die da lauten: Freiheit, Gleichheit, Brüderlichkeit...Doch ich wiederhole mich, Madame. Pardon, die Begeisterung reißt mich fort..."

„Und die Mütter, Monsieur? Vergessen Sie dabei nicht die Mütter Frankreichs, die um ihre Söhne bangen? Die Mütter, die vor Sorgen nicht schlafen können? Auch ich bin eine Mutter, ich flehe Sie an, beenden Sie endlich die Revolution! Häuser werden von brutalen Horden geplündert, die Felder der Bauern mit deren Blut gedüngt, Vieh und Ernten werden vernichtet. Haltet ein! Bringt endlich, endlich Frankreich den inneren Frieden zurück! Ihr kämpft ja nicht gegen einen Iwan den Schrecklichen, ihr kämpft gegen einen König, welcher der friedfertigste und gutmütigste Landesvater ist, den es jemals gegeben hat!"

„Wir kämpfen doch nicht gegen Ludwig XVI. Wir kämpfen für ein besseres Frankreich, wir kämpfen für eine bessere Welt!"

„Darin wird der König genauso wie jeder anständige Franzose euch aus ganzem Herzen unterstützen."

„Ich sehe, ich werde verstanden...Madame, darf ich um die Erlaubnis bitten, Ihre Hand zu küssen?"

Antoinette reicht sie ihm.

In echt südländischer Neigung für Theatralik fällt der 41-Jährige vor der noch immer reizvollen Vierunddreißigjährigen auf die Knie. Pathetisch ruft er dabei aus:

„Madame, die Monarchie ist gerettet!"

Auf dem Rückweg zur Kutsche gesteht Mirabeau seinem Neffen:

„Die Königin ist sehr bewundernswert, sehr großmütig, aber auch sehr zu bedauern. Allein...ich werde sie retten."

Bald darauf rät Mirabeau Ludwig XVI. vertraulich, sich in die Normandie zurückzuziehen, dort die Armee um sich zu sammeln und so die ganze Problematik mit der extremen politischen Linken, die ja doch nur eine kleine Minderheit darstellt, auszufechten.

Dieser Plan wird nur von einem einzigen Mitglied der Königsfamilie gutgeheißen, nämlich von Madame Elisabeth, der 26-jährigen jüngsten Schwester des Königs, die sich als ausgebildete Krankenschwester aufopfernd der Armen- und Altenpflege widmet. Sie schreibt über den Plan Mirabeaus an Marquise Angélique de Bombelles, ihre Freundin aus der Kindheit:

„...Ich halte...leider...einen Bürgerkrieg für unausweichlich...Eine Anarchie kann nie ohne ihn enden, und je länger wir ihn hinausschieben, umso mehr Blut wird er kosten..."

Doch die sonst so energische Antoinette schreibt an Mercy, nach wie vor österreichischer Botschafter in Frankreich:

„...Wie konnte Mirabeau oder irgendein anderes denkendes Wesen glauben, dass für den König und mich jemals der Zeitpunkt käme, besonders im jetzigen Augenblick, einen Bürgerkrieg zu provozieren?"

Doch von den Radikaleren unter den Revolutionären wird lügnerisch ausgestreut, die Königin hetze zum Bürgerkrieg.

Nun beschließt die Nationalversammlung am 12.Juli 1790 die Aufhebung der Klöster, die Ludwig unter politischem Druck unterzeichnen muss.

Mirabeau, der seit der Unterredung mit Antoinette beschuldigt wird, mit dem Hof zu paktieren und der plötzlich über auffallend viel Geld verfügt, verliert langsam an Einfluss im Jakobinerklub, obwohl er nach wie vor dessen Präsident ist.

Am 27. November beschließt die Nationalversammlung, dass alle Geistlichen einen Eid auf die Zivilverfassung zu leisten haben, nach der auch in geistlichen Belangen keine andere Autorität gilt als jene des Volkes.

Der König ist darüber unglücklich und bespricht sich mit Axel Fersen, der ihm dringend rät, in irgendeine Provinzstadt zu fliehen. Nur fort aus diesem aufrührerischen Paris, in dem sich allmählich die Anarchie breit macht.

Doch Ludwig, dieser nervenschwache, trotz seiner jungen Jahre bereits von schweren Depressionen geplagte Mann, er beugt sich wie immer dem unerbittlichen Druck der aufgehetzten Pariser und unterschreibt schweren Herzens dieses für sein Gewissen als tieffrommer Katholik unannehmbare Gesetz dennoch... Es ist der zweite Weihnachtstag, der 26. Dezember 1790.

In der terrorüberladenen Atmosphäre von Paris leisten fast alle Priester diesen Eid, während ihn im übrigen Frankreich nur sehr wenige schwören. Einzig und allein der Pfarrer der Pariser Kirche Saint Sulpice, zu dessen Sprengel die Tuilerien gehören, verweigert die Eidesleistung. Da dringt eine aufgeputschte Menge in das Gotteshaus ein und zwingt während des Gottesdienstes den Organisten, dieses Revolutionslied auf der Orgel zu spielen:

„Ça ira...les aristocrates à la lanterne...", das heißt:

Auf, auf ihr Aristokraten, aufgehängt auf die Laternen!


Des Königs Tante Adelaide, die als erste Antoinette mit Schmähungen verfolgt und ihr den Spottnamen ‚L'Autrichienne' angehängt hatte, sie reist heimlich mit ihrer Dudelsack spielenden Schwester Victoire ab. Doch in Burgund werden sie erkannt und festgehalten.

Eine donnernde Rede Mirabeaus gegen diese Festnahme gewinnt noch einmal die Oberhand über den Pöbel. Die Tanten dürfen weiterreisen und lassen sich im sicheren Rom nieder.

Nun wird Ludwig XVI. krank. Seine überstrapazierten Nerven versagen ihm den Dienst. Drei Wochen liegt er mit Fieber zu Bett und spuckt Blut. Seine tiefe Gläubigkeit, seine innige Herz-Jesu-Verehrung helfen ihm wieder auf die Beine.

„O Gott", schreibt er, „Du siehst alle Wunden, die mein Herz zerreißen, und die Abgründe, in die ich gefallen bin!"

Er gelobt, eine Kirche zu Ehren des Heiligsten Herzens Jesu bauen zu lassen, sobald er dazu in der Lage sein werde. Er entlässt seinen Beichtvater, vor dem er 15 Jahre lang seine Sünden bekannt hatte, weil dieser den staatlichen Eid geleistet hat, und ersetzt jenen durch Bruder François Hébert, einen Normannen, der des Königs Herz-Jesu-Verehrung teilt. Jetzt befragt Ludwig XVI. den gelehrten Bischof François de Bonal, ob er das von ihm am 26. Dezember unterfertigte Priester-Gesetz öffentlich widerrufen müsse. Bonal antwortet ihm, das müsse er nicht, aber die Kommunion dürfte er nicht von einem sogenannten konstitutionellen Priester empfangen.

Nun verbrennt der aufgehetzte Mob von Paris öffentlich ein Bild von Papst Pius VI. Als der Nuntius dagegen protestiert, wirft man in seine Kutsche den Kopf eines abgeschlachteten Polizisten.

Die Pariser Fischverkäuferinnen (wer hat das organisiert?) dringen in das Kloster der Grauen Schwestern des Faubourg Saint Antoine ein und misshandeln sie.

Inzwischen gehen Mirabeaus Körperkräfte zu Ende. Sein Sterben dauert Wochen um Wochen. Fieberschauer erschüttern den von den Leidenschaften seines Lebens ermatteten Leib. Schmerzen wühlen in seinen Eingeweiden. Immer wieder reißt er sich von seinem Marterlager hoch. Sein harter Wille kämpft gegen die Todesschwäche seines Leibes machtvoll an. Aber die Schmerzen werden nur noch wilder, das Fieber tobt immer heftiger in ihm. Inmitten der heftigsten Fieberschauer rast sein nimmermüdes Gehirn und ersinnt qualvoll neue Pläne zur Rettung der Monarchie, zur Festigung der neuen, jungen Verfassung, die zu einer intakten Demokratie führen soll, wie sie bisher in Frankreich noch völlig unbekannt ist.

Sein unbeugsamer Wille zwingt den Totkranken, Pläne auszuarbeiten zur Auflösung der bisherigen Nationalversammlung, zur Neueinteilung des Reiches in Departements und Kantone, zur Ausschreibung von echten Neuwahlen durch das Volk.

General Louis de Bouillé und Breteuil, der Innenminister Ludwigs, werden Mirabeaus Verbündete dieses noch kaum ausgefeilten Planes, den auszuführen man unter allen Umständen sofort bereit ist. Nur einer zögert bei diesem Vorhaben, und das ist der König.

Sein einziger Gedanke ist Flucht. Flucht ohne Aufsehen, ohne die Annahme irgendwelcher neuer Gesetze und neuer revolutionärer Maßnahmen.

Antoinette ist der Verzweiflung nahe. Noch vor kurzem, noch unmittelbar vor der Verschleppung der Königsfamilie von Versailles nach Paris, da war sie selbst es, die eine Flucht nach Metz vorgeschlagen hatte, doch jetzt...jetzt drängt ihr tollkühner Mut auf einmal ihre Seele, ihren Geist zum Handeln, nicht zum Feige-sich-Davonstehlen. Wenn nur Mirabeau wieder gesund wird, durchzuckt es sie, dann, ja dann...


# Die Flucht

,Der König (Ludwig XVI.) und seine
Minister verdienen Dank, und ich hoffe,
dass ihnen die Maßnahmen zugunsten der
französischen Nation belohnt werden.'
(Joseph La Fayette: Brief vom 13. Januar 1788
an George Washington, erster Präsident der
Vereinigten Staaten von Nordamerika).

Wieder einmal zerrinnen Antoinettes Hoffnungen in nichts. Denn am 2. April 1791 stirbt Graf Honoré Mirabeau, der Präsident des allgewaltigen revolutionären Jakobinerklubs in Paris, erst 42 Jahre alt.

Wie soll es in dieser bedrohlichen Lage nun weitergehen... ohne Mirabeau, der in den letzten Monaten seines Lebens der heimliche Beschützer des Königtums wurde?

Sofort beginnen die französischen Emigranten, die vor der Revolution bereits geflüchtet sind, lärmend am Erzbischofsitz Trier gegen diese zu konspirieren - höchst gefährlich für Ludwig und Antoinette - mit Schweden und Russland im Bunde, wobei die Anführer dieses Komplotts des Königs geflüchtete Brüder sind, nämlich die Grafen von Provence und Artois.

Zwei Wochen nach Mirabeaus Tod, also schon am 17. April 1791, schlägt die Revolution zurück, aber statt auf die Brüder des Königs zielt man auf...Ludwig! Der Pariser Klub der ‚Freunde der Menschenrechte‘, die sogenannten ‚Cordeliers‘, bringt ein gehässiges Pamphlet in Umlauf, das den König des Hochverrats bezichtigt, weil er von einem eidverweigernden Priester die Kommunion empfangen habe, wodurch er sich den ‚Gesetzen des Königreiches widersetzt‘.

Tatsache ist, dass Ludwig erst einen Tag später, nämlich am 18. April, wirklich den Plan fasst, anlässlich des unmittelbar bevorstehenden Osterfestes in Saint Cloud die Osterkommunion aus der Hand eines romtreuen Priesters zu empfangen. Als er sich nun mit seiner Familie dorthin begeben will, spannt ihm die mittlerweile gekonnt aufgewiegelte Menge die Pferde aus und verhindert den Kirchenbesuch auf diese Weise.

„Es wäre erstaunlich“, ruft da der König den Massen zu, „wenn ich, der ich der Nation die Freiheit gegeben habe, selbst nicht frei sein sollte!...Steht doch im Artikel zehn der Deklaration der Menschenrechte: Niemand darf aufgrund seiner religiösen Gesinnung belästigt werden!“

Doch vernünftige Argumente sind keine Kriterien von Revolutionen, da herrschen nur noch unkontrollierte politische Leidenschaften.

„Komische Revolutionäre", schreibt hiezu Axel Fersen seinem Vater, „die ihre eigenen Gesetze nicht einhalten!"

Die freie Religionsausübung war Ludwig XVI. stets sehr wichtig gewesen.

„Ich werde die Religion immer unterstützen", hatte er an die französische Bischofssynode einst einen Appell gerichtet, „aber die Bischöfe dürfen von der Regierung nicht erwarten, dass sie deren Arbeit erledigt. Es ist Ihr Beispiel, das der Religion den wahren Rückhalt gibt. Ihr eigenes Verhalten, Ihre persönlichen Tugenden sind die wirksamsten Waffen gegen jene, die sie anzugreifen wagen..."

Oder 13 Jahre zuvor, als Ludwig an den Erzbischof von Paris geschrieben hatte, der von ihm verlangte, einen Nachruf nach Voltaires Tod zu verbieten:

„Die Aufgabe des Klerus ist es, für die Seele eines Menschen zu beten, die der Schriftsteller jedoch, seine Genialität zu feiern!"

Doch die wieder einmal berauscht gemachte Menge schreit jetzt den König nieder, der zur Osterkommunion mit seiner Familie nach Saint Cloud fahren will:

„Du Saukerl! Du dreckiger Aristokrat! Wir zahlen dir Jahr für Jahr 25 Millionen...Also tue, was wir von dir verlangen!"

Da wird Ludwig endlich klar, dass er keine Handlungsfreiheit mehr besitzt, dass ihn die Nationalgarde nicht mehr beschützt, dass er seinem persönlichen Gewissen als Christ nicht mehr folgen kann.

Der 47-jährige Jean Marat, einstmals Pferdeknecht beim Grafen von Artois, später Tierarzt, Sprachlehrer und Schriftsteller, gründet eine der gehässigsten Revolutionszeitschriften, nämlich den ‚Ami du Peuple' (Volksfreund). Marat ist sehr klein von Wuchs, kaum 1,50 Meter groß, unerhört ehrgeizig und bezeichnet jedermann, der anderer Meinung ist, als ‚ehrlos'.

Schon schreibt er in seinem Magazin:

„In den Tuilerien verhetzt eine pervertierte Königin einen schwachsinnigen König...Verräter, Verräter, wohin man blickt! Und der Erzverräter, gekrönt und unverletzlich, ist der König selbst. Gebt acht! Ein ungeheurer Verrat reift heran...“

Am 5. Oktober 1789 hatte Antoinette ihren Gatten zur Flucht nach Metz überredet, doch vergeblich! Angesichts des aufgeputschten Pöbels, der die Königsfamilie lebensgefährlich bedrohte, fasste Antoinette diesen Beschluss, den Ludwig jedoch nicht ausführen ließ. „Ein König flieht nicht!“, hatte er immer wieder beteuert, und so unterblieb die Flucht ... Die Königsfamilie wurde damals unter den entwürdigendsten Umständen nach Paris verschleppt.

Knapp vor Mirabeaus Tod, als die romtreuen Priester bereits verfolgt und viele Klöster geplündert wurden, entschloss sich endlich der nervenschwache, aber tieffromme König zur Flucht. Doch Antoinette setzte ihre Hoffnung auf Mirabeau und vereitelte den Fluchtplan. Mirabeau aber starb bald danach.

Jetzt ist auch Antoinette zur Flucht bereit, nun erscheint auch ihr ein weiterer Kampf um den Thron aussichtslos und sehr gefährlich, ja... zu gefährlich! Allein durch dieses tragische Hin und Her ist viel Zeit verflossen, viel kostbare Zeit... Denn so ohne weiteres geht das jetzt nicht mehr. Man benötigt nun einen umsichtigen, unverdächtigen, höchst zuverlässigen Fluchthelfer. Wer könnte dafür besser geeignet sein als der völlig uneigennützige Freund des Königspaares, nämlich der 36-jährige Schwede Axel Fersen!

Wie steht es im Artikel 1 der Erklärung der Menschenrechte:

„Alle Menschen sind frei und gleich an Würde und Rechten geboren. Sie... sollen einander im Geiste der Brüderlichkeit begegnen!“

Die Ereignisse vom 18. April 1791, als der König am Empfang der Osterkommunion in Saint Cloud gehindert wurde, zeigen eindeutig, dass die Mitglieder der

Königsfamilie in den Tuilerien nun de facto Gefangene sind. Ludwig hatte gottergeben seine königliche Macht Stück für Stück zerbrechen sehen. Er hatte niemanden wegen der Erstürmung der Bastille und der dabei begangenen Morde bestraft, desgleichen niemanden wegen des Sturmes auf Versailles und der gewaltsamen Verschleppung der Königsfamilie nach Paris. Er hatte jede noch so ungeheuerliche persönliche Demütigung als praktizierender Tatchrist verziehen. Allein...dass man ihn daran hinderte, aus der Hand eines romtreuen Priesters die Osterkommunion zu empfangen, das erst ließ in seiner Seele das Fass zum Überlaufen bringen.

Jetzt ist er sich mit seiner Frau einig und endgültig zur Flucht entschlossen. Allein, wäre eine solche 1789 noch leicht auszuführen und im Vorjahr auch noch halbwegs möglich gewesen, so ist sie nun, im Frühling 1791, nur noch mit wahnwitzigen Schwierigkeiten verbunden.

Ein paar Monate zuvor hatte General Louis Bouillé, Kommandant der Truppen in Lothringen, im Elsass und der Champagne, dem König durch Baron Goguelat einen Chiffrebrief geschickt, in dem er Ludwig geraten hatte, sich sofort in eine Stadt nahe der Grenze zurückzuziehen.

Jetzt erst sendet der König dem General die Nachricht, dass er entschlossen ist, Paris am 15. Mai zu verlassen und bei den Truppen des Generals in Montmedy, 310 km entfernt, Zuflucht suchen will.

Bouillé muss jedoch das Vorrücken seiner Truppen durch einen Schein von Gefahr rechtfertigen und rät daher Ludwig, Kaiser Leopold II. zu veranlassen, die österreichischen Armeekorps so in Bewegung zu setzen, dass dies als eine Bedrohung der Grenze bei Montmedy angesehen werden könnte. Dies geschieht. Antoinette und ihr engster Vertrauter Axel Fersen nehmen die Vorbereitungen zur Flucht von Paris nach Chalons in Angriff.

Während die meisten Bewunderer der Königin sich feige ins Ausland abgesetzt haben, ist ihr ritterlicher

Freund treu an ihrer Seite geblieben, einzig von dem Wunsch beseelt, ihr wie einst in den Tagen ihrer großen Schönheit und ihrer Triumphe, so auch jetzt in ihrem Unglück zu dienen.

Antoinette ist jetzt 36, aber die abgrundtiefen Verleumdungen und Verfolgungen durch ihre Gegner haben die Königin vorzeitig altern lassen. Ihr Haar ist weiß geworden, der leichte Sinn ihrer Jugend ist verflogen und hat schwersten Sorgen um die Zukunft ihrer Kinder, um das Los des Königs, um Leib und Leben für sie alle Platz gemacht. Denn sie weiß eines untrüglich: die Französische Revolution, die ohne Programm von politischen Dilettanten begonnen und von bestochenen Aufwieglern künstlich am Leben gehalten wurde, will den totalen gewaltsamen Umsturz, der jegliche Menschlichkeit schließlich missachten wird und nur ein Endziel verfolgt: die Ausrufung der Republik durch den Terror einer Minderheit, die nicht im Traum daran denkt, etwa das Volk hierüber zu befragen, das doch nach ihrer Ansicht der wahre Souverän ist. Nein, nur nicht das Volk befragen, nur nicht das Volk!

Denn die wahre Menschlichkeit ist in der Weltgeschichte oft nur ein schwaches Dämmerlicht in der bedrohlichen Finsternis politischer Irrungen.

Daher ist das Königspaar heilfroh, in der Gestalt des Schweden Axel Fersen einen uneigennützigen Fluchthelfer gefunden zu haben, der als Ausländer für die Revolutionäre als unverdächtig gilt. Fersen erkennt, dass die Ausführung der Fluchtpläne kostspielig sein wird. Der König verfügt über keine privaten Mittel - welch ein unmoderner Politiker ist er doch! – und Antoinette besitzt nur ihre Juwelen, die schwer verkäuflich sind und schon gar nicht im derzeitigen Frankreich, was ungeheures Aufsehen und großen Argwohn erregen würde. Doch Fersen, mittlerweile vermögend geworden, stellt alles zur Verfügung, was er besitzt, und das sind 600.000 Livres. Weitere 240.000 leiht er sich aus. Seine

Freundin, die vier Jahre ältere Eleonore Sullivan aus der Rue de Clichy, Gattin eines angloamerikanischen Millionärs und gleichzeitig Mätresse des schottischen Millionärs Quintin Craufurd, wird seine Komplizin bei den Fluchtvorbereitungen. Sie bestellt eine Berline für neun Personen, das ist ein Reisewagen mit Vollfederung, bei einem Pariser Wagenbauer unter dem Namen einer angeblichen russischen Baronin Korff. Die Rechnung dafür beträgt ein wahres Vermögen im Jahre 1791 und erregt natürlich großes Aufsehen. Bouillé hatte vorgeschlagen, zwei leichte englische Wagen für die Flucht zu nehmen. Doch Antoinette wollte davon nichts wissen, denn dann könnten sie nicht alle zusammen reisen.

„Man wünscht uns zu retten; so rette man uns alle oder keinen!", erklärt sie energisch. Da die riesige Berline nicht zum gewünschten Zeitpunkt fertiggestellt werden kann, muss man die Flucht auf Juni verschieben.

„Man weiß nichts (von der geplanten Flucht) in der Stadt", schreibt Fersen dazu selbstsicher in sein Tagebuch. Die Flucht ist jetzt für den 19. Juni festgesetzt. Doch eine Bedienstete des Schlosses, die für die Reinigung der Badezimmer zuständig ist, hat einen Revolutionär als Geliebten, für den sie in den Tuilerien spioniert. Diese Frau will am 12. Juni in Urlaub gehen. Doch plötzlich entschließt sie sich, erst am 20. Juni abzureisen.

Ludwig muss daher die Flucht abermals verschieben...um einen Tag!

Marquis d'Agoult, der als Schutz für die königliche Familie mitkommen soll, muss – leider – zurückgelassen werden, da die Gouvernante der königlichen Kinder, Herzogin Louise de Tourzelle, auf ihrem gesetzmäßigen Recht besteht, diese nicht zu verlassen. So schwach also ist der König bereits, dass er sich nicht einmal in dieser Sache durchsetzen kann!

Endlich...endlich ist es soweit. Der 6-jährige Dauphin Louis wird als Mädchen verkleidet, Fersen als Droschkenkutscher. Er führt die Gouvernante und die

*Marie Antoinette vor ihrer Flucht nach Varennes*

beiden Kinder zu einer wartenden Mietkutsche. Ludwig setzt eine graue Perücke auf und einen runden Hut. Auf einen Stock gestützt, verlässt er seinen Palast durch den ... Haupteingang! Nur zwei Schritte von einem Wachtposten entfernt bückt er sich, weil eine Schuhschnalle locker geworden ist. Unbehelligt erreicht er den Hof, in dem ihn bereits Fersen erwartet. Zu zweit besteigen sie eine der zahlreichen, für die Hofbeamten bereitstehenden Droschken und fahren fort.

Als letzte verlässt Antoinette durch eine unbewachte Tür des Appartements des Ersten Kämmerers Villequier die Tuilerien. Sie betritt den Hof, aber da ... kommt ihr der Wagen von La Fayette entgegen, dem Führer der Pariser Nationalgarde, der sich auf einer der üblichen Kontrollfahrten befindet. Sie drückt sich geistesgegenwärtig an eine Mauer. Das Gefährt rattert so knapp an ihr vorbei, dass sie eines der Räder berühren könnte.

Um Haaresbreite wäre sie also jetzt entdeckt worden. Das verwirrt die leicht Kurzsichtige derart, dass sie in ihrer Hast die falsche Richtung einschlägt. Endlich erkennt sie nach dem Gewirr von Innenhöfen und Gassen die Laternen auf der Brücke der Seine. Einen Soldaten fragt sie nach dem Weg. Ohne sie zu erkennen, zeigt er ihr die Richtung zum Carousselplatz. Sie eilt entlang der Seine weiter. Ein Wagen kommt ihr entgegen. Abermals ist es La Fayette, der seine nächtliche Rundfahrt erledigt hat und nach Hause fährt. Er ist überzeugt, dass die Tuilerien wie immer gut bewacht sind und die Königsfamilie bereits schläft.

Endlich...endlich erreicht Antoinette die Kutsche Fersens, der bereits höchst ungeduldig auf sie wartet. Atemlos wirft sich die Flüchtige in den Wagen. In wilder Hast tritt sie dabei auf den Fuß des kleinen Kronprinzen, der an der Brust der Gouvernante friedlich schläft. Zum Glück schreit das wachgewordene Kind nicht auf und verhält sich ruhig.

Mittlerweile ist es bereits Mitternacht geworden. Fersen springt auf den Kutschbock und treibt die Pferde an.

Er fährt über einige Boulevards und erreicht endlich die Clichybrücke, auf der die auffallend große Berline steht. Rasch steigt die kleine Gruppe um.

Fersen kehrt zu seinem eigenen Wagen zurück, ergreift die Zügel der Pferde und wirft sie seitwärts. Eines der Tiere strauchelt und der Wagen stürzt um. Fersen lässt Wagen und Tiere zurück und nimmt auf dem Kutschbock der Berline Platz. Sofort treibt er den Kutscher Balthazar an, schnell loszufahren.

Mittlerweile ist es zwei Uhr morgens geworden, als die Berline endlich Paris durch die Porte Saint Martin verlässt.

In einer halben Stunde erreicht man die erste Poststation Bondy. Hier werden sechs ausgeruhte Pferde eingespannt.

Fersen bittet Ludwig um die Erlaubnis, die königliche Familie weiterhin begleiten zu dürfen, was dieser jedoch ablehnt. Im Fall einer Entdeckung würde die Anwesenheit eines Ausländers sehr schlecht ausgelegt werden. Also muss sich jetzt Fersen wohl oder übel verabschieden. Er besteigt tieftraurig ein Pferd und reitet auf dem kürzesten Weg nach Belgien.

Auf der weiteren Fahrt werden ungefähr alle zwanzig Kilometer die Pferde der Berline ausgewechselt.

Fersen galoppiert so schnell wie nur möglich dem rettenden Ausland entgegen. Am 22. Juni morgens erreicht er die Stadt Mons in Belgien. Unverzüglich schreibt er seinem Vater:

„...Ich bin in diesem Augenblick hier angekommen. Der König und seine Familie haben den 20. um Mitternacht Paris glücklich verlassen. Ich geleitete sie bis zur ersten Poststation. Gebe Gott, dass der Rest ihrer Reise ebenso glücklich verlaufen möge! ... Ich werde jetzt meinen Weg längs der Grenze fortsetzen, um den König in Montmedy zu treffen, wenn er so glücklich ist, dahin zu gelangen..."

Ludwig hat in den Tuilerien eine Erklärung hinterlassen. Er drückt darin sein Bedauern aus über die Zerstörung der Monarchie durch die Revolutionäre und die daraus sich ergebende Gesetzlosigkeit in Frankreich. Alles, was er zum Wohl des Volkes getan oder empfohlen hatte, wurde systematisch verdreht und absichtlich falsch ausgelegt. Das Staatsdefizit war nunmehr zehnmal höher als früher, da er selbst noch die Verantwortung hierfür übernehmen konnte. Man hatte ihn gezwungen, die Priester seines Vertrauens zu entlassen und die Messe eines staatlichen Geistlichen in Saint Germain l'Auxerrois zu besuchen.

Ludwig schließt diese Erklärung mit dem Aufruf an das Volk, sich zur Verfassung zu bekennen, die er uneingeschänkt akzeptiere und welche die Achtung vor unserer heiligen Religion garantiere, und seinem König treu zu bleiben.

Hinter der Ortschaft Ferte-sous-Jouarre machen die Flüchtlinge halt, um sich die Beine zu vertreten, ebenso in Fromentieres, wo Ludwig sich leutselig mit den Bauern unterhält, die soeben das Heu einfahren.

„Sobald wir Chalons hinter uns haben", sagt er zu seiner Familie, „brauchen wir nichts mehr befürchten. An der Poststation danach werden wir die erste Truppenabteilung zu unserem Schutz vorfinden."

Gegen halb drei Uhr nachmittags erreichen sie Chaintrix, die letzte Station vor Chalons.

Gabriel Vallet, der Schwiegersohn des dortigen Postmeisters, war im Vorjahr anlässlich des Föderationsfestes in Paris gewesen und hatte dabei den König gesehen. Jetzt erkennt er ihn wieder. Er bittet die Reisenden ins Haus, in dem sie bewirtet werden. Antoinette schenkt der Familie zum Dank zwei silberne Suppentassen.

Als sie nach dem ungewollten Aufenthalt weiterfahren, stößt auf einer schmalen Brücke hinter Chaintrix ein Rad der Berline gegen einen steinernen Eckpfeiler. Dadurch reißen die Zugriemen und die Pferde stürzen. Nach einer weiteren Verzögerung von einer halben Stunde geht die Reise endlich weiter. Sie erreichen Chalons und fahren hastig weiter nach dem kleinen Dorf

Pont-de-Somme-Vesle. Hier sollen die ersten Husaren den König erwarten. Doch nichts...nichts ist von ihnen zu sehen.

„Ich hatte das Gefühl, als würde sich die Erde rettungslos unter mir auftun", sagte Ludwig später über diese Situation. Rasch werden die Pferde abermals ausgewechselt. Um acht Uhr abends treffen sie in Sainte-Menehould ein. Wiederum keine Spur auch nur eines einzigen Dragoners. Etwas musste schief gelaufen sein!

Da tritt ein Hauptmann namens d'Andoins an die Berline heran und flüstert Ludwig zu:

„Die Pläne sind danebengegangen. Ich werde großen Abstand von Ihnen halten, um kein Aufsehen zu erregen."

Doch in der Bevölkerung hat man bereits Verdacht geschöpft. Die Reisenden in der monströsen Berline müssen hohe Herrschaften sein. Hat nicht dieser fremde Hauptmann vor dem Herrn in der Kutsche salutiert, bevor er mit ihm etwas Geheimnisvolles geflüstert hat? Nun hört man einen Hornisten zum Sammeln fremder Dragoner blasen.

Da ertönt vom Rathaus her ein Trommelwirbel. Die Leute strömen rasch zusammen. Und schon stürzt die Nationalgarde der Stadt herbei und entwaffnet jene bereits betrunkenen, fremden Dragoner.

Inzwischen fährt die Berline rasch nach Clermont weiter. Um elf Uhr nachts erreicht sie Varennes. Aber noch sind es fünfzig Kilometer bis nach Metz.

Plötzlich tauchen in der Dunkelheit Gestalten mit Musketen und aufgepflanzten Bajonetten auf und schreien:

„Halt! Keinen Schritt weiter oder wir schießen!" Jean Baptiste Sauce, Bevollmächtigter der Stadt, das ist soviel wie deren Bürgermeister, tritt an den Wagenschlag:

„Darf ich Ihre Pässe sehen?"

Sie werden ihm gereicht, sie sind scheinbar in Ordnung. Schon will Sauce die Berline passieren lassen, da erscheint der Postmeister von Sainte-Menehould, Jean

Baptiste Drouet, der Verdacht geschöpft und die Berline mit seinem Pferd verfolgt hatte. Er zieht Sauce beiseite.

„Ich sage Ihnen", flüstert er ihm zu, „der König und die Königin sind in dem Wagen. Wenn Sie diese passieren lassen, machen Sie sich des Hochverrats schuldig."

Da teilt Sauce den Reisenden mit, dass es angesichts der großen Aufregung im Ort besser wäre, wenn sie erst am nächsten Tag ihre Reise fortsetzen wollten.

„Wir werden gewaltsam festgehalten!", ruft aufgebracht die Gouvernante, und auch der verkleidete Ludwig protestiert.

Doch alles ist umsonst. Immer mehr Bewaffnete versperren den Weg. Da sieht Ludwig ein, dass eine Weiterfahrt unmöglich ist. Sauce lädt die Reisenden ein, die Nacht in seinem Haus zu verbringen.

Dann entfernt er sich unter dem Vorwand, er müsse die Menge beruhigen, die sich vor dem Haus versammelt hat.

Bald darauf kehrt er zurück, und zwar mit einem Mann, der jahrelang in Versailles gelebt hat. Der wirft einen Blick auf Ludwig, beugt vor ihm das Knie und ruft ergriffen aus:

„O...Sire!"

„Also gut", erwidert daraufhin Ludwig, „ja, ich bin der König!" Dann erklärt er den Anwesenden mit ruhiger Stimme, warum er Paris verlassen hat. Sauce ist hierüber derart gerührt, dass er impulsiv verspricht, Ludwig beim ersten Morgengrauen eine Eskorte bis Montmedy zur Verfügung zu stellen.

Da reitet Herzog Claude Choiseul, der Neffe des seinerzeitigen Außen- und Kriegsministers Ludwigs XV., mit einer Kompanie Husaren in die Stadt. Er stürzt jetzt in das Zimmer, zieht den König beiseite:

„Sire, riskieren Sie auf der Stelle die Flucht! Reiten Sie mit dem Dauphin auf einem Pferd! Die Königin und die übrigen Mitglieder erhalten je ein eigenes Pferd."

„Sie haben vierzig Mann", überlegt Ludwig, „aber draußen auf den Straßen befinden sich sieben- bis achthundert bewaffnete Männer. Wer garantiert mir, dass die Königin, meine Kinder oder meine Schwester in einem so ungleichen Kampf nicht von einer Kugel getroffen werden? Wenn ich allein wäre, würde ich Ihren Rat bereitwillig annehmen und mich durchschlagen. Aber so?"

Um fünf Uhr früh betreten zwei Kuriere aus Paris den Raum, nämlich ein gewisser Hauptmann Bayon, Offizier der Nationalgarde, sowie der Deputierte der Nationalversammlung Romeuf, der Adjutant La Fayettes.

„Sire!", ruft Bayon aus, „Sie müssen sofort nach Paris zurückkehren! Dort rollen die Köpfe. Das Leben unserer Frauen und Kinder ist bedroht. Im Interesse Ihres Volkes müssen Sie unbedingt sofort in die Hauptstadt zurückkehren!"

Da nimmt Antoinette Bayon energisch bei der Hand und zeigt ihm ihren schlafenden sechsjährigen Sohn.

„Bin ich vielleicht nicht auch Mutter?", fragt sie ihn.

„Sire, ein Befehl der Nationalversammlung!", erwidert Bayon, indem er sich dem König zuwendet.

„Wo ist Ihr schriftlicher Auftrag?"

„Mein Kamerad Romeuf hat ihn."

Dieser tritt ein. Tränen rollen über seine Wangen, als er das Papier dem König überreicht. Er hat im stillen gehofft, zu spät zu kommen.

Ludwig liest die Order durch.

„Es gibt keinen König von Frankreich mehr!", sagt er bitter.

Antoinette ergreift das Blatt. „Diese Unverschämten!", ruft sie flammend aus. Dann schleudert sie das Papier wütend auf den Boden.

Inzwischen wiegeln Drouet und Bayon mit Hassparolen die Bevölkerung von Varennes auf, die nun verlangt, die Königsfamilie müsse sofort nach Paris zurückkehren.

Da wirft sich eine Kammerfrau Antoinettes auf den Boden und erklärt, krank zu sein.

„Ich muss hierbleiben und sie pflegen!", ruft Antoinette aus. „Ich bringe es einfach nicht übers Herz, einen

Menschen zu verlassen, der alles aufgegeben hat, um uns zu folgen."

Antoinette zittert am ganzen Körper. Aber nichtsdestotrotz verlangt die vor dem Haus schreiende Menge - ungefähr sechstausend bewaffnete Männer - die sofortige Abreise.

Tränen rollen über Antoinettes Wangen, als sie kurz vor sechs Uhr morgens die Berline mit ihrer Familie wieder besteigen muss.

Etwa eine halbe Stunde nach ihrer Abfahrt erreicht General Bouillé die Außenbezirke von Varennes. Aus der Ferne kann er noch die Berline und die Prozession bewaffneter Männer, die ihr folgt, sehen.

Die Nationalgarde von Varennes hat inzwischen die Brücke über die Aire gesperrt. Der Fluss ist zu tief, um mit Pferden übersetzen zu können. Als Bouillé erfährt, dass sechstausend bewaffnete Männer die Berline des Königs umringten, lässt er zum Rückzug blasen und setzt sich selbst nach Luxemburg ab.

Damit ist die Flucht der Königsfamilie endgültig gescheitert. Der Plan zur Flucht selbst war die einzige Möglichkeit, die dem politisch zur Handlungsunfähigkeit gezwungenen Ludwig noch geblieben war.

Doch es war ein unverzeihlicher Fehler, in dieser monströsen, schwerfälligen und Aufsehen erregenden Berline mit neun Personen fliehen zu wollen. Zu Pferde oder bestenfalls mit zwei, drei leichten Kutschen wäre die Flucht wahrscheinlich gelungen. Aber Ludwig als liebevoller Familienvater wollte nicht getrennt fliehen, sondern nur gemeinsam.

Dafür muss er jetzt schrecklich büßen. In den Augen aller scheint er nunmehr nichts als ein Versager zu sein. Antoinette wiederum ist untröstlich auch deswegen, weil sie ernstlich befürchtet, man werde alle jene, die ihnen geholfen haben, bestialisch umbringen.

Einen Vorgeschmack davon erhält Antoinette auf der Rückreise in Sainte-Menehould, als um drei Uhr nachmittags ein älterer Herr an die Berline heranreitet, um den König ehrfurchtsvoll zu begrüßen. Das macht die aufgehetzte Menge rasend, die versucht, ihn vom Pferd zu reißen. Er aber gibt ihm die Sporen und galoppiert davon. Gröhlende Berittene jagen ihm nach. Einige Schüsse peitschen auf.

„Was ist los?", fragt Ludwig erschreckt.

„Nichts. Man hat einen Irren getötet."

Mit einer Kugel im Rücken war der Fremde, ein ortsansässiger Edelmann namens Graf Anne Dampierre, der zu seinen Gutsangestellten stets ein guter Herr gewesen war, vom Pferd gestürzt. Seine rasenden Verfolger versuchten, ihn zu der Berline zu schleppen, um ihn vor den Augen der Königsfamilie, also auch vor den Augen der beiden Kinder, zu töten. Sie wurden daran jedoch durch einen tiefen, dazwischen liegenden Graben gehindert. Da reißen sie ihn wie wilde Bestien einfach in Stücke. Wie vorauszusehen, sind Antoinette und Ludwig hierüber zutiefst entsetzt.

In der Nähe von Dormans schließen sich dem schaurigen Zug um die Berline drei Mitglieder der Nationalversammlung an, zwei davon zwängen sich in die Berline hinein. Der eine, Antoine Barnave, zwischen Antoinette und Ludwig und der zweite, Jérome Pétion, zwischen des Königs jüngste Schwester Madame Elisabeth und die Gouvernante Madame de Tourzel.

Da die bestochenen Journalisten der Revolution Ludwig stets als dickbäuchigen, überaus gefräßigen Vollidioten beschreiben, ist Pétion höchst erstaunt, im König einen vielseitig interessierten, aufgeschlossenen, 37-jährigen, noch jung aussehenden Mann vorzufinden, dessen Bemerkungen von tiefer Intelligenz und Bildung gekennzeichnet sind. Ludwig spricht mit Pétion eingehend über die wichtige Entwicklung der französischen Wirtschaft, wovon jedoch der Revolutionär nichts versteht. Deshalb wird er immer wortkarger. Als schließlich Ludwig zu reden aufhört, ist Pétion überzeugt, daran sei des Königs linkische Schüchternheit schuld, wie die Revolutionäre behaupten.

Barnave wiederum, Advokat aus Grenoble, ein junger Heißsporn, der glühend für die Ausrufung der Republik eintritt, wundert sich jetzt über Antoinette, die der Aufwiegler-Journalismus stets als blutsaugende Messalina schildert und die er nun als mütterliche, sehr tapfere 36-jährige Dame erlebt.

Während der unendlich langen Reise wird Barnave der heimliche Beschützer der Königsfamilie.

Ein Geistlicher nähert sich jetzt ehrfurchtsvoll der Berline. Da ergreift ihn der wilde Pöbel und will ihn ermorden. Geistesgegenwärtig beugt sich Barnave aus dem Wagenfenster und ruft den Aufgehetzten zu:

„Franzosen! Tapferes Volk! Wollt ihr euch zu einem Volk von Meuchelmördern machen?"

Nach und nach wird durch die beeindruckende Begegnung Barnaves mit der Königsfamilie aus dem hasserfüllten, revolutionären Saulus ein bekehrter Paulus, der später jedoch sein behutsames Eintreten für Ludwig und Antoinette mit seiner eigenen Hinrichtung wird bezahlen müssen.

Drei Tage nach der Abreise aus Varennes trifft die Königsfamilie nach wüstesten Beschimpfungen, Morddrohungen und unaussprechlichen Demütigungen wieder in den Tuilerien ein. Massenhysterie und -Panik schaltet die Individualität des Einzelnen aus. Das Gehirn der Menschen wird völlig manipulierbar...eine einstmals vernunftbegabte formlose Menge wird zum unkontrollierbaren Naturereignis, das bestialische Instinkte freisetzt.

Nun sind Antoinette und Ludwig de facto Gefangene. La Fayette lässt sie mit seinen Wachen umzingeln und fortan nicht mehr aus den Augen.

„Haben Eure Majestät mir etwas zu befehlen?", fragt er dennoch höflich den völlig erschöpften Ludwig.

„Mir scheint", erwidert dieser kühl, „dass ich vielmehr unter Ihrem Befehl stehe als Sie unter meinem!"

Unverzüglich schreibt Antoinette dem treuen Axel Fersen einen chiffrierten Brief, in dem sie ihn bittet, sich keine Sorgen über sie und den König zu machen.

Ludwig richtet an General Bouillé einige Zeilen, in denen der gutmütige König, wie immer in seinem Leben, alle ‚Schuld' auf sich nimmt.

„Ich bin mir bewusst", heißt es in dem Schreiben weiter, „dass Erfolg oder Misserfolg in meinen Händen lag. Aber man bräuchte ein skrupelloses Wesen, wenn man das Blut der Mitbürger vergießen, bewaffneten Widerstand leisten und Frankreich in einen Bürgerkrieg stürzen wollte. Allein der Gedanke an derlei Möglichkeiten zerriss mein Herz und beraubte mich jeglicher Entschlusskraft."

An diesem historischen Ereignis der Vereitelung der Flucht der Königsfamilie angelangt, ist nun die Französische Revolution nicht ein einziger Widerspruch in sich selbst?

Da bekriegt die Revolution einen König, der jeder ihrer zahlreichen Forderungen, ob berechtigt oder nicht, sofort kampflos nachgibt, derart, als wäre dieses Lamm ein blutrünstiger Tyrann! Da stürmt die Menge das Staatsgefängnis in Paris, die Bastille, als ob dort Tausende Patrioten gefangengehalten und gefoltert würden, obgleich nur sage und schreibe s i e b e n Kriminelle inhaftiert waren. Da schlachtet man bestialisch den dortigen Befehlshaber und die Wachsoldaten ab. Da hetzt man monatelang die Bevölkerung auf, der König plane eine zweite Bartholomäusnacht wie seinerzeit Karl IX., obwohl in Wirklichkeit der zu gutmütige Ludwig XVI. nicht einen einzigen dieser Mörder, Aufwiegler und Revolutionäre bisher bestrafen oder auch nur anklagen lässt. Da wird unentwegt wietergehetzt gegen diesen arglosen König und dessen Gattin, der man jede Widernatürlichkeit und jedes Laster andichtet, und als endlich die Königsfamilie keinen Ausweg aus dieser unhaltbaren politischen Sackgasse sieht und die Flucht ergreift, was geschieht dann?

Statt froh zu sein, dass diese als „Blutsauger des Volkes" Bezeichneten ohne irgendwelche materiellen Werte klammheimlich den Thron verlassen wollen, ... statt siegesfroh zu sein, dass jetzt ungehindert die Republik ausgerufen und das Volk endlich nach revolutionären Vorstellungen „beglückt" werden kann und sich Freiheit, Gleichheit und Brüderlichkeit für alle schrankenlos durchsetzen, wird erneut das Heer der Arbeitslosen, der Besitzlosen aufgewiegelt und mit Piken, Bajonetten, ja sogar mit Kanonen bewaffnet, um die Königsfamilie zu zwingen, nach Paris zurückzukehren und wieder in den Tuilerien ihren Aufenthalt zu nehmen. Es ist nicht zu fassen!

Doch alle diese marktschreierischen Volksrevolutionäre sind in Wahrheit eine Minderheit, nicht nur unter dem Volk, sondern hauptsächlich auch in der Nationalversammlung. Sind doch von den derzeitigen 686 Mitgliedern bloß 136 Mitglieder des Jakobiner- und des Cordeliers-Klubs, also der radikalen Linken, denen unter anderen der Advokat Danton, der Journalist Desmoulin, der zwergenhaft kleinwüchsige Tierarzt Marat, der großmäulige Chefredakteur Hébert sowie der altadelige Advokat Maximilian Robespierre angehören.

Man sieht, die gemäßigte Mitte der Feuillants sowie der Girondisten, zu denen vor allen Brissot und Roland zählen, sind in der Mehrheit, ja sie halten sogar mit ihren 80 Prozent die absolute Mehrheit. Aber jene zwanzig Prozent der Linken, das sind die besser Organisierten, die lautesten Phrasendrescher und großsprecherischen Populisten, die vor keinem Terror zurückschrecken und die gemäßigten Abgeordneten, die um ihr bisschen Hab und Gut fürchten, lebensgefährlich unter Druck setzen.

Am 26. Juni 1791 spricht diese Nationalversammlung Ludwig seine königlichen Funktionen ab, belässt jedoch ihn und seine Familie als Gefangene in den Tuilerien.

Die 136 linken Abgeordneten fordern die Abschaffung der Monarchie. Doch jene 80 Prozent der Abgeordneten der Rechten, also der Gemäßigten, stimmen dagegen. In sieben Wochen wird die neue Verfassung fertig sein. Dann soll Ludwig sie ratifizieren und als konstitutioneller Monarch seine Funktion wieder voll ausüben.

Ludwig erwägt abzudanken. Dann würde jedoch sein 6-jähriger Sohn Louis König und stünde unter der Regentschaft des Herzogs von Orléans, dessen Wesensmerkmale Ludwig als haltlos und charakterlos einschätzt. Gleichzeitig aber auch für seinen Sohn abzudanken, das ist nach derzeitiger Gesetzeslage unmöglich.

Nach reiflicher Überlegung entscheidet sich Ludwig, die neue Verfassung anzunehmen und nach bestem Wissen und Gewissen eben weiterzuregieren.

Am 14. September 1791 unterzeichnet er die fertige Konstitution. Gleichzeitig legt er der Nationalversammlung detaillierte Pläne zur Reformierung des Sozial-, Bildungs- und Schulwesens vor, vor allem aber zur Behebung der hohen Arbeitslosenrate.

Eine kleine Weile ist es nun ruhig im ganzen Land. Antoinette schreibt darüber an Fersen:

„Die große Mehrheit des Volkes ist der Unruhen müde... Was alle wollen, ist Frieden und Ruhe..."

Doch die von den französischen Philosophen Rousseau und Voltaire proklamierte Ablehnung von religiösen Autoritäten, die von den revolutionären Intellektuellen unterstützt wird, trägt rasch Früchte.

Schon stehen die Pfarrkirchen meistens leer, während die romtreuen Priester im Geheimen regen Zulauf haben. Der linksradikale Deputierte Georges Couthon, ein Schwerstbehinderter im Rollstuhl, prangert in der Nationalversammlung diese Priester als Konterrevolutionäre und Staatsfeinde an.

Nun wird von den Jakobinern der Patriotismus zur einzigen Religion erhoben. Auf den Geldmünzen wird das Vaterland als Altar geprägt.

Die Nationalversammlung verabschiedet unter dem Terror der extremen Linken ein strenges Religionsdekret, das mehr als 20.000 Geistliche für ihr Glaubensbekenntnis bestrafen und auf Todesinseln deportieren will. Damit soll 14 Millionen französischen Katholiken ihre Religionsausübung unmöglich gemacht werden.

Dieses Dekret wird Ludwig zur Unterzeichnung unterbreitet. Er erklärt es „prüfen" zu wollen, eine höfliche Umschreibung für ein aufschiebendes Veto, das ihm nach der neuen Verfassung zusteht.

Sofort bedienen sich die Jakobiner ihrer mächtigsten Zeitung, nämlich des „L'Ami du Peuple" und des „Père Duchesne" des Jaques Hébert.

Marat, der sehr misstrauisch ist und jeden für ehrlos hält, der ihm widerspricht, fordert in seinem „Volksfreund" „...50.000 ehrlose französische Köpfe sofort und bis Jahresende noch weitere 500.000."

Hébert wiederum, gleichfalls von sehr kleinem Wuchs wie Marat, ausgesprochen sadistisch und grausam, ist mit einer ehemaligen Nonne verheiratet. In seinen Hassartikeln nennt er den König einen Trunkenbold, einen Herrn Capet (nach seinen Vorfahren, den Capetingern) und einen Herrn Veto. Antoinette ist für ihn die österreichische Hure, die gefräßige Wölfin, Frau Veto.

In dieser Situation meint nun La Fayette, der Führer der Pariser Nationalgarde, er müsse das durch die neue Verfassung proklamierte konstitutionelle Königtum dadurch retten, indem er Antoinette, die am heftigsten von den Linken angegriffen wird, allen Ernstes auffordert, sich von Ludwig scheiden zu lassen.

„La Fayette benützte die abscheulichsten Mittel, um ihre Seele zu beunruhigen", schreibt der spanische Gesandte d'Aranda an Karl IV.: „... Er ging sogar so weit, ihr zu sagen, dass man versuchen würde, ihr einen Ehebruch anzudichten beziehungsweise nachzuweisen, um eine Scheidung zu erreichen...

Etliche Bischöfe, Prälaten, Generäle und Mitglieder der Hocharistokratie rieten Ludwig XVI., seine Frau zu verstoßen und sie gemeinsam mit den beiden Kindern nach Wien zurückzuschicken..."

Doch Ludwig weist energisch alle diesbezüglichen Versuche weit von sich und hält nach wie vor unbeirrbar zu seiner Frau.

Nach der neuen französischen Verfassung darf kein Mitglied der vorigen Nationalversammlung wiedergewählt werden. Diese Bestimmung hat der extrem linke Rechtsanwalt Robespierre in eiskalter Berechnung durchgesetzt.

Außerdem forderte er, dass neben dem dritten Stand der Bürgerlichen nunmehr auch der vierte Stand, das sind Angehörige aus dem Heer der Arbeitslosen und Besitzlosen, in die neue Nationalversammlung einziehen müssen. Um dem vierten Stand mächtigen Einfluss zu garantieren, wird außerdem durch Terror erreicht, dass die Zahl seiner Mitglieder gegenüber dem dritten Stand verdoppelt wird. Damit sind der erste und zweite Stand bereits de facto ausgeschaltet.

Und so sitzen in der neuen sogenannten „Legislative" ab jetzt doppelt so viele Linksradikale wie gemäßigte Girondisten.

Am 1. Oktober 1791 tritt die Legislative zum ersten Mal zusammen.

Wie konnte es aber dazu kommen, dass die zwanzig Prozent der Linken die achzig Prozent der Rechten ungestraft derart austricksen durften, so dass jene politische Minderheit urplötzlich furchtbare Macht gewinnt über die bisherige politische absolute Mehrheit?

Was ist denn da auf einmal geschehen? Was hat sich da urplötzlich ereignet? Wieso diese schreckliche, politische Talfahrt, gleich einem Blitz aus heiterem Himmel?

Wie ist so etwas möglich?

Denn schon wagt es Hébert, in seinem „Père Duchesne" jene ungeheuerlichen Worte zu drucken:

„…Wir müssen es machen wie die Engländer (die
Karl I. unter Cromwell hinrichten ließen). Vorher wer-
den wir niemals glücklich sein! Denn ohne Kenntnis der
Vergangenheit gibt es keine gangbaren Wege in die
Zukunft. Das weiß doch jeder!"

*Robespierre*

# Robespierre und Saint Just

> „Wir wollen nicht den Despotismus der
> Freiheit...Jedes Streben nach persön-
> lichem Wohlsein ist asozial. Unsere
> Triebfeder ist gleichzeitig die Tugend
> unserer Grundsätze und der Terror."
> (Maximilien de Robespierre)

Der neue starke Mann heißt Robespierre.

Er ist Advokat aus Arras, seit dem Jahre 1789 Mitglied des dritten Standes und von Rousseaus Ideen einer
umstürzlerischen Gesellschaftsordnung stark beeinflusst. Wie Mirabeau macht auch er den Staat zur neuen
Religion. Seine Lieblingsworte werden bald: Strafe, Terror, Opfer und Blut!

Mit fünf Jahren verliert er die geliebte Mutter. Der
Vater lässt die Familie im Stich und den Sechsjährigen
bei der allzu strengen Großmutter zurück. Im Getreide-
speicher hat er inmitten von Mäusen und Ratten seine
Schlafstelle.

Er häkelt gern und gekonnt wie ein Mädchen. Die
Großmutter schärft ihm tagtäglich ein, er müsse streb-
sam werden, um den Verwandten nicht lange zur Last zu
fallen und für seine kleineren Geschwister bald selbst
sorgen zu können.

Der Erzbischof von Arras schickt auf eigene Kosten
das begabte Kind auf das Lyzeum Louis-le-Grand nach
Paris. Dort ist er der ärmste Schüler. Sein Rock ist zer-
rissen, die Schuhe haben Löcher. Wichtig ist dem Einsamen lediglich ein wohlgepudertes Haar.

Seinen ersten Prozess für einen Mann, der sich gegen
den Neid seiner Nachbarn einen Blitzableiter aufs Haus
gesetzt hat, verliert der junge Advokat in beiden In-
stanzen.

In der Pariser Nationalversammlung von 1789 ist der
Einunddreißigjährige derart unbekannt, dass sein Name

in den Sitzungsprotokollen meistens durch drei Sternchen ersetzt wird.

Durch seine lieblose Kindheit und seinen ungezügelten Ehrgeiz ist er in seiner Persönlichkeitsentwicklung stark gehemmt. Die fehlende Autorität des Vaters und die kalte Strenge der Großmutter erzeugen in ihm eine Ablehnung jeglicher Autorität.

Mirabeaus Freund Dumont berichtet, Robespierre könne niemandem in die Augen schauen. Dieser selbst schreibt einem Freund:

„Ich habe stets eine unendliche amour propre (Eigenliebe) genossen."

Er dichtet Gelegenheitsverse, aber bald schon Flugschriften wie „Über die Notwendigkeit, die Stände zu reformieren" oder eine „Mitteilung an die Landbevölkerung", und schließlich bereits hasserfüllt über „Die entlarvten Feinde des Vaterlandes".

In der Nationalversammlung erkämpft sich der kleinwüchsige, blasse Mann mit den ausdruckslosen Augen das Rednerpult. Er hat dabei größte Mühe, sich mit seiner schwachen, unschönen Stimme bei den gebildeten, finanziell besser gestellten Deputierten der drei Stände durchzusetzen. Man hält ihn für einen Nörgler, für einen Kauz und harmlosen Narren, man lacht über ihn oder schreit ihn ganz einfach nieder. Nur Mirabeau sieht tiefer, wenn er über ihn sagt:

„Der wird es weit bringen, denn er glaubt auch, was er sagt!"

Es ist August 1790, und der 32-jährige Robespierre erhält den Brief eines jungen Schwärmers namens Louis Saint Just, der an Robespierre wie einem angebeteten Idol Folgendes schreibt:

„...Sie, der Sie das wankende Vertrauen gegen die Sturzflut des Despotismus (?) und der Intrigen stützen, Sie, den ich nur wie Gott, nämlich aus Ihren Wundern (?) kenne...Leider bin ich Ihnen noch nicht begegnet, aber Sie sind ein großer Mann. Sie sind keineswegs nur der Deputierte einer Provinz, sondern der Republik (!) und der ganzen Menschheit!..."

Robespierre, an dessen eisiges Wesen niemand herankommt, ist von diesem Schreiben sofort bezaubert.

Wie, ein junger schwärmerischer Mensch findet ihn großartig, so einmalig großartig sogar, dass er ihn zum Deputierten der ganzen Menschheit erwählt?

Aber noch ist für Robespierre dieser Jüngling unerreichbar. Noch lebt er im Departement Nièvre, und das politische Paris ist für den 23-Jährigen derzeit unerschlossen.

Er war ein verwöhnter Knabe, der den Vater früh verloren hatte und seiner Mutter viel, sehr viel Kummer bereitete. Schließlich reißt der Abenteuerlustige von daheim aus, nicht ohne das reiche Silberzeug der Familie mitzunehmen. Die geschockte Mutter lässt ihn von der Polizei aufstöbern und in eine Nervenheilanstalt einsperren, in der er ein episches Gedicht in zwanzig Gesängen mit Namen „Organt" schreibt, eine phantastische, schlüpfrige Verserzählung im Stile Voltaires, des großen Aufklärers und Modekritikers der Gesellschaft.

Saint Just wird sehr bald vom reißenden Strom der Zeit erfasst. Er schreibt pathetisch einem Freund:

„...Ich bin von einem republikanischen Fieber geschüttelt, das mich verzehrt und verschlingt...Ich fühle das Zeug in mir, mit dem Jahrhundert fertig zu werden, als Gefährte des Ruhms und der Freiheit...Ich selbst stehe über dem Unglück. Ich werde alles ertragen, mein Ruhm wird sich erheben. Die Verwaltung hat Angst vor mir (?). O Gott! Warum muss Brutus fern von Rom in Vergessenheit schmachten! Aber meine persönliche Entscheidung ist getroffen..."

Da trifft auf einmal Saint Just in Paris ein und kämpft sich zu Robespierre in der Rue Saint-Honoré durch. In dessen kleiner Zwei-Zimmer-Mansarde stehen jetzt die beiden einander gegenüber: der 33-jährige Robespierre und der 24-jährige Saint Just.

Saint Just ist ein schöner junger Mann von hohem Wuchs; goldblonde, dichte Locken umrahmen ein ebenmäßiges Gesicht; goldene Ohrringe schaukeln leise neben diesem Antlitz, das einem Träumer gehören könnte, wären da nicht tiefblaue Augen, die mitunter Grabeskälte ausstrahlen. Der Mund ist fein gezeichnet, die Nase edel gemeißelt. Wie von Künstlerhand ist dieser Jüngling sehr gekonnt geschaffen. Fast irrwitzig ist der Reiz seiner Ausstrahlung und die Widersprüchlichkeit dieser Persönlichkeit, die bald Zärtlichkeit und bald wieder eisigen Schrecken einflößt.

Robespierre, der Scheue, zutiefst Einsame, der fast krankhaft Einsame, ist bei dieser ersten Begegnung mit dem um neun Jahre jüngeren Mann wie vom Blitz getroffen, mit diesem Noch-Jüngling, der die Knabenhaftigkeit im Gefühl und die Geisteskälte eines vorzeitig Gereiften erschütternd ahnen lässt.

„Warum halten Sie mich für groß?", fragt Robespierre den Jüngeren, während seine schwache, unschöne Stimme seltsam zittert.

„Warum?" Der Jüngling baut sich mächtig vor dem Kleineren auf. „Weil Sie der einzige geniale Willensmensch sind unter all diesen Zauderern in der Nationalversammlung. Weil Sie mit Ihren zwanzig Prozent der Deputierten diese eitlen Schwätzer von achtzig Prozent besiegt haben. Weil Sie Caesar sind und diese schwächlichen Politzwerge hinwegfegen werden."

„Aber...zu welchem Ziel, mein Freund?" Robespierre merkt, dass ihm dieser Gast nicht unsympathisch ist. Zum ersten Mal in seinem Leben ist ihm ein fremder Mensch nicht unsympathisch. Ob er ihm vertrauen könnte?

Da erwidert auch schon der andere sofort:

„Wir brauchen eine bewusst treibende Kraft, eine einheitliche Leitung aller Unzufriedenen. Dieser weltgeschichtliche Bergrutsch unserer Revolution, sollte er nicht mehr sein als das Ergebnis einer Begegnung zwischen philosophischen Zirkeln und gewissen Kreisen der Freimaurerei? Unsere Revolution hat endlich die Zungen der Nation gelöst. Was aber folgte bisher daraus? Nichts, rein gar nichts!"

„O mein Freund, wir haben schon viel erreicht! Oder etwa nicht?" Robespierre kneift die kurzsichtigen Augen, die nur mit dem Lorgnon deutlich sehen können, zusammen.

Saint Just lächelt hintergründig. „Kann man denn sagen, dass die Revolution aus sich selbst gemacht wurde? Sie wurde von den Liberalen Frankreichs höchst wohlwollend gefördert, und zwar mit einer Lust an einer gewissen Selbstzerstörung. Sie alle: das Parlament, der Hof, der skeptische Klerus, der Herzog von Orléans Mirabeau und diese Girondisten...alle sind sie der Typ des sozialen Selbstmörders. Was hat diese Revolution also bisher wirklich vollbracht? Wir haben uns vergeblich vorgegaukelt, dass der Umsturz der Tyrannei das Imperium der Freiheit und des Friedens erstehen lassen werde, aber es war nur das Signal zum Ausbruch gehässiger Leidenschaften und abscheulichster Laster!"

„Mein lieber, lieber Freund... Wir werden das Glück auf Erden begründen, weil der Mensch nur glücklich sein kann, wenn er in Übereinstimmung mit den Grundsätzen von Freiheit, Gleichheit und Brüderlichkeit lebt. Die Tugend der Revolution ist eine öffentliche Errungenschaft, über deren Besitz man sich nicht mit seinem Gewissen, sondern nur mit dem Volk, ja mit dem Volk auseinanderzusetzen hat!"

„Was aber ist das Volk, wenn ich fragen darf?"

„Das Volk, mon ami", erwidert der kurzsichtige Robespierre und versucht ein noch ungeübtes Lächeln, „das Volk ist die vollkommenste Form unserer Gesellschaft. Wir fragen ab nun nicht mehr, was macht uns eigentlich glücklich, wir fragen vielmehr, was macht das Volk glücklich. Dieses existiert natürlich nur in der Gesellschaft der Jakobiner, das ist in unserem Klub, in dem die Tugend als mehr definiert wird denn ein bisschen moralischer Wert. Tugend...Tugend, sie kann nicht fern von unserer Gemeinschaft gedeihen, also ist das Volk wahrhaft nur jene Gemeinschaft, die unsere Revolution so glorreich geschaffen hat."

Der Jüngling macht eine abwehrende Handbewegung. „Diese politische Sittlichkeit aber steht und fällt allein mit Ihrer Person. Ist dieses Fundament nicht doch ein wenig zu..."

„Zu schwach, meinen Sie wohl, mein Teurer? Ist es nicht so?...Helfen Sie mir, ich bitte Sie, ich selbst bin nur ein Einzelner, ein...Einsamer..."

„Bis jetzt!", ruft der Jüngling emphatisch aus. „Bis jetzt! Aber nun bin ich da, und Sie sind nicht mehr einsam. Zu zweit, wir beide, Sie und ich..."

Robespierre, der bisher allzu Scheue, allzu Introvertierte, ergreift impulsiv die Hand dieses jungen Mannes, die sich samtig, weich und warm anfühlt. „Wollen Sie wirklich...tatsächlich an meiner Seite...?"

Saint Just nickt heftig, so heftig, dass die Ohrringe klirren. „Wir werden streng sein müssen, noch viel, viel strenger als bisher!" Saint Just's Augen sind plötzlich hart wie Kiesel.

„Wenn man den allgemeinen Grundsatz der Demokratie auf die dringendsten Bedürfnisse des Vaterlandes anwendet, müsste die eiserne Konsequenz sein..."

„Der Terror, jawohl der Terror, ich lese dieses Wort von Ihrer klaren Stirn ab!", erwidert Roberspierre knapp. „Die menschliche Natur allerdings sträubt sich dagegen, sofern man allein ist..."

„Ab heute sind Sie es nicht mehr!" Die Lippen des 24-Jährigen werden wie ein scharfer Strich.

„Ich gehe Seite an Seite mit Ihnen gestärkt in den Kampf, der uns noch bevorsteht!" Der kleinwüchsige Robespierre reckt sich hoch empor.

Saint Just atmet tief durch. „Und der König? Ich meine, der Mann, den die Revolution noch immer König nennt?"

Robespierre lächelt bereits frei in die Augen des Jüngeren hinein. „Sie werden sehen, mein Freund, bald...bald...“

„Was... bald...?“

# 13. Februar 1792

„Da ich auf Eure Liebe und Treue vertraue, habe ich den Truppen befohlen, Paris zu verlassen...“
(Ansprache Ludwigs XVI. vom 15. Juli 1789)

Axel Fersen, der treue Schwede, hatte bereits bei seiner Verabschiedung vor der Flucht der Königsfamilie dieser versprochen, falls das Vorhaben misslingen sollte, für die Sache des Königspaares im Ausland tatkräftig zu arbeiten.

Fersen sucht unverzüglich den ehemaligen österreichischen Gesandten Mercy in Brüssel auf, wohin sich dieser bei Ausbruch der Revolution sofort abgesetzt hatte.

„Mercy sieht alles schwarz“, notiert er in seinem Tagebuch.

Am 20. August 1791 schreibt er seinem Vater:

„...Das Vertrauen, womit ich vom Königspaar beehrt wurde, macht es mir zur Pflicht, es nicht zu verlassen, sondern für die beiden so lange fortzuwirken, als es mir möglich ist...Die ganze Welt würde mich tadeln, wenn ich es nicht täte. Ich war der einzige, der ihre Vertraulichkeit genoss. Ich kann ihnen durch meine Kenntnis der Umstände und der Zustände in Frankreich von Nutzen sein. Ich müsste mir ewig vorwerfen, das Königspaar in deren unglückliche Stellung gebracht zu haben, wenn ich nicht alle Mittel gebrauchte, die mir zur Verfügung stehen, um die beiden ihrem Unglück zu entreißen...“

Fersen besitzt eine eigene Chiffriersprache. Sollten nämlich seine Briefe an Antoinette in die Hände der Feinde fallen, so könnten diese den Inhalt nicht verstehen.

Der schwedische König Gustav III. nimmt sich der Sache der unglücklichen Königsfamilie am wärmsten an. Er versichert Ludwig, Europas Könige seien zusammen mit ihm bereit, sich für Ludwig einzusetzen, damit seine Würde nicht weiterhin erniedrigt wird.

An Fersen schreibt er:

„...Ihre (Antoinettes) Stellung ist schrecklich, man muss Gewaltmittel anwenden, um aus derselben herauszukommen...Es ist überflüssig, von Gefahren zu reden, diese in den Augen der Königin verkleinern zu wollen, die sich am 6. Oktober 1789 (gewaltsame Rückführung der Königsfamilie von Versailles nach Paris) einem rasenden Pöbel gegenüber so unerschrocken zeigte und welche später – um einen solchen Ausdruck zu gebrauchen – mit Gefahren übersättigt worden ist..."

Gustav III. plant, einen Fürstenbund zur Rettung Antoinettes und Ludwigs zu gründen. Zu diesem Zweck schreibt er am 9. Juli 1791 an die Zarin Katharina II. sowie am 16. Juli an den spanischen König Karl IV.

Gustavs Plan zufolge sollen 30.000 österreichische Soldaten von Flandern nach Frankreich einmarschieren, desgleichen 12.000 Schweizer; 20.000 Spanier sollen von den Pyrenäen kommen; Katharina solle 6–8000 Russen zur Unterstützung senden; er selbst wolle sich an der Spitze von 16.000 Schweden einfinden. Außerdem solle eine russisch-schwedische Flotte in Ostende landen.

Gustav sendet Fersen nach Wien zu Leopold II., um Hilfe für dessen Schwester Antoinette zu erbitten.

Auf den darauf folgenden Appell Leopolds II. an alle Herrscher Europas, sich für Ludwig XVI. tatkräftig einzusetzen, erkärt sich Friedrich Wilhelm II. von Preußen sofort bereit, eine bewaffnete Aktion zugunsten Ludwigs vorzubereiten.

In Koblenz haben unterdessen die beiden Brüder Ludwigs, die Grafen von Provence und Artois, einen königlichen Hofstaat eingerichtet.

Fersen reist auch zu ihnen und legt ihnen Pläne zur Befreiung Ludwigs vor. Sie jedoch antworten ausweichend, rühren aber keinen Finger zur Rettung ihres königlichen Bruders in Paris.

Antoinette ist über diese Mitteilung jedoch nicht überrascht. An ihre Freundin, die Prinzessin von Lamballe, schreibt sie:

„...Sei überzeugt, dass er (der Graf von Provence) in seinem Herzen weit mehr persönlichen Ehrgeiz hegt als Ergebenheit für seinen Bruder und namentlich für mich...Sein ganzes Leben war es sein Kummer, dass er nicht zum Herrscher geboren wurde, und dieses sein Streben, sich auf den ersten Platz emporzuschwingen, hat während unseres Unglücks nur zugenommen. Denn dieses gibt ihm die Möglichkeit, sich in den Vordergrund zu stellen...“

Über Ludwigs anderen Bruder, den Grafen von Artois, schreibt Fersen:

„...Artois schwatzt unaufhörlich, hört nie auf das, was andere sagen, spricht stets von Anwendung von Gewalt und kein Wort von Verhandlungen und scheint in jeder Hinsicht seiner eigenen Sache sicher zu sein (da der Graf von Provence keine Kinder hat)...“

Auch die Herzogin von Polignac, deretwegen man Antoinette schon sehr früh heftig angegriffen hat, weilt in Koblenz. Die Gleichgültigkeit der Herzogin über das Schicksal Antoinettes trifft Fersen besonders schmerzlich. In sein Tagebuch notiert er hierüber:

„...Frau Polignac bewahrte nicht einmal den Schein irgendwelcher Dankbarkeit gegenüber der Königin... Sie sprach mehr von sich selbst und ihren eigenen Angelegenheiten als von ihrer unglücklichen Freundin. Sie redete von tausend Dingen und darunter von vielem, das für die königliche Familie nicht schmeichelhaft war...“

Ja, die Verleumdung trifft nun auch Fersen selbst. Sein tapferes Eintreten für Antoinette wird von vielen, darunter vom schwedischen und spanischen Gesandten, als Frucht seines übergroßen persönlichen Ehrgeizes ausgelegt.

Dazu schreibt Fersen an Antoinette:

„...Man hat recht. Ich war so ehrgeizig, Ihnen dienen zu wollen, und ich werde mein ganzes Leben hindurch betrübt sein, dass ich mein Ziel nicht erreicht habe ...- Ich wünschte einen Teil jener Schuld abzutragen, von Ihnen so oft eingeladen worden zu sein ... Ich wollte zeigen, dass man an Menschen wie Sie ohne eigennützige Absichten gebunden sein kann. Mein Eintreten für Ihre Sache konnte übrigens jenen Leuten gezeigt haben, dass jenes mein einziger Ehrgeiz und die Ehre, Sie, Madame, gekannt zu haben, meine höchste Belohnung war..."

Unter allen Monarchen, die sich für Antoinettes und Ludwigs traurige Lage interessieren, ist Gustav III. von Schweden der entschlossenste.

Am 22. Dezember 1791 übergibt er Fersen Briefe für Ludwig und Antoinette und gibt jenem den Auftrag, diese persönlich nach Paris zu bringen. Er rät in den beiden Schreiben zu einem neuerlichen Fluchtversuch; jetzt aber soll jeder für sich allein, in einer bestimmten Verkleidung fliehen.

Doch Antoinette rät Fersen aus Furcht vor Entdeckung dringend ab, nach Paris zu reisen. Es wäre sein sicherer Tod, wenn er erkannt würde, obwohl sie selbst den ganz großen Wunsch hätte, ihn zu sehen...

Aber Fersen lässt nicht locker. Unverzüglich antwortet er ihr brieflich:

„...Es ist unbedingt nötig, Sie dem gegenwärtigen Zustand zu entreißen..."

Endlich, endlich ... erreicht Fersen von Ludwig die Erlaubnis, die Mission Gustavs III. erfüllen zu dürfen.

Mit einem falschen Pass, unter einem falschen Namen, verlässt er Stockholm am 11. Februar 1792 in Begleitung seiner Ordonnanz und seines kleinen Hundes Odin.

Fersen, als Kutscher des schwedischen Königs gekleidet, trägt eine helle Perücke. Er hat in diplomatischer Mission, „Briefe für die portugiesische Königin Maria I." bei sich. Jene hat Fersen zur Tarnung selbst geschrieben.

Am 13. Februar um halb fünf Uhr nachmittags kommt er in Paris an. Sofort eilt er zum Wohnsitz des Barons François von Goguelat, des Sekretärs Antoinettes, der ihn um sieben Uhr abends, also bereits in der Dunkelheit, in die Tuilerien geleitet. Diese sind von zwölfhundert Wachen mit aufgepflanzten Bajonetten Tag und Nacht hermetisch abgeriegelt.

Fersen schreibt hierüber in sein Tagebuch:

„Ich ging meinen üblichen Weg zu ihren Gemächern. Fürchtete die Nationalgarde. Ihr Appartement sehr schön. Den König sah ich nicht..." Zwei Worte nach dem Wörtchen ‚nicht' sind jedoch von den Nachlasserben Fersens später mit Tinte überdeckt worden. Diese beiden Worte dürften gelautet haben ‚Resté là', eine „unbedeutende" Floskel, die Fersen immer verwendet, wenn er bei einer Freundin die Nacht verbracht hat, was soviel bedeutet wie: ‚bei ihr geblieben'.

Fersen sind die Briefe Antoinettes, die sie ihm vor einigen Monaten geschrieben hatte und die ihn nicht erreichten (weil er inzwischen bei Leopold II. für dessen Schwester Antoinette um Hilfe für diese gebeten hatte) zwar nicht bekannt, aber ihre Schreiben sind unauslöschlich in seiner Erinnerung verwurzelt; alle Schreiben, die sie dem Grafen Esterházy zur Weiterleitung an ihn geschickt und die er später dadurch doch erhalten hatte...jene Briefe, wie etwa dieser:

„...Wenn Sie ihm schreiben, so sagen Sie ihm, dass alle Meilen und Länder **niemals Herzen trennen können**. Ich empfinde diese Wahrheit alle Tage mehr..."

Oder jener zweite Brief mit einem Ring, in dem drei Lilien (das Wappen der Bourbonen) und die Worte: ‚Feige, wer sie verlässt' eingraviert waren.

Der kurze Text dieses zweiten Briefes lautete:

„...Der in Papier gewickelte (Ring) ist für i h n, er ist gerade nach seinem Maß. Bevor ich ihn eingepackt habe, da habe ich ihn selbst zwei Tage getragen. Sagen Sie ihm das in meinem Namen! Ich weiß nicht, wo er ist. Es ist eine schreckliche Qual, keinerlei Nachricht zu haben und nicht einmal zu wissen, wo die Menschen, **die man liebt,** wohnen...“

Bis Ende September 1791, also bis drei Monate nach der missglückten Flucht von Varennes, blieb also Antoinette damit ohne Nachricht von Fersen.

Dann endlich...endlich erhielt sie erstmals nach so langer, für sie unendlich langer Zeit wieder einen chiffrierten Brief von...i h m!

Darüber war sie dermaßen überwältigt, dass sie ihren Gefühlen für ihn ungehemmten Lauf ließ. Fast überschwänglich antwortete die bisher Beherrschte, Reservierte dem treuen Freund aus Schweden:

„...Ich kann sagen, dass **ich Sie liebe**, und habe nur dafür Zeit. Es geht mir gut...**Adieu, geliebtester und liebster aller Männer...**“

Nun...in diesem schönsten und zugleich gefährlichsten Augenblick aller Augenblicke, seit Antoinette den Gleichaltrigen kennen, schätzen und lieben gelernt hat, nun also ist er bei ihr...wirklich und wahrhaftig bei ihr, in ihrem kleinen Appartement, umlauert und strengstens bewacht von zwölfhundert bis an die Zähne bewaffneten Nationalgardisten dieser blutigsten aller Revolutionen, die vor nichts mehr zurückschreckt.

Nun ist er also bei ihr...ganz allein bei ihr...Nur er...und sie!

# Nur Sie und Er

„Der Tropfen Tau auf traumverlorener Blüte, der
schüchtern sich dem Sonnenstrahl anschmiegt
und werbend sich ihm liebestrunken gibt,
er schimmert nicht so fein und wäre Güte er
selbst, wie Du mit einem Nichts, dem Auge..."
(Robert Widl, Gedichte)

Er blickt ihr ins Gesicht. Ihr Haar ist schlohweiß geworden, sie ist sichtlich gealtert. Ihre hellblauen Augen
sind rot umrandet vom unermüdlichen Schreiben der
vielen Briefe, der Hilfe suchenden, Hilfe heischenden
Briefe an die ausländischen Monarchen, an die Freundin
Lamballe nach London...

Doch Georg III., Großbritanniens Herrscher aus dem
Hause Hannover, kann oder will dem französischen Königspaar nicht helfen. Sein Außenminister erklärt klipp
und klar der Prinzessin Lamballe:

„...Ludwig XVI. und Königin Antoinette haben sich
ihr Unglück selbst zugezogen..."

Nein...Axel fühlt es überdeutlich, er kann und darf
Antoinette nicht im Stich lassen, jetzt in ihrem Unglück
schon gar nicht.

Er blickt ihr ins Gesicht. Sie schaut verklärt auf ihn,
als ob sie so etwas Schönes, Einmaliges und Wunderba-
res in ihrem Leben noch nie gesehen hätte.

Dann...fallen sie einander stumm in die Arme. Was
wären auch Worte in einem solchen Augenblick! Nichts
als Fußangeln der Gefühle...

Sie küsst wie trunken sein Gesicht, seine Augen,
Wangen, den Hals, um schließlich beim Mund, bei den
Lippen zu landen und dort lange zu verweilen...

Dann bricht sie unvermittelt in einen Tränenstrom
aus, haltlos und unbeherrschbar.

Er ist erschüttert.

„Was hast du, Liebste?" Er presst sie an sich, als ob er ihr dadurch helfen könnte, dieser gewaltsamen Tränenflut zu entkommen.

„Nichts, nichts...", stammelt sie, wobei sie am ganzen Körper zittert.

„Du weinst..." Mitleid für sie überwältigt ihn.

„Vor Glück...ob der tausend Gefahren, unter denen du hierhergekommen bist."

„Es war nicht so schlimm. Eigentlich ging es ganz leicht."

„Dein Steckbrief als unser Fluchthelfer ist in allen Händen. Ein einziger, der dich erkennt und ergreift...Ich wage nicht, daran zu denken, was dann wäre..." Ihr Körper wird vor Angst um ihn nur so geschüttelt.

„Beruhige dich, bitte beruhige dich!"

„Wie kann ich mich beruhigen? Doch du bist da, bei mir! Bitte, bitte verzeihe mir, dass ich weine..." Tränen ersticken ihre Stimme.

Wie zu einem Kinde spricht er besänftigende Worte zu ihr: „Es wird alles gut, alles gut..."

„Acht Monate haben wir uns seit dem letzten Abschied nicht mehr gesehen! Acht Monate grausamster Entfernung!"

„Ja, seit jenem Abschied bei der Poststation Bondy, im Morgengrauen..."

Da jubelt sie unvermittelt auf.

„Liebster...Du trägst ja jenen Ring, den ich dir im September durch Esterházy geschickt habe..." Abermals rinnen Tränen ihre Wangen hinab.

„Ja, diesen Ring mit den eingravierten Worten: ‚Feige, wer sie verlässt!' Nein ich verlasse dich nicht. Nie, hörst du, nie...nimmer!"

„Axel...Du als Einziger hast mich nicht verlassen! Neunzehn Liebhaber haben mir meine Feinde angedichtet, neunzehn...Und der Einzige, der mir treu geblieben ist, unser Fluchthelfer, der uns retten wollte unter Gefahr seines eigenen Lebens, dieser Einmalige..."

„Ach...", erwidert er, bis unter die Haarwurzeln errötend, „könnte mein Mund jetzt aussprechen, was ich fühle, bis ins innerste Mark meiner Seele fühle..."

„Ich weiß es auch so..."

„Da!" Er zieht aus der Brusttasche ein Papier hervor. „Es ist für dich. Was mein Herz nicht sagen kann, soll dieses Papier...an meiner Statt..." Er überreicht es ihr. Dabei wird sein Gesicht wie mit einem hellen Schimmer überzogen, so dass es wie verklärt wirkt.

„Ein Gedicht! Ein Sonett!" Sie jubelt auf. „Für mich? Von dir? Von dir..."

„Ich fand es in einem Gedichtband, als ob es für mich gedichtet worden wäre. Für mich...für dich..."

Sie wird blutrot im Gesicht. Ihre Hände zittern. Sie liest, während sich ihre Lippen unhörbar bewegen:

„Du bist mein Gestern, Heute und mein Morgen.
In Dir umspannt die Zeit sich wie ein Zelt.
Nie muß ich später sie vom Damals borgen,
da Du es mir zu Künftigem erwählt.

Du schufst mich reich. Lösch aus die Zeit,
daß Stunden nicht mehr Stunden sind.
Was war, was sein wird, ist gleich weit.
Das Glück schützt uns im stärksten Wind.

Begeisterung küßt Traum auf feine Stirnen
von Innigkeit, Bestand und Harmonie.
Der reinste Schnee liegt auf den höchsten Firnen.

Nur was sich jährt und jährt und altert nie,
ist wie die Kerze in der Nacht. Denn sie
strahlt schon durch weniges, fragt auch nicht,
wie..."

Sie lässt das Blatt sinken.
Stille. Tiefe Stille.

Sie blickt ihn lange an, als hätte sie ihn noch nie gesehen, jedenfalls noch nie derart, wie er heute vor ihr steht: verkleidet, mit heller Perücke, kein ganz junger Mann mehr.

„Dieser Dichter ist also dein Dolmetscher. Ist es so?"

„Ja, so ist es", erwidert er mit Ernst, der seinen Worten sehr viel Nachdruck verleiht.

„Du bist mein Gestern, Heute und mein Morgen, steht hier geschrieben. Mein Gestern, ja, ja...mein Heute, ja, tausendmal, milliardenmal ja, aber...mein Morgen? Wird es für uns denn überhaupt noch ein Morgen geben können?"

„Nach jedem Heute gibt es ein Morgen und ein Übermorgen und..."

„Für die Liebe gewiss! Doch in dieser Revolution, in der jede Stunde bereits einem Todesschiff gleicht, das jeden Augenblick an der wilden Brandung der Zeit zu zerbrechen droht..."

„Verborgen vor den Blicken der Welt, will ich unerkannt der Einzigen, die ich wirklich liebe..."

„Jetzt sprichst du es zum ersten Mal offen aus, dass du mich...liebst. Bisher warst du immer zu beherrscht, zu vernünftig, um deine Sehnsucht vor dir selber zuzulassen..."

„Rundherum um uns stürzt eine Welt zusammen. Lohnt es sich da noch, dem Herzen zu befehlen, zu schweigen, nichts als zu schweigen...?"

„Mein liebster Axel...warum nur, warum nur musste gerade ich, die österreichische Kaisertochter mit einem französischen Vater, der ein heißes Blut hatte, das er mir, seiner jüngsten Tochter, am meisten von allen meinen Geschwistern vererbte...?"

„Ja, man kann zusammengehören, auch wenn die Welt es nie und nimmer zuließe..."

„Ach! Warum musste das österreichisch-deutsche Kaisertum und dessen hohe Politik gerade mich mit dem französischen Thronfolger vermählen lassen?"

„Das Schicksal kann bisweilen sehr unnachgiebig sein, Antoinette!"

„Dabei war ich ein unaufgeklärtes, vierzehnjähriges Kind, und er, mein sogenannter Bräutigam, ein noch unreifer Knabe und kaum älter als ich. Wir hatten uns vor unserer durch die Weltpolitik erzwungenen Vermählung vorher nicht ein einziges Mal von Angesicht zu Angesicht gesehen."

„Dass es so etwas geben kann!"

„Unsere Heirat sollte endgültig den Frieden für ganz Europa bringen und für immer garantieren. Doch, was ist daraus geworden? Der König, unsere Kinder und ich, wir sind heute praktisch Gefangene. Vielleicht wird man uns eines Tages ermorden."

„Antoinette...ihr müsst fliehen, ihr müsst unbedingt fliehen. Diesmals wird es, diesmal muss es einfach gelingen..."

„Der König hat keine Entschlusskraft mehr. Er ist nur noch ein Schatten seiner selbst. Das fortdauernde Unglück hat seine Kräfte aufgebraucht."

„Er dürfte sehr schwache Nerven haben."

„Mit ausdruckslosen Augen starrt er oft stundenlang vor sich hin. Er ist physisch und seelisch gebrochen. Es vergehen in der letzten Zeit oft zwei, drei Wochen, ohne dass er ein einziges Wort spricht. Und das, obwohl er doch erst 38 Jahre alt wird."

„Wie bewundere ich dich! Wie ein tapferer Wachtposten stehst du auf höchst gefährlichem Boden, auf welchen dich deine Hingabe für die Familie gestellt hat."

„Ich besitze wohl den Mut meiner Mutter, der großen Kaiserin Maria Theresia, aber leider nicht ihren hohen Geist. Durch mangelnde Erziehung, die zu früh nach meiner Vermählung abgebrochen wurde, war ich unvorbereitet, diplomatische Kämpfe aufzunehmen. Doch um meiner Kinder willen muss ich in dieser peinlichen und schrecklichen Stellung ausharren."

„Du bist so bewunderungswürdig, obwohl du derart infam verleumdet wirst wie keine Frau jemals in der Weltgeschichte."

„Die Jakobiner fürchten, dass nach der Unterzeichnung der Verfassung durch den König die Revolution einschlafen könnte. Rettung für uns kann daher nur vom Ausland kommen. Denn von der neuen Legislative ist keine Stütze für uns zu erwarten. Das Volk ist im Grunde immer für uns gewesen. Aber es wird von den jetzigen Volkstyrannen getäuscht und gegen uns aufgehetzt."

„Du musst unbedingt fliehen! Jeder von euch einzeln, anders geht es unter den jetzigen Umständen nicht mehr. Ich bin ja auch unbemerkt zu dir gekommen, so könntest auch du unbemerkt..."

„Mein allerliebster Freund! Es ist zu spät, zu spät..."

„Liebst du mich noch, meine teuerste Königin? Um deines Ringes willen, den du mir vor fünf Monaten geschickt hast, und den ich seither stets an meinem Finger trage und tragen werde bis zu meinem letzten Augenblick..."

„Ja, der Ring mit den eingravierten Worten: ‚Feige, wer sie verlässt!'"

„Ich verlasse dich nicht, niemals, niemals, nie!" Er springt erregt auf und schleudert seine blonde Perücke in eine Ecke.

Schritte werden von außen hörbar, schwere Schritte mit schweren Stiefeln.

„Was ist das?", flüstert er heiser.

„Es ist der Wachtposten vor meinem Appartement."

„Ich muss fort! Ich komme morgen wieder, um die gleiche Zeit..."

„Es ist zu gefährlich. Abends wird die Wache verdoppelt. Axel...Du musst hierbleiben bis zum Morgen."

# Nach dieser Nacht

,Einmal wird die Stunde schlagen
Dir und mir wie Grabgeläut.
Welche Worte wirst Du sagen:
Morgen, jemals oder heut?'
(Robert Widl, Gedichte)

Axel bleibt bei ihr, unentdeckt...allein mit ihr...bis anderntags um sechs Uhr abends, denn erst da betritt Ludwig das Appartement seiner Frau, das ebenerdig gelegen ist und nicht mehr als ein Schlafzimmer und einen winzigen Toilettenraum enthält. Das Appartement des Königs befindet sich dagegen im ersten Stock des weitläufigen Palastes.

Ludwig ist von der Anwesenheit Fersens, den sein König Gustav III. mit zwei Briefen hergeschickt hat, unterrichtet worden.

„Graf Fersen", spricht er ihn an, „was schreibt mein lieber Vetter Gustav?"

„Darf ich Eurer Majestät die beiden Handschreiben überreichen?"

Ludwig nimmt die Briefe entgegen und vertieft sich in deren Inhalt.

„Ihr König", sagt er bald darauf zu Fersen, „rät mir zur Flucht; einzeln, jeder von uns für sich allein! Wie stellt er sich das vor? Er kennt nicht die strenge Bewachung, der wir alle unterliegen. Ich wundere mich übrigens, wie Sie so unbehelligt in das Appartement der Königin gelangen konnten."

„Baron Goguelat ermöglichte dies."

„Ein mutiger Mann! Also...ich kann nicht fliehen. Könnte ich mich etwa ganz allein, verkleidet, aus dem Staub machen? Und meine Kinder? Und die Königin? Oder meine Schwester, Madame Elisabeth? Wie, wenn man die Kinder auf der Flucht, gänzlich ohne Schutz, ermordete? Und die Königin? Vielleicht allein, auf der Landstraße? Nein, nein, wir können nicht fliehen! Ausgeschlossen, ganz und gar ausgeschlossen! Am 14. Juli 1789, nach dem Sturm auf die Bastille, ja da wäre es vielleicht noch machbar gewesen, bestimmt sogar! Doch jetzt...jetzt ist es zu spät."

„Mein König meint, es ist die einzige Möglichkeit, sich dem derzeitigen Terror zu entziehen, da durch den Einzug des vierten Standes in die Legislative die Gemäßigten die Mehrheit leider verloren haben..."

„Ich weiß, lieber Graf Fersen, ich weiß. Außerdem...ich habe der Nationalversammlung versprochen, Paris nicht zu verlassen..."

„Majestät sind ein Mann von Wort, korrekt bis in die Knochen, wer wüsste das nicht!", ruft Fersen begeistert aus. „Doch...was nützt ein gegebenes Wort gegenüber Deputierten der radikalen Linken, die sich jetzt keinen Deut um ein Wort ihres Königs scheren, die letzten Endes nur die Abschaffung der Monarchie im Auge haben und sonst nichts..."

„Ich kann nicht fliehen, ich kann nicht...", murmelt Ludwig und wirkt irgendwie verstört.

„Resignation wäre das Schlimmste in dieser Situation!", fährt Fersen mit Nachdruck fort.

„Sie sind ein freier Mann voller Hoffnung und Mut. Ich bin leider nicht wie Sie, lieber Fersen, leider..." Ludwigs Blick streift prüfend die neben dem Schweden stehende Antoinette.

„Majestät haben noch ergebene Freunde in Paris."

„Ach, mein Freund", erwidert Ludwig traurig, „ich weiß, dass man mir Schwäche und Unentschlossenheit nachsagt, aber kein Monarch befand sich jemals in einer solchen aussichtslosen Lage wie ich. Seinerzeit, bei meiner Thronbesteigung, hoffte man, ich würde ein zweiter Heinrich IV. werden. Dieser versprach nämlich dem Volk, dafür zu sorgen, dass jeder Franzose sonntags sein Huhn im Kochtopf haben werde. Dasselbe erhoffte man sich seinerzeit auch von mir. Aber das Volk liebte mich kaum jemals so wie ihn."

„Und dennoch traf den damals 57-jährigen König im Jahre 1610 der Dolch seines Mörders Ravaillac. Die Liebe des Volkes kann eben sehr wandelbar sein, Majestät."

„Wer wüsste das nicht mit mehr bitterer Erfahrung als ich, mein Freund? Ich hoffte immer, aus der Geschichte lernen zu können, deren eifriger Schüler ich sein wollte. Ich studierte die wechselvollen Schicksale der Weltgeschichte wie kein anderer vor mir. Ich vertiefte mich eingehend in das Leben Karls I. von Großbritannien, der unter Ausschaltung der Parlamente absolut regieren wollte und von Cromwell deswegen hingerichtet wurde. Daraus zog ich die Lehre, dass man nicht gegen das Volk regieren darf. Daher hörte ich stets auf die Stimme des Volkes, berief die Nationalstände ein und billigte die Beschlüsse des Parlaments. Ich gab nach, als der dritte Stand mit seinen 621 Deputierten sich zur Nationalversammlung erklärte und La Fayette eine Bürgerwehr zum Schutz des Parlaments errichtete. Meine Natur war stets auf Einlenken ausgerichtet, auf Vermitteln und Einlenken, ja nur darauf..."

„Doch die verhetzten französischen Massen warfen sich aufs Stadthaus, stahlen dort die Waffen und zerstörten damit die Bastille."

„Und ich gab nach, gab wie immer nach und bestrafte niemanden. Ich ließ mich mit meiner Familie willig von Versailles nach Paris schleppen und hoffte noch immer, man werde anerkennen, dass ich stets einen Bürgerkrieg vermeiden wollte und deshalb nachgab...immer nachgab..."

„Pardon, Majestät, aber man hätte gegen die aufgeputschten Massen energischer durchgreifen müssen, man hätte..."

„Sehr richtig", pflichtet Antoinette bei.

„Ich bin praktizierender Christ, mein Lieber", spricht Ludwig leise weiter. „Hätte ich in dieses brodelnde Pulverfass noch zusätzlich Feuer werfen sollen? Schlägt man dich auf die eine Wange, halte auch die andere hin! Predigte nicht so Christus?"

„Notwehr ist auch den Christen erlaubt, Majestät. Notwehr zum Schutz der Familie, aller braven Patrioten des Reiches..."

„Zugegeben, ich habe Fehler gemacht, lieber Graf. Aber stets war ich vom besten Willen beseelt..."

„Ich darf also König Gustav III. nichts anderes mitteilen als...?", fragt Fersen und blickt Ludwig fest ins Gesicht.

„Sie haben sich leider unnötig in große Lebensgefahr gebracht, mein Lieber!"

Ludwig reicht dem Schweden zum Abschied die Hand. „Und was werden Sie jetzt tun?"

„Ich reise nach Tours und Orléans weiter und werde mich dort so verhalten, als wollte ich nach Portugal fahren, dann jedoch rasch umkehren und mich nach Belgien absetzen."

„Bestellen Sie bitte Ihrem Souverän meinen und der Königin wärmsten Dank! Gute Reise, Graf Fersen, und auf Wiedersehen ... vielleicht ... irgendeinmal ... Au revoir!" Hastig verlässt Ludwig das Appartement seiner Frau. Es ist neun Uhr dreißig abends.

Bis Mitternacht dieses Tages: es ist der 14. Februar 1792, bleibt Axel bei Antoinette.

Gibt es noch Worte für einen Abschied unter solchen Umständen?

„Feige, wer sie verlässt!" Diese in Antoinettes Goldring eingravierten Worte brennen unter dem Finger seiner Hand.

„Der Abschied...unser Abschied ist nicht länger hinauszuschieben", setzt er jetzt zaghaft an.

„Ja, du musst gehen...Jeden Augenblick kann man dich hier entdecken." Auf ihren Wangen brennen rote Flecken. „Die Zeit entgleitet uns so schnell! Man müsste sie anhalten können."

„Das kann leider niemand, nicht einmal der mächtigste König!"

„Und er", flüstert Antoinette fast unhörbar, „hat keine Macht mehr. Keinen Funken Macht mehr."

„Er ist zu gut für den Thron Frankreichs."

„Ja, er wäre ein edler Priesterkönig geworden, zu anderen Zeiten, in einem anderen Land."

„Sprechen wir nicht mehr von ihm, sprechen wir von dir, Geliebte!" Er zieht sie mit sich hinaus auf den dunklen, kleinen Vorraum.

„Hier, Antoinette, ist mein weiter, schwarzer Mantel!"

„Was willst du damit sagen, Axel?"

„Ich hülle dich in diesen Mantel ein, diese meine Perücke stülpe ich über dein Haar, und niemand wird erkennen, wer du wirklich bist."

„Axel...Axel, du machst Scherze."

„Mit diesem Schlüssel sind wir in wenigen Sekunden im Freien. Und du...bist gerettet aus dieser Hölle."

„Und die Kinder? Und der König?" Von weitem sind harte Schritte zu hören.

Antoinette öffnet die Tür und gibt Axel einen leichten Stoß nach vorn. Sie selbst flieht in ihr Appartement zurück.

Dann hört sie die kleine, im Dunkeln liegende Tür des einsamen Korridors leise zugehn. Unhörbar leise.

War das der große Abschied?

Keine bewegenden Worte mehr? Keine zärtlichen Umarmungen? Kein Versprechen eines baldigen Wiedersehens oder wenigstens eines Wiedersehens in ferner Zeit? Nichts von allem, nichts?

Haben sie sich vielleicht zum letzten Mal gesehen?

Fersen gelingt es, ungehindert nach Stockholm zurückzukehren. Sein Bericht bestärkt Gustav III. abermals, die Sache Ludwigs und Antoinettes nicht aufzugeben. Er wirkt so nachdrücklich auf Leopold II. ein, seine Schwester in Paris nicht im Stich zu lassen, er macht soviel Druck auf die öffentliche Meinung, dass sich Leopold gezwungen sieht, ein Verteidigungsbündnis mit Preußen zu unterzeichnen, das in Wahrheit gegen Paris und dessen Revolutionsarmee gerichtet ist.

Da jedoch...am 1. März 1792, stirbt plötzlich und völlig unerwartet Leopold II., nur 45 Jahre alt. Doch dieser für Antoinette schwere Schicksalsschlag ist noch nicht genug... Zwei Wochen später wird Gustav III. auf einem Maskenball in Stockholm von einer Kugel seines adeligen Mörders Ankarström tödlich getroffen. Sterbend sagt er:

„Das ist eine Kugel, welche die Jakobiner in Paris erfreuen wird!"

Durch diese beiden, rasch aufeinander folgenden Todesfälle erhalten die radikalen Linken in der Pariser Legislative mächtigen Auftrieb. Um einen drohenden Bürgerkrieg zu vermeiden, da sich die gemäßigten Girondisten, das sind die Bürgerlichen, durch den zunehmenden Terror des vierten Standes lebensgefährlich bedroht fühlen, gehen diese Deputierten des dritten Standes in die Offensive.

Denn es ist in der Weltgeschichte wie ein Naturgesetz: Wenn sich innere Krisen nicht mehr beherrschen lassen, werden diese politisch nach außen abgeleitet. Wie? Indem man unversehens... einen Krieg vom Zaun bricht.

# Die Marseillaise

„Allons, enfants de la patrie,
le jour de gloire est arrivé"...
(Auf, ihr Jugend des Vaterlandes!
Der Tag unseres Ruhms ist angebrochen...
Claude Rouget de Lisle: Anfang der Marseillaise,
Hymne der Französischen Revolution.)

Als am 1. Oktober 1791 die sogenannte Legislative zusammentrat, gab es nur noch Deputierte des dritten und doppelt so viele des vierten Standes der Besitzlosen und Arbeitslosen. Denn der erste Stand der ehemaligen Nationalversammlung von 1789 existierte seit der Abschaffung des Adels, also seit Juni 1790 nicht mehr. Und der zweite Stand mit seinen vormals 50 Geistlichen? Der romtreue Teil derselben ist als „Hochverräter" und Staatsfeind aus der neuen Nationalversammlung ausgeschlossen, und der restliche Teil, das sind jene Priester, die den Eid auf die Verfassung abgelegt haben, hat sich inzwischen in der dritten Stand der Bürgerlichen, der Gemäßigten eingereiht. Durch den Terror des aufgestachelten Pöbels aus den Vorstädten von Paris sowie durch skrupellose Wahlmanipulationen des 33-jährigen Advokaten Robespierre erhält der vierte Stand, das sind die radikalen Linken, ein beträchtliches Übergewicht in der neuen Nationalversammlung.

Die gemäßigten Bürgerlichen des dritten Standes, die Girondisten, werden sofort vom vierten Stand derart in die Enge getrieben, dass sie nur einen einzigen Ausweg aus dieser Sackgasse durch einen politischen Sprung nach vorne sehen. Das aber ist in ihren Augen eine Umlenkung des innenpolitischen Terrors des vierten Standes in eine hochaktive Außenpolitik. Das heißt in diesem Fall: der Nachfolger Leopolds II., sein 24-jähriger Sohn Franz II. wird aufgefordert, seine Mobilmachung an der Ostgrenze Frankreichs rückgängig zu machen. Da sich der neue, unerfahrene Kaiser weigert, dies durchführen zu lassen, nötigen die Girondisten Ludwig XVI., dem jungen Neffen seiner Frau den Krieg zu erklären.

Ludwig erfasst sofort das Zweischneidige dieser dadurch entstandenen Situation.

Siegen nämlich die Armeen des Kaisers, der mit ihm verbündeten Könige und der Emigranten von Koblenz und Trier, das heißt, der geflohenen Brüder Ludwigs, so wird das revolutionäre Frankreich nicht länger den „Tyrannen" als Staatsoberhaupt dulden. Ist es jedoch umgekehrt, wird man mit den „Gefangenen in den Tuilerien" kurzen Prozess machen. Ob so oder so...Siegen die Revolutionäre, so verliert das Königspaar den Thron, wenn nicht mehr...Siegen die ausländischen Mächte, so verlieren Antoinette und Ludwig ganz sicher sogar ihr Leben.

Am 20. April 1792 gibt es für den Schattenkönig Ludwig kein weiteres Zögern mehr. Er muss dem „König von Ungarn", das ist Franz II. auch, den Krieg erklären: „Mit Tränen in den Augen", wie Augenzeugen berichten.

Sofort streuen die Scharfmacher in der Nationalversammlung aus, dass Antoinette als Österreicherin den Sieg der Heere ihres Neffen Franz II. betreibe und damit die Niederlage der Franzosen, deren Königin sie doch ist.

Noch einmal werden die Memoiren der Jeanne de la Motte, die vor einem halben Jahr fünfunddreißigjährig in England gestorben ist, in tausend Exemplaren auf dem Pariser Buchmarkt zu Billigpreisen feilgeboten. Jene Memoiren, in denen die Betrügerin, die in Wahrheit das sündteure Halsband besitzen wollte, behauptet, Kardinal Rohan sei der Liebhaber Antoinettes gewesen und sie selbst sei von Antoinette zur lesbischen Liebe mit ihr gezwungen worden. Natürlich wird auch das geglaubt, weil mit großem Propagandaaufwand den Arbeitslosen und Besitzlosen serviert. Daher sind sie überzeugt, es wird schon etwas Wahres an der Geschichte sein, da diese Österreicherin ja so verderbt ist, als Königin den Untergang Frankreichs zu wünschen und dafür zu inspirieren und zu intrigieren.

Fünf Tage nach dieser Kriegserklärung an Österreich und Preußen wird ein Lied benannt nach der südfranzösischen Hafenstadt Marseille, dem größten Seehafen Frankreichs. Und das kommt so:

In Straßburg wird am 25. April 1792 durch französische Stafetten die Nachricht der erfolgten Kriegserklärung bekannt. Der Bürgermeister der Stadt, Baron Friedrich Dietrich, ein Anhänger der Revolution, versammelt in seinem Haus auf der Place de Broglie die Offiziere der Garnison zu einem Abschiedsfest. Mit an der Tafel sitzt der 32-jährige Kapitän Rouget de Lisle, der vor einem halben Jahr anlässlich der Annahme der neuen Verfassung eine Hymne an die Freiheit gedichtet hat, die der Regimentsmusiker Pleyel vertonte. Da fragt jetzt Baron Dietrich unvermittelt Rouget, ob er nicht ein Kriegslied für die Rheinarmee dichten könne, die anderntags gegen den Feind abmarschieren wird.

„Ich will es versuchen", verspricht Rouget unter dem Einfluss des genossenen Weines. Rouget eilt sofort in sein Quartier in der Grande Rue Nr. 126 und wartet auf den dichterischen Kuss der dafür kompetenten Muse.

Von der mitternächtlichen Straße dringen beschwingte Rufe herauf: „Aux armes" (Zu den Waffen!) und „Ecrasons la Tyrannie" (Lasst uns die Tyrannei vernichten!).

Rouget nimmt seine Geige aus dem Schrank, probiert erste Takte zu den hereindringenden Rufen von der Straße. Der Rhythmus der aufmunternden Worte von unten verbindet sich rasch mit dem Rhythmus der Geige, der aufgeregten Sinne der Seele Rougets, der patriotischen Begeisterung seines Herzens.

Wie aus einem Guss wird solcher Art ein Lied geboren, ein Lied von Freiheit und Vaterlandsliebe, ein hinreißender Gesang mit fünf Strophen.

Am Morgen eilt Rouget mit dem neuen Lied zu Dietrich, der es sofort am Klavier herunterspielt. Abends singt es der Bürgermeister mit seiner Tenorstimme sofort seinen Gästen im Salon vor. Seine Frau arrangierte vorher noch rasch die Partitur für Klavier und einige andere Instrumente.

Vier Tage später spielt das Musikkorps der Straßburger Nationalgarde bereits beim Abmarsch der Truppe diesen neuen Marsch, von dem unverzüglich Abschriften angefertigt und nach allen Seiten versendet werden.

Eine Kopie davon gelangt irgendwie in die Hände des Musikstudenten Mireur von der Universität Montpellier. Er überbringt persönlich diese Kopie am 22. Juni 1792 dem Klub der Verfassungsfreunde in Marseille. An langer Tafel sitzen dort fünfhundert junge, begeisterte Soldaten in ihren neuen Uniformen der Nationalgarde. Sofort greifen jene den Text, die Melodie dieses Liedes auf und singen es begeistert mit. Anderntags ist die Melodie auf tausenden Lippen in Marseille. Dieses Lied wird in Windeseile zur Hymne der Revolution, und damit zur...Marseillaise.

Am 30. Juni 1792 zieht das Bataillon von Marseille in Paris ein...mit dieser Hymne auf den enthusiasmierten Lippen.

Der Siegeslauf dieser Hymne, der Marseillaise, ist nun nicht mehr aufzuhalten. In allen revolutionären Klubs, in den Theatern, in den Kirchen der von Rom abgefallenen Priester, überall wird die Marseillaise als zündender, mitreißender Schlachtruf gesungen und nachempfunden. Die Marseillaise wird unverzüglich zum Einpeitscher jeglicher revolutionärer Aktivitäten. Der Text von der „liberté chérie", der geliebten Freiheit, wird augenblicks zum Schlagwort des vierten Standes, zum geflügelten Wort, zum Synonym schlagkräftiger Durchsetzung aller „berechtigten" Forderungen der Revolution, die nur ja nicht einschlafen darf, die fortgeführt werden muss bis zum endgültigen Sieg!

Diese Revolution, die vor drei Jahren ohne Programm angetreten ist, die seit drei Jahren praktisch ohne diesen Schattenkönig ungehemmt regiert und bisher nichts anderes zustandegebracht hat, als das ursprüngliche „Staatsdefizit des Königs" von sage und schreibe 800 Millionen sprunghaft auf *4 Milliarden* gigantisch zu erhöhen, diese Revolution, die, statt die angeprangerte bisherige Arbeitslosigkeit abzubauen, diese nur in astronomische Ausmaße dadurch erhöhte, dass die Großgrundbesitzer, die Bankiers und Großkaufleute vertrieben und damit das Geld, der eigentliche Motor zur Ankurbelung einer erstrebten Vollbeschäftigung, fluchtartig aus Frankreich hinausgejagt wurde... diese Revolution hat nun einen ersten echten „Erfolg" aufzuweisen, einen mitreißenden Revolutionsgesang, die melodische Stimme der Revolution, die Melodie des Volkes, das Kriegslied der französischen Rheinarmee.

Mit diesem rauschhaften Siegesgesang wird das Heer der Arbeitslosen in den Vorstädten von Paris machtvoll aufgepeitscht.

Der Pariser Pöbel und die fünfhundert jungen Marseiller in ihren schmucken Uniformen mit der Marseillaise auf den Lippen mobilisieren die Bewohner der Hauptstadt, um ihnen gehörig Schwung für die Revolution beizubringen, die doch immer wieder zu erlahmen droht.

# Die Sturmglocken

„Kommen Sie zu mir! Noch nie hatte ich den Trost der Religion so nötig wie jetzt. Ich bin mit den Menschen fertig; jetzt vertraue ich auf den Himmel. Für morgen werden Katastrophen vorhergesagt: ich werde gefasst sein..."
(Brief Ludwigs XVI. vom 19. Juni 1792 an seinen Beichtvater Bruder Hébert).

Am 19. Juni 1792 legt Ludwig XVI. gegen das Deportationsdekret sein Veto ein, dieses Dekret der Nationalversammlung, wonach romtreue Priester nach Guyana verbannt werden sollten, einer französischen Kolonie, in der Lepra und Malaria wüten und von wo keiner mehr lebend zurückkehren kann.

Ludwigs Außenminister Charles Dumouriez, früher glühender Jakobiner, jetzt gemäßigter Girondist, bittet Ludwig inständig, sein Veto zurückzunehmen.

„Wenn Sie die öffentliche Ruhe und Ordnung nicht schwer erschüttern wollen", sagt er zu Ludwig, „so müssen Sie dieses Veto aufheben."

„Ich bin Christ und als solcher nicht imstande, dieses Dekret zu unterfertigen."

„Ich beschöre Sie, meinem Rat zu folgen! Die Geistlichkeit hat sich doch sehr beim Volk unbeliebt gemacht. Das geht weit zurück bis hin zu jener Halsbandaffäre rund um Kardinal Rohan."

„Hören Sie! Ich betrachte die Prüfungen, die mir der Himmel geschickt hat, als eine Strafe dafür, dass ich die ersten Kirchengesetze zu Weihnachten 1790 sanktioniert habe. Ich bin daher jetzt fest entschlossen, mich nicht mehr einer ähnlichen Sünde schuldig zu machen."

„Wenn Sie dieses Dekret nicht unterschreiben, prophezeie ich Ihnen allen Ernstes, dass das Volk Sie sowie die Königin und die Kinder schwer bestrafen wird."

„Ich bin auf den Tod vorbereitet", erwidert Ludwig. „Als Christ vergebe ich allen im voraus."

„Dann muss ich, so leid es mir tut, meine Demission einreichen. Ich kann Ihre Unterschriftsverweigerung als Ihr Minister nicht mittragen."

„Das bedaure ich zutiefst, denn Sie sind ein anständiger Mann und aufrechter Patriot. Und Ihre persönliche Zukunft? Was werden Sie tun?"

„Ich verlasse umgehend Paris und kehre als General zur Armee zurück."

„So gehen Sie mit Gottes Segen!"

Die Delegierten des vierten Standes, die Revolutionäre des linksradikalen Jakobinerklubs, haben schon sein längerem einen Aufruhr vorbereitet.

Der Rücktritt von Dumouriez bietet ihnen jetzt einen willkommenen Vorwand hierfür. Sie lassen sofort die Sturmglocken von Paris läuten. Sie trommeln durch ihre bereits sehr geübten Einpeitscher das Proletariat der Vorstädte rasch zusammen.

Die radikalen politischen Klubs bewaffnen diese frustrierte Menge mit Piken, Stangen und Gewehren. Die solcherart Bewaffneten ziehen lärmend zu den Tuilerien, um dem Schattenkönig mit den schwachen Nerven, der das Dekret zur Bestrafung der romtreuen Geistlichkeit nicht unterzeichnen will, endgültig zu zeigen, wo es tatsächlich langgeht.

Der friedliche Ludwig XVI. vertraut dem neuen Bürgermeister von Paris, Jérome Pétion, der ihm in die Hand versprach, für die Aufrechterhaltung von Ruhe und Ordnung in Paris zu sorgen. Ludwig vertraut auch der Nationalgarde, die das Schloss bewacht.

Doch das Wutgeheul der Massen kommt immer näher und näher. Schon werden Türen krachend aufgesprengt. Palastangestellte flüchten von allen Seiten herbei...zum König. Da eilt dieser furchtlos dem Lärm entgegen.

„Was habe ich mitten unter meinem Volk zu fürchten?", fragt er, indem er den Herbeistürmenden entgegentritt.

Da eilt ihm seine jüngste Schwester, die 28-jährige Madame Elisabeth entgegen.

„Das ist die Österreicherin!", schreien die verhetzten Menschen und wollen schon auf sie einschlagen. Doch die wachhabenden Offiziere sagen ihnen, wer sie wirklich ist. Da lassen sie von ihr ab.

„Ach!", erwidert Elisabeth den Offizieren, „lasst sie glauben, dass ich die Königin bin. Indem ich an ihrer Statt sterbe, könnte ich sie vielleicht retten."

Da stellen sich herbeigeeilte Aristokraten mit gezogenen Degen zwischen Ludwig und die Massen.

„Steckt die Degen in die Scheide!"; befiehlt ihnen Ludwig, „diese Leute sind nur irregeleitet und daher nicht schuldig!"

Höhnisches Geschrei der Eindringlinge schlägt ihm darauf entgegen. Diese schwingen Transparente mit Aufschriften wie: „Tod dem Tyrannen!"....„Tod der österreichischen Hure!"

Sie schwenken kleine Guillotinen aus Holz vor den Augen und über dem Kopf des Schattenkönigs. Man zwingt ihn, eine rote Wollhaube aufzusetzen, jene phrygische Jakobinermütze, die seit kurzem als Freiheitssymbol von den linksradikalen Jakobinern getragen wird und einst die Kopfbedeckung der Galeerensträflinge war.

Ein Soldat reicht ihm eine gefüllte Flasche. „Trink, Genosse König, trink!"

„Auf das Wohl des Volkes!", ruft Ludwig und macht einige Schlucke aus der Flasche.

„Jetzt bist du mein Kumpel!", ruft der Soldat übermütig.

„Ja, ich bin euer aller Kumpel!", darauf Ludwig. Augenblicklich stimmt seine Unerschrockenheit und seine zur Schau gestellte Volksverbundenheit die aufgehetzten Eindringlinge um.

„Es lebe der König!", rufen sie wie im Chor.

Mittlerweile war Antoinette, vom Lärm aufgeschreckt, mit ihren Kindern in den Ratssaal gelangt. Sie will zum König, doch man hindert sie daran.

„Lasst mich! Hindert mich nicht! Mein Platz ist an der Seite des Königs!"

„Nein", darauf eine Stimme aus der Umgebung, „Ihr Platz ist an der Seite Ihrer Kinder."

Da dringt schon Antoine Santerre, ein Bierbrauer und jetzt ein militärischer Anführer der Revolutionäre, mit der Menge in den Ratssaal ein.

„Macht Platz!", schreit er, „damit das Volk die Königin sehen kann!"

Die grausame Prozession der Eindringlinge beginnt. Einer hält eine Rute empor mit der Aufschrift: „Für Marie Antoinette!". Ein anderer trägt eine Galgennachbildung, an der eine Puppe baumelt. Darunter steht: „An die Laterne mit Antoinette!". Wieder ein anderer eine Guillotine mit der Beschriftung: „Nieder mit Veto (dem König) und seinem Weib!"

Santerre, der diesen grauenhaften Zug dirigiert, sagt zu Antoinette:

„Madame, man hat Sie betrogen. Das Volk will Ihnen nichts Böses antun. Wenn Sie es wollen, würden Sie jeden einzelnen von uns dahinbringen, Sie ebenso sehr zu lieben, wie man dieses Kind liebt." Dabei zeigt er auf den neben ihr stehenden, siebenjährigen Kronprinzen, den Dauphin Louis.

„Seht her!", ruft Santerre immer wieder den neuen Eindringlingen zu, „das ist die Königin! Und neben ihr steht der Dauphin!"

„Wenn Sie das Volk lieben", meint ein unheimlich aussehender, ungepflegter Mann zu Antoinette, „dann setzen Sie diese rote Mütze auf den Kopf Ihres Sohnes!"

Antoinette setzt die schwere Wollmütze dem Kleinen auf. Nach einer Weile rinnt dem Kind der Schweiß von seinem zarten Gesicht herab.

„Nehmt ihm die Mütze ab!", befiehlt Santerre. „Ihr seht ja, das Kind ist dem Ersticken nahe."

Da fühlen die Männer eine Regung des Mitleids in sich und verstummen. Doch die mitgekommenen Frauen aus den Niederungen des Vorstadt-Volkes von Paris hören mit ihren Hasstiraden nicht auf. Vor den Ohren der beiden Königskinder stoßen sie die schmutzigsten Redensarten aus, höchst obszöne Worte, die Antoinette bald die Schamröte in die Wangen treiben und sie bald darauf wieder erbleichen lassen.

Ein junges, weißgekleidetes Mädchen treibt es diesbezüglich am ärgsten.

„Sie sind ein Ungeheuer!", schreit sie Antoinette an. „Wir werden Sie aufhängen, ja...aufhängen...das ist das einzige Mittel, um die abscheuliche Österreicherin endlich loszuwerden!"

„Warum hassen Sie mich?", fragt Antoinette diese. „Habe ich Sie jemals gekränkt oder Ihnen jemals etwas Böses getan?"

„Nein", antwortet die Jüngere, „mir nicht! Aber über das Volk haben Sie Unglück gebracht!"

„Armes Kind", antwortet Antoinette, „das hat man Sie glauben gemacht. Ich bin die Frau des Königs. Ich bin die Mutter des Thronfolgers. Ich bin Französin, seitdem ich mit vierzehn Jahren hierher geschickt wurde. Ich werde mein Vaterland nie mehr wiedersehen. Ich kann daher nur in Frankreich glücklich oder unglücklich sein. Ich war glücklich, als ihr mich noch liebtet."

„Verzeihen Sie mir", erwidert das Mädchen, „ich sehe, Sie sind gut."

„Die Kleine ist betrunken", sagt Santerre. Er befiehlt ihr, mit den anderen den Saal zu verlassen.

Endlich...um halb neun Uhr abends ist der grauenhafte Spuk zu Ende. Die Qual der Königsfamilie hat sage und schreibe fünf Stunden gedauert.

Nun kann Antoinette endlich zum König eilen. Jetzt versagen ihr die aufgeputschten Nerven den Dienst.

Antoinette wirft sich Ludwig zu Füßen und bricht in ein herzzerreißendes Geschrei aus. Ihr leichenblasses Gesicht, ihre zitternde Gestalt, ihr Tränenausbruch rühren die Anwesenden.

Ungerührt sagt jedoch ein Deputierter des vierten Standes zu ihr:

„Gestehen Sie, Madame, Sie hatten gehörig Angst!"

„Nicht um meinetwillen", erwidert sie, „aber ich litt sehr über der Ungewissheit, ob man dem König vielleicht ein Leid zufügt."

„Ich will nicht alles entschuldigen", darauf der Deputierte, „aber Sie müssen zugeben, dass das Volk sich gutmütig benommen hat."

„Der König und ich sind von der natürlichen Gutherzigkeit des Volkes überzeugt. Denn das Volk selbst ist ja nicht böse, aber irregeleitet und völlig falsch informiert."

„Wie alt ist das Fräulein?" Der Mann zeigt auf die Königstochter Marie Thérèse.

„Vierzehn. Meine Tochter ist in einem Alter, in dem man nur allzu sehr das Abscheuliche solcher Vorgänge empfindet."

Der Deputierte Merlin de Thionville, ein glühender Republikaner, steht daneben. Jetzt kann er seine Tränen nicht mehr zurückhalten.

Antoinette wendet sich ihm zu.

„Monsieur, Sie weinen, den König und seine Familie so grausam behandelt zu sehen von einem Volk, das er stets glücklich machen wollte...nichts als glücklich machen..."

„Ja, ja...ich weine", nun Merlin, „ich gestehe es: ich weine über das Unglück einer schönen, warmherzigen Frau und Mutter. Aber täuschen Sie sich nicht! Nicht eine einzige meiner Tränen gilt dem König und der Königin. Ich hasse nämlich...Könige und Königinnen. Wirklich, ich hasse sie!"

Nach jenem 20. Juni 1792 merken die Revolutionäre, wie schnell das einfache Volk besänftigt ist, war es auch noch so aufgehetzt, wenn es einmal Gelegenheit hat, mit der Königsfamilie persönlich ins Gespräch zu kommen.

Denn der natürliche, gutmütige Volkskönig, der mit den ärmsten Leuten wie mit seinesgleichen spricht, und seine liebenswürdige, herzliche Frau gewinnen mit ihrer leutseligen Art die Herzen der einfachen Menschen im Sturm.

Aber die Revolutionäre des vierten Standes und deren Anführer vor allen fürchten nichts so sehr, als dass die Revolution versanden und letzten Endes alles beim Alten bleiben könnte. Daher schüren sie ständig aufs Neue den Hass der Pariser Vorstädte gegen das Königspaar. Große Plakate werden an den Straßenecken angeschlagen, auf denen Ludwig dargestellt wird als „der falsche König, der nur darauf aus ist, jegliche Verräterei zu begehen" und Antoinette als „die Österreicherin, die den Untergang Frankreichs betreibt".

Nun rücken die ausländischen Heere den Grenzen Frankreichs immer näher. Das gibt Antoinette neue Hoffnung.

„Wenn der Mond das nächste Mal scheint", sagt sie zu ihrer Kammerfrau Louise Campan, „werden wir befreit sein. Ich kenne den Schlachtplan der Alliierten. Eines Tages werden diese in Verdun eintreffen, dann in Lille..."

Doch bis dahin schwindet nicht die Unruhe aus Antoinettes Herzen.

„Der König ist nicht feige", äußert sie sich mehrmals. „Er besitzt sogar sehr viel Mut. Aber eine bisweilen unpassende Verlegenheit drückt ihn nieder, ein Misstrauen gegen sich selbst, das gleichermaßen eine Folge seiner unvollkommenen Erziehung wie auch seines Charakters selbst ist. So fürchtet er sich davor, zu einer größeren Versammlung zu sprechen. Bis zu seinem zwanzigsten Lebensjahr lebte er ängstlich unter den Augen Ludwigs XV. Dieser Zwang hat seine angeborene Zurückhaltung vermehrt. Unter den Umständen, unter denen wir derzeit leben, würden einige zündende Worte an die Bevölkerung von Paris unsere Anhänger hundertfach verstärken. Aber der König wird solche Worte niemals sprechen können."

„Könnten Sie sich nicht selbst mehr in den Vordergrund stellen?", fragt die energische Madame Elisabeth die Königin, ihre Schwägerin.

„Ich? Ja, ich könnte dynamisch handeln. Ich könnte auch zu Pferd steigen, wenn dies notwendig wäre. Aber damit würde ich den Feinden der Monarchie nur neue Waffen in die Hände liefern. Ein wilder Zornesausbruch gegen die „Österreicherin", gegen die Herrschaft einer Frau, würde ganz Frankreich erschüttern. Außerdem würde ich dadurch den König in den Schatten stellen. Eine Königin, die nicht Regentin ist, muss unter diesen Umständen unwirksam bleiben und sich auf den Tod vorbereiten."

„Auf den Tod?", ruft Elisabeth erbittert aus, „niemals! Niemals!"

Antoinette berichtet unmittelbar nach diesem Sturm auf die Tuilerien ihrem Freund Axel Fersen:

„...Wie durch ein Wunder lebe ich noch. Der zwanzigste (Juni 1792) war ein entsetzlicher Tag. Jetzt sind sie (die Revolutionäre) nicht mehr in erster Linie hinter mir her, sondern trachten meinem Mann nach dem Leben, und das ganz offen. Er bewies eine Entschlossenheit und Stärke, die den Tag rettete, aber die Gefahr kann jeden Augenblick wieder eintreten..."

Nun treffen aus allen Teilen Frankreichs und von allen militärischen Truppenverbänden des weiten Reiches Grußadressen mit Tausenden und Abertausenden von Unterschriften ein. Man gratuliert Ludwig, man dankt dem König, dass er die neue Verfassung so erfolgreich verteidigt hat. Man fordert von ihm die Bestrafung der Aufrührer und Putschisten. Man verlangt die umgehende Schließung der radikalen Klubs der Jakobiner und der Cordeliers, der sogenannten Freunde der Menschenrechte zur Mobilisierung der Pariser „menu peuple" (der kleinen Leute), auch Sansculotten genannt, das heißt ohne die Kniehosen, welche die Adeligen trugen.

Das ist nun ein völlig unvorhergesehener Umschwung der öffentlichen Meinung zugunsten der Monarchie. In dieser für die Revolutionäre auf einmal äußerst brenzligen Situation wird es für jene zur Überlebensfrage, das, was sie auf legalem Weg nun einmal nicht erreichen können, unter Ausschluss der Mehrheit des Volkes und mit den für sie einzigen Mitteln des blanken Terrors, und mit nichts anderem als blutigstem Terror endlich doch noch zu erreichen. Danton, Marat, Hébert und allen voran der jetzige Präsident des Jakobinerklubs, Maximilien de Robespierre, sie alle sind jetzt fest entschlossen, durch einen grausamen, blutigen Aufstand zu ihrem Endziel zu gelangen.

Robespierre, dieser an sich völlig unpraktische, unpragmatische, blutlose Theoretiker, der bisher nur in der Gesetzgebenden Versammlung mit heiserer Stimme pathetische Reden schwingen konnte, er, der infolge schwacher Nerven kein Blut sehen kann, er wird mit einem Mal dadurch erst höchst gefährlich, weil hinter ihm ein junger Mann steht, ein 24-jähriger kaltblütiger Wirrkopf mit stählernen Nerven, ein zu allem entschlossener, skrupelloser Machtmensch, der ab nun die Hand Robespierres für terroristische Aufträge lenkt und die politischen Leidenschaften seines Protektors gekonnt dirigiert.

Vom Pariser Bürgermeister verlangen die Aufständischen Waffen und dieser liefert sofort 50.000 Gewehre an sie aus. Bereits vorher sind der Revolution ergebene Truppenteile aus Marseille und der Bretagne heimlich, gegen den Willen Ludwigs und natürlich ohne dessen Wissen, nach Paris beordert worden, um die Aufständischen in der Hauptstadt zu verstärken.

Am 10. August läutet um Mitternacht die berüchtigte Sturmglocke, wie bereits vorher am 20. Juni des gleichen Jahres. Um fünf Uhr früh eilen sogenannte Bevollmächtigte der Pariser Vorstädte in das Hôtel de Ville und installieren dort eine aufständische Kommune, das ist eine Art provisorische Regierung. Danton verhaftet zeitgleich den Kommandanten der Nationalgarde und ersetzt ihn durch den bei der ersten Erstürmung der Tuilerien bereits „bewährten" Bierbrauer Santerre.

Mittlerweile haben aufständische Einpeitscher und betrunken gemachter Mob ein Blutbad unter den Bürgerlichen im Zentrum von Paris entfesselt. Schon wogt eine gewaltige Menschenmenge auf der Place Vendôme. Aufrührer tragen auf Piken aufgespießte Köpfe von Bürgerlichen herum.

Ein Augenzeuge berichtet hierüber:

„...Mit Entsetzen bemerkte ich junge Menschen, eigentlich Kinder, welche abgeschnittene Köpfe in die Luft warfen und diese mit Stöcken wieder auffingen...Es war wie eine ganz verrückte Volksbelustigung..."

Schon ist man in den Tuilerien über diese Vorgänge informiert.

„Wie kann ich meine Familie in Sicherheit bringen?", ruft Ludwig mehrmals verzeifelt aus.

Treue Anhänger legen ihm verschiedene Vorschläge zur Rettung vor. Seine Ärzte wollen ihm ein Attest zu einem Aufenthalt in Compiègne ausstellen. Er aber fürchtet eine Wiederholung der fürchterlichen Szenen wie nach der missglückten Flucht von Varennes.

Ludwig selbst ist die ganze Nacht zu diesem 10. August 1792 aufgeblieben und organisiert diesmal persönlich die Verteidigung der Tuilerien. Hierfür stehen ihm insgesamt 2000 Nationalgardisten, 900 Gendarmen und 900 Schweizer Garden zur Verfügung. Absolut zuverlässig sind von diesen allerdings nur die Schweizer.

Um acht Uhr morgens dieses Tages setzt man Ludwig in Kenntnis, dass sich 20.000 Bewaffnete auf der Place du Manège und den umliegenden Straßen sammeln, um die Tuilerien zu stürmen.

Ludwig benachrichtigt sofort die Legislative und beschwört sie, eine Abordnung in den Palast zu schicken. Doch diese, bereits zum sogenannten Konvent umgruppiert, reagiert darauf nicht.

Einzig und allein die Mitglieder einer gemäßigten Körperschaft von Paris unter ihrem Wortführer Pierre Roederer, einem jungen Advokaten, erscheint vor Ludwig. Er beschwört dabei die Kanoniere der Nationalgarden, ihre Pflicht zu tun. Doch als Antwort entladen sie ihre Kanonen.

Dies teilt Roederer dem König mit, und dass die Nationalgarde bereits mit dem heranrückenden, bewaffneten Pöbel sympathisiert.

Ludwig schließt sich mit seinem Beichtvater im Ratssaal ein. Gemeinsam beten sie zu Gott, dass er ihm den Mut und die Resignation verleihen möge, deren er jetzt so sehr bedarf.

Darauf erscheint Ludwig gefasst wieder vor dem wartenden Roederer.

„Sire", ruft ihm Roederer zu, „weichen Sie der Übermacht! Die einzige Möglichkeit Ihrer Rettung ist, bei der Nationalversammlung Schutz und Zuflucht zu suchen!"

„Nein!", erwidert Antoinette heftig. „Wir haben noch genügend treue Freunde um uns, die gekommen sind, um uns zu helfen. Die Tuilerien können bestimmt gehalten werden. Die Schweizer sind uns außerdem sehr ergeben. Ich will mit meinen Kindern unter gar keinen Umständen fortgehen."

„Verteidigung ist unmöglich!", ruft Roederer aus. „Ganz Paris ist auf den Beinen. Wollen Sie, Madame, die Verantwortung auf sich nehmen, wenn der König, Ihre Kinder und Sie selbst ermordet werden... von Ihren Getreuen gar nicht zu reden...?"

„Gott bewahre uns davor! Könnte ich nur allein das Opfer sein!"

Jetzt wenden sich aller Augen Ludwig zu. Bei ihm, mit ihm liegt und fällt die Entscheidung.

„Wäre ich allein", spricht er nun langsam und mit schwerer Zunge, „könnte ich mich vielleicht entschließen, die Tuilerien zu halten. Aber so...? Die Königin und die Kinder sind wie Geiseln, die mich nötigen, nicht allein an mich zu denken."

Antoinette hebt energisch den Kopf in die Höhe. Ihre Augen funkeln in ohnmächtiger Wut. Madame Elisabeth, ihre Schwägerin neben ihr, empfindet in diesem Augenblick wie sie. Beide schauen Ludwig fest ins Gesicht. Doch er weicht unsicher den Blicken seiner Frau und seiner jüngsten Schwester aus.

„Gehen wir!", sagt er mit leiser Stimme. „Hier können wir nichts mehr tun. Wir wollen doch keine Wiederholung der hässlichen Szenen vom 20. Juni oder...vielleicht noch Ärgeres, viel, viel Ärgeres..."

Da wendet sich Antoinette Roederer zu. „Monsieur, Sie stehen mir für die Person des Königs ein. Sie stehen mir für meine Kinder ein!"

„Madame", erwidert er. „Ich gelobe, an Ihrer Seite zu sterben. Das ist das Einzige, wofür ich wirklich einstehen kann."

Nun gehen sie...zu Fuß...zur sogenannten Reitschule neben den Tuilerien.

24 Mitglieder des nunmehrigen Konvents kommen der Königsfamilie entgegen und geleiten sie zur Gesetzgebenden Versammlung.

Doch die linksradikalen Deputierten widersetzen sich dem Eintritt der Königsfamilie. Eine halbe Stunde müssen diese sowie Madame Elisabeth und Prinzessin Lamballe, eine der wenigen Freundinnen Antoinettes, in einem engen, finsteren Durchgang warten, umgeben vom hasserfüllten Geschrei des inzwischen draußen heulenden Pariser Pöbels.

Endlich...endlich gewähren die Deputierten den Königlichen Eintritt.

Nun verkündet Ludwig mit lauter Stimme dem Präsidenten des neuen Konvents, dem Girondisten Vergniaud, dass er mit seiner Familie hier Schutz suche, um das französische Volk an der Verübung eines schrecklichen Verbrechens zu hindern.

Man bewilligt jetzt den Schutz Suchenden, in einer Journalistenloge Aufenthalt zu nehmen. Ludwig setzt sich vorne an die Brüstung, Antoinette verbirgt sich in einem hinteren Winkel. Madame Elisabeth, Prinzessin Lamballe und die Kinder lassen sich auf einer Strohbank im Hintergrund nieder. Einige begleitende Edelleute stellen sich als Wache an der Logentür auf.

Fünfzehn Stunden verbringen die derart Eingeschlossenen hier, bei schrecklicher Hitze, ohne Speis und Trank.

Endlich beschließt der Konvent, dass die Königsfamilie im Palais Luxembourg interniert werden soll.

Doch die Kommune von Paris besteht auf dem Temple, einem festungsartigen Gebäude, das nach ihrer Meinung kaum Fluchtmöglichkeiten bietet. Es stammt aus dem 12. Jahrhundert und war einst Sitz des Templerordens.

Diese Inhaftierung ist natürlich eine grobe Verletzung der von der Revolution selbst ins Leben gerufenen Verfassung, in der vorgeschrieben ist, dass kein Mensch ohne Anklage länger als 24 Stunden festgehalten werden darf, kein Erwachsener und schon gar nicht Kinder wie der 7-jährige Dauphin und seine 14-jährige Schwester Marie Thérèse.

Antoinette schaudert beim Anblick der Festung zurück.

„Tausendmal", sagt sie, „habe ich seinerzeit meinen Schwager, den Grafen von Artois, ersucht, den Temple niederreißen zu lassen. Mein Abscheu vor diesem hässlichen Turm war gewiss eine Vorahnung dessen, was wir hinter diesen Mauern zu leiden haben werden." Ihre Freundin Lamballe nickt dazu verständnisvoll.

Noch immer hört man das Wutgeheul des aufgehetzten Pöbels.

Und unentwegt läutet die Sturmglocke von Paris, diese Glocke des Aufruhrs und des Schreckens.

„Steckt die Degen in die Scheide!", hatte Ludwig am 20. Juni, also vor sieben Wochen, seinen Verteidigern befohlen. „Diese Leute sind nur irregeleitet und daher nicht schuldig."

Ob er dabei an Christus gedacht hat, der bei seiner Gefangennahme so ähnlich gesprochen hatte?

Er könnte wirklich daran gedacht haben, der zutiefst gläubige Ludwig XVI.

*Louis de Saint Just*

# Drei Tage und drei Nächte

„Er (Robespierre) erblickt überall Verschwörung,
Verrat und Anschläge, verzeiht niemals eine
Kränkung seiner Eigenliebe, glaubt immer,
dass man ihn verfolgen will. Seine Lieblings-
worte sind: Verschwörung, Maske, Deckmantel,
Entlarvung, Verrat und Schurkerei…"
(Jérome Pétion, linksradikaler Bürgermeister von
Paris über Robespierre.)

Nun also hat die Revolution endlich alles, wirklich alles
erreicht, was sie wollte: Sie hatte dem König seit drei
Jahren Stück für Stück seine Macht entrissen. Einem
tieffrommen König, der getreu dem Bibelwort: ‚Schlägt
dich einer auf die linke Wange, so halte ihm auch die
rechte hin' - gehandelt hatte; und der dieser menschen-
verachtendsten Revolution jeden Mord und jeden Terror
verziehen und niemanden dafür bestraft hatte.

Jetzt hat die Revolution also den „Blutsaugerkönig",
den „Tyrannen" gestürzt und unschädlich gemacht. Sie
hat den Mob der Pariser Vorstädte betrunken gemacht,
bewaffnet und ihm ermöglicht, die Tuilerien zu stürmen
und gehörig auszuplündern.

Aber welche Enttäuschung für diese Aufständischen!

Die revolutionären Einpeitscher hatten dem Pöbel
vorgelogen, in den Kellergewölben der Tuilerien würden
tonnenweise Waffen, Lebensmittelvorräte und vor allem
edelste Weine gelagert werden sowie…bergeweise Gold-
barren, Edelsteine und zahllose Koffer mit Tausend-
Livres-Scheinen.

Statt dessen jedoch: überhaupt keine Waffen, keine
Lebensmittelvorräte, lediglich ein Dutzend Weinfla-
schen, einige Goldketten, Ringe sowie Hüte, Kleider
und Schuhe Marie Antoinettes. In der Wut darüber, so
wenig erbeuten zu können, zertrümmern die aufgeputschten Massen Türen und Kästen, werfen Möbel-
stücke zu den Fenstern hinaus, reißen die Vorhänge her-

unter und schießen die Gemälde aus ihren vergoldeten Rahmen.

Auch welche Enttäuschung für die Einpeitscher selbst!

Hatten sie doch im Stillen gehofft, die betrunken gemachten Eindringlinge würden in blindem Hass die Königsfamilie und deren letzte Getreue wie ein Rudel Jagdwild einfach abknallen. Statt dessen gelangen die Königlichen ungehindert zur Gesetzgebenden Versammlung, in der man ihnen Zuflucht gewährt.

Allerdings müssen die völlig geschockten Deputierten fünfzehn Stunden beraten, was man jetzt machen soll. Denn wie immer seit den drei Jahren der sich mühsam und nur mit unendlich viel Terror dahinschleppenden Revolution hat man auch jetzt überhaupt keinen Plan, wie es weitergehen soll.

Die gemäßigten Girondisten waren zwar recht zufrieden gewesen mit der Errichtung einer konstitutionellen Monarchie, in der dieses Lamm von einem König nichts weiter mehr ist als ein Staatsnotar, wozu sich vor zehn Monaten auch noch die linksradikalen Jakobiner bereitgefunden hatten.

Aber jetzt? Wie soll es jetzt weitergehen?

Nun konstituiert sich zunächst einmal der sogenannte Konvent, der sofort eine neue Regierung bildet, bestehend aus je drei Mitgliedern der Girondisten und je drei der Linksradikalen.

Jean Roland, früherer Innenminister Ludwigs, führt die Girondisten in der Regierung an, der Advokat Georges Danton gleichzeitig als Justizminister die Linksradikalen.

Roland möchte am liebsten die Monarchie beibehalten, denn ein gefügigeres Staatsoberhaupt als dieser Ludwig ist derzeit unvorstellbar, doch Rolands hochintelligente Frau Manon predigt in den politischen Klubs radikale Parolen wie diese:

„Friede ist ein Rückschritt...Wir alle können nur durch Blut neu geboren werden!"

Danton dagegen ist gänzlich anderer Meinung als sein Gegenspieler im Konvent Jean Roland.

Danton, dieser 33-jährige Advokat, Redner, Gesetzgeber und jetzt Justizminister, empfiehlt sofort, die Republik als neue Staatsform anzunehmen und als deren Vorbilder die antiken Helden Plutarchs.

Danton ist ein notorischer Trinker mit einem wüsten Lebenswandel und kassierte noch bis vor kurzem von den Girondisten sowie selbst vom Hof hohe Bestechungsgelder. Er ist Mitbegründer des Klubs der Cordeliers, in dem er durch sein mitreißendes Rednertalent sofort auffiel. Als Mitglied der Pariser Stadtverwaltung trug er wesentlich zur Radikalisierung der politischen Lage, zur zweimaligen Erstürmung der Tuilerien und zum Sturz Ludwigs bei. Das ist hauptsächlich sein Werk, sein „Verdienst", das sich Danton nicht durch den „schleimigen" und widersprüchlichen Roland nehmen lassen will. Denn diese Girondisten liebäugeln bereits damit, unter Umständen den 7-jährigen Dauphin Louis zu einem Alibi-König zu machen und den revolutionären Herzog von Orléans, der sich jetzt heuchlerisch Philippe Egalité (Philipp für die Gleichheit aller) nennt, zum Alibi-Regenten.

Doch Danton, als Justizminister jetzt auch Herr über Polizei und Gendarmerie von Paris, zeigt deutlich, dass letztlich er allein der neue starke, der kommende Mann der Stunde ist, der sofort das Gesetz des Handelns in seine Bärenfäuste nimmt. Denn Danton will nicht noch einmal Ludwig als Popanz-König, er will auch keinen sich noch so revolutionär gebärdenden Herzog von Orléans als künftigen Regenten.

Leben denn nicht noch immer in Paris, in Châlons, in der dem christlichen Glauben treu gebliebenen Vendée genug Adelige und Traditionalisten, die dem Nimbus der neunhundert Jahre alten Herrschaft der Bourbonen noch immer erlegen sind? Die hinter vorgehaltener Hand trotzig murren, die Revolution habe alles nur tausendmal schlechter gemacht und die Volkswirtschaft völlig zugrundegerichtet? Oder hat nicht der Präsident der Nationalversammlung dem abgehalfterten Ludwig zur Begrüßung ehrerbietig versprochen:

„Sire, Sie können auf die Entschlossenheit der Nationalversammlung rechnen. Ihre Mitglieder haben geschworen, für die Wahrung der Rechte des Volkes und der eingesetzten Autorität zu sterben..."

Das ist wahrhaftig ein großes Versprechen, ein für Danton unannehmbares Versprechen, denn noch ist der Schattenkönig eine der beiden rechtlich eingesetzten Autoritäten, und die Nationalversammlung, die jetzt Konvent heißt, tut doch – verdammt noch mal! – so, als ob es inmitten dieses derzeitigen politischen Chaos noch eine gesetzliche Ordnung gäbe und damit einen rechtmäßigen König!

Danton reißt also auf eigene Faust das politische Steuer herum, und zwar ganz nach links. Der Herr Justizminister, der noch nicht einmal vom Staatsoberhaupt dazu ernannt wurde, da Ludwig ja derzeit suspendiert ist, dieser eigentlich illegale Justizminister, der als solcher doch dazu berufen wäre dafür zu sorgen, dass die Gesetze des Staates befolgt werden... dieser „Justizminister" macht paradoxerweise gerade das, was er in diesem Amt partout nicht tun dürfte, nämlich er befiehlt seinen Organen das zu veranlassen, was gegen alles Recht und Gesetz ist, er befiehlt...die sogenannten Septembermorde.

Als erstes lässt er die Guillotine, diese fast perfekt erfundene Hinrichtungsmaschine des 54-jährigen Arztes Guillotin, aus dem Hof der Conciergerie holen und auf der Place du Ménage aufstellen. Sofort werden die ersten Todesurteile vollstreckt, und zwar an jenen Männern, welche Ludwig und Antoinette vor dem Sturm auf die Tuilerien treu zur Seite gestanden haben.

Die Österreicher und Preußen haben inzwischen an der französischen Grenze in ersten Scharmützeln die revolutionären Truppen vertrieben. Schon ist nach der Grafschaft Longwy auch Verdun gefallen. In der Vendée formiert sich die Bauernschaft zum Aufstand gegen die Revolution. Die englische Regierung hat ihren Gesandten aus Paris bereits abberufen. Selbst La Fayette, der erste Verkünder der Menschenrechte, der Proklamierer der drei großen und hehren Worte: Freiheit, Gleichheit, Brüderlichkeit... La Fayette, das erhabene Symbol der Revolution, er selbst flieht nun aus Frankreich.

Die Lebensmittelversorgung von Paris wird immer knapper, die Bewohner der Hauptstadt, selbst jene demoralisierten der Vorstädte, werden immer unruhiger und höchst unzufrieden.

Da hilft wahrlich nur eines: Terror und abermals grausamster, höchst blutiger Terror, zutiefst abschreckender Terror! Diesen befiehlt jetzt Danton, der skrupellose Herr Justizminister, für sage und schreibe volle drei Tage und drei Nächte!

Auf, auf, ihr Arbeitslosen, ihr Besitzlosen, auf, auf! Stürmt die Gefängnisse, alle dort Inhaftierten, dreitausend an der Zahl, plündert sie aus, hängt sie an die Laternen, schneidet ihnen die Köpfe ab!

Unter diesen Dreitausend befindet sich die verwitwete 43-jährige Prinzessin von Lamballe, die treueste und selbstloseste Freundin Anoinettes, die man von der Königsfamilie im Temple getrennt und in das Gefängnis ‚La Force' gebracht hat.

Am 3. September 1792 zerrt man die Übersensible, vor Todesangst fast Ohnmächtige in ein Gerichtsgebäude.

Die Richter und die Wachsoldaten sind vom Schwiegervater der Prinzessin, Herzog Luis Penthièvre, Großadmiral Ludwigs, mit viel Geld bestochen worden, diese zu retten.

Also gibt sich der Richter wohlwollend.

„Wer sind Sie?", fragt er amtlich, als ob er nicht wüsste, wer sie ist.

„Marie Thérèse von Savoyen-Carignan, Prinzessin von Lamballe."

„Wissen Sie etwas von Verschwörungen in den Tuilerien?"

„Dort hat keine Verschwörung stattgefunden, daher konnte ich auch von einer solchen nichts wissen."

„Schwören Sie, dass Sie die Freiheit lieben! Schwören Sie, dass Sie den König, die Königin und überhaupt die Monarchie hassen!"

„Den ersten Eid will ich gern schwören. Den zweiten kann ich nicht schwören, denn in meiner Seele gibt es keinen Hass."

„Schwören Sie trotzdem!", rät ihr der Richter, der sie retten will. „Wenn Sie nicht schwören, müssen Sie sterben."

Sie beugt ihr Haupt, wiegt es verneinend hin und her und...schweigt.

„Abführen!", befiehlt der Richter. „Und wenn Sie von hier hinauskommen, so rufen Sie: Es lebe das Volk!"

Zwei Soldaten geleiten sie hinaus. Als sie ins Freie kommen und die Prinzessin die verstümmelten Leichen auf den Straßen liegen sieht, fällt sie in Ohnmacht.

Die beiden Soldaten ziehen die Bewusstlose weiter. Da sticht ein Betrunkener aus Mutwillen eine Lanze durch die aufgetürmte Frisur der Lamballe. Dabei gleitet der darauf befestigte Hut vom Kopf. Von ihren Wangen rieselt etwas Blut herab. Die Soldaten, welche die Benommene retten wollen, schleppen sie nichtsdestotrotz weiter. Doch der berauschte Mob rundherum hat das Blut bemerkt und wirft sich wie wilde Tiere auf die halb Ohnmächtige. Man durchbohrt sie mit Säbeln und Spießen, fasst sie an den Haaren und schneidet ihr den Kopf mit einem Schlachtermesser ab. Dann reißt man der Leiche die Kleider vom Leib und vergewaltigt die Tote mehrmals. Der Kopf wird auf eine Lanze gesteckt und dient der Menge johlender Frauen, gröhlender Männer und jauchzender Kinder als Fahne. Auf der Place de la Bastille macht diese entsetzliche Prozession Halt. Bei einem Friseur wird das Haar des blutverschmierten Hauptes gekräuselt und gepudert.

Nun aber weiter...zum Temple...die Königin muss die Lippen ihrer Freundin küssen. Auf...auf zum Temple!

Das blutige Herz ist aus dem zerfetzten Leib gerissen und auf einem Säbel aufgespießt worden. Nun bringt man es dem Koch des Temple und fordert ihn auf, es zu braten und Antoinette als Mahlzeit zu servieren.

Schon eilt der Kammerdiener Ludwigs, Jean Cléry, entsetzt zur Königsfamilie hinauf.

„Warum gehen Sie nicht zum Essen hinunter?", fragt ihn Antoinette.

„Madame, ich fühle mich nicht wohl", antwortet er ausweichend.

Da stürzen auch schon mehrere Beamte der Pariser Kommune ins Zimmer. Der Aufseher verriegelt die Tür und zieht die Vorhänge vor den Fenstern zu.

„Was bedeutet denn dieser fürchterliche Lärm?", fragt Ludwig ahnungslos.

Ein Nationalgardist erwidert boshaft:

„Da Sie es unbedingt wissen wollen...Die Menge bringt den Kopf der Lamballe und will, dass Sie ihn sehen."

Da fällt Antoinette mit einem Schrei bewusstlos zu Boden. Die beiden Kinder verkriechen sich ängstlich und weinen...

Die Weltgeschichte dieser Revolution liest sich bisweilen wie ein schauriges Märchen der Brüder Grimm, in dem etwa der böse Wolf die Großmutter bei lebendigem Leibe verschlingt.

Mutet es denn nicht wie ein völlig unglaubwürdiges, einfach unfassbares Märchen an, wie man beispielsweise beim seinerzeitigen Sturm auf die Bastille, in der sich lediglich sieben Gefangene befanden, dem Gouverneur der Festung den Kopf abschneidet und die einfachen Wachsoldaten bestialisch abschlachtet? Oder, wenn man beim Sturm auf Versailles... Antoinette vor den Augen der Kinder mit den obszönsten Worten beschimpft und die Eltern der Kleinen dann auf widerlichste Weise stundenlang nach Paris schleppt? Oder...wenn sich solche Szenen noch einmal grauenhaft wiederholen am 23. Juni 1791 nach der missglückten Flucht von Varennes, oder am 20. Juni 1792 beim ersten Sturm auf die Tuilerien und schließlich am 10. August bei der endgültigen Erstürmung der Tuilerien... und grauenhaft geht es immer so weiter...

Sind denn das noch Menschen, die unschuldige Mitbürger aus purem Blutrausch heraus...wie wilde, ausgehungerte Bestien in Stücke reißen?

Wahrlich, immer wieder ist man versucht, solche Begebenheiten der Weltgeschichte für Erfindungen kranker Gehirne und nicht für wahre Ereignisse zu halten.

Und dennoch...Alle jene Advokaten, Journalisten, Deputierte dieser Französischen Revolution sind nicht nur sadistische Folterknechte, wie man annehmen könnte. Unter ihnen gibt es auch geistreiche Idealisten, die der anonymen Masse ‚Volk‘ endlich, nach Jahrhunderten des Mittelalters und unkontrollierten königlichen Gottesgnadentums... die Früchte der Aufklärung, der Philosophien Voltaires und Rousseaus, einfach zugute kommen lassen wollen. Das Volk soll demnach endlich auch mitreden, mitentscheiden und Mit-Verantwortung tragen dürfen für sein eigenes Schicksal, und nicht nur jene da „oben“: Wahrhaft abgehoben durch ererbte Privilegien der Geburt und des Reichtums!

Doch, um dieses an sich hehre Ziel zu erreichen, glaubt die Revolution, grausam sein zu müssen.

Denn ein politischer Regimewechsel kann nur dann sofort wahre Freiheit schenken, wenn er legal, das heißt durch Volksbefragung oder Wählerentscheid zustande gekommen ist. Der Machtwechsel der Französischen Revolution jedoch ist zwar von einem streng gläubigen König nach und nach zur Kenntnis genommen, aber dennoch ihm durch Terror abgetrotzt worden.

In Wahrheit ist es nämlich nicht das Volk, das diesen Machtwechsel aus freien Stücken erwählt hat, nein, eine Minderheit von stellenlosen Advokaten, von skrupellosen Journalisten, bestochen mit dem Geld des Herzogs von Orléans, der selbst allzu gern König wäre, ferner von neidischen, eifersüchtigen Verwandten des Königs und von degenerierten Adeligen, die Ludwig XVI. in den Rücken fallen und gemeinsame Sache machen mit einer politischen Szene, die ganz und gar nicht die ihre sein kann... Eine derartige Minderheit hat also diesen politischen Umschwung herbeigeführt, der in Wirklichkeit nichts als pure Anarchie ist...

Und ein Machtwechsel einer kleinen Minderheit gegen die Mehrheit des Volkes, ein solcher illegaler Machtwechsel kann nur einen sehr kurzfristigen Bestand haben, sofern nicht ein dauernder Terror die Majorität bewusst und für lange Zeit lähmt.

Diese Gelähmtheit der Bevölkerung von Paris ist durch grässlichen Terror hausgemacht und dient zur politischen Vorbereitung, um zwei Wochen später, nämlich am 21. September, ungefährdet von jedweder Opposition, in Frankreich die Republik ausrufen zu können.

Und ein paar Tage später wird Maximilien de Robespierre, dieser 34-jährige Advokat, der Präsident des Jakobinerklubs, neben Danton der zweite starke Mann der Linksradikalen, dadurch zum zweitmächtigsten Mann Frankreichs...

# Kommt es zum Prozess?

„Jeder Mensch hat Anspruch auf die in dieser
Erklärung verkündeten Rechte und Freiheiten
ohne irgendeine Unterscheidung wie etwa Rasse,
Farbe, Geschlecht, Sprache, Religion, politische
oder sonstige Umstände."
(Artikel 2 der Erklärung der Menschenrechte, von der
Französischen Revolution feierlich proklamiert).

Was könnte diese eben geschaffene junge Republik Ludwig XVI. eigentlich vorwerfen?

Beim entscheidenden Sturm auf die Tuilerien am 10. August 1792 hat Ludwig zwar eine Verteidigung vorbereitet, im Augenblick der tatsächlichen größten Gefahr jedoch die Nerven verloren und von jeglicher Gegenwehr Abstand genommen. Friedlich hat er sich mit seiner Familie in den Rechtsschutz der Nationalversammlung begeben.

Dieser zutiefst biedere Mann ist wahrlich kein rechter Angriffspunkt selbst für die Linksradikalen, die nur zu gut wissen, dass sie alle ihre Erfolge in den vielen Schritten der Revolution bis hin zum endgültigen Sieg im Grunde hauptsächlich der Gutmütigkeit Ludwigs XVI. verdanken, der bisweilen schier unbegreiflichen Gutmütigkeit, die christlichen Motiven entspringt.

Auch wissen die Linksradikalen, dass selbst die gehässigsten Bewacher und „Betreuer" der gefangenen Königsfamilie von deren Freundlichkeit, Sanftheit und Geduld sehr schnell seelisch umgedreht werden, so dass aus diesen politischen Saulus-Seelen bald Paulus-Seelen werden, sooft man auch diesen Personenkreis auswechseln und durch einen neuen ersetzen mag.

Denn diese einfachen, aus untersten sozialen Schichten stammenden Menschen erleben im ehemaligen König staunend einen Menschenfreund ersten Ranges, der seinen beiden Kindern Schulunterricht erteilt, niemals launisch oder heftig wird, weder ein großer Esser noch

Trinker ist, wie ihm von der Revolutionspresse ja stets vorgeworfen wurde. Diese einfachen Menschen sehen aber auch Antoinette jetzt in einem völlig anderen Licht. Diese Frau ist kein männermordender Vamp, keine herrische, aufgeblasene Person, die mit ihren Dienstboten herumschreit und ihren Ehemann zum Hampelmann degradiert. Die einfachen Bewacher erleben jetzt hautnah eine einstige Königin, die ihre Tage wie eine arme Näherin zubringt. Sie stopft eigenhändig die Wäsche des Königs und der Kinder und sie bessert ihre eigenen, fadenscheinig gewordenen zwei, drei Kleider aus, die man ihr jetzt zugesteht.

Eines Tages kehrt sie die Böden der Räume.

„Ach!", ruft da der oft depressive Ludwig aus, „welch eine Beschäftigung für eine Königin von Frankreich! Was würde man dazu sagen, wenn man davon in Wien erführe? Wer hätte geahnt, als dein Geschick mit dem meinen verbunden wurde, dass ich dich einmal so tief sinken lassen würde!"

„Rechnest du die Ehre, die Frau des gütigsten und am meisten verfolgten Mannes zu sein, für nichts?" erwidert sie mit feinem Lächeln.

Eines andern Tages flickt Elisabeth, die jüngste Schwester des Königs, ein Kleid Antoinettes. Man hat ihr Messer und Schere abgenommen, so dass sie jetzt genötigt ist, den Nähfaden mit den Zähnen abzureißen.

„Schwester," ruft da Ludwig aus, „o welch ein Gegensatz! In deinem schönen Haus in Montreuil fehlte es dir an nichts!"

„Mein lieber Bruder", darauf sie, „kann es mir an etwas fehlen, wenn ich das Unglück mit dir teile?"

Antoinette und Ludwig sprechen mit den Kindern immer wieder von der Verzeihung, die wir alle brauchen. Sie schärfen ihnen ein, die Kränkungen, denen sie alle nun täglich ausgesetzt sind, zu vergeben und das französische Volk nicht mit einem Rudel Rasender zu verwechseln, die von den Ereignissen der Revolution jetzt mitgerissen würden.

Bei der Mitteilung von der Ausrufung der Republik legt die Königsfamilie eine bemerkenswerte Gemütsruhe an den Tag.

„Ich wünsche", erklärt Ludwig dazu, „dass die Franzosen unter dieser neuen Regierungsform das Glück finden mögen, das ich ihnen zu verschaffen gehofft hatte."

Dieses Glück scheint vorerst der neue starke Mann, Justizminister Danton gefunden zu haben.

In den Salons der Frau de Sainte-Amaranthe, einer Dame der frisch erstandenen Demimonde (Halbwelt), geht es bereits hoch her. Das Geld sprudelt für viele revolutionäre Neureiche urplötzlich aus unerklärlichen, aber unerschöpflichen Quellen reichlich hervor. Der Luxus kann sich mit jenem aus den einstigen Tagen der Herzogin von Polignac in Versailles durchaus messen. Der ultralinke Herr Minister Danton, dessen Frau sterbenskrank daheim zu Bette liegt, geht in den Salons der Demimonde als Dauergast ein und aus. Die vielen Spieltische in den diversen Salons warten auf die Gäste, und im runden Mittelsaal der Madame de Sainte-Amaranthe wird eifrig mit Kokotten in kostbaren Abendtoiletten getanzt. Paris, dessen Antlitz durch die grauenhaften Septembermorde auf Befehl Dantons grässlich verunstaltet wurde, erstrahlt in diesen Salons, gereinigt durch den neuen Luxus der Revolution, aufs Neue wieder in gewohntem, aber für die armen Leute natürlich verborgenem Glanz.

Champagner, Süßigkeiten und Liköre sind hier keine Mangelware, und das Gedeck im Speisesaal kostet auch bereits wieder 100 Livres.

Die Damen der Halbwelt, plötzlich wieder aufgetaucht, sind hier reichlich vertreten, und der Brillantenschmuck dieser Göttinnen des Eros kann sich – man höre und staune – mit den Geschmeiden der ehemaligen Königin von Frankreich durchaus messen. Die große Gleichheit aller, von der Revolution lautstark immer proklamiert, demonstriert in diesen Salons die Tatsache, dass selbst in der Französischen Revolution etliche bereits wieder gleicher sind als die übrigen Gleichen.

Das sind nun die wahren Lebenskünstler des neuen Konvents: Danton, Marat, Hébert, aber auch einige der Girondisten. Vor allem der breitschultrige Danton mit seinem ausladenden Bauch, den runden Bewegungen und der dröhnenden Stimme! Dieser unaufhörliche Weintrinker und fröhliche Schlemmer, der sein Hemd offen trägt, seine dichten Haarlocken unordentlich durcheinander schüttelt und sich ständig Flecken auf die Weste macht! Der Schulden nicht ernst nimmt und Geld zusammenrafft, wo immer er es findet! Der mit den von ihm angeordneten Septembermorden der vollen drei Tage und drei Nächte die Girondisten eingeschüchtert und so die Ausrufung der Republik ohne jede Schwierigkeiten ermöglicht hat! Der jetzt aber leben und nichts als gut leben will!

Wozu denn hat man sich des Königs entledigt, um vielleicht jetzt darben zu müssen?

Der noch nicht 33-jährige Danton sieht in der Revolution und jetzt durch sie in der jungen Republik hauptsächlich ein Mittel zu persönlicher Machtentfaltung, zu Wohlleben, Reichtum und höchster Genussbefriedigung. Das unbeschwerte, fragwürdige Glück des Augenblicks, das ist sein wahres Leben! Der Konvent ist Dantons politische Spielwiese, um all das auch verwirklichen zu können.

Aber...dieser Konvent ist noch blutjung, diese Republik ist noch blutjung, und alle diese Deputierten des vierten Standes sind noch unerfahren in den Staatsgeschäften und wollen sich partout keine Blöße geben. Was ihnen an Erfahrung fehlt, wollen sie durch Patriotismus und Heroismus ersetzen, die bitter nötig sind, denn das Volk hungert wie noch nie in seiner Geschichte. Vor den Bäckereien in Paris, Marseille, Toulon, Toulouse und in den anderen großen Städten stehen die Menschen stundenlang Schlange, um einen winzigen Brotlaib für sechs Sous zu ergattern. Und da Viele, allzu

Viele nicht einmal das erhalten, schimpfen sie nach Herzenslust auf die Wucherer und Preistreiber, auf verschwenderische Minister der neuen Regierung, auf korrupte Beamte sowie auf den Nationalkonvent, der die Misswirtschaft nicht beheben kann und gewissenlose Verräter ihr Spiel mit dem armen Volk treiben lässt.

Der Konvent erkennt nun, er muss die Verräter bestrafen. Aber ... wer sind sie, wo sind sie? Die noch verbliebenen Gemäßigten im Konvent weisen auf den großen Schreier Marat hin. Dieser auf die Girondisten, weil sie noch ordentlich gekleidet sind und Anstoß an den bestialischen Septembermorden genommen haben.

Marat, der kleingewachsene Tierarzt, der absolut keinen Widerspruch duldet, er klettert daher ungestüm auf die Rednertribüne und wettert gegen den Mangel an Patriotismus der Girondisten. Diesen fährt der Schreck gewaltig in die Glieder. Das ist eine furchtbare Anklage! Denn...schlechten Patrioten droht der Tod durch die Pike oder an der Laterne.

Niemand im Konvent will daher ein schlechter Patriot sein. Der Patriotismus fordert aber nun einmal Opfer...

Da die Deputierten im Konvent nicht die Opfer sein wollen, muss es jemand anderer sein. Aber das schon längst gebrandmarkte Opfer kann niemand anderer sein als der ...ehemalige König!

Wozu hat man denn einen Wohlfahrtsausschuss, den der Konvent als eigenes Exekutivorgan eingerichtet hat? Diesen hervorragend arbeitenden Wohlfahrtsausschuss, seit ihn ab dem 27. Juli 1792 dieser Robespierre zusammen mit dem eigenartigen Jüngling Saint Just leitet!

Am 11. Dezember 1792 erheben die Sprachrohre des vierten Standes, allen voran Robespierre, Danton, Marat und Hébert, Anklage gegen Ludwig, den die Revolution trotz seines guten Willens und seiner sprichwörtlichen Mildtätigkeit noch immer einen „Tyrannen" nennt.

Die Girondisten möchten Ludwig gern retten. Sie haben Mitleid mit dem gedemütigten Mann, der sofort seine rechte Wange hinhält, wenn man ihn auf die linke schlägt.

Ganz Mutige unter den Girondisten preschen jetzt vor.

Charles Morisson, Deputierter aus der Vendée, ergreift vor dem Konvent das Wort.

„Niemand kann", ruft er in den Saal, „aufgrund eines nachträglich erlassenen Gesetzes verurteilt werden. Solange Sie mir nicht den bereits bestehenden Text eines Gesetzes zeigen können, der auf die Anschuldigungen gegen Ludwig zutrifft, sage ich Ihnen, dass Sie ihn nicht vor Gericht stellen können..."

Der Deputierte Rouzet aus Toulouse stimmt Morisson zu.

„Bürger", beginnt er seine Rede im Konvent, „geben wir uns keinen Illusionen hin! Wir sind in dieser causa die Richter, doch zugleich auch die Klägerpartei. Wollt ihr wirklich, dass sich eine große Nation wie Frankreich durch die Anwendung despotischer Maximen entwürdigen soll...? Ludwig XVI. ist bereits gerichtet und strenger bestraft worden, als es die Verfassung festlegt."

Der Deputierte Pierre Faure aus dem Departement Seine-Inférieure stellt folgendes klar:

Nach der Verfassung ist die Person des Königs unantastbar und heilig, also sakrosankt. Wir können daher nichts anderes wollen und wünschen, als dass Ludwig in den Konvent geführt wird, um ihm folgendes vor Augen zu halten: Wir waren einst Ihre Kinder, und Sie wollten uns die Kehle durchschneiden (?). Sie verdienten daher eigentlich den... Tod, trotzdem schenken wir Ihnen das Leben."

Der ehemalige Chef der königlichen Finanzen Ludwigs, nämlich Jacques Necker, dessen Entlassung durch Ludwig der eigentliche Vorwand zum Ausbruch der Französischen Revolution war, dieser Necker schreibt jetzt an den Konvent:

„...Ich bin dagegen, dem König den Prozess zu machen... Während der sieben Jahre, die ich mit Ludwig zusammengearbeitet habe, bewies jede Regung des Königs Anteilnahme für das Volk sowie eine vornehme, gütige, maßvolle Gesinnung. Gewiss war der König gelegentlich von schlechten Ratgebern umgeben, aber ein König kann nur die Mittel und Talente in unseren Dienst stellen, mit denen ihn die Natur ausgestattet hat. Daher erklären wir uns stillschweigend bereit, seine Fehler zu akzeptieren und seine etwaigen Schwächen mit Wohlwollen zu betrachten..."

Schon wollen die Girondisten von einem Prozess gegen Ludwig energisch Abstand nehmen, da zerbröckelt auch bereits ihre einhellige Ablehnungsfront in dieser causa. Denn ... die einen stehen unter einem gewissen Makel ihrer politischen Vergangenheit, andere wieder fürchten um ihre persönliche Zukunft. Also stimmen sie fürs erste auch sofort einem Antrag der Jakobiner zu, wenn auch widerwillig, die Sonntage und alle kirchlichen Feiertage abzuschaffen. Aber was soll man sagen? Selbst die eingefleischten Jakobiner, deren Präsident jetzt der unerbittliche Robespierre ist, sind auf einmal unter sich uneinig. Vielen tut der bisweilen tolpatschige Ludwig leid. Aber mit Robespierre, mit Danton, Marat und Hébert ist in diesem Punkt absolut nicht zu spaßen. Wieder einmal setzen sie sofort den Mob aus den Vorstädten von Paris mit reichlich Alkohol in Bewegung.

Kanonen werden nach altbewährter Manier herbeigeschafft und Barrikaden errichtet. Auf den Straßen von Paris gröhlen die Berauschten das bereits zum Gassenhauer gewordene Revolutionslied:

‚Zu unseren Füßen soll des Tyrannen Blut fließen!'

Da...bitte, es wirkt! ... verstummen jene Zögernden unter den Deputierten des Konvents. Denn an der Spitze einer radikalen Minderheit, die auf den oberen Bänken im Saal des Konvents sitzt und die sich daher der „Berg" nennt, reibt nun der bisherige blutlose Theoretiker Robespierre, angetrieben durch die Unerbittlichkeit des

Jünglings Saint Just, den Kampf gegen diese „schleimigen" Girondisten voran, die am liebsten das Rad der Revolution noch einmal zurückdrehen möchten.

Mit starrer Miene erklärt Robespierre im Konvent, die Verurteilung des „Herrn Capet" (nach Ludwigs Vorfahren, den Capetingern) zum Tode sei das einzige Mittel, die öffentliche Ruhe in Frankreich wiederherzustellen.

Man führt den König in den Gerichtssaal. Ruhig beantwortet er alle Fragen, die an ihn gerichtet werden.

Sein einstiger Innenminister Chrétien Malesherbes bittet, sein Verteidiger sein zu dürfen. In Anwesenheit des revolutionären Gerichts spricht er den vormaligen König mit „Sire" und „Euer Majestät" an.

„Was verleiht Ihnen die Dreistigkeit, Worte auszusprechen, die der Konvent verbietet?", fragt ihn wütend der Vorsitzende.

„Verachtung für euch und Verachtung für mein eigenes Leben", erwidert der alte Mann.

Daraufhin lässt man beide abführen, zurück in den Temple.

Ludwigs äußere Gemütsruhe bewährt sich während des ganzen Prozesses. Ungerührt gegen alles, was ihn persönlich betrifft, übermannen ihn seine Gefühle nur dann, wenn er von seiner Familie spricht.

Er weint beim Gedanken an seine jüngste Schwester Elisabeth, deren ganzes junges Leben bisher nur Aufopferung und Hingabe gewesen ist. Er weint, wenn er an seine Frau denkt, die so verkannt und verfolgt wird.

Zu Malesherbes sagt er:

„...Ich muss mit Ihnen von einer Sache reden, die mein Herz tief betrübt, nämlich von der Ungerechtigkeit des aufgehetzten Volkes gegen die Königin. Könnten die Franzosen ihren wahren Wert erkennen, könnten sie ahnen, zu welchem Grad von Vollkommenheit sie sich in ihrem jetzigen Unglück erhoben hat, dann würden sie diese lieben. Aber durch Verleumdungen und Lügen über sie haben es unsere Feinde erreicht, die Liebe und Verehrung, deren Gegenstand sie so lange gewesen ist, in bittersten Hass zu verwandeln..."

„Es ist erschütternd, Sire, erschütternd", erwidert der alte Mann.

„Die Revolutionäre bieten alles auf, den Ruf der Königin zu beflecken und sie anzuschwärzen, in der Absicht, das Volk auf ihren gewaltsamen Tod vorzubereiten", sagt Ludwig. „Ja, ich fühle es, ihr Tod ist beschlossen. Wollte man ihr das Leben schenken, müsste man nach der Ansicht der Revolutionäre befürchten, dass sie mich rächen könnte. Unglückliche Fürstin! Ihre Vermählung mit mir versprach ihr einen Thron. Doch... welche schrecklichen Aussichten eröffnen sich ihr heute!"

„Ich hoffe sehr, Sire, dass man sich begnügen wird, Sie des Landes zu verweisen oder...dass man Sie im letzten Augenblick befreien wird."

„Ich glaube nicht mehr an das Glück, Herr Minister. Meine Hoffnung beruht allein auf Gott. Ich erwarte daher auch nicht, meine Richter von meiner Unschuld zu überzeugen, sie überzeugen zu können. Ich wünsche nicht, jene zu...rühren."

Am 1. Januar 1793 schreibt Ludwig eigenhändig sein Testament:

„Von ganzem Herzen bitte ich Gott, dass Er voll Barmherzigkeit auf meine Frau, auf meine Kinder und meine Schwester herabsehen wolle, die so lange das Leid mit mir geteilt haben... Ich bitte darum, dass sie von Seiner Gnade gestärkt werden, wenn sie mich verlieren, und zwar so lange, als sie auf dieser Erde im Elend verbleiben...

Ich empfehle meine Kinder der Obhut meiner Frau. Ich habe niemals an ihrer mütterlichen Fürsorge für sie gezweifelt. Ich lege ihr vor allem ans Herz, sie zu guten Christen und rechtschaffenen Menschen zu erziehen. Falls sie dazu verurteilt werden sollten, den Glanz dieser Welt kennen zu lernen, bitte ich die Königin weiter, jene anzuleiten, diesen Glanz als nichts anderes als ein gefährliches und vergängliches Gut anzusehen, und ihren inneren Blick auf die einzigen und dauerhaften sowie wahren Ehren in der Ewigkeit zu lenken.

Ich bitte meine Schwester, auch künftighin meinen Kindern ihre Liebe zu schenken und bei ihnen Mutterstelle zu vertreten, falls ihnen das Unglück widerfahren sollte, ihre richtige Mutter zu verlieren.

Ich bitte meine Frau, mir alle Leiden zu vergeben, welchen sie meinetwegen ausgesetzt wurde, sowie die Sorgen, die ich ihr im Laufe unseres Zusammenlebens bereitet habe, wie auch sie ganz und gar überzeugt sein kann, dass ich keinen Groll gegen sie hege, falls sie glauben sollte, sich mir gegenüber etwas vorwerfen zu müssen.

Ich lege meinen Kindern wärmstens ans Herz, das was sie Gott schuldig sind, und das muss allem anderen vorgehen, auch in ihrem Alltag durchzuführen.

Weiterhin lege ich ihnen ans Herz, wechselseitig einig zu bleiben, gegenüber ihrer Mutter gehorsam zu sein und sich ihr dankbar zu erweisen für alle Sorgfalt und Mühe, die sie ihretwegen hat. Ich bitte sie ferner, meine Schwester als eine zweite Mutter zu betrachten...“

Am 2. Januar 1793, also einen Tag nach Abfassung dieses Testamentes, stehen Ludwig und seine beiden Verteidiger, der 71-jährige Botaniker Malesherbes und Romain de Sèze, vor Gericht zum Abschluss des Prozesses, in dem man Ludwig vorwirft, am 10. August 1792 einen Angriff auf das Volk (?) geplant zu haben.

„Genau das Gegenteil war der Fall!“, ruft Sèze aus. „Hier, in dieser Halle war es doch, dass sich die Deputierten des Konvents um die Ehre gestritten haben, wer den Aufstand des 10. August denn wirklich als erster geplant hat!“

Wieder einmal lässt das unschlüssige Gericht Ludwig in sein Gefängnis, nämlich in den Temple, zurückschaffen.

Unterdessen herrscht im Konvent ein derartiger Tumult unter den Abgeordneten, dass der Präsident an einem einzigen Tag drei Glocken zerbricht, mit denen er vergeblich um Ruhe läutet. Denn es ist den Richtern nicht gelungen, Ludwig auch nur in einem einzigen Punkt eine Gesetzesübertretung nachzuweisen. Aber Fakten zählen längst nicht mehr für diese Linksradikalen.

Robespierre, dieser eiskalte Rechner, hat es vorausgeahnt, dass einem Prozess gegen Ludwig für die Revolution nichts an Glaubwürdigkeit zu holen ist.

Robespierres kurzsichtiger, durch die ständige Brille vorzeitig ermüdeter Blick mustert die Deputierten dieses Konvents, die ängstlich um ihr „bisschen" eigenes Leben fürchten, seit er Präsident des mächtigen Jakobinerklubs geworden ist. Er steht damit auf der wuchtigen Leiter, die zur Macht führt. Denn wer die Jakobiner in der Hand hat, der hat die Vorstädte von Paris in der Hand. Wer aber die Vorstädte von Paris hat, der hat die Kommune von Paris, und wer dieses irrlichternde Paris hat, der allein ist der Herr der Revolution. Im August hat Robespierre die Inkraftsetzung der Verfassung verhindert und den Terror sowie „die Tugend" auf die Tagesordnung im Konvent gesetzt. Seither wandelt dieser neue Präsident des Jakobinerklubs auf dem schwindelnden Grat der Diktatur, von dem man so leicht abstürzen kann.

Jetzt tritt er langsam vor und besteigt die Rednertribüne.

Ein Schauer geht durch die Reihen der Deputierten, die alle Angst zu haben scheinen. Wovor? Vor diesem Mann, weil er unlängst erst es ausgesprochen hat: ‚Wer Angst hat, ist verdächtig.'

Er selbst, dieser undurchdringliche Robespierre, ist der einzige in diesem Saal, der die Kleidung und die Haartracht aus der Zeit vor der Revolution bewahrt hat und so einem Schneider des alten Regimes gleicht. Er trägt wie immer Brillen oder sein Lorgnon, sei es, weil er eine Sehhilfe wirklich braucht, sei es aber auch, dass sie ihm nur dazu dienen soll, die Mimik seines Gesichts, die steif und ohne Würde ist, zu verbergen. Er spricht langsam, so langsam, wie er einherschreitet. Seine Sätze sind dermaßen lang, dass die Deputierten jedesmal, wenn er innehält, um seine Brille hochzuschieben, annehmen, er habe nichts mehr zu sagen. Aber nachdem er seine Blicke über alle Punkte des Saales wandern lässt, schiebt er die Brille wieder vor die Augen und fügt zu den an sich schon schrecklich langen Wortkaskaden noch einige Sätze hinzu:

„Ich sage es abermals und wiederhole mich von nun an nicht mehr...Herrn Capet ist kein Prozess zu machen! Wozu auch? Er ist bereits verurteilt. Er ist bereits gerichtet. Das Volk hat ihn verurteilt, das Volk hat ihn gerichtet. Wer an der Urteilskraft des Volkes zweifelt, der ist schon schuldig. Der ist ein Verräter wie dieser Herr Capet, wie diese Frau Capet...“

Tosender Beifall brandet auf, der die im Unbewussten der Deputierten würgende Angst übertünchen soll.

„Niemand soll herrschen“, fährt Robespierre mit drohender Stimme fort: „Niemand soll oben sein. Die Revolution war bis jetzt eine bürgerliche...“ Ein hasserfüllter Blick auf die Deputierten des dritten Standes, an die Girondisten im Saal. „Die Revolution“, fährt er mit eiskaltem Lächeln fort, „ist bisher am Volk vorbeigegangen. Warum? Weil viele Deputierte im Saal die Tugend des Volkes verachten, jene Tugend, im rechten Augenblick das Rechte zu tun. Ich wiederhole daher: Diesem Herrn Capet braucht man keinen Prozess zu machen. Das Volk hat ihn schon längst zum Tod verurteilt. Ja...ich verlange seine Hinrichtung, aber nicht wegen seiner Schwächen...O nein, nicht wegen seiner Schwächen, sondern wegen seiner Stellung. Ludwig muss sterben, damit das Vaterland leben kann. Das Vaterland muss leben, um Frankreich zur Freiheit zu zwingen. Wir brauchen eine Ordnung der Dinge, in der jeder Bürger dem Hüter des Gesetzes, der Hüter des Gesetzes dem Volk und das Volk der Gerechtigkeit unterworfen ist. An die Stelle eines Volkes der Plagen der Wollust, eines

Volkes für Könige fordert die Revolution ein neu erstandenes Volk, ein großherziges, machtvolles und glückliches Volk. Damit es aber dazu kommen kann, muss vorerst dieser Herr Capet sterben; aber ohne Prozess! Ich wiederhole: ohne Prozess! Ludwig muss sterben! Er muss...sterben!"

Nach Robespierre stürzt der Jüngling Saint Just auf die Rednertribüne. Sein Protektor Robespierre hat ihn bereits nach kurzer Bekanntschaft in den Wohlfahrtsausschuss geholt.

Saint Just steht aufgepflanzt wie ein riesiges Bajonett auf der Tribüne. Das Tageslicht bricht sich im Glanz seiner dichten Locken. Leise schaukeln wie immer seine goldenen Ohrringe. Keine Bewegung des Körpers, kein Muskelzucken unterbricht die „paradiesische" Ruhe dieses Gesichts.

„Ich fordere den Kopf des Königs", spricht er mit einer unheimlich ausdruckslosen Stimme, als ob er eben den gleichgültigsten Satz der Welt gesprochen hätte. „Wozu erst mühsam begründen zu wollen, warum Herr Capet zu sterben hat? Wozu? Muss man denn begründen, warum die Sonne nach einem langen Tag unterzugehen hat? Muss man begründen, warum man Tiere schlachtet und Unkraut ausreißt? Man muss nicht begründen...des langen und des breiten...warum Capet zu sterben hat. Er hat zu sterben, kurz und bündig. Wer von den Deputierten zweifelnd überlegt und grübelt, warum...weshalb... Der ist bereits verdächtig, und ich sage: Der ist bereits selber schuldig wie dieser Capet. Könige sind a priori schuldig. Warum? Einfach weil sie Könige sind. (Das ist so logisch wie das Alphabet. Wer das nicht begreifen will, ist ein Verräter. Ich fordere den Kopf des Herrn Capet. Ich fordere aber auch die Köpfe der Verräter, der Verräter des Volkes!"

„Die blutrünstige Partei Robespierres", schreibt Lord George Gower, der britische Botschafter, seinem König Georg III. am 31. Dezember 1792, „gibt sich jede er-

denkliche Mühe, um den Konvent und das Volk aufzu-
hetzen, die Tage des unglücklichen Königs zu beenden..."

Robespierre ist ein gekonnter Hasseinpeitscher. So
geht die Sektion des Pariser Théatre Français solange in
Streik, bis über Ludwig das Todesurteil gesprochen
wird, und leistet folgenden Eid:

„Wir schwören bei den Rechten des Volkes, bei dem
Bedürfnis nach Freiheit...: Ludwig muß sterben, oder
die Republik wird nicht überleben."

Da fordern auf einmal zwei Deputierte des Konvents,
nämlich Buzot und Salle, eine Volksbefragung über das
Schicksal Ludwigs.

Eine Volksbefragung! Mon Dieu, das fehlte noch, dass
man dieses Volk, dessen Bedeutung man stets im Munde
führt, auf einmal höchstpersönlich befragen wollte!
Kommt doch überhaupt nicht in Frage...

Robespierre lehnt diesen Antrag sofort wütend ab, da
er voraussieht, dass man in den Provinzen des weiten
Reiches anders urteilen würde als in Paris, wo die Bevölkerung durch die Magazine Marats und Héberts ständig aufgeputscht und mit Lügen und Verleumdungen
gegen Ludwig beziehungsweise Antoinette absichtlich
grundfalsch informiert wird.

Eine Volksbefragung? Die würde den Untergang der
noch kaum lebensfähigen, jungen Republik bedeuten,
das weiß Robespierre nur zu genau.

Daher schreit Robespierre sofort im Konvent:

„Ich glaube nicht an das Mehrheitsprinzip. Auf dieser
Erde war und ist die Tugend, vor allem die politische
Tugend, stets in der Minderheit. Ich fordere daher, dass
der Konvent erklärt: Louis Capet ist schuldig und
verdient den Tod. – Nichts anderes hat in dieser Stunde
der Konvent zu erklären, denn nichts anderes ist derzeit
wichtiger. Wer das nicht begreifen will, ist ein Verräter
und verdient ebenfalls nichts anderes als den Tod. Ich
wiederhole: den Tod! Wer Ohren hat, der höre!..."

Sofort springt Saint Just auf der Rednertribüne seinem Intimfreund Robespierre bei.

„Nicht Ludwigs Taten waren an sich verdammenswert, sondern schlicht und einfach die Tatsache, dass er König gewesen ist. Ich sage es mit aller Deutlichkeit: Es ist wirklich für einen sogenannten König unmöglich, in Unschuld (?) zu regieren! Ein solcher hat keine andere Funktion, keine andere Pflicht nach den Ansichten des Volkes zu erfüllen, als den Feinden des Volkes in das Paradies der Kopflosen zu folgen." Die rätselhafte Härte dieses Blicks, der eher einem Schlächter als einem schönen Jüngling gehören könnte, lähmt die Gedanken der Deputierten im Saal.

Eine unheimliche Stille breitet sich aus in diesem Konventssaal, in dem das müde Tageslicht dieses trüben Januartages den Tod und die Verwesung schaudernd ahnen lässt.

Robespierre starrt mit seinem Lorgnon auf das kalte Antlitz dieses Jünglings, der ihn seit geraumer Zeit völlig in seinen Bann gezogen hat. Ja, er ist die Vollendung meines eigenen Wesens, fühlt Robespierre. Was ich selbst als eifriger Schüler Rousseaus gedacht und formuliert habe in dutzenden Reden vor diesem Konvent, das tut dieser Jüngling auf der Rednertribüne aus eigener Erkenntnis.

Denn...Rousseau und Robespierre sind philosophische Theoretiker, dieser Saint Just aber ist zugleich auch Gesetzgeber, für den niemand geeigneter ist, die Diktatur des Volkes auszuüben, als Robespierre.

Saint Just fährt mit unheimlicher Ruhe fort:

„Ja, wir fordern den Kopf des Capet, obwohl es bessere und schönere Köpfe gibt als diesen..." Saint Just lächelt. Es ist kein gutes Lächeln, es ist ein sphinxhaftes...„Warum wir dennoch ausgerechnet seinen Kopf fordern...Ich will es klar und deutlich aussprechen: Es liegt etwas Schreckliches in der geheiligten Liebe zum Vaterland. Sie ist derartig ausschließlich, dass sie alles ohne Erbarmen, ohne Schaudern, ohne menschliche Skrupel

dem öffentlichen Interesse zum Opfer bringt... Denn...
Man begründet keine Republik mit Schonung, sondern
nur mit wilder, unbeugsamer Härte gegen alle, die Verrat geübt haben und weiterhin Verrat, nichts als Verrat
üben werden... Wenn ich... im Saal herumblicke...ich
sehe den Verrat an diesen Wänden hoch kriechen, in eiskalter Widerlichkeit und Brutalität... Ich muss daher
mit aller mir gebotenen Deutlichkeit und Schärfe des
Geistes wiederholen: Capet muss fallen, damit das Vaterland, damit alle Patrioten dieses Vaterlandes leben
können! Bürger des Konvents, Freunde des Volkes, Jakobiner, ihr kennt hinreichend eure Pflicht! Nun verlangt diese Pflicht, sie auch auszuüben und zu vollenden! Tod dem Tyrannen, Tod für Louis Capet und die
Verräter, alle diese Verräter, wo immer sie sich auch befinden mögen, und wäre es selbst in diesem Saal des
Konvents, selbst dann..."

Saint Just verlässt die Rednertribüne mit steinernem
Gesicht und setzt sich an seinen Platz... das ist neben
Robespierre, der ihm wohlwollend zulächelt. Dieser
nimmt sein Lorgnon und mustert die Deputierten der
Girondisten, jeden einzelnen von ihnen.

Nach einer 37-stündigen Abstimmung über Ludwig
erfolgt am 17. Januar 1793 die Urteilsverkündigung.

Von den 749 Deputierten des Konvents fehlen dabei
28. Eine Mehrheit von 53 Abgeordneten stimmt für die
Hinrichtung des Louis Capet, darunter der Vetter des
Königs, der Herzog Louis Philippe von Orléans, der sich
jetzt Philippe Egalité nennt.

Erst drei Tage später, nämlich am 20. Januar teilt man
Ludwig mit, dass er anderntags hingerichtet werden
soll.

Der 47-jährige englische Priester Henry Essex Edgeworth darf ihn nachmittags besuchen und ihm die letzte
Beichte abnehmen.

Ludwig ist derart gerührt, dass es ein Ausländer wagt,
ihm zu helfen, dass ihm die Tränen kommen.

„Hochwürden, vergeben Sie mir diesen Augenblick der Schwäche!"

„Aber, ich bitte Sie..."

„Hochwürdiger Freund, ich erfahre nichts über den Zustand der französischen Kirche. Sie haben vielleicht Kunde davon..."

„Mehr als 10.000 Priester sind bis jetzt nach England geflohen. Man kann wohl behaupten: ein Gegenstück zu der seinerzeitigen Auswanderung der Hugenotten im Jahre 1685."

„O Hochwürden, ich bedaure zutiefst das Schicksal des französischen Klerus. Darf ich Ihnen meine große Bewunderung für das englische Volk ausdrücken, das unseren Priestern so hilfreich Zuflucht gewährt!"

„Das ist eigentlich selbstverständlich."

„Sie wissen gewiss etwas über unseren Erzbischof von Paris, Monseigneur de Juigné, der den romfeindlichen Eid verweigert hat. Ich schätze diesen Kirchenfürsten nämlich sehr. Sagen Sie ihm bitte, dass ich in seiner Gemeinschaft der Romtreuen, das ist der Rechtgläubigen sterbe und dass ich nie einen anderen Bischof als Nachfolger für sein Amt anerkannt habe als ihn."

„Ich werde es gern bestellen. Wenn es Ihnen recht ist, werde ich am nächsten Morgen in Ihrem Gemach die Messe für Sie aufopfern."

„O mein Gott, das wollen Sie wirklich? Ich habe es mir im geheimen sehnlichst gewünscht, das ist wahr. Aber... ich fürchte für Sie... für Ihre persönliche Sicherheit, wenn Sie dies tun..."

„Man muss Gott mehr gehorchen als den Menschen."

„Richtig, Hochwürden. Doch ich bitte Sie... Ihretwegen... bemühen Sie sich bei den zuständigen Stellen um die notwendige Erlaubnis hierfür!"

Der Priester nickt zustimmend. Der große, ausnehmend gut aussehende Mann in Zivilkleidung, da der Talar jetzt streng verboten ist, hat sein Leben seit langem den Besitzlosen und Ausgegrenzten der Gesellschaft gewidmet.

Er ist in der englischen Grafschaft Longford geboren und in der französischen Stadt Toulouse erzogen worden. Er war bis zuletzt der Beichtvater Madame Elisabeths, und diese hatte ihn ihrem königlichen Bruder empfohlen. Da er den romfeindlichen Eid verweigert hat, droht ihm die tödliche Deportation nach Französisch-Guayana. Trotzdem hat er sich sofort bereit erklärt, aus dem Versteck bei seiner Mutter in den Temple zu eilen.

Nun verspricht er dem einstigen König, morgen wiederzukommen.

Und da ist auch schon der Abschied Ludwigs von seiner Familie, von der man ihn seit sechs Wochen bereits räumlich durch Übersiedlung in ein anderes Stockwerk des Temple getrennt hat.

Es ist ein erschütterndes Wiedersehen. Eine Viertelstunde lang weinen alle.

Seinem 8-jährigen Sohn Louis, dem Dauphin, der ab morgen für die Legitimisten der neue König und damit Ludwig XVII. sein wird, nimmt der Vater das feierliche Versprechen ab, seinen Tod nicht zu rächen, mit seiner 14-jährigen Schwester Marie Thérèse immer innig verbunden zu bleiben und seiner Mutter zu gehorchen.

Seiner jüngsten Schwester vertraut Ludwig an, dass er sich auf sie verlässt, dass sie an den Kindern Mutterstelle vertreten wird, sollte dies notwendig werden.

„Darfst du die Nacht über bei uns bleiben? Ich flehe dich an..." Antoinette wirft sich Ludwig weinend in die Arme.

„Liebste, beruhige dich bitte, bitte...beruhige dich! Wir benötigen jetzt alle eine tiefe Ergebung in Gottes Willen...Gelassenheit..." Er drückt seine Frau fest an sich.

„Ergebung in Gottes Willen... Gelassenheit..." Antoinette ringt verzweifelt die Hände. „Ach... warum kann ich nicht so sein wie du und deine Schwester Elisabeth! Nein, nein... ich kann es nicht, ich schaffe das nicht! Wahrscheinlich werden sie mich auch umbringen wie dich, aber ich... ich bin nicht für die Rolle des

Opferlammes geschaffen wie ihr beide... ich nicht, ich nicht!" Schluchzend wirft sie sich abermals in Ludwigs Arme.

„Ich muss gehen, es muss sein!" Ludwig entwindet sich sanft der Umarmung seiner Frau. Sein letzter Blick fällt auf den weinenden 8-jährigen Sohn.

„Armer Kleiner!", stammelt er, während auch ihm die Tränen über die Augen laufen. „Sollte er das Unglück haben, eines Tages König werden zu müssen..." Er spricht nicht weiter.

„Kommst du morgen früh noch einmal zu uns? Wirst du kommen? Ja?..." Antoinette ringt flehend die Hände.

Ludwig nickt und hastet wie in Panik fort.

Am nächsten Morgen, es ist der 21. Januar 1793, hört Ludwig um sechs Uhr, auf dem Boden kniend, die Messe und empfängt den Leib des Herrn.

„Sire, wollen Sie sich wirklich noch einmal von Ihrer Familie verabschieden?", fragt ihn der Priester Edgeworth nach Beendigung des Gottesdienstes im Zimmer Ludwigs.

„Ja, ich habe es versprochen."

„Darf ich mir eine Bemerkung erlauben? Ich bezweifle, dass die Königin den Schock eines nochmaligen und damit allerletzten Abschieds ertragen könnte."

„Sie haben Recht, Hochwürden." Dann streift er seinen goldenen Ehering vom Finger.

„Monsieur Cléry", sagt er zu seinem treuen Kammerdiener. „Geben Sie diesen Ring, wenn alles vorbei ist, der Königin. Das ist der letzte Dienst, um den ich Sie bitte."

Schon wirbeln in allen Pariser Stadtvierteln die Trommeln.

„Wahrscheinlich versammelt sich jetzt die Pariser Nationalgarde", sagt Ludwig ruhig und scheinbar ungerührt.

Jetzt reiten Kavallerieabteilungen in den Hof des Temple ein. Man hört die Kommandorufe der Offiziere und das Stampfen der Pferde.

„Sie scheinen zu kommen." Ludwigs Stimme ist nach wie vor sehr beherrscht.

Es ist acht Uhr morgens, als der jetzige Kommandant der Garde, Antoine Santerre, bis vor kurzem noch Bierbrauer, mit einigen Deputierten eintritt.

„Louis Capet!", sagt Santerre in barschem Ton zu Ludwig, „es ist Zeit zum Aufbruch."

Da wendet sich Ludwig an einen der Deputierten.

„Monsieur..."

„Bürger, sagt man jetzt!" unterbricht ihn Santerre brüsk. „Bürger...!"

„Bürger", verbessert sich Ludwig in versöhnlichem Ton, „übergeben Sie bitte dieses Päckchen mit meinen letzten Habseligkeiten der Königin, das heißt...meiner Frau!"

„Ich bin nicht hierhergekommen, um Ihre Botengänge zu erledigen!", braust der Abgeordnete auf. Es ist Jacques Roux, ein abgesprungener Priester und nun der Führer der Enragés (der ‚Tollwütigen'), der radikalsten Gruppierung des vierten Standes. „Ich bin lediglich hier, um Sie zur Guillotine zu geleiten, wie Sie es verdienen."

„Das stimmt", erwidert Ludwig abermals versöhnlich und sieht sich prüfend in der Runde um. Dann übergibt er das Päckchen einem anderen, der es bereitwillig übernimmt.

Vor dem Tor wartet ein geschlossener Wagen auf Ludwig. Edgeworth begleitet ihn bis zuletzt, eine unerhört mutige, ja verwegene Tat, mit der Ludwig nicht gerechnet hat. Er ist darüber sichtlich gerührt.

Ein regnerischer, kalter, äußerst unfreundlicher Tag beginnt. Viel Volk säumt die Straßen. Viele ärmlich aussehende Männer sind mit Piken und Musketen bewaffnet worden.

1.200 Soldaten (!) umgeben die Karosse mit dem Gefangenen, die nur im Schritttempo fahren kann.

Auf diese Weise dauert die Fahrt geschlagene zwei Stunden bis zur Place de la Révolution, die vormals Place Louis XV. geheißen hat.

Während dieser ganzen Zeit liest Ludwig gemeinsam mit Edgeworth aus dem Buch der Psalmen des Alten Testaments.

Endlich... endlich ist man am Ziel der grausigen Reise.

Auf einem Gerüst inmitten des großen Platzes steht die Guillotine, eine moderne Hinrichtungsmaschine (denn die Französische Revolution will ja so ‚human‘ sein!). Ein fünf Meter hohes, galgenartiges Gerüst, an dessen Querbalken ein dreißig Zentimeter breites Fallbeil hängt.

Man öffnet die Tür der Kutsche.

„Meine Herren“, sagt Ludwig zu den Wachen, wobei er seine Hand auf Edgeworth legt, „ich empfehle diesen guten Mann Ihrer Obhut, damit ihm nach meinem Tod kein Unrecht widerfährt... Ich mache es Ihnen zur Pflicht, das zu vermeiden...“

Drei Wachen postieren sich jetzt vor Ludwig und wollen ihm die Kleider ausziehen. Doch aus Scham stößt er sie weg. Eigenhändig legt er Mantel, Hut und Rock ab, löst sein Halstuch und öffnet selbst das Hemd.

Dann fesselt man ihm die Hände auf den Rücken und schneidet ihm die Haare ab, um den Nacken frei zu machen.

Auf Edgeworths Arm gestützt, besteigt er die Stufen zum Blutgerüst. Auf der letzten Stufe lässt er den Arm des Priesters los und geht allein mit festen Schritten über die Plattform. Dann dreht er sich um.

Mit laut hallender Stimme ruft er in die Menge:

„Ich sterbe unschuldig gegenüber den Verbrechen, die man mir zur Last legt. Ich vergebe allen, die meinen Tod verschuldet haben. Ich bete zu Gott, dass mein Blut, das jetzt vergossen wird, niemals über Frankreich kommen möge, und ihr, unglückliches Volk..."

Weiter hört man nichts mehr, da ein berittener Offizier Befehl erteilt, die Trommeln zu rühren.

Es ist 10 Uhr 20 morgens.

Der Scharfrichter von Paris, Henri Samson, ein hünenhafter, junger Mann, der sein Amt vom Vater geerbt hat, bindet mit seinen Helfern Ludwig an eine aufrecht stehende Planke, die anschließend in die Waagrechte gekippt wird. Ein harter, hölzener Kragen in der Planke schließt sich um den Hals des Gefangenen. Schon zieht Samson an einem Seil, und das Fallbeil saust herab.

Da Ludwigs Nackenmuskulatur stark ist, durchtrennt das Beil seinen Hals nicht kurz und schmerzlos, sondern nur sehr langsam.

Man hört von Ludwig einen markerschütternden Schrei.

Dann endlich...ist alles vorbei.

Ein blutjunger, etwa siebzehnjähriger Gardist ergreift den Kopf mit den noch zuckenden Lippen, geht um die Guillotine herum und zeigt ihn der Menge, wobei er dies mit sehr obszönen Worten verbindet. Man könnte ihn vorher betrunken gemacht haben, wie dies die Revolutionäre bisher immer bei öffentlichen Demonstrationen getan haben.

Es herrscht dennoch entsetztes Schweigen in der Menge.

Dann vereinzelte Rufe der politischen Einpeitscher:

„Vive la République!" Allmählich fliegen da und dort Hüte in die Luft, die Freude über das Geschehene anzeigen sollen.


Ludwigs entseelte Hülle wird auf den Cimetière de la Madeleine gebracht, in einen Armensarg gelegt, den Kopf zwischen den Beinen.

Zwei „romfeindliche", also verstaatlichte Priester segnen Grab und Sarg, der sofort mit gelöschtem Kalk zugeschüttet wird.

*Hinrichtung Ludwigs XVI.*

Die Presse der Linksradikalen (eine andere darf es nicht mehr geben) jubelt über Ludwigs Tod. In London unterbrechen die Theater sofort ihre Vorstellungen nach Bekanntgabe der Tat. William Pitt der Jüngere, britischer Premierminister, spricht im Parlament von „der ruchlosesten und abscheulichsten Tat, welche die Weltgeschichte jemals zur Kenntnis nehmen musste...“

Für die Linksradikalen und deren allumfassende Propagandamaschinerie ist der tote Ludwig nach wie vor der größte Tyrann aller Zeiten.

In Wahrheit jedoch war er trotz seiner für einen Herrscher allzu großen Gutmütigkeit für seine Zeit ein aufgeschlossener und moderner Monarch, der nur auf dem Papier absolutistisch regierte, tatsächlich jedoch von bestem Willen beseelt war, alles nur Menschenmögliche für das Wohlergehen des Volkes zu unternehmen. So schaffte er gleich nach Regierungsantritt die Folter ab und begnadigte fast alle von den Gerichten zum Tode Verurteilten. Er verbesserte das Nachrichten- und Verkehrswesen, ließ Krankenhäuser erbauen und die bestehenden erneuern. Die Gefängnisse waren unter seiner Regierung so schwach belegt wie nie zuvor. In der Bastille zum Beispiel ging es höchst gemütlich zu, wie am Beispiel des berüchtigten Kardinals Rohan ersichtlich wurde, und in diesem Riesenfestungsbau waren lediglich sieben Gefangene inhaftiert, wovon sich die Revolutionäre beim Sturm auf das Staatsgefängnis überzeugen konnten.

Ludwig hat eine menschlichere Gesetzgebung erwirkt als jeder seiner Vorfahren in den letzten fünfhundert Jahren. Unter ihm ging auch die industrielle Entwicklung zügig voran. Die Leistungsfähigkeit der bisher übermäßig protektionistischen Industrie Frankreichs zeigte unter diesem König eine steigende Tendenz. Er war bestrebt, die inländischen Zollschranken gänzlich aufzuheben. Vor allem erstrebte er ein gerechteres Steuersystem. Denn die zehnprozentige Einkommensteuer wurde nicht von allen Bürgern erhoben, da die gesamte Geistlichkeit und ein Großteil des Adels davon befreit waren. Ludwigs Innenminister Malesherbes bezeichnete diese Steuerreform sogar als *„die Revolution des Königs".*

Doch der Klerus und die Adeligen waren dagegen. Sie sagten zu Ludwig:

„Sire, machen Sie uns arm, aber nicht jetzt!"

Die stärkste Opposition gegen Ludwig kam damals aus den Reihen der französischen Bischöfe. Ihr Anführer Loménie de Brienne, der Erzbischof von Toulouse, erklärte lautstark:

„Gleichheit ist schon recht... in Republiken ... aber in Frankreich gehören alle Versammlungen unter den Vorsitz des Klerus!"

Sofort stimmte damals - man höre und staune - die linksradikale Presse den Bischöfen zu (!) und verschwieg schamhaft, dass durch die Reform Ludwigs die Menschen weniger Steuern zu bezahlen hätten als bisher. Niemand erhob daher seine Stimme zugunsten des großen königlichen Reformvorhabens!

Darüber schrieb Abbé Joseph Véri in sein Tagebuch:

„… Es geht den Franzosen besser als in ihrer Kindheit, aber niemand will es wahrhaben. Jeder führt nur Klagen im Mund. Von den Verwandten des Königs bis hinunter zum Hirtenstab (d. i. zu den Bischöfen) nichts als Gejammer. Der Mensch ist nicht, wie die Philosophen der Aufklärung sagen, ein vernunftbegabtes, sondern ein winselndes Tier…"

Mit Hilfe der Freimaurer und königsfeindlicher Journalisten schürte der Vetter Ludwigs, Philippe von Orléans, die parlamentarische Opposition. Philippe war nämlich unter anderem auch oberster Großmeister aller Freimaurerlogen Frankreichs.

Ludwig war damals über diese Opposition aus dem Kreis der Verwandtschaft dermaßen entsetzt, dass er krank wurde.

Diese Revolte der regionalen Parlamente gegen die an sich sehr soziale Wirtschaftspolitik Ludwigs stellte den eigentlichen Beginn der Französischen Revolution dar, da der Adel durch die Blockierung der Provinzialversammlungen die regionale Verwaltung zum Stillstand brachte und die Steuereinnahmen zur Gänze aussetzte. Auf diese Weise lähmten der Adel und der Klerus Ludwig entscheidend in seiner Regierungstätigkeit. Damit sank das Vertrauen der Bevölkerung in die Monarchie nach und nach und die aufpeitschende Verleumdungskampagne der vom Herzog von Orléans bestochenen Journalisten erreichte ihren Höhepunkt.

Kurz vor der Erstürmung der Bastille erhielt Ludwig ein Paket mit Briefen. Er las sie und begann daraufhin, haltlos zu schluchzen. Marquis Marc de Bombelles sah dies, näherte sich ihm und sprach begütigend auf ihn ein. Da nahm Ludwig die Hände von seinem tränenüberströmten Gesich und sagte:

„Bitte, Marquis, bitte … lassen Sie mich in Ruhe!"

Aber … die Revolution hatte ihn ganz und gar nicht in Ruhe gelassen, und nun ist der „grausame Tyrann" tot, ermordet von jenen, denen er stets nur nachgegeben hat, um einen unseligen Bürgerkrieg zu vermeiden.

Denn der zutiefst friedensliebende Ludwig wollte partout kein Blutvergießen. So war er nicht weniger christlich und fromm als sein Vorfahr Ludwig IX., den die römische Kurie 1297 heiliggesprochen hatte.

Doch die Verleumdung der Weltgeschichte verfolgte Ludwig XVI. noch bis in die siebziger Jahre des 20. Jahrhunderts. Erst jetzt erkennt man nach und nach, wie sehr ein hoch aufgetürmtes Lügengebäude diesen Mann dermaßen erdrückt hatte, dass am Ende der abscheulichste Terror einer linksradikalen Clique ihn auf die Guillotine zerren und … ermorden konnte.

## Fünf geheimnisvolle Worte

„Ihr, deren Herzschlag zinsenden Ertrag
dem Leichtsinn zuwarf, frohem Augenblick,
und die ihr fandet ohne Suchens Müh,
was oft das Schicksal zeigte, doch nicht gab;
ihr spottet nicht in eurem leichten Glück,
daß große Liebe Traum – erfüllbar nie!"
(Robert Widl, Gedichte)

Wer Gerechtigkeit erwartet, begreift nicht, dass diese keine Bleibe auf Erden hat.

Ludwigs Hinrichtung wirft Antoinette aufs Krankenlager. Ihr Zustand erweckt im Konvent ernste Furcht um ihr Leben. Im ersten Augenblick ihrer Erkrankung dankt sie Gott dafür, dass er sie bald von ihren Qualen erlösen wird.

Doch bald ändert sie ihren zutiefst niedergeschlagenen Sinn. Zu ihrer Schwägerin Elisabeth sagt sie:

„Indem ich mir den Tod wünsche, begehe ich ein großes Unrecht gegen dich, meine geliebte Schwester, und auch gegen meine Kinder, welchen ich jetzt doch weitaus nützlicher bin, als ich es jemals in meinem Glück war … sein konnte…"

Von den Verwandten im Ausland, vor allem von seinen Brüdern wird Ludwig nicht beweint. Sie empfinden, dass sie nun dem Thron ein beträchtliches Stück nähergekommen sind, seit Ludwig nicht mehr unter den Lebenden weilt.

Besonders der Graf von Provence, Ludwigs nächster Bruder, beeilt sich, dem monarchischen Ausland mitzuteilen, dass nun Ludwigs 8-jähriger Sohn Louis als Ludwig XVII. der neue König von Frankreich ist, und er als sein Onkel der Regent während der Minderjährigkeit des Kleinen.

Und abermals ist der treue Freund Antoinettes, Graf Axel Fersen, rastlos tätig. So schreibt er:

„...Es haben sich bereits innerhalb der französischen Kolonie verschiedene Parteien gebildet, selbst wenn man darunter nur die Ausgewanderten versteht ... Einige davon erkennen den Grafen von Provence als Oberhaupt an, andere heben die Rechte der Königin hervor. Ich fürchte jedoch sehr, dass diese Meinungsverschiedenheit eines Tages schicksalsträchtige Folgen haben wird. Die Prinzen (die beiden Brüder Ludwigs) begehen tausend und abertausend Dummheiten..."

Jedoch die Art und Weise, in welcher der ausgewanderte Adel und Klerus im Ausland auftritt, ist weder klüger noch würdevoller als die der beiden Prinzen. Die Mehrheit dieses Personenkreises zeigt sich kurz nach der Bekanntgabe der Hinrichtung Ludwigs lächelnd im Theater und bei Konzerten, als sei überhaupt nichts Tragisches geschehen.

Fersen ist zutiefst erschüttert über die Gleichgültigkeit und Sorglosigkeit gegenüber einer möglichen Rettung Antoinettes.

Der Gedanke an sie verfolgt Axel Fersen Tag und Nacht.

Alle Briefe Fersens spiegeln seine schreckliche Unruhe wider.

Bald schreibt er Briefe an Graf Mercy, den ehemaligen Gesandten Österreichs in Versailles, er möge am Wiener

Hof für die Errettung Marie Antoinettes wirken. Er bombardiert einflussreiche Persönlichkeiten im befreundeten Ausland, um Freunde für eine Befreiung Antoinettes aus ihrer Haft zu gewinnen. Dann wieder vertraut er seinem Tagebuch an, dass er befürchte, zu viele Aktivitäten zugunsten Antoinettes könnten dieser letzten Endes mehr schaden als nützen. Er gesteht, dass es für ihn entsetzlich sei, seinen Eifer für die „gute Sache" eindämmen und auf Untätigkeit beschränken zu müssen.

Doch lange hält es Fersen nicht aus, für Antoinette nichts mehr unternehmen zu sollen. Abermals bestürmt er brieflich Mercy, Franz II. möge energisch die Auslieferung seiner königlichen Tante Antoinette an ihr österreichisches Vaterland verlangen.

Da rafft sich Mercy auf, in diesem Sinne dem Grafen La Marck, der am Wiener Hof großen Einfluss hat, zu schreiben:

„Da wir es nicht für möglich hielten, dass der König von Frankreich ermordet werden könnte, sind wir vielleicht nicht energisch genug gewesen, diese abscheuliche Tat zu verhindern ... Lasst uns daher wenigstens streben zu vereiteln, dass es der unglücklichen Königin von Frankreich jetzt ebenso ergeht, welche von nun an der unaufhörliche Gegenstand unserer größten Sorge sein muss..."

Doch die kaiserliche Diplomatie in Wien befürchtet, derlei Pläne zur Rettung Antoinettes könnten den Revolutionären in Paris einen Anlass geben, jene zu vernichten, indem solche Aktivitäten den Hass gegen Österreich aufs Neue wachrufen könnten und die Königin sofort als eine Ausländerin und Mitkomplizin an den Verbrechen belasten würden, die man dem hingerichteten König angedichtet hatte...

Allein, Axel Fersen lässt nicht locker.

Abermals schreibt er, und zwar diesmal am 3. Februar 1793 nach Wien:

„... Wäre es nicht besser, wenn man durch Geld und Versprechungen einige einflussreiche Revolutionsmänner wie Lanclos, Santerre oder Dumouriez etwa, für den Plan einer Rettung der Königin von Frankreich zu gewinnen versuchen könnte...?"

Doch am 10. März 1793 errichtet Robespierre das Revolutionstribunal, gegen das die Girondisten sofort Sturm laufen, da es weiteren Terror legalisiert und der Guillotine ständig neuen Nachschub zuführt.

Doch Antoine Santerre, der einstige Bierbrauer und jetzige Anführer der Nationalgarde in Paris, ist nicht nur ein glühender Revolutionär des vierten Standes, er ist auch ein geschickter Pragmatiker, der blitzschnell erfasst, dass man von Geschäften genauso gut leben kann wie von der Revolution, die den Hausbesitz guillotinierter Eigentümer an sehr eifrige Revolutionäre zu verschenken oft bereit ist.

Santerre liebt das gute alte Geld nicht weniger als sein großes Vorbild Danton, der in den Pariser Salons der Frau von Sainte-Amaranthe fast jede Nacht mehr als tausend Livres springen lässt, ein wahres Vermögen, wo doch ein Laib Brot den für die kleinen Leute unerschwinglichen Betrag von sechs Sous verschlingt...

Da erhält Santerre durch unterirdische Kanäle ein chiffriertes Geheimschreiben, dass gewisse Kreise bereit wären, eine sehr hohe Summe für den Fall auszuwerfen, wenn Santerre erwirken könnte, dass Antoinette mit ihren Kindern nach Wien zurückgeschickt werden könnte, wie es ja etliche Revolutionäre im Jahr 1791 von Ludwig vergeblich verlangt hatten...

Doch die Bemühungen um Antoinettes Errettung haben, wie es bereits die Tragödien der Antike enthielten, einen doppelten Boden.

Denn innerhalb der Bevölkerung von Paris gibt es noch immer viele heimliche Königstreue, die beständig um den Temple herumstreifen und nach Gelegenheiten suchen, den königlichen Gefangenen irgendwelche Dienste erweisen zu können.

Da gibt es zum Beispiel als Bewacher im Temple selbst, zwei äußerlich sehr grimmige Burschen namens Lepitre und Toulan.

Obwohl nämlich Antoinette in ihrem Gefängnis ausschließlich von Männern überwacht wird, denen man nur Lügen über die „Hure", die Frankreich an Österreich verraten habe, erzählt hat, werden diese Revolutionäre durch die milde Resignation Antoinettes und ihre stille Würde in ihrem Schmerz ergriffen. Bald werden diese beiden, nämlich Lepitre und Toulan, derart von Mitleid erfasst, dass sie gern ihren bescheidenen Einfluss anwenden wollen, das Leben der Königin zu retten.

So ist Toulan zwar ein aufrichtiger Revolutionär und glühender Verfechter der Republik, ein leidenschaftlicher junger Mann aus dem Süden Frankreichs, aber unter der Maske von Barschheit und äußerlicher Gleichgültigkeit schlägt ein mitfühlendes Herz, das nicht grausam sein kann, wenn es von ehrlichem Mitleid angerührt wird.

Bald erweist der nach außen hin sich unnahbar und ungerührt Gebende der gefallenen Königin heimlich kleine Aufmerksamkeiten. Und mit einem Mal vertraut er ihr – es klingt unglaublich und irrwitzig – seine Absicht an, sie und ihre Familie zu retten.

Antoinette schreibt am 1. Februar 1793 nachts in einem unbeobachteten Augenblick in wilder Hast bei mattem Kerzenlicht einen kurzen Brief an ihren einstigen Privatsekretär, Chevalier de Jarjayes, der mit einer ihrer früheren Hofdamen verheiratet ist und trotz aller Gefahren versteckt in Paris geblieben ist:

„...Sie können zu dem Mann, der zu Ihnen kommt, Vertrauen haben. Ich kenne seine Gefühle. Im Lauf von fünf Monaten haben sie sich nicht verändert. Hegen Sie aber nicht zu großes Vertrauen zu der Frau, die mit uns eingesperrt ist (die Bewacherin, Frau Tison). Ich habe weder zu ihr noch zu ihrem Mann Vertrauen..."

Toulan, der diesen Brief persönlich überbracht hat, berichtet Jarjayes von seinem Plan, die Königin zu retten.

Nun wird der Alltag Antoinettes im Temple zu einem wahnwitzigen Kosakentanz.

Toulan gewinnt für seinen Rettungsplan seinen Kameraden im Temple, den bereits erwähnten Lepitre, desgleichen seinen Freund Ricard.

Die Ausführung des komplizierten und äußerst waghalsigen Fluchtplanes wird für den 8. März 1793 festgesetzt.

General Jarjayes vertraut zwar dem fremden Toulan, aber ein leiser Zweifel lässt ihn dennoch zur Vorsicht mahnen. Der überbrachte Brief könnte immerhin gefälscht sein. Also fordert Jarjayes von Toulan, er solle ihm ermöglichen, selbst in den Temple zur Königin zu gelangen, um mit ihr alles Weitere zu besprechen.

Einige Tage später überbringt der tollkühne Toulan dem General ein weiteres Billett von der Hand der Königin. Es lautet folgendermaßen:

„Da Sie nun entschlossen sind, persönlich hierherzukommen, wäre es sehr gut, wenn dies bald geschehen könnte. Aber um Gottes willen, seien Sie auf der Hut vor der erwähnten Frau Tison...!"

Toulan will also allen Ernstes diesen Jarjayes in den Temple einschmuggeln. Aber wie soll denn das Unmögliche geschehen?

Toulan, der unerhört Mutige, der noch am 10. August vorigen Jahres bei der endgültigen Erstürmung der Tuilerien sich ganz besonders ausgezeichnet und dafür einen Orden der Pariser Kommune sowie die Berufung zur persönlichen Überwachung Antoinettes im Temple als eine ganz besondere Auszeichnung erhalten hat, dieser seltsame und seltsam kühne Toulan schafft auch das durch und durch Waghalsige!

Und das kommt so:

Auf besonderen Befehl der Pariser Kommune muss der ganze Umkreis der Räume der königlichen Gefangenen außerordentlich gut erhellt werden. Zu diesem Zweck hat allabendlich ein Laternenanzünder pünktlichst zu erscheinen.

Diesem einfachen Mann redet nun Toulan ein, ein Freund möchte sich einmal nur so zum Spaß den Temple von innen ansehen; er solle diesem seine Kleidung und Dienstausrüstung für einen einzigen Abend für ein entsprechendes Trinkgeld einfach...borgen. Der nicht sehr kluge Mann geht lachend auf diesen ulkigen Vorschlag ein.

So verkleidet und vermummt gelangt Jarjayes also mit Toulans Hilfe zur Königin und vereinbart mit ihr einen kühn ausgeklügelten Fluchtplan.

Die Königin und Madame Elisabeth sollten, als Männer in Uniformen von Magistratsbediensteten verkleidet sowie mit gefälschten Ausweisen versehen, den Temple verlassen, als ob sie soeben einen Kontrollgang absolviert hätten.

Was aber soll mit den beiden Kindern der Königin geschehen? Der findige Toulan hat auch hierzu einen besonderen Plan: Der gute Laternenanzünder lässt sich doch hie und da von seinen halbwüchsigen Kindern auf seinem Dienstgang begleiten. Man wird Jarjayes die Rolle eines Laternenanzünders spielen lassen, der in entsprechender Vermummung die beiden Königskinder in ärmlicher Verkleidung nach dem obligaten Lichtanzünden einfach durch die Sperre der Wachposten aus dem Temple herausführen wird. In der Nähe werden dann drei leichte, schnelle Wagen warten, der eine für die Königin, ihren Sohn und Jarjayes, der zweite für die Königstochter und den zweiten Verschworenen Lepitre sowie der dritte für Madame Elisabeth und Toulan.

Antoinette ist sofort von diesem Plan begeistert und stimmt freudigen Herzens zu. Jarjayes bespricht mit Lepitre, dem Kameraden Toulans, die näheren Einzelheiten.

Die Königin schreibt über diesen an Jarjayes:

*Prinzessin Elisabeth, jüngste Schwester Ludwigs XVI.*

„...Sie werden den neuen Mann sehen, sein Äußeres nimmt zwar nicht für ihn ein, aber...er ist für uns unbedingt notwendig, und wir müssen ihn für unsere Sache gewinnen..."

Dieser Lepitre, ein früherer Lehrer, von kleinem Körperwuchs, mit hinkendem Gang und leider...geschwätzig, ist jedoch nicht der große Idealist wie sein Kumpel

Toulan. Jarjayes erfasst sofort den Charakter Lepitres richtig und verspricht ihm eine große Geldsumme, ohne sie leider...leider selber zu besitzen. Also muss Jarjayes sich vorerst bemühen, diesen Betrag aufzutreiben, und so geht kostbare Zeit verloren. Der General zieht den früheren Bankier der Königin ins Vertrauen, und schließlich und endlich gelingt es doch, das Geld zu erhalten.

Lepitre, Mitglied des Pariser Stadtrats, hat inzwischen wertvolle Vorarbeit geleistet und die erforderlichen falschen Pässe für sie alle beschafft.

Aber...es ist kostbare Zeit durch all dieses Hin und Her vergangen, und Robespierre hat am 10. März 1793 das Revolutionstribunal eingerichtet, das den Zweck hat, die bisweilen noch immer aufmüpfigen Girondisten zu demoralisieren. Der geschwätzige Stadtrat Lepitre ist leider auch sehr ängstlich. Ihn verlässt der Mut und er verweigert seine Hilfe.

Doch inzwischen...rücken die alliierten Truppen der Österreicher und Preußen weiter nach Frankreich vor und besetzen Aix-la-Chapelle, wobei die Franzosen ihre Gefallenen und Verwundeten zurücklassen müssen.

Unter dem Eindruck dieser Geschehnisse wird die Bewachung im Temple dermaßen verstärkt, dass die Ausführung des sehr komplizierten Fluchtplanes fallengelassen werden muss.

Nun überreden die drei Verschworenen Antoinette, sie solle mit ihrer Hilfe allein fliehen, da dies einfacher zu bewerkstelligen ist. Doch sie will unter keinen Umständen ihre Kinder und die Schwägerin allein im Turm zurücklassen.

Doch die drei Männer dringen auf sie ein, dass ihr Aufenthalt für ihre gefangenen Angehörigen sich verhängnisvoller auswirken wird, als den Temple allein zu verlassen. Schließlich willigt Antoinette nach Rücksprache mit ihrer Schwägerin ein, da Prinzessin Elisabeth ihr verspricht, an den Kindern Mutterstelle zu vertreten.

Am Abend vor der bis ins kleinste Detail vorbereiteten neuerlichen Flucht sitzen Antoinette und Elisabeth am Bett des achtjährigen Sohnes, des für die Legitimisten neuen Geheim-Königs Ludwig XVII.

„Möge dieses Kind glücklich werden!", flüstert Antoinette.

„Das wird es, meine Schwester, das wird es!", erwidert Elisabeth, um ihr Mut zu machen.

„Die Jugend ist leider kurz wie die Freude", seufzt Antoinette tief auf. „Das Glück entschwindet allzu rasch!"

Die Königin steht auf und geht in großer Erregung auf und ab. „Und du selbst, meine gute Schwester", fährt sie gerührt fort, „wann und wie werde ich dich jemals wiedersehen? Nein, nein...es ist unmöglich. Es ist schlicht und einfach...unmöglich! Ich kann ohne euch nicht fliehen."

Andern morgens tritt Toulan ein und auf Antoinette zu.

„Sie werden jetzt böse auf mich sein", spricht sie ihn an, „aber...ich habe über alles gründlich nachgedacht. Ich kann nicht allein fliehen. Wohl sind wir hier von vielen Gefahren umgeben. Aber es ist besser zu sterben, als sich nach einer geglückten Flucht lebenslang Vorwürfe machen zu müssen..."

„Um Gottes willen, Madame!", fährt Toulan erregt auf, „man wird Sie hier ermorden. Man wird Sie wie Ihren Gatten zu Guillotine schleppen!"

„Lieber Freund, ich würde unglücklich sterben, wenn ich nicht imstande sein könnte, Ihnen meine Wertschätzung zu beweisen!"

„Und ich, Madame, würde unglücklich sterben, wenn ich nicht imstande sein sollte, Ihnen meine Ergebenheit zu beweisen."

„Darf ich Sie noch um eine letzte kleine Gefälligkeit bitten?"

„Um jede Gefälligkeit, und wäre sie noch so groß!"

„Danke. Überbringen Sie bitte diesen Brief Monsieur Jarjayes!"

„Mit Freuden, Madame, mit großer Freude!"

Das bewusste Schreiben lautet folgendermaßen:

„...Wir haben einen schönen Traum geträumt...das ist alles. Aber wir haben dabei Großes gewonnen, denn wir haben bei dieser Gelegenheit einen neuen Beweis Ihrer völligen Hingabe für uns erhalten. Mein Vertrauen zu Ihnen ist ohne Grenzen. Sie werden bei mir immer Charakterstärke und Mut finden. Aber die Interessen meines Sohnes sind die einzigen, die mich leiten. Und welches Glück ich auch empfunden hätte, wenn ich von hier losgekommen wäre, so kann ich doch nicht einwilligen, mich von ihm zu trennen. In allem, was Sie gestern über mich gesprochen haben (nämlich zu Toulan), erkenne ich Ihre Ergebenheit. Seien Sie überzeugt, dass ich verstehe, dass die Gründe, welche Sie vorhatten, gültig sind. Aber ich könnte mich ohne meine Kinder über nichts freuen, und dieser Gedanke bewirkt, dass ich kein Bedauern empfinde...Ich wäre sehr glücklich, wenn Sie etwas für Toulan tun könnten. Er benimmt sich allzu edel gegen uns, als dass wir unterlassen könnten, dies anzuerkennen..."

Fortan nennt Antoinette den treuen Toulan „Fidèle".

Dem klugen und edlen Toulan gelingt es nun, die letzten Habseligkeiten Ludwigs, die sich hinter Schloss und Riegel im jetzigen Saal der Verurteilten (in den Tuilerien) befinden, Antoinette zu überbringen.

Antoinette schluchzt vor Rührung auf, als sie diese letzten Erinnerungsstücke ihres Mannes, seinen Ehering, sein Siegel und ein Päckchen mit einer Haarsträhne von ihm, in Händen hält.

Doch sie weiß, man wird ihr sofort alles wieder abnehmen, wenn man es bei ihr entdeckt. Also bittet sie Toulan, diese Habseligkeiten Jarjayes zu übermitteln, der sie den Brüdern des Königs persönlich ins Exil nach Koblenz überbringen möge.

Jetzt wird auf Betreiben Robespierres der Girondist Antoine Barnave verhaftet, der einst in der Dauphiné zum Widerstand gegen Ludwig angetreten ist und später, nach der vereitelten Flucht der Königsfamilie in Varennes, vermittelnd zwischen den Revolutionären und der Königsfamilie tätig war.

Da befürchtet Jarjayes für sich dasselbe und beschließt, nach Italien zu fliehen. Über Toulan erhält Antoinette Kenntnis von diesem Vorhaben.

Jarjayes empfängt bald darauf folgende Zeilen Antoinettes, die ihm Toulan, verlässlich wie immer, überbringt:

„...Leben Sie wohl! Wenn Sie zur Reise entschlossen sind, so meine ich, ist es am besten, Sie machen es schnell. Wie beklage ich Ihre Gattin!...T. (d. i. Toulan) wird mit Ihnen von der Verpflichtung reden, die ich in Hinblick auf die Vereinigung derselben mit Ihnen auf mich nehme, wenn dies möglich ist...Wie glücklich wäre ich, wenn wir uns bald wiedersehen könnten! Niemals werde ich imstande sein, alles, was Sie für uns getan haben, hinreichend zu würdigen...Leben Sie wohl! Wie grausam ist doch dieses Wort!"

Und dann noch ein...Postskriptum:

„Den Abdruck, den ich hier beischließe, wollen Sie bitte der bewussten Persönlichkeit übermitteln, die im vergangenen Winter aus Brüssel zu mir kam (d. i. Fersen). Sagen Sie dem Betreffenden, dass diese Devise niemals gültiger war als jetzt."

Worin besteht nun die erwähnte Devise?

Aus fünf Worten, die da lauten:

„Tutto a te mi guida"

Das heißt auf deutsch: ‚Alles führt mich zu Dir.'

Was aber hat es mit dem bewussten Abdruck auf sich, von dem die Königin in diesem Postskriptum schreibt?

Nach der missglückten Flucht von Varennes hatte Antoinette Fersen über den Grafen Esterházy einen Brief mit einem beigeschlossenen Ring geschickt, in den folgende Worte für Axel eingraviert wurden:

„Feige, wer sie verlässt!"

Um nämlich ständig mit Fersen geistig verbunden zu sein, hatte sich Antoinette als visuelles Unterpfand dafür noch vor dem endgültigen Tuileriensturm am 10. August des Vorjahres einen Ring anfertigen lassen, der statt der königlichen Lilien, wie der Ring für Axel, das Wappen Fersens trägt, und der seitdem Antoinettes Ringfinger umschließt.

Für diesen Abschiedsbrief an Jarjayes drückt also die Königin das Wappen des Geliebten mit der bewussten Devise in heißes Wachs, damit Axel aus dem so gewonnenen Abdruck ersieht, dass Antoinette ihn nicht vergessen hat und selbst unter höchster Todesgefahr ihn nie vergessen wird.

„Alles führt mich zu Dir", das bedeutet unter den Umständen, unter denen Antoinette sich befindet, dass sie alles zu ‚Ihm' führt...selbst der Tod!

## Baron Batz

„Die politische Gewalt ist die organisierte Gewalt einer Klasse zur Unterdrückung einer anderen." (Karl Marx)

Baron Batz, ein steinreicher Edelmann aus Paris, hatte es zu Zeiten Ludwigs nicht nötig, sich am Königshof von Versailles um Ehrenstellen oder Pfründen zu bemühen. Stolz hatte er sich nie bei Hof blicken lassen. Erst als es mit Ludwig zu Ende ging, nahm der einsiedlerische Aristokrat tollkühn als einzelner den Kampf gegen die Revolution auf, seinen höchstpersönlich eigenen. Unter stets wechselnden fremden Namen, mit gefälschten Pässen lebt er jetzt im Untergrund. Sein großes Vermögen opfert er bedenkenlos für die Befreiung des Königs. Als alles vergeblich ist, reitet er waghalsig, während der Fahrt Ludwigs zur Hinrichtung, plötzlich mitten unter den achtzigtausend bewaffneten Soldaten zur Kutsche des Königs. Er schwingt bedrohlich seinen Säbel und schreit:„Zu mir, wer den König retten will!"

Doch so tollkühn ist in diesen Tagen des blutigen Terrors der Revolution keiner außer ihm, dass er es wagen würde, einer Armee von achtzigtausend Mann, der blutbefleckten Kommune von Paris, diesem ringsum postierten Mob der Vorstädte dieser bluttrunkenen Stadt einen einzigen Menschen zu entreißen, den die Revolution seit drei Jahren Tyrann und Blutsauger nennt. Ehe sich also jetzt die überraschten Wachen von der Überrumpelung geistig erholen, taucht der tolldreiste einsame Reiter in der Menge auch schon unter.

Aber der Misserfolg dieser Tat schreckt einen Baron Batz keineswegs ab. Nun plant er ein neues Va-banque-Spiel: er will die Königin aus dem Temple befreien.

Batz hat keine Ahnung von dem gescheiterten Versuch Toulans und des Generals Jarjayes.

Aber Batz hat sehr wohl Kenntnis von den Spannungen innerhalb des dritten und des vierten Standes im Nationalkonvent, das ist innerhalb der Girondisten und der Bergpartei Robespierres.

Die Deputierten der Girondisten, aber auch der Bergpartei, das sind jetzt hauptsächlich die kleinen Leute, die ehemaligen Fischhändler, Friseure oder Limonadenverkäufer, wie etwa Santerre, Michonis oder Cortey, diese gieren nach guter Bezahlung.

Mit der politischen Macht haben auch diese subalternen, kleinen Leute Staatsstellungen und Einfluss bekommen.

Aber Einfluss schmeckt am besten in Verbindung mit...Geld. Dieses Zauberwort weiß Baron Batz nun geschickt anzuwenden, indem er sage und schreibe eine Million für den Fall verspricht, dass man die Königin aus dem Temple befreit.

Der Sicherheitsausschuss des Nationalkonvents verspricht demjenigen, der Baron Batz ausfindig macht, einhunderttausend Livres. Der Baron hingegen verspricht...eine Million!

Der berühmte Zufall spielt wieder einmal Schicksal. Unter falschem Namen natürlich wohnt Baron Batz bei einem Manne namens Cortey. Dieser Cortey, ein ehemaliger Kaufmann, ist jetzt glühender Revolutionär und Chef einer Abteilung der Nationalgarde. Batz gelingt es bald, diesen Cortey mit viel Geld zu „kaufen'" und über ihn gleich auch dessen Freund Michonis, einen ehemaligen Limonadeverkäufer, der nun – o welch herrlicher Zufall! – niemand Geringerer ist als Mitglied der Kommune und Inspektor aller Gefängnisse von Paris und damit auch des Temple!

Bald erlaubt es Michonis auf Ersuchen Corteys dem unter falschem Namen bei Cortey wohnendem Batz, in den Temple zu gelangen.

Er findet das Äußere der Prinzessin Elisabeth durch die schrecklichen Ereignisse verändert, das der Königin jedoch weniger. Wohl liegt über ihrem Gesichtsausdruck ein tiefer Kummer, den sie früher nicht hatte.

Batz eröffnet ihr, wer er sei und dass er gekommen ist, sie zu retten.

Zu seiner großen Enttäuschung ist sie gegenüber seinem Fluchtplan gleichgültig.

Nichtsdestotrotz lässt er sich dank seiner Bekanntschaft mit Michonis und Cortey in die Wachkompagnie des Temple als einfacher Soldat unter dem Namen Forguet aufnehmen, um höchstpersönlich mit den Örtlichkeiten und diestlichen Gepflogenheiten in der Umgebung Antoinettes vertraut zu werden. Doch damit nicht genug!

Cortey – welch große Anziehungskraft hat doch selbst unter diesen eingefleischten Revolutionären das Geld – Cortey also schleust nun in die Wachkompagnie des Temple etliche Helfershelfer von Batz ein.

Nun richtet man es so ein, dass Cortey und Michonis am selben Tag im Temple Dienst versehen. Cortey besorgt drei Offiziersmäntel, in die Antoinette, Prinzessin

Elisabeth und die Königstochter Marie Thérèse gehüllt werden sollen.

Die Wache besteht an dem Tag der geplanten Flucht aus insgesamt achtundzwanzig Mann, darunter etliche der Helfershelfer von Batz.

Nun ist alles für die Flucht bereit. Die Damen sind bereits verkleidet, die Fluchtwagen bestellt, und die Wache steht Gewehr bei Fuß.

Man hält alle Wachsoldaten für den ausgeklügelten Plan für gewonnen, doch ist ein…Verräter unter ihnen.

Denn als der Flickschuster Antoine Simon, einer der Aufseher im Temple, diesen Abend von einem Spaziergang zurückkehrt, überreicht ihm ein Polizist einen verschlossenen Brief ohne Anschrift. Der Schuster öffnet ihn. Darin teilt ein unbekannter Schreiber folgendes mit:

„Michonis verrät Sie heute Nacht…Wachen Sie!"

Augenblicks eilt Simon mit diesem Schreiben in die Kommune von Paris. Dort erwirkt er sofort ein Dekret, aufgrund dessen Michonis bis auf weiteres seines Amtes enthoben und vor den Rat der Kommune vorgeladen wird.

Es ist elf Uhr nachts. Die Wachmannschaft des Temple, diese achtundzwanzig Mann, sollen um Mitternacht den Dienst übernehmen und stehen hierfür schon bereit…unter ihnen auch der Verräter! Baron Batz ist mit seinen Helfern ebenfalls in dieser Mannschaft eingeteilt.

Da pocht es gewaltig an das wuchtige Tor. Es wird geöffnet. Simon steht unheilvoll in der Einfahrt.

„Die Kommune hat mich beauftragt", stößt er höchst erregt hervor, „diese Nacht statt Michonis die Kontrolle über die Innenräume des Temple zu übernehmen."

„Was soll denn das?", fragt Cortey heiser und bemüht sich, seine Erregung sich nicht anmerken zu lassen.

„Eine vorübergehende Maßnahme der Kommune", brummt Simon. „Da aber du, Genosse Cortey, hier bist, bin ich beruhigt", sagt er' kameradschaftlich, da er in ihm keinen Fluchthelfer vermutet. „Du kannst die Wache abtreten lassen."

Baron Batz, als einfacher Wachsoldat verkleidet, begreift, dass er verloren ist, wenn er jetzt ein Wort redet. Einen Augenblick lang überlegt er, Simon auf der Stelle niederzuschießen, gibt aber den Gedanken auch sofort wieder auf. Denn der Lärm, den ein Schuss hervorrufen würde, müsste die 280 Mann starke Wachmannschaft vor und rund um den Temple alarmieren.

Cortey, der Kommandant der Wachkompagnie, ist nicht auf den Kopf gefallen. Er begreift blitzschnell. Augenblicklich führt er seine Soldaten, darunter gut getarnt Batz mit seinen Komplizen, auf die Straße...in die Freiheit hinaus.

Unverzüglich verlässt Baron Batz das Quartier bei Cortey und taucht unter...geschickt unter.

Die Pariser Kommune führt eine hochnotpeinliche Untersuchung durch. Michonis, der oberste Gefängnisaufseher, beantwortet alle Fragen der untersuchenden Magistratsbehörde sehr zufriedenstellend. Der ehemalige Limonadenverkäufer versteht es geschickt, sich den Anschein zu geben, als trüge er bereitwilligst zur Aufklärung eines möglichen Komplotts bei. Es gelingt ihm, die Angaben des etwas einfältigen Simon, der kaum lesen und schreiben kann und ständig unter Alkoholeinwirkung steht, als allzu übertriebene Vorstellungen eines leicht halluzinierenden Kopfes hinzustellen.

Schließlich lacht man in der Kommune den betrunkenen Flickschuster aus, der kaum auf seinen Beinen stehen kann, und schickt ihn mit Scherzworten einfach nach Hause...in den Temple zurück.

„Ihr werdet schon sehen!", schimpft Simon höchst aufgebracht, dass man ihn nicht ernst nimmt. „Ihr werdet schon noch sehen!", keucht er wütend. „Ich sage euch...ich versichere euch...Es hat eine heimliche Verschwörung stattgefunden...ganz im Geheimen...ganz heimlich...Ihr...ihr werdet es noch erleben...ihr ganz Gescheiten...Ihr zweifelt, weil ich ein armer Teufel bin, ein

Flickschuster...nicht ganz bei Trost...Aber ich gehe zu Marat...ich gehe zu Danton...zu meinem Freund Hébert..."

„Aber meinetwegen kannst du gehen, wohin du willst", lacht gutmütig ein Vernehmungsbeamter heraus, „meinetwegen selbst zu...Robespierre..."

„Ich gehe", lallt jetzt bereits volltrunken der Flickschuster, „ja ... ich gehe ... ich gehe ... wohin ... na ... zu ihm...zu Roberspierre!"

Dann fällt der stockbetrunkene Mann krachend in der Amtsstube der Pariser Kommune zu Boden...

# Der treue Toulan

> „Die Friedhöfe und nicht die
> Gefängnisse haben überfüllt zu sein!"
> (Louis Saint Just)

Charles Dumouriez, ein gestandener alter General, war in den letzten Wochen des Königtums Ludwigs Außen- und Kriegsminister gewesen. Sein Rücktritt, weil der König ein Veto gegen das Deportationsdekret der Nationalversammlung gegen romtreue Priester aufrechterhielt, dieser Rücktritt also war der Vorwand der Revolutionäre zum endgültigen Sturm auf die Tuilerien am 10. August des Vorjahres gewesen.

Jetzt, zu Beginn des Revolutionsjahres 1793, steht dieser General, früher Jakobiner und nun gemäßigter Girondist, an der Spitze des französischen Heeres, das zu einem Revolutionsheer geworden ist.

Dumouriez ist erbost über die Hinrichtung des Königs und über die vielen Grausamkeiten, welche derzeit in Paris durch die neue Kommune und durch den neuen Konvent verübt werden. Er beschließt daher, in Frankreich eine konstitutionelle Monarchie unter dem Kinde

Ludwig XVII. zu errichten und Antoinette als Regentin für den achtjährigen Knaben einzusetzen.

Zu diesem Zweck hat er am 25. März 1793 in seinem Hauptquartier mit einem gewissen Oberst Mack eine Unterredung, der als Unterhändler des österreichischen Heerführers, des Prinzen von Sachsen-Coburg zu ihm gereist ist.

„Wissen Sie, lieber Oberst", sagt ohne Umschweife Dumouriez zu ihm, „es ist für mich schier unmöglich, angesichts so vieler Gräuel weiterhin nichts als ein bloßer Zuschauer zu sein. Ich will daher diese verbrecherische Regierung in Paris stürzen, die konstitutionelle Monarchie wieder installieren, den Dauphin zum König von Frankreich ausrufen und das Leben der Königin retten..."

„Ich werde umgehend meine Heeresleitung davon in Kenntnis setzen", erwidert Oberst Mack höchst erfreut.

Inzwischen hat sich am Wiener Hof in der causa einer möglichen Errettung Antoinettes einiges entwickelt: Schon interveniert man bei der Regierung in Paris, die sich jetzt „Wohlfahrtsausschuss" nennt, dahingehend, dass ja Marie Antoinette, da man ihr den Titel einer Königin von Frankreich aberkannt hat, nun wiederum Erzherzogin von Österreich geworden sei und als solche mit ihren Kinder nach Wien zurückgeschickt werden möge, was „Vertreter" Frankreichs ja bereits im Jahre 1791 vorgeschlagen hatten – damals zwar erfolglos.

Man wendet sich mit diesem Ansuchen, wie von Fersen in dem erwähnten Brief vom 3. Februar 1793 vorgeschlagen wurde, an mehrere Deputierte wie Santerre, Lanclos und General Dumouriez.

Und siehe da! Baron Louis Breteuil, vormals Nachfolger Rohans als französischer Gesandter am Wiener Hof und später Innenminister Ludwigs...derzeit im Exil in der Kaiserstadt, Breteuil also erhält vom Nationalkonvent das Anerbieten, dass man ein Ausweisungsdekret für die „Witwe Capet" (d. i. Antoinette) und ihre Kinder erwirken wolle. Hierfür ist allerdings die Summe von sechs Millionen Livres (!) zu erlegen, die dem Konvent ausbezahlt werden solle, sobald die Gefangenen außerhalb Frankreichs in Sicherheit gebracht sind.

Franz II., leiblicher Neffe Antoinettes, ist sehr knauserig und erklärt, diese Summe nicht zur Verfügung zu haben.

Daraufhin bittet Breteuil den englischen Staatsmann William Pitt den Jüngeren, der nach der Hinrichtung Ludwigs im englischen Parlament einen flammenden Nachruf auf ihn gehalten hat, jene sechs Millionen für die französische Königin herbeizuschaffen. Pitt stellt fest, dies werde sehr schwierig werden.

Und so zieht sich diese Sache fortan immer mehr und mehr in die Länge...

Inzwischen wird auch schon ein Waffenstillstand zwischen den alliierten Truppen Österreichs und Preußens sowie den Truppenverbänden des Dumouriez geschlossen.

Fersen schreibt darüber begeistert in sein Tagebuch:

„...Ein Eilbote, vom Prinzen von Caraman an Baron Breteuil nach Wien gesandt, hat die Mitteilung überbracht, welche zwischen General Dumouriez und dem Prinzen von Coburg getroffen wurde..."

Der ehemalige Marschall von Frankreich, Graf Viktor Broglie, teilt Fersen kurz darauf mit, dass er die Nachricht erhalten hat, Dumouriez sei mit seinem Heer von fünfzigtausend Mann auf dem Marsch nach Paris. Schon stünde auch Coburg mit seinen Militärverbänden an der Grenze bereit, ihn zu unterstützen, sobald es notwendig werden sollte.

Am 8. April 1793 schreibt Fersen folgenden nachdenklichen Brief an Antoinette, den ihr der wie immer sehr verlässliche und treue Toulan, gleichsam als postillon d'amour, persönlich überbringt:

„...Die Stellung, in welche Sie geraten werden, wird sehr schwierig sein. Sie werden große Verpflichtungen auf sich laden müssen gegenüber einem schlechten (!) Menschen (Dumouriez), der eigentlich nur der Notwendigkeit nachgegeben hat und nicht auftreten wollte, wie es sich gehörte, ehe er die Unmöglichkeit einsah, länger standzuhalten. Das ist Ihnen gegenüber sein ganzes Verdienst. Aber dieser Mann ist für die Sache nützlich, man muss sich seiner bedienen. Sie müssen tun, als glaubten Sie, was er von seinen guten Absichten sagt. Sie müssen sich sogar hinsichtlich der Dinge, die Sie wünschen, offenherzig zeigen. Sie müssen sich an Kaiser Franz II., an den preußischen König Friedrich Wilhelm II. sowie an König Georg III. von England wenden...Sie müssen auch an die Zarin Katharina II. von Rußland schreiben, aber einen geraden und würdigen Brief, denn ich bin mit deren Auftreten nicht zufrieden. Sie hat Ihren Brief ja nicht einmal beantwortet...Bis zu dem Augenblick, zu dem Sie als Regentin anerkannt sind und Ihr Kabinett von Ministern zusammengestellt haben, müssen Sie so wenig wie möglich handeln, sondern nur mit Verbindlichkeiten zahlen..."

Doch der Graf von Provence, Ludwigs nächster Bruder, verlangt in Koblenz, dass man die Regentschaft in seine Hände legen müsse.

Der Vertraute und Sekretär der Zarin Katharina, Krapowitzki, berichtet:

„...Der Graf von Provence ist mit der Übereinkunft zwischen Dumouriez und dem Prinzen Coburg sehr unzufrieden, weil er befürchtet, die Königin werde in den Besitz der Regentschaft gelangen..."

Schon bemüht sich Fersen um diplomatische Hilfsmaßnahmen, um den Grafen von Provence davon abzuhalten, die Regentschaft für sich anzustreben. Gleichzeitig bittet er den französischen Erzbischof d'Agout nach Paris zu eilen, um der Königin nahe zu sein, wenn sie befreit sein werde.

Doch...es kommt alles ganz...ganz anders!

Die Soldaten des Generals Dumouriez gehorchen ihm plötzlich nicht mehr. Sie bedrohen ihn derart lebensgefährlich, dass er in wilder Hast über die rettende Grenze flüchtet, wo er auf der Seite der Alliierten gegen die Revolution vergeblich weiterkämpft.

Seine Pläne versetzen die Revolutionäre in Paris jedoch in panische Angst. Sofort setzen sie ein Kopfgeld von 300.000 Livres für seine Ergreifung aus.

Die königlichen Gefangenen werden verdächtigt, mit Dumouriez in Verbindung gestanden zu haben.

Eines Nachts erscheint der linksradikale Zeitungsherausgeber Jacques Hébert mit einigen Männern im Temple. Sie wühlen in den Habseligkeiten der Gefangenen herum und reißen unbarmherzig den achtjährigen Louis aus dem Schlaf.

Bei Antoinette entdecken sie ein kleines rotes Notizbuch und einen Bleistifthalter. Bei Madame Elisabeth eine Stange Siegellack und etwas Streupulver.

Der fünfzehnjährigen Marie Thérèse nehmen sie ein Heiligenbildchen und ein Gebet für Frankreich weg.

Um vier Uhr früh beenden sie die brutale Untersuchung.

Drei Tage später kommen die finsteren Männer wieder.

Diesmal finden sie unter dem Bett der 29-jährigen Elisabeth eine Schachtel mit einem Hut Ludwigs, den seine jüngere Schwester als Andenken versteckt hat. Man nimmt ihn ihr trotz rührender Bitten weg.

Die causa Dumouriez hat den Nationalkonvent aufgescheucht.

Robespierre besteigt unheildrohend das Rednerpult.

„Revolutionäre, Genossen, Bürger...was sagt ihr zu dem Verräter Dumouriez? Ein Anführer unserer Revolutionstruppen will unsere Regierung stürzen und das Kind des Tyrannen und Blutsaugers, den unsere glorreiche Revolution um einen Kopf kürzer gemacht hat, dieses Kind als König von Frankreich auf einen Thron setzen, den das Volk siegreich zertrümmert hat! O...gutes Volk, ruhmreiches französisches Volk, man will dich um die Früchte deines Sieges betrügen...Verrat züngelt lebensbedrohlich an unsere Grenzen heran, Verrat schleicht um den Konvent herum, um den Temple herum...Wir müssen wachsam sein, wachsam gegen jeden von uns, wachsam gegen unsere Deputierten sogar, wachsam selbst gegen die Kommune von Paris, wachsam gegen deinen Nachbarn, wachsam gegen dein Weib, wachsam gegen dein Kind...Ich fordere den Kopf jedes Verräters, unabhängig von Namen und Partei, ich fordere selbst meinen eigenen Kopf, sollte er jemals fähig zu verräterischen Gedanken werden..." Schaum legt sich auf die Lippen Robespierres.

Schon steht Saint Just hinter ihm, dessen Einfluss auf Robespierre ständig so sehr zunimmt, dass er bereits die Reden Robespierres konzipiert und seinen Arm der blutbespritzten Schreibfeder seines Intimfreundes für alle diese Droherlässe des Konvents, für die zunehmenden Todesdekrete leiht.

Saint Just betritt nach Robespierre die Rednertribüne. Hallend schreit er jetzt in den Saal:

„Verrat! Man verrät unsere heilige Revolution! Wir müssen immer neue Gründe zur Bestrafung ersinnen. Nicht, weil wir die Menschen verfolgen wollen, sondern weil wir uns als Ärzte fühlen, die kranke Glieder am Leib der Gesellschaft wegschneiden müssen. Unsere sogenannte Ausrottungstätigkeit verstehen wir rein politisch. Uns selbst liegt nichts am Blut. Aber der menschliche Geist ist heute krank und seine Schwäche erzeugt das Unglück, das Leiden der Unterdrückung."

Die meisten der anwesenden Deputierten wissen nicht, wie ihnen geschieht. Hat der Redner recht oder übertreibt er? Ganz schwindelig könnte einem werden ob solcher Sätze...

Doch der schöne Jüngling fährt mit eiskalter Stimme fort:

„Glaubt mir, Genossen, alles, was rings um uns existiert, muss anders werden und absterben, weil alles, was um uns existiert, völlig ungerecht ist...O gäbe es ein anderes Mittel der menschlichen Ausrottung als den Tod, es sollte mir recht sein! Aber...es gibt kein anderes Mittel. Man muss die alte Welt ausrotten, denn tödlicher als der Tod ist die Entrechtung. Allen Aristokraten müssen die Bürgerrechte genommen, jedem muss eine Bleikugel ans Bein geschmiedet werden. Zu Füßen der wahren Republikaner muss ein Bastardvolk ehemaliger Adeliger, Priester, Reicher und Schlemmer wimmeln, welches die Sträflingskleidung und das sichtbare Siegel der Schande tragen soll. Im Temple, liebe Genossen, wohnt die Witwe Capet mit ihrem Balg Louis, den Verbrecher zu unserem König erheben wollten...Daher fordern wir: Ein jeder ist bei Strafe verpflichtet, dem Konvent alle Vorfälle zu melden, die der Republik Schaden zufügen könnten, und wäre man persönlich noch so unscheinbar! Tod den Verrätern! Es lebe die Republik, unsere heilige Republik!

Im Temple wohnt das Pförtnerehepaar Tison. Frau Tison ist die heimliche Bewacherin Antoinettes. Diese Frau hat einen scharfen Verstand und einen sicheren weiblichen Instinkt. Ihr imponiert dieser Toulan, an dessen Heldenbrust der Orden der Revolution baumelt, weil er sich bei der zweiten Erstürmung der Tuilerien so glänzend hervorgetan hat, der aus Südfrankreich stammt und zusammen mit fünfhundert jungen Marseiller Soldaten in Paris eingezogen ist, das berauschende Lied der Marseillaise auf den begeisterten Lippen. Dieser Toulan wäre der ideale Schwiegersohn, hat doch Madame Tison ein taufrisches Töchterlein.

Aber was ist auf einmal in diesen Prachtjüngling Toulan gefahren? Frau Tison beobachtet ihn mit einem Mal kritischer als bisher. Hat sich nicht der junge Toulan verändert? In letzter Zeit ist an dem schmucken jungen Mann etwas anders geworden. Madame Tison fühlt es instinktiv. Da ist doch etwas an diesem Toulan, das es bisher nicht gab. Der früher stets Heitere erscheint jetzt mit kaltem, ja sogar finsterem Gesicht, bevor er bei der Witwe Capet eintritt. Aber danach, wenn er aus deren Gemach herauskommt, da...seine Augen leuchten, auch wenn er dies zu verbergen sucht...Ja, ja...Frau Tison hat es mit Argusaugen bemerkt! Seine Augen funkelten, sie strahlten, sein Gesicht erglühte, seine ganze Gestalt, seine Schritte...Alles, alles war anders als früher...Jedesmal, wenn er aus dem Raum der Witwe Capet heraustritt...Früher, wenn ihm Frau Tison von ihrem Töchterlein erzählte, hörte er freudig zu, jetzt jedoch...

Hatte nicht unlängst der Flickschuster Simon, der auch im Temple wohnt, von einer heimlichen Verschwörung geredet, die er bei der Pariser Kommune angezeigt hatte? Vergeblich, leider vergeblich...War nicht dabei der Name des Bewachers Lepitre gefallen und der Name...natürlich, dass ihr das erst jetzt einfällt...der Name...Toulan.

Frau Tison erfährt von den jüngsten Brandreden Robespierres und von Saint Just im Konvent. Zu ihrem argwöhnischen Verdacht gegenüber Toulan gesellt sich nun die Angst um ihr eigenes Leben und das ihrer Tochter. Jedermann ist doch verpflichtet, wenn er den leisesten Verdacht gegen jemanden hegt, dies sofort der Kommune zu melden. Da geht Frau Tison schnurstracks zum Pariser Magistrat und zeigt...Toulan an.

Diesmal lächeln die Vernehmungsbeamten der Kommune über die Angaben Frau Tisons nicht mehr, wie etliche Tage zuvor bei den wirren Reden des Trunkenboldes Simon.

Sofort werden die Aufseher des Temple ihres Amtes enthoben. Toulan, Lepitre, Ricard und der Laternenanzünder Jacques werden verhaftet, aber alle drei, ausgenommen Toulan, bald wieder auf freien Fuß gesetzt. Nur Toulan allein...er bleibt im Gefängnis. In seiner Wohnung findet man nämlich bei einer Durchsuchung eine goldene Dose mit den königlichen Lilien der Bourbonen. Das genügt...Ohne Prozess muss er auf schnellstem Weg...guillotiniert werden.

Toulan, der Heldenjüngling, der begeistert auf dem Marsch nach Paris mit den anderen fünfhundert Soldaten die Marseillaise gesungen hat, hat jene Worte:

„...zu unseren Füßen, soll des Tyrannen Blut fließen...":

Dieser Toulan besteigt jetzt erhobenen Hauptes und schweigend das Blutgerüst. Mit keinem einzigen Wort hat er beim Verhör Antoinette belastet, mit keinem Wort verraten, woher er diese goldene Dose mit dem königlichen Wappen hat... Vornehm geschwiegen hat er und keinen Versuch unternommen, den schrecklichen Verdacht auf andere abzuwälzen, um so der Mordmaschine zu entgehen. Er hat die Revolution aus ganzem, unverbrauchtem Herzen geliebt, so wie er aus ganzem Herzen, mit allen Idealen seiner begeisterungsfähigen Jugend nun diese einstige Königin von Frankreich ins Herz geschlossen hat, die heute eine vorzeitig gealterte Frau mit traurigem Blick und unendlichem Leid geworden ist. Toulan hat nie darüber nachgedacht, was es mit diesen Briefen auf sich haben könnte, die er für Antoinette hin und her befördert hat. Sein unschuldiges Herz hat nur Mitleid gefühlt mit dieser unglücklichen Frau, die in ihrem Schmerz dennoch so rührend lächeln konnte, so ungemein bezaubernd rührend...

„Auf, auf, ihr Jugend des Vaterlandes!
Der Tag unseres Ruhms ist angebrochen..."

Diese Worte der Marseillaise singen in seinem Herzen, als er den Kopf unter das Fallbeil legt, das nun der Henker Samson wie seinerzeit bei Ludwig herabsausen lässt.

Und dann zeigt ein Helfer Samsons das abgeschnittene Haupt Toulans der wie immer dabei johlenden Menge. Noch zucken die Lippen in dem blutleer gewordenen Antlitz Toulans, der ein so schmucker junger

Mann gewesen ist, eine Zierde der Revolution...und der nur leider danach dem Lächeln der Witwe Capet verfallen ist, ihrem so bezaubernden, ungemein rührenden Lächeln...

## Der schreckliche 3. Juli 1793

„Die Häuser sollen nicht brennen.
Kriege sollte man nicht kennen.
...Die Mütter sollten nicht weinen.
Keiner sollt' töten müssen einen..."
(Bert Brecht)

Die Verschärfung der Bewachung im Temple bringt es mit sich, dass sich das Pförtnerehepaar Tison von seiner einzigen Tochter...trennen muss. Das erbost die Mutter, die Antoinette darum beneidet, ihre beiden Kinder bei sich behalten zu dürfen. Daher schwärzt sie Antoinette und Elisabeth Tag für Tag beim Pariser Konvent an. Gleichzeitig aber ist sie seelisch sehr in sich gespalten und ist mitleidsvoll gerührt über das Los der Königsfamilie.

Zu einem Girondisten, einem Deputierten, sagt sie:

„Wenn Sie Gelegenheit hätten, die Gefangenen zu sehen, würden Sie mit mir eines Sinnes sein, dass es hier auf Erden nichts Edleres und Erhabeneres gibt als diese. Wenn man sie in den Tuilerien gesehen hat, so hat man nichts gesehen. Man muss sie so, wie mein Mann und ich, im Temple gesehen haben, um sie richtig beurteilen zu können..."

Bald jedoch ist die ganze Atmosphäre im Temple für Frau Tison zuviel. Sie will auf einmal nicht mehr vor die Tür ihrer kleinen Wohnung gehen. Bald lacht und weint sie völlig grundlos. Sie erklärt sich für unwürdig, sich der Königin zu nähern. Unaufhörlich bereut sie, dass sie die Königsfamilie und die Bewacher derselben denunziert hat. Nachts wird sie von schrecklichen Träumen gepeinigt und stößt schrille Schreie aus.

Man sendet nach ihrer Tochter. Aber die Mutter will auf einmal mit ihr nicht mehr sprechen. Schon hat Madame Tison Wahnvorstellungen. Sie sieht nur noch Gefängnisse und viel, viel Blut, wohin ihr Auge reicht.

Da erblickt sie eines Tages Antoinette. Sofort wirft sie sich ihr zu Füßen.

„Madame", schreit sie auf, „ich bitte Eure Majestät inständig um Verzeihung. Ich bin eine unglückliche Frau. Ich habe Sie und Prinzessin Elisabeth verleumdet. Ich bin schuld an Ihrem Tod."

Die beiden Damen heben sie auf und versichern ihr, dass sie ihr nichts nachtragen. Aber die bereits Geisteskranke ist durch nichts mehr zu beruhigen. Sie wälzt sich auf dem Boden, schreit unentwegt und redet dauernd wirr.

„Ich sehe Toulan", ruft sie schauerlich aus. „Ich sehe sein blutüberströmtes Haupt. Er war so jung und tapfer, und jetzt...jetzt... Toulan! Toulan! Ich wollte dich zum Schwiegersohn, und nun bist du Staub und Asche, nur Asche und Staub..."

Schließlich schaffen acht starke Männer die wahnsinnig Gewordene ins Hôtel Dieu, in das große Pariser Hospital mit einer Spezialabteilung für Geisteskranke.

In der Zeit vom 31. Mai bis zum 2. Juni 1793 wirft Robespierre mit seinen peinlich aufgelisteten Journées die Girondisten politisch nieder. Am 24. Juni proklamiert er unheildrohend die Außerkraftsetzung der von der Revolution eigens geschaffenen Verfassung.

Und einige Tage später verfügt er in einer seiner von Saint Just konzipierten Brandreden folgendes:

„Ich fordere, dass die Witwe Capet von ihrem Sohn zu trennen ist. Warum, werden Sie fragen, Bürger Genossen!...Sehen wir uns denn nicht bereits den erhobenen Fäusten der vom Hunger gequälten Massen und den Notschreien unserer völlig zerlumpten Volksarmeen gegenüber? Aber die Gewinnsucht vieler Deputierter des dritten Standes wächst nur noch ins Unermessliche. Es ist schrecklich auszusprechen, allein...es haben von unserer Revolution bürgerliche Kräfte profitiert, die ebensolche Feinde des Volkes sind wie die Verschwörer und Verräter, die unter dem Vorwand, die Witwe Capet und ihren Sohn zu bewachen, in Wahrheit diesen zur Flucht verhelfen wollten. Ich fordere daher, die Witwe Capet unverzüglich von ihrem Sohn zu trennen. Denn..."

Einige gemäßigte Girondisten im Nationalkonvent wagen einige zaghaft intonierte Zwischenrufe. Doch schon unterbricht sie herrisch Robespierre:

„Denn...", setzt er unerbittlich fort, „...denn das sogenannte Mitleid, das unangebrachte Mitleid der Bewacher im Temple mit Mutter und Kind führt letzten Endes nur dazu, die Mitglieder der Familie der Witwe Capet beharrlich zu beschützen, und erst später...vielleicht...halbherzig ein wenig auch zu schützen die...Früchte der Revolution, nämlich unsere geheiligte...Republik!"

Der 3. Juli 1793 ist jetzt gekommen.

Es ist zehn Uhr abends. Sechs Stadträte von Paris betreten das Zimmer der Königsfamilie. Ein Mitglied der Kommune verliest ein Dekret, wonach der Sohn der Witwe Capet von der Mutter getrennt werden soll. Antoinette ist darüber wie vor Schreck erstarrt.

Schon nähern sich zwei Beamte dem Bett des Kindes.

Antoinette wirft sich ihnen weinend entgegen.

„Das können Sie nicht tun! Das lasse ich nicht zu!", ruft sie flammend aus. Sie drückt ihren Sohn zärtlich an sich, der zu schluchzen beginnt.

Die Beamten drohen, die Wachen zu rufen.

So vergeht eine volle Stunde mit Bitten und Tränen.

„Mein Sohn ist doch erst im Mai schwer krank gewesen. Er hat über stechende Schmerzen in der Seite geklagt. Seine Lungen sind nicht in Ordnung. Bitte, bitte...lassen Sie ihn bei mir!"

„Es muss sein!", besteht der Leiter der Delegation.

„Tötet mich, bevor ihr mir mein Kind entreißt!", schreit Antoinette auf.

Schließlich muss die unglückliche Mutter einsehen, dass alles nichts nützt und dass ihre Weigerung, das Kind herauszugeben, alles nur noch schlimmer machen kann.

„Mama, geh nicht fort von mir!", schreit der Kleine immer wieder auf.

Die Mutter überwindet ihren Stolz und wirft sich vor den Männern auf die Knie. Doch alles, alles ist vergeblich.

Antoinette muss sich geschlagen geben. Sie muss ihren Sohn hergeben, daran ist nun einmal nichts zu ändern. Sie überschüttet das Kind mit Tränen und übergibt ihn schließlich und endlich, am Ende ihrer Kräfte, den...Beamten.

Der arme Kleine küsst noch einmal alle, Mutter, Schwester und Tante...und geht schluchzend mit den Wärtern fort in ein einen Stock tiefer liegendes Zimmer, in dem ihn sofort Antoine Simon übernimmt, jener ungeschlachte Flickschuster, 57 Jahre alt, stets betrunken, ein Freund Marats und Héberts. Simon hat von der Kommune den Auftrag erhalten, Louis Capet zu einem „guten Sansculotten", das ist zu einem Proletarier ohne Kniehosen, zu „erziehen".

Danach hört Antoinette zwei Tage lang ihren kleinen Sohn durch die Mauern hindurch schrecklich weinen.

Sie fällt in abgrundtiefe Verzweiflung, in grauenhafte Depressionen.

„Gott hat mich endgültig verlassen!", sagt sie in herzzerreißendem Ton zu Elisabeth. „Ich wage nicht mehr, zu Ihm zu beten..."

Der offizielle Bericht der Stadträte über diese Trennung aber lautet:

„Die Trennung hat sich mit allen Empfindungsaus-
brüchen vollzogen, die von einem solchen Augenblick
zu erwarten waren. Die Vertreter des Volkes haben sich
jeglicher Rücksichtsnahme bedient, die sich mit ihrer
gesetzlichen Pflicht vereinbaren ließ."

Nun kursieren in Paris Gerüchte, der Königssohn sei
entführt worden. Um diesen ein Ende zu machen, lässt
man das Kind in den Garten hinuntergehen, damit die
Bevölkerung ihn sehen kann. Aber kaum ist er unten, als
er laut nach der Mutter schreit. Sofort wird er wieder
nach oben gebracht.

Trotz aller Bitten erreicht Antoinette niemals die Erlaubnis, ihr Kind auch nur ein einziges Mal wiederzusehen. Ihre Wächter bestürmt sie dauernd mit Fragen über
sein Befinden. Hie und da sagt ihr ein Wachsoldat etwas
über den Zustand des Kleinen. Aber solche Schilderun-
gen sind derart aufregend, dass schließlich Elisabeth das
Wachpersonal bittet, die schreckliche Wahrheit Antoinette zu verheimlichen.

In entsetzlichen Träumen sieht die verzweifelte Mutter ihr Kind von Menschenfressern verzehrt.

Inzwischen verdirbt der dem Alkohol verfallene Si-
mon den kleinen Königssohn systematisch, der von der
Bevölkerung der Vendée in einem Volksaufstand als
Ludwig XVII. zum König ausgerufen wird.

Der beschäftigungslose Flickschuster Simon zwingt
den Achtjährigen, viel mehr zu essen, als er vertragen
kann, so dass er in kurzer Zeit fett und schwammig wird.
Er zwingt ihm in derart perverser Weise die Praktiken
der Selbstbefriedigung auf, dass das Kind einen Hodenbruch erleidet. Dann schüttet der notorische Trinker in
den Buben derart viel Branntwein hinein, dass der
Kleine oft sinnlos betrunken auf dem Boden herumku-
gelt. Schließlich wird er ernstlich krank. Doch kaum ge-
nesen, wird diese schauerliche Lebensweise an ihm auch
schon wieder fortgesetzt. Peitschenhiebe für ihn sind an
der Tagesordnung.

Eines Tages bringt ihm der unberechenbare Simon eine Flöte.

„Deine Wölfin von einer Mutter und deine Hündin von einer Tante spielten Klavier", höhnt er, „jetzt kannst du die beiden auf der Flöte begleiten. Das wird ein hübsches Konzert werden."

Empört über eine solche Beschimpfung seiner Mutter und seiner Tante stößt Louis die Flöte zurück.

„Ich will darauf nicht spielen!", erklärt er kurz und bündig.

„Was? Nicht darauf spielen?", schreit der Flickschuster. „Augenblicklich wirst du es tun!"

„Nein, nein, nein!", widersetzt sich das Kind.

Da prügelt der Betrunkene wie wild auf ihn ein. Der Kleine unterdrückt die Schmerzensschreie aus Furcht, die Mutter und die Tante könnten ihn in ihrem einen Stock höher gelegenen Zimmer hören.

„Die Leute in der Vendée haben einen Aufstand gegen die Republik gemacht", sagt jetzt Simon, etwas ernüchtert. „Wenn die jemals nach Paris kommen sollten, um dich, du Dreikäsehoch, zum König zu machen, so würde ich dich erwürgen, bevor ich dich denen ausliefern sollte..."

Jetzt schneidet die Schustersfrau dem hübschen Kind die langen, hellen Locken ab, welche die Freude Antoinettes gewesen sind.

Danach zieht Antoine Simon den Kleinen an sich, der mit gesenktem Kopf vor ihm steht.

„Schau mich an, du Missgeburt, schau mich an!"

Der Achtjährige hebt sein Haupt unsicher empor. Der Flickschuster durchbohrt ihn mit dem stechenden Blick seiner dunklen Augen.

„Capet!", sagt er drohend zu ihm, „wenn man dich befreien sollte, was...was würdest du mit mir tun?"

„Ich würde dir verzeihen", erwidert das Kind.

„Haha...verzeihen...mir...verzeihen!"

Anderntags liest Simon dem Kleinen aus dem „Moniteur" von einem Fest für die Republik vor, auf dem man die Pariser zu folgendem Eid aufgefordert hat:

„Lasst uns schwören, die Republik bis zum letzten Blutstropfen zu verteidigen! Lasst uns schwören: die Republik ist e w i g!"

„Hörst du", sagt jetzt Simon, indem er die Zeitung sinken lässt, „hörst du, Capet, die Republik ist ewig...ewig..."

Darauf erwidert das Kind nichts.

„Du willst also nicht hören, du widerlicher Fratz!", schreit der Mann wütend auf, „aber du siehst wohl...du erlebst es jetzt selbst...dass die Republik ewig ist!"

„Nichts ist ewig", antwortet Louis altklug.

Kaum hat er jedoch diese drei Worte ausgesprochen, als ihn ein Faustschlag des Flickschusters zu Boden wirft.

„Lass ihn doch in Ruhe!" Simons Frau ist herzugetreten und fühlt plötzlich Mitleid mit dem blutenden Kind. „Er ist in Lug und Trug erzogen worden. Er ist blind für die Anliegen des Volkes."

Da schleudert der Mann den Achtjährigen zornig aufs Bett hin.

„Es ist allein deine Schuld, dass ich dich so behandle, du hast es nicht anders verdient."

„Ich habe vorher geirrt", schluchzt das Kind.

„Wieso?"

„Weil ich sagte, nichts ist ewig."

„Eben. Die Republik ist ewig!", beharrt trotzig der Mann.

„Gott ist ewig...Er allein..."

Am 13. Juli dieses Revolutionsjahres 1793 wird Marat, der 200.000 Menschenopfer auf dem Altar der jungen Republik gefordert hat, in der Badewanne von der 25-jährigen Charlotte Corday aus Protest gegen seinen Blutterror erstochen.

„Alle Verräter müssen auf der Guillotine dafür büßen", sind die letzten Worte des 49-Jährigen, vor dem sogar Robespierre und Danton gezittert haben.

Seine Mörderin, die schöne Ex-Aristokratin Corday d'Armont, war vordem zur glühenden Republikanerin geworden. Eine Idealistin, die an die Verwirklichung der schillernden Utopien von Freiheit, Gleichheit und Brüderlichkeit ehrlich geglaubt und durch das Terrorregime, das sie hauptsächlich Marat angelastet hat, ihre Ideale jetzt verraten sieht.

Charlotte läuft von dem Tatort nicht davon und lässt sich ohne Widerstand verhaften. Vor Gericht zeigt sie weder Furcht noch Reue und besteigt vier Tage später, am 17. Juli 1793, gelassen das Holzgerüst der Guillotine. Sie erreicht jedoch das Gegenteil von dem, was sie durch ihre Tat erhofft hat.

Die linksradikalen Revolutionäre benützen den Eindruck des Attentats auf die Pariser Bevölkerung, in einem furchtbaren Blutregime den letzten Widerstand in und um Paris zu beseitigen, während inzwischen in der gesamten Vendée und der Normandie sich der Aufstand gegen den Terror der jungen Republik und für die Wiedererrichtung der Monarchie ausbreitet.

Elf Tage nach der Hinrichtung Charlotte Cordays tritt Robespierre in den allgemeinen Sicherheitsausschuss ein, wie jetzt das Innenministerium heißt.

Im Dekret vom 1. August 1793 befiehlt er, „die Gräber und Mausoleen der ehemaligen Kirche von Saint Denis und überall sonst in der Republik zu zerstören".

Die sterblichen Überreste Ludwigs XIV., Ludwigs XV. und ihrer Gattinnen werden aus ihren Särgen gerissen und in ein mit Kalk übergossenes Massengrab geworfen. Selbst der einbalsamierte Leichnam des englischen Königs Jakob II. wird davon nicht verschont.

# Das Vorzimmer des Todes

„Das Volk fällt keinen Urteilsspruch,
es schleudert den Blitz!"
(Maximilien de Robespierre)

In der Nacht nach diesem 1. August 1793 um zwei Uhr morgens pocht man an Antoinettes Tür. Sie kleidet sich ruhig an und öffnet.

Vier Kommissare teilen ihr mit, dass sie nach der Conciergerie, einem Gefängnis auf der Pariser Ile-Saint-Louis, gebracht wird. Sie darf ein Bündel Kleider mitnehmen und, da sie in letzter Zeit unter Ohnmachtsanfällen gelitten hat, ein Riechfläschchen. Es gelingt ihr jedoch, eine Uhr ihrer Mutter und einen gelben Handschuh ihres gepeinigten Sohnes zusätzlich einzupacken.

Zum Abschied küsst sie ihre fünfzehnjährige Tochter, die wie versteinert dasteht.

„Mein Kind", sagt sie zu ihr beherrscht, „höre niemals auf, Gott zu lieben, den Menschen zu verzeihen, mutig zu bleiben...Gehorche deiner Tante, als wäre sie deine Mutter, schenke ihr die Neigung des Herzens..."

Marie Thérèse bringt im Schock dieses Augenblicks kein Wort über die Lippen. Zu groß ist das Entsetzen in ihrer Seele, in der Dunkelheit der Nacht aus dem Schlaf gerissen und nunmehr auch von der Mutter, wie vor sieben Monaten vom Vater, getrennt zu werden, wahrscheinlich für immer... für immer...

„Meine Schwester", spricht nun Antoinette zu ihrer Schwägerin Elisabeth, „ich empfehle meine beiden Kinder deiner liebenden Obhut..."

„Meine Schwester", flüstert daraufhin Elisabeth der Königin ins Ohr, „behalte weiterhin deine wunderbare Ausdauer und Treue!"

Antoinette erwidert nichts mehr. Grüßend neigt sie nur ihr Haupt vor der 29-jährigen, ledig gebliebenen jüngsten Schwester ihres Mannes.

Ohne sich umzudrehen, verlässt sie den Raum, gefolgt von den vier Kommissaren.

Als sie bei der Treppe vorbeikommt, hinter der ihr Sohn einen Monat zuvor schluchzend verschwunden ist, bleibt sie einen Augenblick stehen. Dann setzt sie beherrscht und schweigend ihren Weg fort.

Beim Tor des Temple, bei der niederen Pforte vergisst sie, sich zu bücken und stößt mit der Stirn an einem dicken Dachsparren an.

Einer der Kommissare fragt sie:

„Haben Sie sich weh getan?"

„Nein", erwidert sie ruhig, „mir kann nichts mehr weh tun."

Am Tor wartet ein Wagen. Antoinette besteigt ihn. Ein Kommissar und zwei Soldaten nehmen ihr gegenüber Platz. Die Straßen von Paris sind mit Blumengirlanden und Triumphbögen festlich geschmückt ... aus Anlass, eines bevorstehenden Festes „der Freiheit, Gleichheit und Brüderlichkeit".

Es ist vier Uhr morgens, als sich der Wagen der Conciergerie, dem Gefängnis, nähert. Antoinette steigt aus und betritt sicheren Schrittes das düstere Gemäuer, als ob sie den Weg schon kennen würde.

Eine Woche später gelangt die Nachricht davon ins Ausland, und auch zu Fersen.

Er schreibt in sein Tagebuch:

„...Es verlautet, dass der Kutscher nicht wusste, wen er führte, aber dass er eine Ahnung davon gehabt habe, da er sehr lange warten musste. Der Wagen, welcher die unglückliche Königin vom Temple in die Conciergerie brachte, soll ganz voll Blut gewesen sein, als sie ihn verließ. Die Männer stiegen zuerst aus dem Wagen, die Frau folgte. Sie stützte sich auf den Arm des Kutschers..."

Am rechten Ringfinger trägt sie neben dem Ehering jenen Siegelring mit den erwähnten, eingravierten fünf Worten. Die vier Kommissare haben doch glatt vergessen, ihr diese beiden Ringe abzunehmen. Das wäre nämlich für sie und den ganzen Konvent eine tolle Sensation gewesen, hätten sie jenen Siegelring entdeckt und jene eingravierte Devise:

„Tutto a te mi guida!", zu deutsch:

„Alles führt mich zu  dir!"


## Ein junger Herr und zwei Nelken

> „Jeder Mensch hat das Recht auf Leben,
> Freiheit und Sicherheit der Person."
> (Artikel 3 der Erklärung der Menschenrechte)

Die Zeitungen des Auslands bringen in Balkenlettern die Nachricht von der Überführung Antoinettes in das berüchtigte Todesgefängnis, aus dem kaum einer der Gefangenen der Hinrichtung entgeht. Aber außer papierenen Protesten der ausländischen Regierungen unternehmen diese nichts zur Rettung Antoinettes.

Jean Drouet, jener Postmeister von Sainte-Méne-hould, der einst Ludwig auf der Flucht verraten hat und später als Revolutionsoffizier und Deputierter des Wohlfahrtsausschusses von den Österreichern bei den Kämpfen in Deutschland gefangengenommen worden war, er erklärt bei seinem Verhör in Wien Fürst Metternich klipp und klar, man wolle die Königin und ihre Familie gegen gefangene Revolutionsoffiziere (und Geld) austauschen. Doch Franz II. rührt keinen Finger zur Rettung Antoinettes, der Schwester seines Vaters, Leopolds II.

Einzig und allein Fersen ist völlig verzweifelt. Er schreibt seiner Schwester Sophie:

„Meine teure Sophie, meine einzige Freundin … Du weißt gewiss schon von dem furchtbaren Unglück der Überstellung der Königin ins Gefängnis der Concier-gerie aufgrund eines Dekrets des niederträchtigen Konvents, der sie dem Revolutionstribunal ausliefert. Seit diesem Augenblick lebe ich nicht mehr, denn das heißt nicht leben, so zu existieren wie ich und all die Schmerzen zu erleiden, die ich empfinde. Wenn ich wenigstens etwas für ihre Befreiung tun könnte, dann glaube ich, dass ich weniger leiden würde. Aber nichts tun zu können, als nur herumzubitten, ist schrecklich für mich! Nur Du allein kannst nachempfinden, was ich leide. Alles ist für mich verloren. Mein Bedauern wird ewig sein, und nur der Tod wird es auch vergessen lassen. Ich kann mich mit nichts befassen, ich kann an nichts anderes denken als an das Unglück dieser schwer geprüften, würdigen Fürstin. Ich habe nicht einmal die Kraft, das auszudrücken, was ich fühle. Ich würde gern mein Leben hingeben, um sie zu retten, und kann es doch nicht. Mein größtes Glück wäre, für sie zu sterben, um jene zu retten..."

Ein paar Tage später, am 4. September 1793, folgt ein zweiter Brief an die Schwester:

„...Ich werfe mir oft die Luft vor, die ich atme, wenn ich mir vorstelle, dass die Königin in einem fürchterlichen Gefängnis eingeschlossen ist. Dieser Gedanke zerreißt mein Herz, er vergiftet mein Leben, und ich bin ständig hin- und hergerissen zwischen Schmerz und Wut..."

Fersen bleibt nicht untätig. Überall reist er hin, überall spricht er vor, bei den Brüdern Ludwigs in Koblenz, bei den anderen Emigranten, bei Staatsmännern, Politikern, bei den einflussreichen Militärs der Alliierten ... doch selbst der einstige Botschafter Maria Theresias in Frankreich, Graf Florimond Mercy, lehnt jede Intervention zugunsten Antoinettes „eisig" ab. Doch Fersen gibt nicht nach, er gibt nicht auf. Bei dem Grafen de la Marck, der einst die Verbindung des Königshofes zu Mirabeau hergestellt hat, findet er sofort mitfühlendes Verständnis. Dieser rüttelt Mercy auf und erinnert ihn daran, dass er einst Maria Theresia das feierliche Versprechen gab, ihre Tocher nie im Stich zu lassen. Mercy lässt sich erweichen.

Gemeinsam verfassen die beiden ein energisches Schreiben an den Oberkommandierenden der alliierten Truppen, den Prinzen von Coburg:

„... Solange die Königin noch nicht unmittelbar bedroht war, konnte man Schweigen bewahren aus Furcht, die Wut der Wilden, die sie umringen, zu provozieren. Heute, da sie dem blutigen Revolutionstribunal ausgeliefert ist, wird jede Maßnahme, sie zu retten, Ihnen als Pflicht erscheinen...Unverzüglich muss daher ein rascher Vormasch nach Paris durchgeführt werden, um dort Schrecken zu verbreiten. Jede andere militärische Operation hat hinter dieser allernötigsten zurückzustehen...Lassen Sie mich", fährt Mercy in dem Schreiben fort, „von den schrecklichen Gewissensbissen sprechen, die wir alle eines Tages empfinden müssten, in einem solchen Augenblick höchster Lebensgefahr untätig gewesen zu sein. Die Nachwelt würde es nie begreifen, dass ein solch großes Verbrechen nur wenige Stunden von den siegreichen Armeen entfernt ausgeführt werden konnte, ohne dass diese Armeen den Versuch gemacht hätten, jenes zu verhindern..."

Als Antwort schlägt der etwas einfältige Prinz nichts anderes vor, als... „für den Fall, dass die mindeste Gewalttätigkeit gegen die Person der Königin verübt werde, sofort die kürzlich vier festgenommenen Mitglieder des Konvents bei lebendigem Leib aufs Rad zu flechten..."

Man erkennt, mit diesem Prinzen kann man nicht vernünftig verhandeln. Also beschwört La Marck den bis jetzt passiven Mercy, sofort an den Hof in Wien zu schreiben:

„...Senden Sie unverzüglich einen anderen Kurier dorthin! Sorgen Sie dafür, dass man dort die ganze Gefahr erkennt! Drücken Sie die äußersten Besorgnisse aus, die leider nur allzu begründet sind. Es ist wichtig, dass man in Wien endlich begreift, wie peinlich, ja, ich wage es zu sagen, wie verhängnisvoll es für die kaiserliche Regierung wäre, wenn die Weltgeschicht eines Tages berichten müsste: Vierzig Meilen weit vom siegreichen Österreich hat die erhabene Tochter Maria Theresias auf dem Schafott geendet, ohne dass man einen Versuch unternommen hätte, sie zu retten. Es wäre ein untilgbarer Flecken auf dem Kronschild unseres Kaisers..."

Solcherart wachgerüttelt, schreibt der alte Mercy nun doch nach Wien:

„...Ich frage mich ernstlich, ob es mit der Würde des Kaisers und mit seinen Interessen zu vereinbaren ist, dass er ein bloßer Zuschauer des Schicksals bleibt, von dem seine erlauchte Tante bedroht wird, ohne zu versuchen, sie diesem Schicksal zu entziehen oder sogar zu entreißen... Hat der Kaiser unter solchen Umständen nicht auch besondere Pflichten zu erfüllen ?... Man darf nicht vergessen, dass die Haltung unserer Regierung eines Tages von der Nachwelt beurteilt werden wird, und muss man nicht die Strenge dieses Urteils fürchten, wenn Seine Majestät der Kaiser weder Versuche gemacht, noch Opfer gebracht hat, um die Schwester seines Vaters zu retten... ?"

Doch der passive, zum Geiz neigende 25-jährige Kaiser rührt keinen Finger zur Rettung seiner Tante, wie er auch 22 Jahre später keinen Finger rühren wird zur Rettung seines Schwiegersohnes Napoleon.

Später einmal wird Mercy verbittert hierüber urteilen:

„Sie (der Kaiser und seine Berater) hätten die Königin auch dann nicht gerettet, wenn sie mit eigenen Augen sie zur Guillotine hinaufschreiten gesehen hätten."

Jetzt versuchen Fersen und Mercy auf eigene Faust, einen tolldreisten Coup zu starten: Im Verein mit dem äußerst waghalsigen Baron Batz wird viel Geld aufgetrieben und aus dem Ausland über den Tanzmeister Noverre nach Paris gebracht.

Baron Batz übernimmt es in der französischen Hauptstadt persönlich, einige einflussreiche Deputierte des vierten Standes glatt zu bestechen. Denn diese bisher bettelarmen Sansculotten merken blitzschnell, wie wunderbar Geld „schmecken" kann. Will man denn jetzt nicht auch reich werden wie die da oben „von früher"? Von der Besitzgier zur Bestechlichkeit ist aber nur ein winzig kleiner Schritt.

Baron Batz gelingt es daher spielend, zwei für ihn besonders wichtige Männer...abermals zu bestechen, nämlich den Limonadenverkäufer Michonis, der zum Hauptinspektor aller Gefängnisse von Paris, also auch des Temple und der Conciergerie aufgestiegen ist (trotz des Verdachtes durch Simon!), sowie den ebenfalls für den Baron Batz beim Fluchtversuch im Temple bereits tätig gewesenen Cortey, nach wie vor miliärischer Leiter der Sektion von Paris!

Gegen Geld schleust Michonis den ehemaligen Kammerdiener Hue in Antoinettes Zelle ein, danach eine gewisse Mrs. Atkins, dann wieder den Portraitisten Prieur, der das letzte Bild von Antoinette malt, und schließlich sogar einen romtreuen Priester, welcher der Königin die letzte Beichte abnimmt und ihr den Leib des Herrn reicht.

Und das Allerverblüffendste: Selbst der grimmigste Linksradikale, der überaus militante Chefredakteur Jacques Hébert, der bis vor kurzem noch in seiner Hass-Zeitung gegen die „Hure" Antoinette gezetert und ihren Kopf gefordert hat mit der wüsten Drohung, wenn man sie nicht hinrichte, werde er ihr persönlich den Kopf abschneiden, selbst er ... man fasst es nicht... selbst er ... urplötzlich wird er handzahm und verlangt, man möge Antoinette zurück in den Temple in eine ruhigere Zelle bringen. Man erkennt, die Millionen von Batz und den letzten Getreuen Antoinettes wirken bereits auf staunenswerte Weise!

Da war übrigens vor mehr als einem Jahr in den Tuilerien genau am 20. Juni 1792, beim ersten Sturm auf das Königsschloss, ein junger Hofmann, ein gewisser Chevalier de Rougeville.

Dieser rettete damals Antoinette mit ihren Kindern, indem er sie blitzschnell vom Vorraum des ersten Stocks in das Ratszimmer führte, dessen Türen er mit Möbeln verbarrikadierte und mit Wachposten besetzte. Nun tritt dieser junge Mann abermals auf die Bühne der Weltgeschichte ...

*Mittwoch, 28. August 1793:*
Wer erscheint jetzt in der strengstens bewachten Zelle Antoinettes? Es ist Michonis, aber... nicht er allein!

Ein kleiner, 36-jähriger Herr im dunklen Anzug mit zwei Nelken im Knopfloch begleitet ihn.

Lockiges Haar umrahmt sein Gesicht, in dem zwei lebhafte dunkle Augen Feuer zu versprühen scheinen. Der Fremde spricht vorerst kein Wort und blickt nur unverwandt die Königin an, die schrecklich abgemagert ist. Doch sie nimmt scheinbar keine Notiz von ihm.

„Monsieur", fragt Antoinette den einstigen Limonadeverkäufer, „wie geht es meinen Kindern?" Immer gilt ihre erste Frage den Kindern.

„Gut", erwidert freundlich Michonis, „gut, den Umständen entsprechend...gut."

„O...hier ist es angenehm kühl", plaudert Michonis freundlich weiter. „Draußen ist es heute heiß... Seien Sie froh, dass Sie nicht draußen sind!"

„Welchen Tag haben wir heute, Monsieur?"

„Den 28. August...nein, nicht August, wir haben ja den Gregorianischen Kalender abgeschafft, wie Sie inzwischen gehört haben. Nun, unser neuer Kalender ... auch nicht übel ... oder?"

„Kalender hin, Kalender her..." Antoinette wird leichenblass. Sie hat in dem Fremden Alexander Gousse de Rougeville erkannt. Er macht ihr hinter dem Rücken der Anderen, nämlich des Gendarmen und der Aufwartefrau, immer wieder heimlich Zeichen, die sie nicht zu deuten vermag.

Eine hektische Röte schießt ihr ins Gesicht. Sie fürchtet, dadurch zu verraten, dass sie den unbekannten Fremden erkannt hat.

Michonis bemerkt ihre plötzliche Verwirrung.

„Ach...Sie verstehen, ich muss noch andere Gefängnisräume besichtigen. Ich komme nachher noch einmal zurück mit diesem Bürger, der mich unbedingt einmal auf meinem Inspektionsgang begleiten wollte. Bis später also..."

Die beiden Männer verlassen mit der Aufwartefrau die Zelle. Zurück bleibt eine aufgeregte Antoinette mit dem Gendarmen.

Sie setzt sich nieder. Die Knie zittern ihr und sie sucht sich zu beruhigen und Klarheit über das Geschehene zu gewinnen.

Was bedeutet das? Warum hat Michonis diesen Königstreuen mitgebracht? Zu welchem Zweck? Nur weil Rougeville neugierig ist, wie die einstige Königin von Frankreich jetzt aussehen mag? Wie sie sich hier gibt, in dieser mörderischen Umgebung? Oder? Da steckt doch etwas anderes dahinter.

Einem verwegenen Royalisten gelingt es, bis in ihre Zelle vorzudringen. Das könnte ein Befreiungsversuch sein, das könnte einer werden...

Antoinette fasst sich. Sie hat ihre volle Beherrschtheit zurückgewonnen. Wieder klirrt der Schlüsselbund an der Tür.

Michonis ist mit Rougeville zurückgekommen.

„Da bin ich noch einmal, um Ihnen einen guten Tag zu wünschen."

„Danke. Sie haben gewiss heute noch viel zu erledigen."

„Natürlich, natürlich...Das Leben in Paris ist jetzt so turbulent, so turbulent...schwere Zeiten gewissermaßen."

Während Antoinette aufmerksam zuzuhören scheint, verliert sie den Fremden nicht aus den Augen. Dieser hat plötzlich irgendetwas hinter den Ofen geworfen.

„Ist die Ernte heuer gut ausgefallen?", fragt Antoinette und tut, als ob sie nichts bemerkt hätte.

„Es geht, es geht... In einem Département besser, in einem anderen weniger gut...Nun muss ich mich verabschieden. Sie verstehen. Au revoir!"

„Au revoir, Monsieur, au revoir!"

Die beiden Männer verlassen die Zelle.

„Fragen Sie doch bitte Monsieur Michonis", ersucht sie geistesgegenwärtig den Gendarmen, „ob der Konvent erlauben wird, die Verpflegung etwas zu verbessern..."

Der Gendarm eilt hinaus, um Michonis einzuholen. Diesen Augenblick, da sie allein ist, benützt Antoinette, um hinter dem Ofen nachzusehen.

Wie, nur eine Nelke, sonst nichts? Doch nein, in der Blume steckt ein winziges Billet. Darinnen steht folgendes geschrieben:

„Meine Gönnerin! Ich werde Sie niemals vergessen, ich werde immer jegliche Mittel suchen, um Ihnen meinen Opferwillen zu beweisen. Wenn Sie drei- oder vierhundert Louisdor für Ihre Umgebung brauchen, bringe ich diese nächsten Freitag."

Da kehrt er auch schon wieder zurück...nein, nicht der Gendarm Gilbert, auch nicht Michonis, nein, Rougeville, seltsamer Weise ganz allein...Rougeville!

„Ihre Tollkühnheit erschreckt mich, Marquis!"

„Sorgen Sie sich nicht um mich! Ich habe Geld, Leute, Polizeibeamte, kurz, die sichersten Mittel, um Sie hier herauszuholen."

„Ich fürchte nicht um mein Leben. Meine ganze Sorge sind meine beiden Kinder."

„Sie werden doch nicht den Mut verloren haben, Madame?"

„Ich bin schwach und erschöpft, aber mein Herz ist stark geblieben."

„Fassen Sie Mut! Ich komme übermorgen, Freitag, wieder und bringe das Geld, das Sie für Ihre Wärter brauchen."

Rougeville eilt hinaus und Gilbert kommt zurück.

„Lieber Monsieur Gilbert", spricht Antoinette ihn sofort an. „Ich freue mich, dass ich einmal allein mit Ihnen sprechen kann. Sie sind ein so netter Mensch! Neulich zum Beispiel brachten Sie mir Blumen und Ihnen verdanke ich den Besuch des Abbé Magnin..."

„Ich bin Katholik wie Sie, Madame", erwidert Gilbert kurz.

„Monsieur Gilbert!" Antoinette ist vor Aufregung im Gesicht rot geworden. „Sie sehen, wie erregt ich bin. Dieser Herr, der vorhin hier war, ist ein Sankt-Ludwigs-Ritter...Sie wissen, was das bedeutet..."

„Keine Ahnung, Madame..."

„Ich verdanke ihm...Sie ahnen ja nicht, wie er es angestellt hat, um mir diesen Zettel hier zukommen zu lassen." Sie schwenkt das Billet siegestrunken in der Luft.

„Was steht denn drinnen?" Gilbert holt tief Luft und macht neugierige Augen.

„Was? O mein Gott! Sie ahnen ja nicht, wie er es angestellt hat, mir diesen Zettel zukommen zu lassen. Er zwinkerte mir zu, und da ich nicht sofort verstand, was er damit meinte, trat er näher..."

„So, so...er trat näher...hm..."

„...und flüsterte mir zu: Heben Sie die Nelke hinter dem Ofen auf, ich komme wieder...Freitag..."

„Übermorgen also...", brummt Gilbert in sich hinein.

„Das übrige wissen Sie ja. Ich bückte mich und hob die Nelke auf, in der sich dieses Billet befand."

„Ich habe nichts gehört, und Sie haben mir nichts berichtet", beendet Gilbert abrupt das Gespräch.

„Aber...ich muss dem Herrn doch eine Antwort geben, wenn er in zwei Tagen wiederkommt", fährt Antoinette zaghaft fort.

„Ich weiß von nichts", brummt Gilbert schon etwas ungehalten, „von nichts..."

Antoinette besitzt jedoch seit der Einweisung in die Conciergerie weder Feder, Tinte oder Bleistift zum

Schreiben, und nur noch einen kleinen Zettel, wer weiß woher...

Mit einer Haarnadel, die sie aus ihrer Frisur herauszieht, sticht sie etwa ein Dutzend Worte in das kleine Stück Papier.

Später sagt sie zu Gilbert, der dumpf in einer Ecke vor sich hinbrütet:

„Sehen Sie...ich brauche keine Feder zum Schreiben. Das ist meine Antwort für den Fremden, der Freitag wiederkommt."

Darauf antwortet Gilbert nichts mehr. Da zerreißt sie das Billetchen von Rougeville in viele kleine Schnitzel.

*Zwei Tage später, also Freitag, 30. August 1793:*
Abermals das schon bekannte und diesmal besonders heiß erwartete Klirren des Schlüsselbundes an der Tür.

Gut gelaunt erscheint Michonis und mit ihm wiederum...der scheinbar Unbekannte von neulich.

„Bonjour...bonjour...Welch ein schöner Tag heute, aber heiß, sehr heiß, Madame Capet..."

„Und Sie fühlen sich wohl, Monsieur Michonis?", fragt Antoinette beinahe heiter den Mann, der alle Gefängnisse von Paris zu inspizieren hat.

„Durchaus, durchaus... Es geht uns gut, wirklich gut...Die Fenster hier sind in Ordnung, wie immer...die Gitterstäbe daran auch...Das Türschloss...alles hier in schönster Ordnung...Ja, was ich sagen wollte...Den Kindern geht es auch gut, dem kleinen Herrn Sohn...der Tochter: eine hübsche, junge Dame bereits...hübsch, wirklich hübsch...Madame Capet, Sie können zufrieden sein...zufrieden sein...Gilbert, was erzählten Sie mir gestern vom Gefangenen von nebenan?" Und Michonis zieht Gilbert mit sich fort, zu Tür hinaus...

Rougeville ist jetzt allein mit Antoinette. Ihr Herz schlägt rasch.

„Madame", spricht er leise zu ihr, „ich bringe Ihnen hiermit 400 Louisdor in Gold und 10.000 Livres in Assignaten. Sie werden das Geld für Ihre Bewacher brauchen. Die Entführung findet in drei Tagen statt, in der Nacht vom 2. auf den 3. September."

Da kommt auch schon Michonis mit Gilbert zurück. Der Hauptinspekteur wirft einen raschen Blick auf Rougeville.

„Mon Dieu!", ruft der ehemalige Limonadenverkäufer pathetisch aus. „Die Zeit läuft einem unheimlich rasch davon! Ich muss fort, fort...Soviel gibt es heute noch zu erledigen, soviel...Madame Capet, au revoir!"

Und er eilt mit Rougeville hinaus.

*Die Nacht vom 2. auf den 3. September 1793:*

Im Gefängnishof der Conciergerie läutet die Glocke: das Zeichen für die Gefangenen, in ihre Zellen zurückzukehren. Doch es wird nicht sogleich still. Wegen der Hitze stehen die beiden kleinen Fenster in Antoinettes Zelle weit offen.

Jene Häftlinge, die am nächsten Morgen vor dem Revolutionstribunal erscheinen müssen, laden ihre Zellengenossen zu einem Abendessen ein, bei dem viel getrunken und laut gesungen wird. Dennoch hört man die Schritte der Wachposten in dem Korridoren des weiten Gefängnisses.

Der oberste Gefängnisdirektor erscheint und berichtet dem Pförtnerehepaar Richard, dass er den Auftrag habe, Antoinette in den Temple zurückzubringen, wie es ja auch kürzlich der extrem linksradikale Chefredakteur Hébert (der Führer der Hébertisten) zum größten Erstaunen aller in seinem Hetzblatt gefordert hat. Dieselbe Version teilt Michonis gleichzeitig auch dem Wachpersonal mit.

Dann...es ist mittlerweile elf Uhr nachts geworden...betritt Michonis mit Rougeville die Zelle Antoinettes.

„Madame Capet!", begrüßt Michonis die aufgeregte Königin, „es ist soweit. Sie werden in den Temple zurückgeführt gemäß Anordnung des Wohlfahrtsausschusses. Bitte, folgen Sie mir!"

*Marie Antoinette als Witwe*

Sie erhebt sich rasch und mit ihr die beiden sie bewachenden Gendarmen Gilbert und Dufresne.

Hastig eilen Antoinette, Michonis, Rougeville und die beiden Wachhabenden den sogenannten „schwarzen Korridor" entlang. Sie haben bereits die zahlreichen Gefängnistüren passiert und stehen schon vor der großen Ausgangstür, als plötzlich Dufresne, der mit 50 Louisdor von Rougeville bestochen worden war, die Nerven verliert und sich der weiteren Flucht widersetzt.

„Bis hierher und nicht weiter!", ruft er hallend. „Wenn die Gefangene nicht augenblicklich in ihre Zelle zurückgebracht wird, so bringe ich euch alle auf die Guillotine."

Durch den Lärm aufgescheucht, erscheint der Militärkommandant der Concergerie, Oberst Dumesnil.

„Was ist hier los?", fragt er streng.

„Man will die Witwe Capet in den Temple zurückbringen", sagt Dufresne trotzig.

„Nun, wir wollen kein Aufsehen erregen und die Witwe Capet, um die Nachtruhe nicht weiter zu stören, eben ein ander Mal...", entgegnet der aalglatte Michonis geistesgegenwärtig.

„Die Gefangene zurück in die Zelle!", befiehlt der Oberst kurz. „Ich werde den Sicherheitsausschuss sofort alarmieren."

Damit ist natürlich die Entführung Antoinettes geplatzt. Der Wagen, der auf die Königin in der Nähe des Gefängnisses, nämlich in der Cour de Mai wartet, um jene zu Madame de Jarjayes, der Frau des nach Italien geflüchteten ehemaligen Privatsekretärs Antoinettes, nach deren Schloss Livry und von dort nach Deutschland zu bringen, dieser Wagen...er wartet vergebens...

Die Widersprüchlichkeiten, die bei den nunmehr erfolgenden Verhören zutage treten, sind haarsträubend.

Michonis und Rougeville gehen vorerst seelenruhig nach Hause, als ob alles zu einem guten Abschluss gekommen wäre. Anderntags, also am 3. September, essen beide in Gesellschaft einer gewissen Sophie Dutilleul, der Geliebten von Rougeville, zu Mittag. Sie beratschlagen über ihr weiteres Vorgehen nach dem Misserfolg der geplanten Entführung.

Rougeville beschließt zu verschwinden und bloß zwei Hemden und ein paar Strümpfe mitzunehmen.

Michonis aber taucht nachmittags, als ob überhaupt nichts geschehen wäre, in der Conciergerie auf. Dort erwarten ihn bereits zwei Deputierte des Konvents namens Amar und Selestre, die vom Sicherheitsausschuss und vom Polizeigericht des Konvents beauftragt wurden, die ganze Angelegenheit zu untersuchen.

Die Verhöre der Beteiligten fördern immer wieder Widersprüche um Widersprüche zutage.

Die Verantwortung von Michonis ist derart fadenscheinig, dass Amar ausruft:

„Sie müssen entweder blind oder pflichtvergessen gewesen sein!"

Am Morgen des 4. September um halb acht Uhr wird
Michonis verhaftet. Vier Tage später auch Sophie Dutilleul. Rougeville gelingt die Flucht nach Belgien: Ihm
als einzigem, ihm, dem jungen Herrn mit den...zwei
Nelken.

# Das Volk fordert...

„Niemand darf willkürlichen Eingriffen in sein
Privatleben, seine Familie, sein Heim oder seinen Briefwechsel, noch Angriffen auf seine Ehre
und seinen Ruf ausgesetzt werden."
(Artikel 12 der Erklärung der Menschenrechte)

Louis Saint Just wurde durch seine Freundschaft mit Robespierre 1792 Deputierter des Nationalkonvents.

Saint Just, der Frauenlose, wird der Todesengel für
Robespierre, den Frauenlosen. Beide lieben die Revolution, das „Volk", die Macht.

„Die Herrschaft gehört nur den Phlegmatikern", ruft
Saint Just seinem Freund zu, als dessen Gesicht im Konvent einmal vor Zorn zuckt.

Saint Just feilt mit dem um neun Jahre Älteren die
Brandreden für den Konvent aus, er führt ihm die Hand
bei allen Eingaben, Vorschlägen, Dekretentwürfen wie
Anklagedekreten oder Verbotsdekreten, Verhaftbefeh-
len oder Todesurteilen.

Saint Just ist es, der auf solche Weise dem älteren
Freund zum Stehvermögen auf dem steilen Weg nach
oben verhilft und damit schließlich zur...Leitung des
Wohlfahrtsausschusses, wie sich jetzt die Regierung
Frankreichs nennt.

Da ist doch dieser eitle, militante Schwätzer Hébert, der die Vernunft zur Göttin ausgerufen und sie in Notre Dame in der Gestalt einer Prostituierten sichtbar erscheinen ließ: Hébert, dieser hässliche Gründer einer eigenen Partei, dieser widerliche, unästhetische 35-jährige Zwerg, der seine Leitartikel in einem groben, allzu plumpen Stil schreibt, so etwa...die Hure Antoinette müsse endlich den Hechtsprung machen, der Henker Samson endlich mit dem Kopf der Wölfin Kegel spielen...dieser „abscheuliche Hébert" erscheint dem jungenhaften, fanatischen Ästheten Saint Just höchst verdächtig. Wieso eigentlich fordert jener urplötzlich in seinem Hetzblatt, Antoinette müsse in den Temple zu ihren Kinder zurückgebracht werden? Und zwar gerade jetzt, wo dieser Limonadenverkäufer Michonis in der Conciergerie aufgeflogen ist in diesem undurchsichtigen und zutiefst widersprüchlichen „Nelkenkomplott"? Ist denn dieser zeitliche Gleichklang nicht sehr, sehr verdächtig? Wollte denn dieser Michonis nicht auch Antoinette angeblich in den Temple zurückbringen? Sagt er...Wahrscheinlich aber eher zur Flucht verhelfen. Dieser Hébert, dieser „verfluchte Schreihals", ist vermutlich in die Verschwörung des Michonis verwickelt.

Saint Just teilt seinen schweren Verdacht gegen Hébert seinem Intimfreund Robespierre sofort mit.

Schon donnert Saint Just, mit einem deutlichen Seitenhieb auf Hébert, im Konvent:

„Man macht keine Republik mit Korruption oder Verrat, sondern nur mit unbeugsamer Härte gegen alle, die sich bestechen ließen und Verrat geübt haben!"

Hébert läuft es kalt über den Rücken. Er weiß es, hier hilft nur eines: Angriff ist die beste Verteidigung. Er hat vor ein paar Tagen in seinem Leitartikel die Rückführung Antoinettes in den Temple gefordert. Also...kann seine Rechtfertigung nur im Zusammenhang mit dem Temple geschehen.

Einige Tage später, am 30. September 1793, weist er einen Brief vor, den er aus dem Temple erhalten haben

will von...Simon, dem Analphabeten, dem „Erzieher"
des achtjährigen Sohnes des hingerichteten Tyrannen.

Was aber schreibt dieser des Lesens und Schreibens
unkundige Trunkenbold?

„...Habe etwas Ungeheuerliches zu melden..."

Hébert, „pflichtbewusst, dynamisch", wie er als eitler
Selbstdarsteller gesehen werden will, eilt unverzüglich
zu dem „guten" Simon.

Was er dort zu erfahren glaubt, übermittelt er sofort
als Waffe gegen Antoinette dem Revolutionstribunal.
Nun soll der Konvent, nun sollen Robespierre und mit
ihm Saint Just sehen, was für ein Kerl dieser Hébert
doch ist! Im Sicherheitsausschuss schreit er hallend vom
Rednerpult aus:

„Ich habe den Sansculotten den Kopf Antoinettes versprochen, und wenn man ihn mir nicht bald gibt, so
werde ich ihn mir selber holen!"

Mit solcher Rede meint er, sich vor Robespierre und
Saint Just voll rehabilitiert zu haben.

Nach dem Scheitern der „Nelkenverschwörung" werden
alle daran Beteiligten verhaftet, das Pförtnerehepaar Richard seines Amtes enthoben und an seine Stelle ein
neuer Beschließer namens Bault ernannt, ein überzeug-
ter Republikaner. Aber obwohl Bault gegenüber Antoinette maßlos aufgehetzt wurde, ergeht es ihm nicht anders als allen bisherigen Bewachern der Königin.

Er wird von der Liebenswürdigkeit, Natürlichkeit
und Herzlichkeit Antoinettes binnen kurzem derart eingenommen, dass er ihr zusammen mit seiner Tochter sogar beim täglichen Frisieren behilflich ist.

Antoinette wird in eine kleinere, wesentlich feuchtere
Zelle ohne Fenster überstellt. Durch die ständige Dunkelheit werden ihre Augen halb blind. Eigenhändig
flickt sie die beiden, ihr noch verbliebenen Kleider. Sie
kann kaum noch die Nahrung behalten und hat ständige
Blutungen. Doch ihr Geist bleibt bis zuletzt hellwach.

Wenn Bault ihr Haar frisiert, spricht sie mit ihm über ihre Lieben im Temple. Sie nennt ihn bald nicht mehr Bault, sondern Bon (= gut).

„Ich nenne Sie gut, weil Sie eben gut sind", sagt sie zu ihm und ergänzt freundlich: „Besser gut als schön sein", in Anspielung auf das französische „beau" (= schön), das wie sein Name ausgesprochen wird.

Nichts jedoch erfährt Antoinette von den durch Hébert und Simon ausgelösten Niederträchtigkeiten, wonach sie und ihre Schwägerin Elisabeth im Temple mit dem 8-jährigen Knaben Louis Blutschande getrieben hätten.

Diese Anschuldigungen sowie die Tatsache, dass die Regierung in Wien überhaupt keine Anstalten macht, weder die sechs Millionen Livres als Lösegeld für die Freilassung Antoinettes zu bezahlen noch die Freilassung französischer Gefangener durchzuführen, veranlassen letzten Endes Robespierre und Saint Just, einen Prozess gegen die „Witwe Capet" für den 14. Oktober 1793 anzuberaumen.

Ihre Verteidiger Claude Chauveau-Lagarde und Tronson du Coudray, zwei gewissenhafte Juristen, können die umfangreiche Anklageschrift nicht in derart kurzer Zeit studieren. Sie eilen zur Königin, sie solle um Aufschub von drei Tagen ansuchen.

„An wen muss ich mich da wenden?", fragt sie.

„An den Konvent."

„Nein, nein...niemals!"

Doch Chauveau-Lagarde gibt nicht nach:

„Sie sollten nicht aus einem Gefühl des Stolzes heraus auf einen Vorteil verzichten. Sie haben doch die Verpflichtung, Ihr Leben in erster Linie für Ihre Kinder zu erhalten."

Dieses Argument überzeugt sie. Sofort schreibt sie dem Vorsitzenden des Nationalkonvents:

„Bürger Präsident! (Es ist in der jungen Republik verboten, jemanden mit „Herr" oder „Frau" anzusprechen).

Die Bürger Tronson und Chauveau, die das Revolutionstribunal mir zur Verteidigung zugeteilt hat, machen mich darauf aufmerksam, dass ihnen erst heute ihr Amt übertragen wurde. Ich soll morgen abgeurteilt werden, und es ist ihnen unmöglich, innerhalb einer so kurzen Frist die Prozessakten zu studieren oder auch nur zu lesen. Ich schulde es meinen Kindern, kein Mittel zur völligen Rehabilitierung ihrer Mutter außer Acht zu lassen. Meine Verteidiger ersuchen um drei Tage Aufschub. Ich hoffe, der Konvent wird sie ihnen bewilligen.

Die Witwe Marie Antoinette Capet."

Der Konvent reagiert nicht auf dieses Schreiben. Der Ausgang dieses politischen Schauprozesses ist längst schon vorbestimmt. Wozu also noch eine lästige Formalität...?

Als Fersen hiervon erfährt, schreibt er am 13. Oktober 1793 seiner Schwester Sophie:

„...Obwohl es keine Beweise gegen die unglückliche Fürstin gibt, kann man sich keine Hoffnung machen, da die Verbrecher Beweise konstruieren, wenn sie keine haben, und sie auf vage Behauptungen und Verdächtigungen hin verurteilen werden. Nein, geben wir uns keinen Hoffnungen hin! Fügen wir uns in den Willen des Himmels. Ihr Untergang ist beschlossen, wir müssen uns darauf vorbereiten und alle Kräfte sammeln, um den furchtbaren Schlag zu ertragen. Seit langem suche ich mich darauf vorzubereiten, und ich glaube, ich werde die Nachricht deshalb ohne große Erschütterung empfangen. Gott allein kann sie noch retten. Flehen wir seine Barmherzigkeit an und unterwerfen wir uns seinem Ratschluss!..."

Antoinette besitzt nur noch zwei Kleider: ein schwarzes und ein weißes. Sie wählt für den Prozess das schwarze, setzt eine weiße Flügelhaube auf das schütter gewordene Haar und befestigt darüber einen Trauerflor.

Als Witwe des hingerichteten Königs will sie vor ihre Richter treten.

Inmitten einer starken Abteilung von Wachsoldaten wird sie in den Gerichtssaal geführt, der von Neugierigen bis auf den letzten Platz gefüllt ist. Hauptsächlich sind betrunkene Männer anwesend und viele, viele Frauen aus den untersten Schichten, vor allen die Trikoteusen, jene schlechtest bezahlten Unterwäsche-Verkäuferinnen, die meistens in ihrer Jugend Prostituierte gewesen sind.

Vor allem diese Frauen hatten sich am 14. Juli 1789 bei der Erstürmung der Bastille und der Abschlachtung des Gouverneurs besonders hervorgetan. Sie hatten am Morgen des 5. Oktober 1789 den Pariser Rathaussaal geplündert und aus den Depots viele Waffen gestohlen. Von dort hatten sie ihren Weg nach Versailles mit obszönsten Ausschweifungen befleckt. Sie hatten am 10. August 1792 nach der Erstürmung der Tuilerien diese mit den perversesten Orgien geschändet. Diese Frauen sind zur großen Stütze der Jakobiner und Linksradikalen geworden, die auf den Galerien des Konvents zu Hause sind und auf einen Wink der jakobinischen Deputierten nach Kräften klatschen und lärmen. Wenn dann solch ein Abgeordneter von Mord und Blut redet, so brechen jene wie auf Kommando in frenetische Jubelschreie aus.

Das Revolutionstribunal hat, wie immer sonst auch, klug Regie geführt. In den Saal und dessen Galerie werden nur der Revolution besonders empfohlene und bewährte Leute eingelassen.

Jedoch trotz aller Vorsichtsmaßregeln des Tribunals löst der Anblick der abgezehrten, verhärmten Antoinette unter den Zuschauern eine unruhige Bewegung aus, welche die Richter in Angst versetzt. Den Vorsitz führt Nicolas Herman, Ankläger ist der Generalstaatsanwalt Antoine Fouquier-Tinville.

Während der Vereidigung der Zeugen bleibt Antoinette stehen. Der Pariser „Moniteur" schreibt über die Angeklagte:

„...Sie hat sich außerordentlich verändert. Sie ist derart abgemagert und ihr Gesicht so verfallen, dass sie einer Sechzigjährigen gleicht. Sie wurde zu einer kleinen Estrade mit einem Lehnsessel geführt, der so aufgestellt war, dass alle Anwesenden die Angeklagte sehen konnten...Ihre beiden Verteidiger setzten sich in ihre Nähe..."

Nun wird sie nach ihren Personalien gefragt, als ob niemand wüsste, wer sie ist...wer sie war.

Mit leiser Stimme spricht sie:

„Ich heiße Marie Antoinette von Österreich, bin 38 Jahre alt, Witwe des Königs von Frankreich, geboren in Wien. Zur Zeit meiner Verhaftung befand ich mich im Sitzungssaal der Nationalversammlung."

Jetzt liest der Gerichtsschreiber Fabricius die acht Seiten lange Anklageschrift vor.

„Sie haben gehört, wessen man Sie beschuldigt", nun Präsident Herman, „passen Sie gut auf, was die Zeugen gegen Sie auszusagen haben!"

Als erster Zeuge tritt Laurent Lecointre auf, ein ehemaliger Leinenhändler, der zwei Stunden lang von angeblichen „Orgien" in Versailles in der Zeit von 1779 bis 1789 berichtet, und deren Ergebnis eine fürchterliche Verschwendung der Finanzen Frankreichs war.

„Haben Sie etwas zu den Aussagen des Zeugen zu bemerken?", fragt Herman die Angeklagte.

„Von den meisten Vorfällen, die der Zeuge erwähnte, habe ich keine Kenntnis."

„Wozu haben Sie die ungeheuren Summen verwendet, die Ihnen von den verschiedenen Finanzministern zur Verfügung gestellt wurden?"

„Ich habe niemals ungeheure Summen erhalten. Die Beträge, die ich bekam, wurden dazu verwendet, um die mir zugeteilten Personen zu bezahlen."

„Warum wurde die Familie Polignac und einige andere von Ihnen mit Gold überhäuft?"

„Sie hatten bei Hofe Stellungen inne, die ihnen Reichtümer eingebracht haben."

Nun folgt die berüchtigte Aussage Héberts.

Wortwörtlich sagt er:

„Der junge Capet (acht Jahre alt), dessen körperliche Verfassung sich von Tag zu Tag verschlechterte, wurde von seinem „Erzieher" Simon bei unschicklichen Pollutionen überrascht, die seiner Gesundheit schädlich waren... Es ergab sich, dass die Mutter und die Tante des Kleinen ihn oft zwischen sich schlafen ließen, dass es dabei zu den zügellosesten Ausschweifungen kam und kein Zweifel bestehen kann, dass zwischen der Mutter und dem Sohn blutschänderische Beziehungen bestanden haben..."

Antoinette wird leichenblass. Doch nach außen hin spielen ihre Finger gleichgültig auf der Armlehne des Sessels wie auf einem Klavier. Was nämlich Hébert hierbei perfide verschweigt, ist die Tatsache, dass bis zur Hinrichtung des Königs für den damals siebenjährigen Louis kein Bett vorhanden war und er deshalb in den Doppelbetten zwischen Mutter und Tante schlafen musste.

„Sprechen Sie weiter, Bürger Hébert!", ermahnt ihn jetzt der Vorsitzende Richter Nicolas Herman.

„Man muss annehmen", fährt jener fort, „dass dieser verbrecherische Genuss nicht von dem Bedürfnis nach Vergnügen bestimmt war, sondern nur durch die politische Absicht, das Kind körperlich zu entnerven, da diese Hure noch immer hoffte, es würde einmal den Thron besteigen und sie könnte sich durch diese Praktiken das Recht sichern, das Verhalten des Sohnes beherrschen zu können. Der Kleine hatte sich dadurch einen Hodenbruch zugezogen, weshalb ihm ein Verband angelegt werden musste. Seit jedoch das Kind nicht mehr bei seiner Mutter ist, da ist es wieder stark und kräftig geworden."

Keiner der Richter will den Widerspruch in der Aussage Héberts bemerken. Zuerst spricht er davon, dass sich der Zustand des Kleinen, seit er bei Simon ist, von Tag zu Tag verschlechterte. Dann wiederum erkärt er jedoch, dass das Kind nun wieder stark und kräftig geworden ist, wobei er verschweigt, dass der Kleine von Simon gewaltsam zu übergroßer Nahrungsaufnahme bei gleichzeitigem Bewegungsmangel gezwungen wird. Außerdem verschweigt er, dass der Hodenbruch des Knaben erst bei Simon aufgetreten ist, wobei Simon Wochen zuvor lügnerisch behauptet hat, dies wäre beim Spielen des Achtjährigen mit einem Stock entstanden.

Also Widerspruch über Widerspruch! Doch die anwesenden Richter sind bei diesem politischen Schauprozess einer Diktatur eben wie die drei berüchtigten Affen: sie hören nichts, sie sehen nichts, sie reden nichts...wenn es nicht von ihnen verlangt wird.

Doch einer der Geschworenen — sein Name ist nicht mehr feststellbar — springt erregt von seinem Sitz auf. Hallend ruft er in den Saal hinein:

„Bürger Präsident, ich fordere Sie auf, die Angeklagte darauf aufmerksam zu machen, dass sie sich über die Geschehnisse, von denen Bürger Hébert behauptet, sie hätten sich zwischen ihr und ihrem Sohn zugetragen, nicht geäußert hat."

Der Vorsitzende weiß genau, warum er dazu geschwiegen hat. Aber nun muss er sich doch an Antoinette wenden. Unwillig sagt er also:

„Angeklagte, äußern Sie sich zu den Vorwürfen, die Bürger Hébert gegen Sie vorgebracht hat!"

Da fährt sie hoch von ihrem Sitz. Laut und verächtlich erwidert sie:

„Wenn ich nicht geantwortet habe, so deshalb, weil die Natur sich weigert, auf solche Beschuldigungen gegen eine Mutter zu erwidern." Sie wendet sich dem Publikum zu und ruft sehr deutlich:

„Ich wende mich an alle Mütter, die sich hier im Saal befinden."

Über diese Szene berichten zwei Brüder, die Anwesenden Humbert:

„...Nach diesem Ausruf geht eine unsichtbare Kraft durch die Zuhörer. Selbst die Trikoteusen fühlen sich unwillkürlich ergriffen, und es fehlte wenig, so hätten sie der Angeklagten unmissverständlich applaudiert...Man hört Geschrei und Unmutsäußerungen, und das Tribunal sieht sich gezwungen, die vermeintlichen Ruhestörer zur Ordnung zu ermahnen..."

Um von der widerlichen Behauptung Héberts rasch abzulenken, konzentriert sich das Gericht sofort auf die Aussage eines Zeugen namens Silly, der am Abend der königlichen Flucht nach Varennes in den Tuilerien seinen Dienst versah.

Das veranlasst Herman, die Königin zu fragen:

„Wer hat Ihnen den Wagen liefern lassen, in welchem Sie und Ihre Familie Paris verlassen haben?"

„Es war ein Ausländer."

„Welcher Nationalität?"

„Ein Schwede."

„War es ein gewisser Fersen, der in Paris in der Rue de Bacque wohnte?"

„Ja."

Um acht Uhr abends endet der erste Verhandlungstag.


Unmittelbar danach hält Robespierre im Konvent eine seiner üblichen Brandreden:

„Unsere Republik hat ihre eigene heilige Dreifaltigkeit, nämlich: Freiheit, Gleichheit und Brüderlichkeit! Doch die Gleichheit ist deren Türangel, denn ohne sie gibt es keine Brüderlichkeit, ohne sie keine Freiheit! Daher hassen wir alle Kirchtürme, denn sie erheben sich über alle anderen Gebäude und verstoßen dadurch gegen die von uns geheiligte Gleichheit. Das Volk allein gibt den Maßstab der Gleichheit vor. Aber... Bürger-Genossen, unsere Republik der Gleichen ist in den Händen einer großen Anzahl von Feinden der Republik. Duldet nicht, dass es einen einzigen Armen gibt, solange es noch Reiche unter uns gibt! Denn die Armen müssen die Mächtigen der Erde werden. Einige Deputierte jammern, weil derzeit 300.000 Menschen eingekerkert sind. Aber ich sage, jene Deputierten sollten lieber aufschreien, weil es noch immer zuviel Wohlstand auf Kosten der Armen gibt. Ihr glaubt es nicht? Seht euch doch die feinen Pariser Speisehäuser an! Bei Méot, Naudet, Véry bekommt ihr noch immer für ein Bündel Assignaten eine Portion Stör in Weißwein, Poularde mit Reis, gebackene Hammelnieren, Käse, Eiscreme und eine Flasche Clos-Vouget mit etlichen Likören. Bei Deharme in der Rue des Grands-Augustins gibt es schon wieder Hühner und Kapaune in Fleischbrühe. Leblanc in der Rue de la Harpe führt nach wie vor den berühmten Bayonner Schinken. Beauvillier in den Arkaden des Palais Royal serviert sage und schreibe 178 verschiedene Suppen und Fleischgerichte. Dort ist das Hauptquartier der Dirnen, Falschspieler und Taschendiebe. Man verkauft Ohrringe mit kleinen Guillotinen aus Gold. Ich frage euch ernstlich, ist das die würdige Gesellschaft unserer heiligen Republik?"

„Wir wollen ein Ende der Bürokratie des Todes!", ruft ein Deputierter dazwischen.

„Wer hat diesen feigen Zwischenruf gemacht?", fragt Robespierre eisig. „Er meldet sich nicht, weil er hinterhältig ist, weil er zittert. Aber, Bürger-Genossen, wer zittert, ist schuldig. Wollt ihr denn eine Republik der Schleichhändler und Intriganten? Oder wollt ihr wieder eine Antoinette haben, die in Versailles die Millionen des Volkes zum Fenster hinauswirft? O...nein, wir wollen keine Verbrüderungen wie jene in der Rue Tournon, bei denen man dem Volk einreden will, dass die Republik keine Feinde mehr hat. Ach! Es gibt Menschen, die nicht gut sein wollen, die dumpf dem Glanz der Erkenntnis widerstehen, deren Trägheit sie in den Sumpf hinabziehen muss."

„Auf, zur Guillotine!" Abermals ein ironischer Zwischenruf.

„O...was wollt ihr denn lieber: eine durch das Blut der Guillotine gereinigte Republik oder...ein Wiedererwachen der Feinde der Republik: der Verräter und Schlemmer, der Mätressen und Blutsauger des Volkes?"

„Ich fordere den Kopf der Witwe Capet!" Héberts Stimme überschlägt sich vor Zorn.

„Wir haben unsere Republik nicht geschaffen", fährt Robespierre unbeirrt fort, „für Personen, die in Schlössern herrschten und von silbernen Tellern aßen. Wir haben unsere Republik geschaffen für das Volk, für unser Volk, das mit seinen Fäusten den Tyrannen von seinem goldenen Thron gestoßen hat!"

„Und die Witwe Capet?" Abermals ein Zwischenruf.

Da springt mit einem einzigen Satz Saint Just auf das Rednerpodium:

„Danken wir dem höchsten Wesen, dass es uns in Robespierre einen einmaligen Heros der Republik geschickt hat! Daher: keine Milde, keine Gnade! Mitten in Paris, nur zwei Schritte vom Wohlfahrtsausschuss, lauern die Verschwörer, die mit dem englischen Kabinett und den geflüchteten Brüdern des hingerichteten Tyrannen in ständigem Briefwechsel stehen, die Kuriere nach Preußen und London senden sowie von dort Agenten mit Briefschaften und Geld empfangen. Es gibt Komplotte, Korruptionen, betrügerische Kriegslieferanten, die am Hunger des Volkes ihr Vermögen ergaunern. Daher darf dieser Terror nicht enden. Wir stehen ja erst am Anfang desselben. Ich habe hier eine Liste der Personen, die demnächst auf die Guillotine..."

„Und die Witwe Capet?"

„Ist darunter..."

*Andern Tags, Dienstag, der 15. Oktober 1793:*
Namenstag der Mutter und der Tochter Antoinettes; ein windiger, regnerischer Tag. Um neun Uhr morgens beginnt der zweite Verhandlungstag gegen die Königin.

Nun wird der ständig betrunkene Flickschuster Antoine Simon als Zeuge aufgerufen.

Aber eigenartiger Weise...wird er mit keinem einzigen Wort über die angebliche Sittlichkeitsaffäre zwischen Antoinette und ihrem kleinen Sohn befragt. Der Vorsitzende horcht ihn lediglich aus, ob der achtjährige Capet nach dem Tod Ludwigs von seinen Verwandten bei Tisch als König behandelt worden sei.

„Ich weiß nur", erwidert der Flickschuster, „dass seine Mutter und seine Tante ihm bei Tisch den Vorrang ließen."

Wiederum erkundigt sich keiner der Richter, wieso er das denn wissen könne, da er ja nie bei diesen Mahlzeiten zugegen war und mit dem kleinen Jungen erst nach seiner Bestellung zum „Erzieher" in dem unteren Stockwerk des Temple zusammen war.

Die Verhandlung zieht sich über solchen Widersprüchlichkeiten weiter hin.

Es werden unter anderen die beiden Brüder La Tour du Pin als Zeugen vorgeführt. Der Ältere, Jean Fréderic, war 1789 Kriegsminister Ludwigs.

„Kennen Sie die Angeklagte?", fragt ihn völlig sinnlos und überflüssig Herman.

„Natürlich...O ja, ich habe die Ehre, Madame zu kennen", erwidert er, indem er sich vor Antoinette verneigt, als wäre er noch bei Hofe von Versailles.

Für diese Höflichkeit werden die beiden Brüder sowie Admiral d'Estaing verhaftet und am 28. April 1794 hingerichtet.

Der Gerichtsschreiber Fabricius übergibt dem Vorsitzenden ein Päckchen, öffnet es und zählt die darin enthaltenen Andenken auf:

„Ein Päckchen Haare unterschiedlicher Farbe."

„Es sind die Haare meiner beiden verstorbenen und meiner beiden lebenden Kinder sowie meines Gatten", antwortet Antoinette leise.

„Ein goldener Ring mit Haaren darauf...Ein Papier, auf dem geschrieben steht: Gebet zum Heiligsten Herzen Jesu...Gebet zur Unbefleckten Empfängnis. Das Porträt einer Frau..."

„Wen stellt es dar?", fragt der Untersuchungsrichter scharf.

„Frau von Lamballe."

„Dann noch ein Stück Leinwand..."

„Ein Skapulier", erklärt Generalstaatsanwalt Fouquier verächtlich, „das fast alle, die bisher zum Tod verurteilt wurden, getragen haben...dieses reaktionäre Amulett..."

„War es nicht im Kleinen Trianon, wo Sie Frau La Motte zum erstenmal gesehen haben?", fragt Herman.

„Ich habe sie niemals gesehen."

„Trotz Ihres Leugnens ist es klar, dass Sie den sogenannten König, Ihren Gatten, durch Ihren verderblichen Einfluss zu allem gebracht haben, was Sie von ihm verlangten."

„Es ist zweierlei, ob man jemanden berät oder...ihn etwas selbst ausführen lässt."

„Sie können doch nicht leugnen, dass Sie sich nicht der schlechtesten Mittel bedienten, um Frankreich an den Rand des Abgrunds zu führen."

„Ich weiß nicht, wovon Sie sprechen."

„Sie leugnen, natürlich, Sie leugnen..." Inzwischen ist es Mitternacht geworden.

„Haben Sie zu Ihrer Verteidigung noch etwas hinzuzufügen?", fragt jetzt Herman.

„Kein einziger Zeuge hat etwas wirklich Belastendes gegen mich aussagen können. Ich kann daher nur sagen, dass ich die Frau Ludwigs XVI. war und mich daher seinem, übrigens stets guten Willen zu fügen hatte."

Nun erhält die Verteidigung das Wort.

Claude Chaveau-Lagarde erhebt sich:

„Bürger Geschworene, Sie sehen hier eine arme, vom Unglück schwer getroffene Frau. Die französische Nation ist dieser Frau im Grunde zu sehr verpflichtet, um sie zu bestrafen, da wir alle ohne sie nicht frei wären. Und ihre Verbrechen? Was kann man ihr nachweisen?

Nichts! Wo sind die Beweise gegen sie? Wo denn, wo? Es ist genug, dass man Louis Capet mit dem Tod bestraft hat. Aber seine Witwe? Man hat sie übel verleumdet. Sie hat vier Kinder geboren, zwei davon hat der Tod frühzeitig dahingerafft. Die beiden Überlebenden hält man noch immer im Temple fest. Man muss daher wohl oder übel ihrer Mutter Gnade angedeihen lassen. Und die angebliche Konspiration mit auswärtigen Mächten, die man dieser gebeugten Frau vorwirft? Vermutungen, Verdächtigungen, aber nichts Konkretes, nichts Greifbares. Die Republik ist ein Rechtsstaat. Wir können diese Frau nicht verurteilen aufgrund von Verleumdungen. Die Republik muss sie freisprechen!"

„Ich unterbreche die Verhandlung!", ruft Fouquier. „Gendarmen! Verhaften Sie diesen Bürger!" Sofort wird Chauveau abgeführt. Doch ... trotz dieses Justizterrors erhebt sich der zweite Verteidiger Tronson du Coudray:

„Ich darf anstelle meines Kollegen Chauveau mit der Verteidigung der Angeklagten fortfahren. Was ist denn wirklich zu halten von der angeblichen Konspiration dieser gebrochenen Frau mit den inneren Feinden der Republik? Nichts, sage ich, absolut nichts! Das sind alles Hirngespinste, Seifenblasen..."

„Gendarmen", ruft Fouquier abermals. „Verhaften Sie auch diesen Konterrevolutionär!"

Jetzt verstrickt der Vorsitzende die Angeklagte noch rasch in ein Kreuzverhör:

„Glauben Sie im Ernst, dass Könige für das Glück des Volkes vonnöten sind?"

„Eine einzelne Person kann über eine solche Frage nicht entscheiden."

„Gewiss bedauern Sie, dass Ihr Sohn einen Thron verloren hat, den er hätte besteigen können, wenn das Volk, endlich über seine Rechte belehrt, nicht diesen Thron vernichtet hätte?"

„Ich werde niemals etwas für meinen Sohn bedauern, wenn es seinem Land nicht zum Vorteil gereicht."

Der Vorsitzende erkennt, dass er die Angeklagte weder in die Enge treiben noch ihre Geistesgegenwart brechen kann.

Herman erhebt sich zum Schlussplädoyer:

„Die Angeklagte", führt er aus, „war die Anstifterin der meisten Verbrechen, deren sich der letzte Tyrann Frankreichs schuldig gemacht hat. Ich schließe daher mit einer allgemeinen Betrachtung: Es ist das französische Volk, das Anklage gegen diese Person erhebt. Alle politischen Ereignisse der letzten fünf Jahre sprechen gegen sie."

Es ist drei Uhr früh.

Wieder einmal mehr lügt Hébert in seiner Zeitung, wenn er berichtet:

„...Draußen vor dem Gerichtsgebäude standen an die dreihunderttausend Sansculotten, die den Justizpalast umringten und schweigend warteten..."

In Wahrheit sind es nicht dreihunderttausend, sondern bloß ein paar hundert Neugierige.

Um vier Uhr morgens wird Antoinette, die seit zwanzig Stunden nichts mehr zu sich nehmen konnte, in den Saal zurückgeführt.

„Antoinette", verkündet ihr Herman, ein blinder Fanatiker und glühender Anhänger Robespierres, „hören Sie den Beschluss der Geschworenen! Das Tribunal verurteilt die besagte Antoinette, genannt von Österreich-Lothringen, zum Tode und ordnet an, dass das Urteil auf dem Platz der Revolution zu vollstrecken sowie in der gesamten Republik amtlich zu plakatieren ist."

Ohne ein äußeres Zeichen der Erregung verlässt Antoinette mit gesenktem Haupt an der Seite von Leutnant de Busne den Saal.

Einer der Geschworenen, der Tischler Trinchard, schreibt darüber seinem Bruder folgende, von Fehlern strotzende Zeilen:

„...Ich teile dir mitt, mein Brudder, das ich einer der Geschwohrenen warr, die was die reissende Pestie verurteilt habben, das einen Grosteil der Rebuplick verschlungen hatt, die Berson, die mann ehemalls die Kenigin genant hatt..."

# Das Testament

> „Ich vergebe allen meinen Feinden das Unrecht,
> das sie mir angetan haben...Ich hatte
> Freunde...Sie sollen wissen, dass ich an sie
> gedacht habe, da ich dem Tode nahe war..."
> (Testament Antoinettes vom 16. Oktober 1793)

Nach vier Uhr früh, nach zwanzig Stunden ohne Speis und Trank, darf die zutiefst Erschöpfte, von dem starken Blutverlust (einer entzündeten Gebärmutter) Ausgeblutete, in ihre feuchte Zelle zurückkehren, begleitet und fortan wieder streng bewacht von dem Gendarmerieleutnant Louis de Busne. Zwei Soldaten bleiben zusätzlich vor ihrer Tür stehen.

In ihre kleine finstere Zelle hat man zwei Kerzen hineingestellt. Antoinette bittet ihren jetzigen Wärter Bault um Papier und Tinte für einen letzten Brief.

Trotz der furchtbaren Erschöpfung, trotz der Blutleere, trotz des grimmigen Hungers und Durstes setzt sich Antoinette nieder und schreibt einen Abschiedsbrief an die jüngste Schwester ihres Gatten, an die 29-jährige Prinzessin Elisabeth, die noch im Temple mit Antoinettes 15-jähriger Tochter Marie Thérèse eingekerkert ist.

Dieser Brief, „Marie Antoinettes Testament" genannt, von der dem Tod so Nahen mit festen Schriftzügen geschrieben, lautet:

„Am 16. Oktober, um viereinhalb Uhr morgens. Du bist es, meine liebe Schwester, der ich zum letztenmal schreibe. Ich bin soeben verurteilt worden, nicht zu einem schmachvollen Tod – das ist er nur für Verbrecher – sondern zum Heimgang, zum Wiedersehen mit Deinem Bruder. Unschuldig wie er, hoffe ich, in den letzten Augenblicken dieselbe Festigkeit zu zeigen wie er. Ich bin gefasst, wie man es ist, wenn einem das Gewissen nichts vorwirft. Es schmerzt mich tief, meine armen Kinder verlassen zu müssen. Du weißt, dass ich nur für diese und für Dich, meine liebe, gute Schwester lebte, für Dich, die Du aus Freundschaft für uns alles geopfert hast, um bei uns zu bleiben. In welcher Lage lasse ich euch zurück!

Aus der Verteidugungsrede während der Gerichtsverhandlung habe ich erfahren, dass meine Tochter von Dir getrennt wurde (Irrtum!). Das arme Kind! Ich wage nicht, ihr zu schreiben. Sie würde meinen Brief nicht bekommen. Ich weiß nicht einmal, ob dieser Brief in Deine Hände gelangen wird. Empfange meinen Segen für meine beiden Kinder! Ich hoffe, dass sie einmal, wenn sie größer geworden sind, mit Dir vereinigt, Deine zärtliche Fürsorge im vollen Umfang werden erfahren dürfen. Mögen sie beide dessen gedenken, was ich ihnen unablässig eingeprägt habe: dass strenge Pflichterfüllung die beste Grundlage des Lebens ist und dass ihre Liebe zueinander und ihr gegenseitiges Vertrauen ihnen Glück bescheren wird. Möge meine Tochter fühlen, dass sie vermöge der Jahre, die sie ihrem Bruder voraus hat, ihm beständig durch Rat und ihre Erfahrungen helfen muss. Möge ihr dies ihre Liebe eingeben! Möge mein Sohn seinerseits seiner Schwester immer die Sorgfalt und jene Aufmerksamkeiten erweisen, welche aus Hingebung erfließen. Mögen sie schließlich beide erkennen, dass, in welchen Umständen sie sich auch immer befinden werden, sie in Wahrheit ohne Einigkeit niemals glücklich sein können. Mögen sie sich an uns ein Beispiel nehmen! Wieviel Trost hat uns nicht im Unglück unsere wechselseitige Liebe gespendet! Im Glück hat man doppelte Freude, wenn man es mit einem Freunde teilt; – und wo findet man wohl einen zärtlicheren und treueren Freund als in seiner eigenen Familie? Möge mein Sohn niemals die letzten Worte seines Vaters vergessen, die ich für ihn ausdrücklich wiederhole: Niemals trachte er, unseren Tod zu rächen!

Ich muss mit Dir von einer Sache reden, die für mein Herz sehr peinlich ist. Ich weiß, wie großen Kummer Dir dieses Kind verursacht haben muss. Verzeihe ihm, meine liebe Schwester! Denke an das Alter, in dem er sich befindet, und wie leicht man ein Kind dahin bringen kann zu sagen, was man will, sogar solche Dinge, die es gar nicht versteht (nämlich, dass die unsittlichen Anschuldigungen Héberts auf Wahrheit beruhen). Der Tag wird kommen – dies hoffe ich – an dem er den Wert Deiner Güte und Liebe umso mehr erkennen wird.

Es bleibt mir noch übrig, Dir meine letzten Gedanken anzuvertrauen. Ich wollte diese zu Beginn des Prozesses niederschreiben. Aber abgesehen davon, dass man mir keine Schreiberlaubnis erteilte, nahm derselbe einen so raschen Verlauf, dass ich gar nicht Zeit dazu gehabt hätte.

Ich sterbe im katholischen, apostolischen und römischen Glauben, welcher der Glaube meiner Vorfahren gewesen ist, in dem ich erzogen wurde und zu dem ich mich stets bekannt habe. Ich habe hier keinen geistlichen Beistand zu erwarten. Denn ich weiß nicht, ob es hier Geistliche meiner Religion gibt; und der Ort, an dem ich mich befinde, würde dieselben allzu großer Gefahr aussetzen, falls sie herkämen. Aufrichtigen Herzens bitte ich Gott um Vergebung für alles Unrecht, das ich begangen haben mag, seitdem ich das Licht der Welt erblickte. Ich hoffe, dass Er in seiner Güte meine letzten Bitten sowie auch jene erhören wird, die ich schon vor langer Zeit zu Ihm emporgesandt habe, dass er meine Seele in seiner Barmherzigkeit und Gnade bei sich aufnehmen wolle.

Ich bitte alle, die ich kenne, und besonders Dich, meine Schwester, um Verzeihung für all den Kummer, den ich, ohne es zu wollen, euch verursacht habe. Ich vergebe allen meinen Feinden das Unrecht, das sie mir angetan haben. Ich sage meinen Tanten und allen meinen Brüdern und Schwestern Lebewohl. Ich hatte Freunde: der Gedanke, von ihnen und ihrem Kummer für immer getrennt zu sein, ist eine der schwersten Sorgen, die ich sterbend mit mir nehme. Sie sollen wenigstens wissen, dass ich an sie gedacht habe, da ich dem Tode nahe war.

Lebe wohl, meine liebe und gute Schwester! Möge dieser Brief zu Dir gelangen! Denke immer an mich! Ich umarme Dich aus ganzem Herzen, wie auch die armen, lieben Kinder. Mein Gott! Wie herzzerreißend ist es doch, sie für immer verlassen zu müssen!

Lebe wohl!...Lebe wohl!...Ich darf mich jetzt mit nichts anderem mehr als mit meinen geistlichen Pflichten beschäftigen. Da ich hinsichtlich meiner Handlungen nicht frei bin, wird man mir vielleicht einen Geistlichen zuführen. Aber ich erkläre hier, dass ich nicht ein Wort zu ihm sagen und ihn als eine Person behandeln werde, die mich ganz und gar nichts angeht..."

Hier bricht der Brief plötzlich ab. Die Königin hat diese Zeilen unter Tränen geschrieben.

Ihr Gefängniswärter Bault tritt ein. „Ich muss Sie bitten, mir diesen Brief zur Weiterleitung zu übergeben."

„Aber er ist noch nicht fertig. Er ist noch nicht zu Ende."

„Das genügt. Es genügt, wie er ist", erklärt Bault und nimmt ihr das Schreiben aus der Hand.

„Warten Sie noch, bitte, warten Sie noch!" Sie bedeckt das Papier mit Küssen und Tränen. Dann reicht sie es mit stummer Überwindung dem Mann.

Polizeileute haben durch das Fenster im Gang beobachtet, was drinnen vor sich gegangen ist. Bault wird gezwungen, den Brief unverzüglich dem Staatsanwalt Fouquier-Tinville zu überbringen, der ihn paraphiert und an Robespierre weiterleitet, unter dessen Bettmatratze der Brief nach seinem eigenen Tod einmal aufgefunden werden wird. Danach nimmt ein Deputierter namens Courtois das Schreiben heimlich an sich, als er beauftragt wird, die Nachlasspapiere Robespierres zu sichten.

Courtois, ein früherer Holzschuhhersteller, lernt rasch, wieviel Macht man erwerben kann, wenn man geheime Staatspapiere besitzt. Denn bald locken ihn die meisten Deputierten des Konvents mit Versprechungen, wenn er ihnen ihre seinerzeitigen Briefe an Robespierre zurückgeben wolle. Das Chaos im Konvent nach dem plötzlichen Tod Robespierres nützt der schlaue Courtois, um viele Aktenkonvolute des Revolutionstribunals zu entwenden und dann damit einen einträglichen Handel zu betreiben. Als 22 Jahre später der politische Wind umspringt und nach dem Direktorium, nach dem Konsulat sowie nach der Alleinherrschaft Napoleons endlich der Leisetreter, der gewiefte Graf von Provence als Ludwig XVIII. auf den Thron kommt, da bietet ihm Courtois Antoinettes „Testament" an. Doch der Trick hilft nichts. Courtois wird, wie die anderen seinerzeitigen „Königsmörder", verbannt.

Dadurch hat der letzte Brief Antoinettes diejenigen, an die er gerichtet war, nicht mehr erreicht, nur mit einer einzigen Ausnahme ... und das ist ihre Tochter Marie Thérèse...

Die Französische Revolution demonstriert jetzt unbewusst, wie sehr sie in Antoinette ihre gefährlichste Feindin gesehen hat, vor der sie sich auch nun noch immer zu fürchten scheint.

Denn bereits um fünf Uhr früh werden in den 48 Sektionen von Paris die Trommeln gerührt zur Versammlung von hunderttausenden Soldaten für die Bewachung einer einzigen, zu Tode erschöpften, durch die Ereignisse der Haft vorzeitig vergreisten Frau!

Denn das schlechte Gewissen des Blutterrors hat immer noch mehr Schrecken vor der Gepeinigten als umgekehrt.

Mittlerweile liegt Antoinette auf den Knien und betet. Der Pfarrer von Saint-Marguerite sitzt gefesselt in der Zelle ihr gegenüber. Durch die Gitterstäbe hindurch gibt er ihr aus der Entfernung seinen Segen. Dann legt sich die Erschöpfte angekleidet auf ihr Bett.

Um sieben Uhr tritt Rosalie ein, die Tochter Baults.

„Madame", spricht sie behutsam zu ihr, „Sie haben gestern den ganzen Tag nichts zu sich genommen. Was darf ich Ihnen jetzt bringen?

„Mein Kind, ich brauche nichts mehr. Wenn man so weit ist wie ich, dann... nein, ich brauche nichts mehr."

„Aber, Madame, ich habe eigens für Sie eine Hühnerbouillon zubereitet..."

„Nun gut, bitte bringen Sie mir also die Suppe!" Antoinette nimmt einige Löffel davon. Dann flüstert Rosalie:

„Darf ich Ihr schwarzes Kleid ausbürsten? Madame werden es gewiss anziehen wollen."

„Nein, mein Kind, man hat mir nahegelegt, das weiße Morgengewand zu tragen."

„Das weiße?", fragt Rosalie erstaunt.

„Die Witwentracht könnte auf das Volk von Paris aufreizend wirken, meint man."

Antoinette wechselt die Wäsche. Seit Monaten leidet sie ja an schwerem Blutverlust.

Über das weiße Gewand legt sie eine weiße Jacke an. Dann schneidet ihr Rosalie das Haar ab und setzt ihr eine weiße Schleierhaube auf.

Nun tritt ein sogenannter romfeindlicher Priester namens Girard ein, um ihre Beichte zu hören.

„Ich danke Ihnen", eröffnet sie ihm. „Aber meine Religion verbietet es mir, Gottes Verzeihung durch einen Geistlichen zu erhalten, der einer anderen Religion angehört."

„Aber Madame, was wird man später sagen, wenn man hört, dass Sie sich in Ihren letzten Augenblicken geweigert haben, die Gnadenmittel der Kirche zu empfangen?"

„Sie können ja weitererzählen, falls es jemanden interessiert, daß die göttliche Barmherzigkeit dafür gesorgt hat, mir bereits vorher die Absolution zu erteilen."

Da tritt der Unteraufseher Larivière ein, dessen Mutter zu Beginn der Einlieferung Antoinettes in die Conciergerie jener Dienste erwiesen hat.

„Sagen Sie bitte Ihrer Mutter", nun Antoinette zu Larivière „dass ich ihr herzlich für ihre Sorgfalt für mich danke und dass ich sie bitte, für mich zu Gott zu beten."

„Ich werde es bestellen, Madame."

Jetzt betritt Gerichtsschreiber Fabricius mit zwei Zeugen die Zelle.

„Wir sind gekommen, das Todesurteil zu verlesen."

„Es ist unnötig, es nochmals vorzulesen. Ich kenne ja bereits den Inhalt."

„Das ist gleichgültig. Es muss noch einmal geschehen."

„Glaubt ihr", wendet sich Antoinette dann an die Männer, „dass mich die Pariser bis zur Guillotine gelangen lassen werden, ohne mich zu zerreißen?"

„Bürgerin Capet", sagt einer der Zeugen, „Sie werden sicher dorthin gelangen, ohne dass man Ihnen etwas Böses zufügt."

Der Geistliche Girard versucht, auf Antoinette noch einmal einzuwirken.

„Ihr Tod wird sühnen...", hebt er an.

„Fehler, gewiss Fehler, aber keinesfalls Verbrechen", unterbricht sie ihn schnell.

„Wünschen Sie, daß ich Sie auf Ihrem letzten Weg begleite?"

„Wie Sie wollen, Monsieur, ganz, wie Sie wollen..."

Um zehn Uhr tritt der Scharfrichter namens Henri Samson ein. Er ist jung und von riesenhaftem Wuchs, hat von seinem Vater Charles das Amt übernommen. Er bindet der Königin die Hände auf den Rücken. Das hat man Ludwig XVI. nicht angetan. Aber jetzt ist es so üblich geworden, und die revolutionäre Idee der Gleichheit verlangt, dass man selbst eine gewesene Königin nicht anders behandelt als jeden anderen Verurteilten. Aber vorher ist es ihr noch gelungen, die in einer Ecke weinende Rosalie Lamorlière zu umarmen,

Gegen elf Uhr werden die Tore der Conciergerie für Antoinette geöffnet. Mit festen Schritten geht die an einem langen Strick Gebundene, den der Riese Samson hält, durch die endlos langen Korridore hinaus. So sollte sie vor dreiundvierzig Tagen unter Vortritt des damaligen Gefängnisdirektors Michonis die Conciergerie verlassen, um einen in einer Seitengasse wartenden Wagen zur Flucht zu besteigen. Aber es kam anders.

An der Spitze des Zuges schreiten Offiziere der Gendarmerie.

Dahinter eine Wachkompagnie, die Hand am Gewehr. Dann ... das Opfer an dem dicken Strick, mit dem die Hände gebunden sind, als könnte es wie ein Todesengel angesichts der waffenstarrenden Armee rundum davonfliegen in die Freiheit der Unendlichkeit.

Nun gelangt die Königin, die seit Monaten das Tageslicht entbehren musste, ins Freie ... vor das Tor der Conciergerie.

Ein Raunen geht durch die davor wartenden tausenden und abertausenden Schaulustigen. Keine Agitatoren und Einpeitscher des Herzogs von Orléans hetzen heute die Menge auf. Denn dieser ist mittlerweile selbst schon von Robespierre und seinem Intimus Saint Just in den Kerker geworfen worden.

Jetzt verharrt die Riesenmenge in gelähmtem Schweigen ob der ungeheuren Demütigung, die ehemalige Königin wie ein Schlachtvieh gebunden zum Schlächter geführt zu sehen.

Ein grober Karren, eine Art Leiterwagen harrt ihrer. Die Räder sind voll Schmutz. Ein Mann in einer schmierigen Bluse lenkt das schwere Ross. Als Sitz dient der Verurteilten lediglich ein hartes Brett.

Die Königin ist bleich, aber äußerlich ruhig. Ohne ein Zeichen von Schwäche besteigt sie das Gefährt. Der Geistliche in Zivilkleidung setzt sich neben sie.

„Madame", sagt er zu ihr, „jetzt ist der Augenblick gekommen, sich mit Mut zu bewaffnen.

„Mut!", erwidert sie lebhaft, „damit musste ich mich seit langem, ja seit fünf Jahren bewaffnen. Es ist unwahrscheinlich, dass er mich heute verlassen wird."

Dreißigtausend Soldaten stehen Spalier von der Conciergerie bis zum Revolutionsplatz aus Angst vor einem möglichen Überfall. Aber wer sollte in diesen Zeiten des täglichen unmenschlichen Terrors denn noch Widerstand leisten?

Fenster, Balkone, Dächer sind von Neugierigen besetzt. Selbst die Alleebäume sind von vielen Gaffern erklettert worden. Es kommt ja nicht alle Tage vor, dass man eine echte Königin im Schinderkarren zur Hinrichtung fährt. Dieser, mit nur einem Pferd davor, bewegt sich langsam dem Ziel entgegen, er holpert unruhig über das unebene Straßenpflaster.

Die nach hinten gebundenen Hände hindern die Verurteilte daran, sich vor den vielen Stößen irgendwie zu schützen.

Nur mit allergrößter Mühe bewahrt sie ihr Gleichgewicht ebenso wie ihre menschliche Würde selbst in diesem schrecklichsten Augenblick.

„Das sind nicht die Kissen von Trianon!", schreien einige Fischweiber zu ihr hinauf. Sie hört zwar den Lärm etlicher Schreihälse, aber er dringt nicht mehr zu ihrer Seele. Unbeweglich wie eine Statue sitzt sie auf diesem ungehobelten Holzbrett. Doch gleich einem Farbfilm zieht in kurzen Bildern die Vergangenheit an ihr vorüber.

Deutlich sieht sie ihre Mutter vor sich, in ihrer schwarzen Witwentracht, die selbst zu tragen man ihr heute verwehrt hat. Deutlich vermeint sie, die Stimme der Mutter zu hören: ‚Antonia ... Antonia, wie oft habe ich dich ermahnt,weniger oberflächlich zu sein' ... Ja, ich glich mehr dem Vater, er war lebensfroh, leichtlebiger als die pflichtbewusste Mutter, die immer mehr Kaiserin als Mutter gewesen ist. Der Geistliche Gassner sah damals das Unglück der Tochter voraus: ‚Jede Schulter hat ihr Kreuz zu tragen', hatte er sich düster dazu geäußert... ‚Ach, meine leichtsinnige, sorglose Tochter!' So hatte die Mutter oft zu ihr vor dem großen Abschied aus Wien gesagt.... Vierzehn Jahre war sie alt, und der unbekannte Bräutigam fünfzehn. Zwei noch unwissende Kinder ... Dann die Begegnung in Straßburg mit dem 36-jährigen Bischofs-Koadjutor Prinz Rohan, der später mit der Halsbandaffäre ihren Ruf furchtbar zerstören sollte! ... Die Verwandten ihres Pflicht-Gemahls, die sie mit Hass und Neid verfolgten...der Herzog von Orléans, der ihr machtvoller Todfeind wurde ... Aber da war auch der Achtzehnjährige aus Schweden, der ihr vorgestellt wurde. Er achtzehn, sie achtzehn, zwar bereits verheiratet, aber immer noch nicht Frau...

Der Schauspieler Gramont, der seine adelige Herkunft vergessen lassen möchte, reitet neben dem Schinderkarren.

„Da seht ihr sie, die Hure von Trianon!", schreit er aufreizend. Doch die Menge reagiert nicht auf das Hassgeschrei und lässt stumm den schaurigen Zug an sich vorüberziehen.

Meine beiden Kleinen, die ich so früh verlieren musste, hämmert es in Antoinettes Gedanken weiter. Louis Joseph mit sieben Jahren, Sophie schon einjährig!

„Madame, wir nähern uns den Tuilerien", sagt nun der Geistliche Gérard zu ihr.

Ja, ja ... es war am 8. Juni 1773: unser festlicher Einzug in Paris. Wie sagte doch damals der Herzog von Brisac? „Madame, da unten stehen zweihunderttausend Menschen, die in die Person Eurer königlichen Hoheit verliebt sind." ... Die Tuilerien... Die Flucht nach Varennes, durchzuckt es die Königin. Es war zwei Uhr morgens, als wir endlich Paris durch die Porte Saint Martin verlassen konnten... Dann der Abschied von Fersen bei der Poststation Bondy. Danach sein Vorsatz: Ich will den König in Montmédy treffen,wenn er so glücklich ist, dahin zu gelangen...

Er war nicht so glücklich, nicht so glücklich...

„Madame, hören Sie? Man singt die Marseillaise ... Fünfhundert junge Männer aus Marseille ... Freiwillige ... Die Marseillaise", sagt jetzt der Geistliche Gérard in ihre Gedanken hinein.

„Da ist sie, die Österreicherin!", schreien einige aufgehetzte Menschen.

Was habe ich euch Böses getan, antwortete ich damals beim ersten Sturm auf die Tuilerien dem betrunkenen Mädchen. „Verzeihen Sie mir", hatte das rasch ernüchterte Kind erwidert: „Ich sehe, Sie sind gut!"

„Madame, wir haben den Revolutionsplatz erreicht. Wir sind am Ziel!, sagt jetzt Gérard.

Der riesige Platz, früher Place Louis XV., ist schwarz von Menschen. Von der Brüstung des Tuileriengartens bis zum Anfang der Champs-Elysées stehen sie dichtgedrängt: Betrunkene Sansculotten, Bäcker, Bautischler, Gerber, Maurer, Munitionsarbeiter, Seifensieder, Seineschiffer, Wollscherer, aber auch die Trikoteusen, die Verkäuferinnen der Fischhallen und die Prostituierten aus den ehemaligen Nobelvierteln rund um das Palais Orléans mit den vielen Geschäften...

Der Denkmalsockel, der vordem die Statue Ludwigs XV. getragen hat, wird jetzt vom riesigen Standbild der ‚Freiheit' beherrscht. Die neue Göttin der Freiheit hat ja inzwischen das Christentum abgeschafft und die Kirchen größtenteils geschlossen oder in Munitionslager umgewandelt... diese Göttin der Freiheit sitzt starr und ausdruckslos da, auf dem Haupt die phrygische Mütze der Revolution, in der Hand ein blitzendes Schwert. Sie fragt nicht, was in ihrem Namen geschieht, es schert sie nicht das Blut, das ihretwegen vergossen wird, wie man lügnerisch behauptet. Gleich zu Beginn hat die Französische Revolution die Freiheit zur Göttin erhoben. Doch bald wurde die Verfassung außer Kraft gesetzt und eine terroristische Gesetzgebung ausgearbeitet. Alle Personen, die einer unrepublikanischen Gesinnung verdächtigt werden, sind sofort zur Anzeige zu bringen. Das Gerichtsverfahren wird derart vereinfacht, dass dem Verdächtigen nur ein einziger Satz zu seiner Verteidigung zugestanden wird, der jedoch das drohende Todesurteil nicht beeinflusst. Als Beweise gelten fortan „alle Auskünfte, welcher Art auch immer, die einen Freund der Freiheit überzeugen können!"

Das ist also das Wesen der neuen Freiheit. einer entmystifizierten Freiheit. Und neben dieser entgöttlichten Idee steht die Mordmaschine der Guillotine.

Man kann sehr leicht bei der Guillotine enden. Das Todesurteil für Danton zum Beispiel, kritzelt Robespierre auf die Rückseite eines gebrauchten Briefumschlags. So ist das also mit der Guillotine ...

Die vom Blutverlust der letzten Wochen völlig erschöpfte Königin holt aus ihrer Seele zum letzten, zum allerletzten Mal die noch übrig gebliebene Mutreserve.

Sie steigt das Blutgerüst hinauf mit einer Fassung und Würde, noch viel größer als jene, mit der sie den Temple und die Conciergerie verlassen hat, mit einer Majestät, endlich geistig würdig ihrer erhabenen Mutter Maria Theresia, endlich wahrhaft würdig einer... Königin von Frankreich!

Auf der obersten Stufe vor der Guillotine geschieht es, dass die Kurzsichtige einen Schuh verliert und dem jungen Scharfrichter Samson auf den Fuß tritt.

Mit liebenswürdiger Höflichkeit wendet sie sich an ihn:

„Monsieur, pardon. Ich bitte Sie herzlich um Entschuldigung."

Das sind ihre letzten Worte...

Ihr verlorener Schuh ist auffallend klein. Einem Unbekannten gelingt es, ihn aufzuheben und nach Hause mitzunehmen, wo er ihn als Reliquie aufbewahren wird.

Ein letzter Blick der Königin zum verhangenen Himmel, und schon wird die Gefesselte auf ein vor der Mordmaschine befindliches Brett geworfen... ihr Haupt in die vorgesehenen Holzeisen eingespannt.

Letzter Gedanke der Sterbenden? Ihre Kinder, ihr Gatte, die Eltern, Geschwister... Vielleicht bleibt noch

ein Sekundenschlag an Zeit für Fersen, für Axel Fersen...
O Gott, Barnherzigkeit, Barmherzigkeit...!

Samson zieht an dem Seil, das Messer saust lärmend herab.

Kein Freudengeschrei begleitet diesmal den fallenden Kopf.

Samson packt das Haupt an den vorzeitig weiß gewordenen Haaren und hebt es sichtbar über den riesigen Platz, über das Volk der Pariser Vorstädte empor. Doch das Geschehene lässt den Menschen das Blut im Leib stocken. Keine Festtagsfreude! Nur tiefe Stille.

Dann ein paar vereinzelte, von irgendwo gesteuerte Rufe:

„Es lebe die Republik!" Ein Fanatiker schreit wie besessen: „Es lebe Robespierre!"

Schon führt ein Gehilfe des Scharfrichters die Leiche in einer Schiebetruhe weg, den Kopf zwischen den Beinen. Es geht zum Friedhof der Madeleine.

Doch weder Robespierre noch Saint Just haben angeordnet, was weiter zu geschehen hat. Kein Sarg ist bereitgestellt, kein Grab ist ausgehoben.

Aus Furcht vor Eigenmächtigkeiten, die auf sie zurückfallen könnten, lassen die Totengräber die Leiche einfach auf der Erde liegen, den Kopf zwischen den Beinen - geschlagene zwei Wochen lang!

Dann endlich erhält der Totengräber Joly die entsprechende Weisung und eine billige Truhe für die Tote, der inzwischen Unbekannte die letzten Reste an Bekleidung vom Leib gerissen haben.

Ein Grab wird ausgehoben und der Sarg ohne priesterlichen Segen in die Grube geworfen.Eine dicke Lage mit ungelöschtem Kalk wird darüber geschüttet,... „um zu verhindern, dass eines Tages ein Kult damit getrieben wird..."

Nulla crux - nulla corona: Kein Kreuz, keine Krone!

Nicht hinfälliger kann der Ruhm der Welt vergehen als hier!

Aber Saint Just, Robespierres Intimfreund, eilt unverzüglich zu ihm zur Berichterstattung in die ehemalige Rue Saint-Honoré Nr. 398, die jetzt nur noch Rue Honoré heißen darf. Antoinettes Testament ... kennt er nicht.

## In einem völlig neuen Licht

„Der Mensch ist ein Tier... Seine typischen Merkmale sind Irrtum und Narretei, Bosheit, Stolz und Ehrgeiz. Er verachtet, was sein Herz liebt!"
(Louis de Saint Just, Organt)

*Jakobinerklub in den Tuilerien*
Drei Männer sitzen beisammen: Robespierre, Saint Just und Georges Couthon, Deputierter aus der Auvergne, ein Krüppel, der im Rollstuhl gefahren werden muss.

„Nun", spricht Saint Just gelassen, „die Tigerin ist tot. Aber er, dieser widerliche Zeitungsschmierer, musste ihr noch einen letzten Triumph verschaffen!"

„Louis, von wem sprichst du?", fragt ihn Robespierre.

„Na, von Hébert! Der die Komödie inszenierte mit Simon und dem achtjährigen Knaben dieser Metze."

„Komödie? Ich höre wohl nicht recht?", dazu Maximilien.

„Jawohl, Komödie! Ist euch nicht aufgefallen, dass der Brief von Simon an den Konvent von fremder Hand aufgesetzt war und er selbst nur seine Unterschrift mit ungelenker Hand hingekritzelt hatte? Dass das Schreiben aber von Hébert persönlich dem Konvent am 30. September übergeben wurde!... Ich besuchte den Knaben im Temple. Als er mich sah, schrie er entsetzt auf: ,Ich sage nichts über Simon! Ich sage nichts!'"

„Ich verstehe kein Wort", quengelt Couthon. „Was hat das alles zu bedeuten? Triumph der Tigerin! Simon, Hébert, der Balg der Hure...Was soll das alles?"

„Hébert hat den perversen Schwindel mit Simon und dem Knaben nur inszeniert, um von seiner eigenen Schuld abzulenken."

„Schuld? Welche Schuld?" Maximiliens Augen werden fast unsichtbar unter dem Vorhang seiner dicken Lider.

„Michonis, der Limonadenverkäufer und Gefängnisdirektor, der diese Dirne aus der Conciergerie hinausschmuggeln wollte, angeblich, um sie in den Temple wieder rückzuführen..."

„Ja, und?" Robespierres Gesicht wird hart wie Stein.

„...und zur gleichen Zeit schrieb Hébert in seinem Drecksblatt mit dem schmierigen Stil von Unrat und Obszönität..."

„Du bist ein stilistischer Ästhet, mein teurer Freund, verstehe, verstehe..." Robespierre öffnet bei diesen Worten kaum den Mund.

„Was schrieb Hébert?" Couthon rutscht unruhig in seinem Rollstuhl hin und her.

„Er setzte sich dafür ein, die Tigerin in den Temple rückzuführen. Versteht ihr das? Diese Zeitgleichheit desselben Ansinnens von Michonis und Hébert, der früher nicht schnell genug den Tod dieser Metze fordern konnte?"

„Wahrlich, seltsam... sehr seltsam..." Robespierres Gesicht gleicht jetzt einer Maske.

„Und der Triumph, von dem du gesprochen hast?", fragt Couthon.

„Mit dieser Anklage vor dem Revolutionstribunal hat der primitive Schreier der Tigerin einen letzten, großen Triumph verschafft. Denn selbst die Trikoteusen und Fischweiber aus den Hallen waren tief beeindruckt, als diese Antoinette auf die blutschänderische Anschuldigung hin erklärte: Ich wende mich an alle Mütter im Saal. Die Natur in mir weigert sich, etwas hierauf zu erwidern..."

„Tatsächlich!", dazu Robespierre. „Ein Triumph nicht nur vor dem Revolutionstribunal, nein auch künftig vor der Weltgeschichte! Er hat damit die Revolution und unsere junge Republik in ein sehr schiefes Licht gebracht."

„Ihr meint?" Couthon wiegt seinen Kopf bedächtig hin und her.

„Es ist ernstlich zu überlegen...", hebt Robespierre stockend an.

„Er muss weg!", fordert Saint Just hart. „Weg, weg!"

„Willst du ihn aus dem Konvent ausstoßen oder... seine Zeitung verbieten?" Couthon scheint ein leichtes Gähnen unterdrücken zu müssen.

„So billig soll er davonkommen?", braust Saint Just auf. „Höre, Couthon, ich nehme an, du kennst mich. Ich habe als erster den Kopf des sogenannten Königs gefordert, ich habe den Kopf Desmoulins gefordert, den Kopf Héraults, Barnaves, Baillys, Rolands, Chaumettes, des greisen Malesherbes, den Kopf der Tigerin und zuletzt den Kopf des sogenannten Herzogs von Orléans..."

„Und du hast sie alle bekommen, diese Köpfe..." Couthon lächelt in sich hinein.

„Haben wir nun das Prinzip der Gleichheit oder nicht"?, fragt Saint Just aufreizend.

„Freiheit, Gleichheit, Brüderlichkeit oder Tod!", kommt es langsam von Couthons Lippen.

„Eben! Was für den Tyrannen und die Tigerin galt, muss auch auf die anderen angewendet werden."

„Auf wen ... zum Beispiel?" Robespierre hebt seine schweren Lider.

„Na auf ..." Saint Just scheint zu zögern. Dann schüttelt er lachend seine blonden Locken. „Na eben ... auf Hébert, Michonis, auf ... Simon, den sogenannten Erzieher des sogenannten kleinen Ludwigs XVII."

„Simon auch?" Couthon reißt unwillkürlich seine müden Augen auf.

„Natürlich! Ist er nicht der Mitwisser dieser blutschänderischen Komödie gewesen? Mitwisser könnten später einmal Zeugenschaft ablegen ... Sie könnten einmal plaudern...plaudern..."

„Habt ihr ein Stück Papier?", fragt Robespierre lauernd.

„Nur einen alten Wäschezettel!" Couthon holt aus seiner Jacke einen abgegriffenen Fetzen Papier hervor.

Robespierre nimmt das zerknitterte Blatt und kritzelt mit steilen Schnörkeln etwas darauf. Dann schiebt er es mit einer hastigen Handbewegung Saint Just zu.

„Da hast du deine drei Köpfe!"

„Alle drei?", stößt Couthon hervor und schüttelt mißbilligend sein Haupt. „Hébert auch? Hébert ... Damit triffst du, Robespierre, seine ganze Partei, alle diese Hébertisten..."

„Was getan werden muss, das muss rasch erledigt werden", sagt Saint Just energisch. „Die Herrschaft gehört nicht den Zauderern!"

„Ja, ja...Saint Just, du führst Robespierres Hand, die von allen diesen Anklagedekreten und Todesurteilen zu erlahmen droht."

„Lieber Couthon", jetzt Saint Just, „die Republik duldet keinen Verrat!"

„Was ist Verrat?", fragt Couthon lauernd.

„Verrat ist das Anderssein", streut Robespierre ein. „Die Festigung der republikanischen Idee ist die Ausrottung aller, die anders gesinnt sind als wir. Ich erkenne das glasklar, aber ich könnte es nicht hundertprozentig verwirklichen ohne... ihn!" Er deutet auf Saint Just. „Er hat die Kraft dazu. Ich bin der Arzt, der die Diagnose erstellt, dass ein krankes Glied der Gesellschaft wegzuschneiden ist. Er führt die Therapie durch, er..."

„Robespierre denkt Rousseau zu Ende, und du, Saint Just, denkst Robespierre zu Ende." Couthon schnauft richtiggehend. „Aber...wie denkt ihr über Danton?"

„Er hat nach dem Tod seiner Frau wieder geheiratet, eine viel jüngere... „

„Na und..? Das ist doch nicht unpatriotisch, meine ich." Couthon holt tief Luft.

Saint Just schnippt mit dem Finger. „Katholisch hat er geheiratet, heimlich katholisch..."

„Ist das wahr?" Robespierres Stimme klingt drohend.

„Wir müssen einen Bürgerausweis schaffen zum Bezug der knappen Lebensmittel und für die sonstigen Erfordernisse des täglichen Lebens", doziert nun Saint Just. „Wer diesen Ausweis nicht besitzt, muss völlig rechtlos werden, und um ihn zu haben, muss man von den Jakobinern empfohlen sowie den Mitgliedern des Überwachungsausschusses genehm sein."

„O weh! Da bräuchten wir viele solcher Ausschüsse für unser großes Frankreich!", stellt Couthon fest.

„Hier ist eine detaillierte Aufstellung von mir für alle Departements, Distrikte und Kommunen. Wir brauchen demnach sage und schreibe 21.000 solcher Ausschüsse. Damit wird uns künftig kein Verdächtiger mehr durchs Netz gehen."

„Schon bewilligt!" Robespierre verschränkt befriedigt beide Arme.

„Ja, wir haben an der Insel der Freiheit angelegt und das Schiff verbrannt, das uns hierher gebracht hat", sagt Couthon. „Vierhunderttausend, fünfhunderttausend Personen sind derzeit eingesperrt. Wir haben kein Brot mehr, kein Fleisch, keine Milch, kein Fett, keine Seife, keine Schuhe..."

„Und wir leben doch!", jubelt Saint Just auf. „Hört: Danton amüsiert sich nach wie vor köstlich bei Champagner und gebackenen Hammelnieren mit seiner katholisch angetrauten Frau...in trauter Gesellschaft von Waffenschiebern und Spekulanten im Palais Royal. Übrigens...ich hörte von einer Mutter, deren blondes Kind der sogenannten Königin auf ihrem letzten Weg eine Kusshand zuwarf."

„Name der Mutter, Name des Kindes!", fordert Robespierre hart. Da springt Saint Just unvermittelt auf.

„Wohin eilst du?", fragt ihn Maximilien.

„In den Konvent, zum Revolutionstribunal! Wegen der vorläufig lediglich ... drei Köpfe!"

Nun bekommt der Henker Henri Samson immer mehr Arbeit. Bald stellt er einen neuen Rekord auf. In einer einzigen Minute schafft er es, dass ein Kopf unter der Guillotine fällt. Pro Minute - ein Kopf! Nachdem die Köpfe Héberts und Simons im Korb der Guillotine gelandet sind, erscheint vor der Weltgeschichte damit die Anklage gegen die Königin wegen angeblicher blutschänderischer Beziehung mit ihrem kleinen Sohn in einem neuen Licht, in einem völlig neuen Licht. Im Licht der Rehabilitierung, ohne dass dies Robespierre und Saint Just eigentlich wollten. Denn gerade das ... das wollten sie wirklich ... ganz und gar nicht

## Seine schwerste Stunde

„Diese unter einer Hülle von
Eis glühende Seele..."
(Zeitzeugenberichte über Axel Fersen).

Noch am 14. Oktober 1793, also zwei Tage vor der Hinrichtung Antoinettes, schreibt Fersen Briefe um Briefe an etliche Staatsoberhäupter zur Rettung der Königin.

Aber im Innersten fühlt er bereits, dass alles verloren ist. Seinem Tagebuch vertraut er an:

„...Ich suche mich bereits seit langem auf das Entsetzliche vorzubereiten, und ich hoffe, ich werde deshalb die schreckliche Nachricht ohne allzu große Erschütterung empfangen..."

Aber als dann die Zeitungen in Brüssel am 20. Oktober 1793 in Balkenlettern die Nachrichten und die Details von der erfolgten Hinrichtung Antoinettes in die Welt hinaustragen, da fühlt sich Fersen dennoch wie zerschmettert.

Seinem Tagebuch vertraut er an:

„...Es ist schrecklich, die Einzelheiten ihrer letzten Tage und Stunden nicht zu kennen. Sie war ganz allein in ihren letzten Augenblicken, völlig ohne Trost ... Es ist zum Wahnsinnig-Werden. O diese teuflischen Ungeheuer! Nein... ohne Rache werde ich niemals meine innere Ruhe wiederfinden."

Seiner Schwester Gräfin Sophie Fersen und einigen Vertrauten gesteht er brieflich:

„...Sie, die mir mehr als mein Leben bedeutete...die ich nie aufgehört habe zu lieben, nein, niemals, keinen einzigen Augenblick meines Daseins, und der ich alles, aber auch wirklich alles geopfert hätte, wenn mir das Schicksal dies gestattet hätte...Sie, von der mir erst jetzt wahrhaft bewusst wird, was sie mir eigentlich war ... Sie, für die ich tausend Leben hingegeben hätte, o...sie ist nicht mehr!...Mein Gott, warum strafst Du mich so? Wodurch habe ich Deinen Zorn denn verdient?..."

Immer wieder schreibt er der Schwester:

„...Ach, sie lebt nicht mehr! Meine Qual hat seinen Höhepunkt erreicht, und ich kann nicht fassen, warum ich selbst noch lebe. Ich weiß nicht, warum ich meinen Schmerz noch ertrage, denn er ist grenzenlos und wird nie enden. Ich werde sie immer in meinem Gedächtnis lebendig erhalten, und sie auf ewig beweinen."

Oder ein ander Mal:

„Meine Schwester, meine einzige Freundin! Ach, warum durfte ich nicht an ihrer Seite sterben, damals, an jenem 20. Juni in Varennes, es wäre besser so gewesen als... jetzt in unaufhörlichem Leid dahin zu vegetieren mit Vorwürfen, die erst mit meinem Ableben zu Ende sein werden! Ihr angebetetes Bild wird in meiner Erinnerung niemals verglühen..."

Monate später beteuert er brieflich seiner Schwester:

„...Der einzige Gegenstand, der mich völlig ausfüllte, der allein für mich alle meine Sehnsüchte in sich vereinigte, ist nicht mehr. O...jetzt erst erfasse ich überdeutlich, wie sehr ich ihr verfallen war. Ihr Bild hört nicht auf, mich zu begeistern, es verfolgt mich und wird mich überallhin begleiten. Ich kann an nichts anderes denken, als an sie und von nichts anderem sprechen und mir so die schönsten Augenblicke meines Daseins ins Gedächtnis zurückrufen. Ich habe veranlasst, in Paris alles käuflich zu erwerben, was an Gegenständen von ihr noch zu finden ist. Alles von ihr ist mir heilig, das alles sind für mich Reliquien, die für immerdar Souvenire meiner innigsten Bewunderung sein werden..."

Noch Jahre später vermerkt er in seinem Tagebuch:

„...Nichts kann mir ihren Verlust ersetzen...Mit jedem Tag, mit jedem Jahr fühle ich stärker, was ich an ihr verloren habe und wie sie in jeder Hinsicht einfach vollkommen war. Niemals gab es eine Frau wie sie. Niemals wird es wieder je eine wie sie geben..."

Nun wissen nur noch zwei Menschen, dass Frankreich dem Paradies auf Erden um ein gutes Stück näher gekommen ist, nämlich Robespierre und Saint Just. Dieser erwirkt ein Gesetz, alle kleinen Kinder zu beschlagnahmen und sie staatlich zu erziehen. Jeglicher Rechtsschutz wird abgeschafft. Robespierre wird mit Hilfe Saint Justs die vollständige Maschinerie der Polizei, der Gerichtsbarkeit und öffentlichen Sicherheit in die Hände gespielt. Auf diese Weise erhält Robespierre diktatorische Vollmachten. Er schlägt sofort die von Hébert seinerzeit inszenierte Gottlosenbewegung nieder und dekretiert das Dasein Gottes. Gleichzeitig schafft er aber den Sonntag ab. Er will ein Reich Gottes auf Erden gründen, dessen eigentlicher Gott das französische Volk ist. Um dieser seiner Lehre willen tötet er seine Mitmenschen, weil sie die Anhänger einer „Ordnung des Egoismus" sind, weil sie einfach nicht begreifen wollen, dass die Republik vollkommen sein muss, um Bestand zu haben, und daher auch vollkommene Glieder der Gesellschaft erfordert.

Am 5. April 1794 schickt er Danton und mit ihm die bedeutendsten Dantonisten auf die Guillotine, weil sie „an nichts glauben als an den unbeschwerten Genuss des Augenblicks".

Vor dem Revolutionstribunal erklärt Danton:

„Ich heiße Georges Danton, bin 35 Jahre alt. Meine Wohnung wird das Nichts sein, aber mein Name wird leuchten im Pantheon der Geschichte."

Zu seinem Henker Henri Samson sagt er:

„He, du wirst meinen Kopf dem Pöbel zeigen, denn jener ist dieser Mühe wert!"

Auf die Rufe danach: „Es lebe die Republik!" ertönt in die darauf folgende Stille hinein eine sonore Stimme: „Die Republik? Sie ist tot. Man hat sie soeben enthauptet."

Aber auch die jüngste Schwester Ludwigs, Madame Elisabeth, wird auf die Guillotine geschickt. Dreiundzwanzig adelige Frauen und Männer werden zugleich mit ihr dem Henker zugeführt. Alle zeigen einen bewunderungswürdigen Mut.

„Man verlangt von uns nicht", sagt Elisabeth zu den mit ihr am Fuß der Guillotine Aufgestellten, „dass wir von unserem Glauben ablassen sollen. Man verlangt nur unser Leben. Lasst uns in froher Hoffnung auf ein besseres Jenseits dieses Opfer bringen!"

Die erste, deren Name aufgerufen wird, ist Gräfin Croslus d'Amboise. Tief verneigt sie sich vor Elisabeth.

„Madame", spricht sie, „wenn Eure königliche Hoheit mich Ihrer Umarmung würdigen wollten, so wäre ich am Ziel meiner Wünsche."

„Sehr gern", erwidert Elisabeth, „und von ganzem Herzen."

Mit den anderen Frauen ereignet sich dasselbe; die Männer küssen Elisabeth ehrerbietig die Hand.

Da ruft aus der Menge eine Stimme:

„Lasst sie so viele tiefe Bücklinge vor ihr machen, wie sie wollen, sie ist trotzdem jetzt ebenso weit gekommen wie die Österreicherin!"

Durch diese Worte erst erhält Elisabeth Kenntnis vom Tod ihrer Schwägerin, der Königin.

„Mögen wir uns im Himmel treffen!", murmelt sie.

Als letzte wird Elisabeth aufgerufen. Indem die Helfer Samsons sie binden, fällt Elisabeths Halstuch herab und entblößt ihre Schultern. Ein Medaillon mit dem Bild der Madonna wird nun sichtbar. Samson will das Medaillon abreißen.

„Im Namen Ihrer Mutter bitte ich Sie, mich zu bedecken!" sagt sie zu Samson. Das sind ihre letzten Worte.

Als ihr Haupt fällt, zeigt die Menge keine Freude. Auf den Ruf: „Es lebe die Republik!" folgt kein Echo.

Die Hinrichtung dieser völlig unschuldigen Schwester Ludwigs ist selbst für den Riesen Henri Samson... seine schwerste Stunde...

## Das Volk will es so

> „Das Volk will zwar das Gute, aber es sieht es nicht immer."
> (Maximilien de Robespierre)

Robespierre und Saint Just sind überzeugt, dass ihre Politik richtig ist, dass aber die Menschen mit ihren Leidenschaften, Gewohnheiten und Trieben diese Politik stören. Daher sind in den Versammlungsreden dieser beiden ihre stets wiederkehrenden Lieblingsworte folgende: „Verrat, Schurkerei, Deckmantel, Maske, Verschwörung, Entlarvung..."

Bald wird es immer schwerer, es beiden „Unbestechlichen" recht zu machen.

Gebärdet man sich nämlich revolutionär, will man verbergen, dass man früher anders war. Gibt man sich jedoch so, wie man ist, so ist man gleichgültig und ein heimlicher Feind der Republik. Fordert man im Konvent mehr und noch mehr Blut, so will man das Revolutionstribunal in Misskredit bringen. Rät man jedoch zur Milde, hat man einen triftigen Grund, die Strenge des Gesetzes zu fürchten. Ist man für Belobigungen der Soldaten im Feld, will man raffiniert von der Innenpolitik ablenken. Ist man aber gegen solche Belobigungen, ist man ganz gewiss ein Spion der Engländer, um die Unzufriedenheit in der eigenen Armee zu schüren. Spricht man von früheren Verhältnissen, ist man natürlich ein Royalist. Meint man mit seinen Ansichten die Zukunft, ist man unzufrieden mit der republikanischen Gegenwart. Lobt man im Konvent Robespierre, ist man ein elender Schmeichler, der sich auf diese Weise Vorrechte erschleichen will. Kritisiert man jedoch den „Unbestechlichen", ist man natürlich ein verkappter Verschwörer.

So gibt es für die Bürger Frankreichs und selbst für die Deputierten des Konvents bald kein Mittel mehr, Robespierre zufriedenzustellen.

An der republikanischen Nordarmee, an der Rheinarmee entstehen hohe Verluste durch den Feind. Es gibt daraufhin etliche Schwierigkeiten mit den Befehlshabern, aber auch mit deren Soldaten.

Der Schöpfer dieses Revolutionsheeres, der Levée en masse, ist der 41-jährige Lazare Carnot, zunächst Mathematiker und Ingenieuroffizier. Im Jahr 1793 in den Wohlfahrtsausschuss berufen, organisiert er von Grund auf das französische Militärwesen. Es gelingt ihm, Robespierre zu überreden, Saint Just zur Armee auf eine längere Inspektionsreise zu entsenden. Am 6. Juni 1794 erhält dieser von Carnot folgenden Auftrag:

„Die Mitglieder des Wohlfahrtsausschusses verfügen, dass ihr Kollege Saint Just sich unverzüglich an die Grenzen des Nordens und Ostens begibt, um die Armeen der Republik vom Meer bis zum Rhein zu beaufsichtigen und über die Ausführung der Dekrete des Konvents und der Verfügungen des Wohlfahrtsausschusses zu wachen."

Unverzüglich reist Saint Just zur Truppe ab.

In seinem dunkelblauen Frack, die trikolore Schärpe um die Hüften gebunden, den breitkrempigen Hut mit dem dreifachen Federbusch auf dem Haupt, das blonde Haar im Wind, die Ohrringe leise schaukelnd, so geht er mit ruhigen Schritten den Truppen voran, die unter dem Feuer der preußischen Kanonen gegen die Linien von Weißenburg anrücken.

Saint Just ist bald überall: er ist im Lager, bei den Pferden, den Depots, in den Lazaretten, bei den Feldschmieden, in den Pulverwerkstätten, an den Kartentischen der Stäbe, in den Laufgräben der schweren Artillerie. Er zählt persönlich die räudigen Pferde, das Brückenmaterial der Pioniere, er verhört die Gefangenen und reitet zu den Vorposten. Er ist bald allgegenwärtig. Kein Misstand entgeht ihm. Die Soldaten verehren ihn, die Offiziere fürchten ihn. Er hat unumschränkte Vollmachten. Alle Offiziere, selbst die Generale, müssen die Entbehrungen ihrer Soldaten teilen. Die von ihm verhängten Todesurteile, selbst bei kleinsten Verfehlungen, müssen sofort vollstreckt werden. Sein Fanatismus für die junge Republik ist grenzenlos.

In jeder freien Minute arbeitet er ungestüm an seinem Manuskript, den „Republikanischen Institutionen".

Trunkenheit in der Armee wird von ihm schwerstens bestraft. Die Lager werden den Frauen bei Todesstrafe verboten. Der Soldat ist sofort zu erschießen, wenn er im Kampf seinen Platz verlässt, wenn er seine Waffe verliert, wenn er desertiert, wenn er die Manneszucht verletzt, wenn er sich über die Anstrengungen beklagt. Die Verdienste der Generale und Offiziere dürfen erst nach Beendigung des Krieges gerühmt werden.

Aus der jungen Republik will Saint Just ein stählernes Paradies schaffen, in dem er selbst „gelassen in Blut und Tränen einherschreitet". Gelassen steht er am Tor der Revolution und sieht in die Zukunft, in der alle Rechnungen Robespierres aufgehen und alle Leidenschaften in einer farblosen Flamme politischer Vollkommenheit verglüht sind.

Aber derzeit gilt es für Saint Just, noch immer zu kämpfen, erbittert zu kämpfen. Inzwischen sind bereits die Pariser Friedhöfe der Madeleine, im Park Monceau sowie an der Rue Pigalle hoffnungslos überbelegt.

Doch was soll es? Wie erklärte erst unlängst der Deputierte Carrier aus Nantes, ein glühender Anhänger Robespierres?

„Lieber machen wir einen Friedhof aus Frankreich, als es nicht nach unseren Vorstellungen zu regenerieren!"

Dieser Ansicht schließt sich Saint Just an. Erst kürzlich wagte er es, sogar dem Konvent ernsthaft zu drohen:

„Markiert den Abstand, der euch selbst von den Schuldigen trennt!" Auf solche Art wird die Verhängung der Todesstrafe gleichsam auf dem bloßen Verordnungsweg, also ohne förmliche Verhandlung ermöglicht. Auf Saint Justs Antrag wurde vor seiner Abreise zur Armee noch rasch sowohl die Voruntersuchung als auch die Verteidigung abgeschafft.

Ab nun gibt es nur noch eine Strafe, den Tod. Denn der Feind des Volkes soll nicht gerichtet, sondern ausgerottet werden.

Saint Just erkennt, dass noch viel, unendlich viel zu tun ist hier bei der Armee, denn auch die Soldaten sind letzten Endes nur Menschen, und Menschen sind unvollkommen. Daher muss man das Volk erziehen, umerziehen, so lange bis es dieser jungen Republik endlich würdig wird.

Von Straßburg aus schreibt Saint Just an die Truppen:

„…Wir kommen hier an und schwören im Namen der Armee, dass der Feind besiegt wird. Wenn es hier Verräter oder auch nur Gleichgültigkeit gegenüber der Sache des Volkes gibt, wir bringen das Richtschwert, das sie treffen soll … Wir werden Beispiele von Gerechtigkeit und Strenge geben, wie sie die Armee noch nicht gesehen hat. Saint Just."

Da erreicht diesen ein Schreiben Robespierres, der ihm befiehlt, auf raschestem Weg nach Paris zurückzukehren.

Aber warum denn nur so plötzlich, so unheimlich plötzlich?

# Die Verschwörung

„Der Staat darf sich nicht damit begnügen,
zu den Handlungen des Menschen dann
Stellung zu beziehen, wenn es die Republik
betrifft. Der Staat muss den ganzen Menschen
erfassen und ihn aus den Banden des
Despotismus, der Zivilisation und des
Lasters (drei Kategorien Rousseaus) befreien.“
( Saint Just, Politische Instruktionen).

Seit Saint Just bei der Armee und nicht bei Robespierre
weilt, ist dieser einsam. Er ist viel allein in diesen Wochen.

Er war eigentlich nie ein Mann der raschen Tat, kein
dynamischer Kämpfer, sondern der Denker einer ab-
strakten Ideologie, der Ideologie eines unbestechlichen
Revolutionärs, der für eine durch Vollkommenheit geheiligte Republik selbstlos eintritt und sich für dieses
Ideal nötigenfalls auch restlos aufopfert. Doch da er die
Unvollkommenheit der Menschen erleben muss, wird er
oft von Ängsten und Zweifeln gepackt, ob sein politischer Weg auch der richtige ist. Allein, immer riss ihn
sein junger Freund Saint Just gekonnt aus solchen Skru-
peln heraus und zu neuem Schwung empor. Aber nun ist
er nicht da, und schwere Depressionen ergreifen Robespierres Seele. An den Wänden seiner Dachmansarde in
der Rue Honoré kriechen nachts gespenstische Fratzen
hoch, abgeschlagene Menschenköpfe umlauern sein
Nachtlager und treiben dem Schlaflosen heftigen
Angstschweiß aus allen Poren.

Robespierres Nervenkostüm war nie das beste. Nie
war er persönlich Zeuge auch nur einer einzigen Hinrichtung, und die dreitägige öffentliche Abschlachtung
Andersdenkender während der von Danton angeordneten Septembermorde war ihm ein wahrer Gräuel. Wohl
sind die Hinrichtungen für Robespierre ein notwendi-
ger Mörtel für die Republik, da er keine Alternative dafür erkennt.

Im Grund seines Wesens ist Robespierre ein asketischer Mystiker seiner Ideologie und die grobe Diesseitigkeit der meisten Terroristen stößt ihn ab. Denn entweder sind sie gemeine Gottesleugner wie Fouché, der einen Esel aus dem Altarkelch einer Kirche trinken lässt, oder sie sind Dirnenknechte wie Barras oder Tallien.

Welche seltsamen Worte hat doch Robespierre in seiner letzten Rede vor dem Konvent gesprochen:

„Meine Vernunft, nicht mein Herz, ist so weit gekommen, an dieser Republik der Tugend, die ich mir vorgenommen habe, zu ... zweifeln!"

„Sprichst du so, weil du an Fouché, den Zerstörer Lyons denkst?", fragt ihn Couthon.

„Nur noch fünf bis sechs Schurken verstellen mir die Aussicht auf das Paradies, nämlich unsere Republik."

Noch nennt Robespierre nicht die Namen dieser fünf bis sechs Schurken. Aber lähmende Angst befällt die meisten Deputierten. Bin ich es, oder ein anderer?

Endlich, endlich kommt Saint Just zurück. Sofort eilt er zu Robespierre.

„Sie nennen mich einen Tyrannen", gesteht dieser seinem Intimfreunde.

Auf Drängen des Wohlfahrtsausschusses erscheint er, es ist der 5. Thermidor (= 23. Juli 1794), um seinen Kollegen Rede und Antwort zu stehen „über die Verschwörungen, von denen er unaufhörlich bei den Jakobinern in unbestimmten Wendungen spricht, über die Gründe seines Fernbleibens vom Ausschuss seit vier Dekaden und über seine intimen Verbindungen mit den Geschworenen und Richtern, die nur davon sprechen, den Konvent zu säubern und die Abgeordneten zu guillotinieren".

Vier Tage später, am 9. Thermidor (27. Juli) kommt es zur alles entscheidenden Sitzung im Konvent.

Saint Just ergreift das Wort. Die Hände auf den Rücken gelegt, in braunem Frack und weißer Weste mustert er scheinbar regungslos die aufgeregten Deputierten, die noch rasch die letzten Bankreihen erklettern.

Sein erstes Wort gilt den von ihm erdachten politischen Institutionen. Bis jetzt hat er noch nicht diesen präzisen und staatsmännischen Traum vor dem Konvent dargelegt. Aber heute wird er sie fordern, diese Institutionen, die für ihn noch wichtiger sind als alle Gesetze, und die „den menschlichen Hochmut unwiderruflich unter das Joch der öffentlichen Freiheit beugen werden".

Unwilliges Geraune wird in der Versammlung der heute vollzählig erschienenen Abgeordneten vernehmbar.

Unbeirrt fährt Saint Just jedoch fort:

„Der Ausschuss für Allgemeine Sicherheit und der Wohlfahrtsausschuss haben mich beauftragt..."

Weiter kommt er nicht. Frenetisches Wutgeschrei der überreizten Deputierten unterbricht weitere Ausführungen Saint Justs.

Aber Missverständnis über Missverständnis!

Während nämlich die Abgeordneten schreckliche Furcht hegen, Robespierre habe deswegen den Konvent sechs Wochen gemieden, weil er im stillen eine Verschwörung gegen sie alle plante, um nicht nur Fouché und Konsorten zu guillotinieren, argwöhnt Robespierre anderseits, der Konvent konspiriere heimlich gegen ihn, um ihn gänzlich auszuschalten.

Nun stürzt der Deputierte Billaud auf die Rednertribüne.

„Man will den Konvent erwürgen", schreit er, dabei auf Robespierre zeigend. „Die Versammlung würde die Ereignisse und die Lage, in der sie sich befindet, falsch beurteilen, wenn sie nicht erkennt, dass sie zwischen zwei Abgründen ist. Sie wird zugrunde gehen, wenn sie schwach ist!"

Das ist das entscheidende Stichwort. Alle Abgeordneten springen von ihren Sitzen auf. „Nein! Nein!", brüllen sie. „Wir alle sind bereit, in Ehren zu sterben, denn niemand unter uns will unter einem Tyrannen leben!"

„Präsident von Mördern!", schreit Robespierre jetzt zum Vorsitzenden Thuriot, der wütend die Glocke schwingt „zum letzten Mal verlange ich das Wort!"

Robespierre hebt seine geballten Fäuste dem Präsidenten entgegen und versucht, dessen Glocke zu überschreien. Aber plötzlich bricht seine Stimme ab. Eine kalte Angst lähmt ihn. Wo ist seine Stimme, hat er sie verloren?

Der Abgeordnete Garnier zischt ihm entgegen:

„Das Blut Dantons erstickt dich!"

Da springt der Deputierte Louchet herbei und brüllt:

„Ich beantrage das Verhaftungsdekret gegen Robespierre!"

Am nächsten Tag werden Robespierre, Saint Just und Couthon zur Guillotine gekarrt. Alle drei sterben mutig. Kalt blickt Saint Just auf das blutige Dreieck aus Stahl, das Mordmesser der Guillotine.

„Die großen Männer sterben nicht in ihrem Bett", hat er einst gesprochen, oder das andere Wort: „Ich verachte den Staub, aus dem ich gemacht bin!" Die Henkersknechte ergreifen ihn, sein blonder Kopf verschwindet, das Messer fällt todbringend herab.

Man zeigt dem Volk das blutleere, abgeschnittene Haupt, an dem noch leise die goldenen Ohrringe schaukeln.

Der Terror ist guillotiniert worden.

Wenig später verkündet der Deputierte Tallien in der Abendsitzung dem Konvent:

„Das Haupt der Verschwörer ist gefallen!" Unter tosendem Beifall setzt er siegestrunken fort:

„Lasst uns zu unseren Mitbürgern, lasst uns zum Volk stoßen! Teilen wir die allgemeine Fröhlichkeit mit den anderen! Der Todestag eines Tyrannen ist ein Fest für die Brüderlichkeit."

# Ein königliches Geheimnis

„Der Graf von Provence hat mit der Hinrichtung
(seines Bruders) einen kräftigen Schritt auf den
späteren Ludwig XVIII. gemacht – nur der
kleine Junge im Temple muss noch versteckt
oder beiseite geschafft werden…"
(Stefan Zweig)

Der Knabe Louis Capet ist acht Jahre alt, als seine Mutter Antoinette hingerichtet wird. Seit dieser Zeit klagt er über Stiche in der Brust. Nach der Hinrichtung seines „Erziehers", des Flickschusters Antoine Simon, vegetiert das Kind einsam in einer finsteren Zelle, in welche die tägliche Nahrung durch ein Loch in der zugemauerten Tür von außen hineingeschoben wird. Ratten sind fortan die einzige Gesellschaft des sensiblen Kindes, das bald einen schmerzenden Hautausschlag sowie geschwollene Handgelenke, Ellbogen und Knie bekommt. Seine Schultern krümmen sich. Er leidet an der Knochentuberkulose, der bourbonischen Erbkrankheit. Seine Leibwäsche, sein Bettzeug werden niemals gewechselt, seine Exkremente niemals entfernt. Kein Mensch spricht fortan mit ihm, so wird berichtet.

Am 8. Juni 1795 stellen zwei Ärzte nach durchgeführter Leichenbeschau den amtlichen Totenschein für das Kind aus. Der verkrüppelte kleine Leichnam wird vom Gefangenenwärter des Temple, einem Mann namens Lasne, eigenhändig zum Friedhof Sainte Marguerite geführt und dort ohne Gebet in eine ausgehobene Grube geworfen.

Laut offiziellem Bericht ist also der kleine Louis Capet am 8. Juni 1795 mit zehn Jahren verstorben.

In Balkenlettern verkünden die ausländischen Zeitungen bald darauf diese Meldung. Nun gibt es für den Grafen von Provence kein Hindernis mehr, sich dem Ausland als künftiger Ludwig XVIII. zu präsentieren, da ja der verstorbene kleine Louis Capet von den Aufständischen in der Vendée bereits zum Ludwig XVII. proklamiert wurde.

Als die Bourbonen im Jahr 1815 nach Frankreich zurückkehren und der jüngere Bruder Ludwigs XVI. als Ludwig XVIII. den Thron seiner Väter besteigt, da lässt er sofort Nachforschungen nach den sterblichen Überresten Ludwigs und Antoinettes anstellen.

Ein Royalist namens Desclozeaux hatte seinerzeit den Platz gekauft, um die letzten sterblichen Überreste seines Königs und seiner Königin für die Nachwelt erhalten zu können.

Es ist in einem gewöhnlichen Garten in der Rue d'Anjou, wo sich der Kanzler Frankreichs am 18. Januar 1815 einfindet, um bei der Nachforschung nach den Leichen zugegen zu sein.

Man gräbt einen ganzen Tag, bis man endlich Überreste von Antoinettes Sarg entdeckt. Zum Vorschein kommen einige Skelettteile, zwei Strumpfbänder und das Haupt der Königin.

Anderntags findet man auch die letzten sterblichen Überreste des Königs.

Am 23. Januar werden sie in zwei Zinksärgen unter großer Anteilnahme der Bevölkerung zur Königsgruft in Saint Denis geführt.

Doch...wie seltsam! Man forscht auch nach den Überresten Ludwigs XVII. In einem Winkel an der Pariser Sainte Marguerite-Kirche findet man sie. Dennoch weigert sich Ludwig XVIII., diese Skelettteile an der Seite Ludwigs und Antoinettes in der Königsgruft bestatten zu lassen. Warum denn eigentlich nicht?

Am 14. Prairial, das ist am 14. Juni 1795, stellte seinerzeit der Konvent eine amtliche Order aus, dass man den kleinen Louis Capet auf allen Landwegen Frankreichs ausforschen soll.

Beim Verhör im Februar 1815 sagen die beiden Ärzte Pelleton und Dumangin unter Eid aus: Es ist uns damals im Temple eine Leiche gezeigt worden, von der man uns gesagt hat, dass es die Leiche Karl Ludwigs, des Herzogs der Normandie, sei.

Später entsteht eine sehr scharfe Diskussion zwischen den beiden Medizinern. Pelleton bekräftigt seine Überzeugung, damals die Leiche des kleinen Louis Capet amtlich beschaut zu haben, während dies Dumangin energisch in Zweifel zieht.

Im Jahr 1846 – der Sohn des seinerzeit hingerichteten Herzogs von Orléans, Louis Philippe, ist jetzt „Bürgerkönig der Franzosen" – also im Jahr 1846 will man in einem Skelett bei der Sainte Marguerite-Kirche die sterblichen Überreste des zehnjährigen Karl Ludwig eindeutig festgestellt haben.

Im Jahr 1894 – mittlerweile ist François Carnot Präsident der Dritten Republik Frankreichs – hebt man diese Skelettteile abermals aus. Diesmal stellen die untersuchenden Mediziner und Anthropologen eindeutig fest, dass es sich nicht um die Überreste Ludwigs XVII., sondern um jene einer unbekannten männlichen Leiche zwischen 18 und 20 Jahren handeln muss. Ludwig XVII. aber war nach den amtlichen Angaben mit zehn Jahren am 8. Juni 1795, wie berichtet, „gestorben".

Noch einmal zurückgeblendet:

Man schreibt das Jahr 1795, das angebliche Todesjahr des kleinen Louis Capet.

Der grässliche Blutterror ist mit der Hinrichtung Robespierres und Saint Justs seit einem Jahr erloschen.

Die Sieger im Konvent, allen voran Barras und Tallien, sind seit damals höchst erstaunt über den Freudentaumel, der sie fortan überallhin begleitet, der sie als Tyrannentöter überall jubelnd empfängt.

Nun erkennen sie, wie unbeliebt diese Massenhinrichtungen zuletzt doch waren, und wie beliebt man sich beim Volk machen kann, indem man ab sofort für Milde und gegen jegliche politische Härte eintritt.

Jetzt beginnt also eine neue Epoche: die Reaktion!

Die Ankläger von gestern werden zu den Angeklagten von morgen. Um der Rechten im Konvent genehm zu sein, werden die unter Robespierre und Saint Just ausgestoßenen 73 Girondisten wieder feierlich in den Konvent aufgenommen.

In diesem Jahr 1795 herrscht nun das Direktorium, der sogenannte Rat der Fünf, bestehend nämlich aus fünf Direktoren, von denen jeder drei Monate Direktor ist.

Einer dieser Fünf ist Barras, ein zweiter Carnot, der Schöpfer des Revolutionsheeres.

Aber der Einflussreichste unter ihnen ist zweifellos Barras, früher Graf Paul Barras, nach Robespierres Sturz Präsident des Konvents und nun führendes Mitglied des Direktoriums der neuen Regierung Frankreichs, außerdem noch Kommandant der Pariser Armee und damit fast der neue Diktator Frankreichs. Aber im Gegensatz zu Robespierre herrscht er nicht durch Terror, sondern durch Korruption und Bestechung, wodurch er bereits in kurzer Zeit zu großem Vermögen gelangt.

Mit dem neuen kometenhaften Aufstieg von Barras entsteht sofort auch eine andere neue Macht in Frankreich, nämlich: das Geld.

Moderne Kaffeehäuser werden eröffnet, desgleichen kostbare Juweliergeschäfte, Parfümerieläden. Tausend Tanzbuden sind plötzlich in Paris wieder in Betrieb. Schon rollen wie eh und je hurtig die Kugeln des Roulette im Palais Royal des hingerichteten Herzogs von Orléans.

Emigrantenbesitztümer werden emsig versteigert, ebenso die vielen Palais der guillotinierten Aristokraten. Die Inflation steigt bedrohlich an, doch etliche verdienen daran bestens. Seit die Guillotine wieder in ihrem früheren Speicher dahinrostet, haben die Schieber und Armeelieferanten Hochsaison. Die Revolutionäre von einst hängen den Geldhass schleunigst in die Rumpelkammer.

Da hat doch beispielsweise der Schieber Hinguerlot allzu skrupellose Geschäfte gemacht. Jetzt droht ihm ein

Monsterprozess. Allein, was soll's? Man wendet sich an Fouché, dieser an Barras, und flugs wird die ganze drekkige Affäre klammheimlich aus der Welt geschafft.

Tatächlich: in diesem Jahr 1795 triumphiert bereits wieder die Großfinanz, die Großbourgeoisie.

Und da sollte es wirklich keinen einzigen treuen Royalisten geben, wie etwa diesen tollkühnen Baron Batz oder den nicht weniger verwegenen „Nelkenverschwörer" Rougeville oder den treuen Jarjayes, um nur einige zu nennen, die den Wärtern des kleinen Louis Capet einen Batzen Geld zusteckten, um das Kind aus dem Temple zu schmuggeln? Noch dazu, wo es jetzt, in dieser „herrlichen, geldgierigen Zeit" unter Barras kinderleicht ist, ein tolles Ding zu drehen und es gegebenenfalls auch wieder still und elegant aus der Welt zu schaffen!

Es ist daher kaum einleuchtend, nicht anzunehmen, dass unter dem wiedererstandenen Grafen Barras, der das Geld so sehr liebt... dass also unter ihm überhaupt kein Versuch unternommen worden wäre, um das Königskind Ludwig XVII. aus den gar nicht mehr so rauhen Fängen des Temple zu retten...Noch dazu, wo alle diese Exrevolutionäre und mit ihnen natürlich doch wohl auch die Wächter des Temple jetzt auf einmal wie ihr Vorbild Barras der Ansicht sind, dass Ideale doch nur dazu da sind, um an ihnen gehörig Geld zu verdienen.

Denn dieser derzeit allmächtige Barras macht nicht nur eigenhändig dunkle Geldtransaktionen, sondern obendrein noch höchst anrüchige politische Geschäfte.

Es ist daher mit größter Wahrscheinlichkeit anzunehmen, dass das Kind „Louis Capet" gegen eine schöne Stange Geld aus dem Temple geschafft wurde.

Aber...was geschah dann weiter?

Sage und schreibe dreizehn Thronprätendenten werden später behaupten, dieser „Ludwig XVII." zu sein. Einer derselben, der nachmalige deutsche Uhrmacher Karl Naundorff, im gleichen Jahr wie der kleine Louis geboren, zeigt in seinem Äußeren eine verblüffende

Ähnlichkeit mit den Mitgliedern des Hauses Bourbon und erwirbt zahlreiche Anhänger. Er gibt sich öffentlich als Ludwig XVII. aus und macht seine dementsprechenden Ansprüche auch vor deutschen und Pariser Gerichten geltend. Am 10. August 1845 stirbt er sechzigjährig in Delft, Holland, wo er als Ludwig XVII. bestattet wird. Seine Witwe und seine Kinder laden die bourbonischen Nachkommen 1850 vor die französischen Gerichte verlieren jedoch den Prozess, wie schon früher Naundorff. 1874 gehen sie deswegen neuerlich vor Gericht, verlieren jedoch abermals. Zu jener Zeit gibt es eben noch keine DNA-Analyse. Aber in der Gegenwart...

Am 19. April 2000 sind belgische und deutsche Humangenetiker überzeugt, ein höchst subtiles Rätsel der französischen Bourbonendynastie gelöst zu haben. Mit Hilfe von Vergleichsproben, die zwei Abkömmlinge der mütterlichen Großmutter Ludwigs XVII., nämlich der Kaiserin Maria Theresia, zur Verfügung stellen, sowie mittels Gewebsproben des konservierten angeblichen Herzens Ludwigs XVII., das in einer Kristallurne in der Abtei von Saint Denis aufbewahrt wird...mit Hilfe dieser Vergleichsproben also kommen die erwähnten Humangenetiker zu dem für sie eindeutigen Ergebis: Das Kinderherz der Kristallurne ist das seinerzeit der Leiche entnommene Herz Ludwigs XVII.

Aber...ist es tatsächlich so?

Der Arzt Dumangin sagte im Februar 1815 in Paris vor der von Ludwig XVIII. eingesetzten Expertenkommission unter Eid aus, dass weder er noch sein Mediziner-Kollege Pelleton an dem ihnen gezeigten Leichnam im Temple, von dem der damalige Wärter Lasne behauptet hatte, es wäre das tote Kind „Louis Capet"...dass sie also damals am 8. Juni 1795 keine Autopsie vorgenommen hätten. Es wäre ihnen damals lediglich eine oberflächliche Totenbeschau bei Kerzenlicht zwecks Ausstellung eines amtlichen Totenscheines möglich gewesen.

Jene kleine Leiche wurde, wie berichtet, vom Temple-Wärter Lasne eigenhändig an der Friedhofsmauer der Kirche Sainte Marguerite in Paris in ein eiligst ausgehobenes Grab gelegt.

Aber... glaubte damals der Pariser Konvent überhaupt selbst an diese Version?

Sechs Tage danach stellte nämlich der Sicherheitsausschuss eine amtliche Order aus, dass man den 10-jährigen Louis Capet auf allen Landwegen Frankreichs ausforschen soll. Wozu diese Order, wenn der Kleine tatsächlich am 8. Juni 1795 gestorben und vom Temple-Wärter Lasne eigenhändig bestattet worden wäre?

Doch zurück zur erwähnten Kristallurne „Ludwigs XVII." in der Abtei von Saint Denis:

Am 22. Oktober 1781 kam Antoinettes und Ludwigs erster Sohn, der Dauphin Louis Joseph zur Welt, der am 4. Juni 1789 mit acht Jahren an der Knochentuberkulose starb. Sein konserviertes Herz wurde in einer Kristallurne in der Abtei von Saint Denis aufbewahrt.

Am 1. August 1793 befahl der Sicherheitsausschuss des Konvents, in den vier Tage zuvor Robespierre eingetreten war, aus der Königsgruft der Abtei von Saint Denis die sterblichen Überreste Ludwigs XIV., Ludwigs XV. sowie des englischen Königs Jakobs II. zu holen, der gleichfalls dort (im Exil) bestattet war, und sie in ein mit ungelöschtem Kalk gefülltes Massengrab zu werfen. Die Urnen mit den bourbonischen Herzen wurden nicht erwähnt.

War nun bei der am 19. April 2000 durchgeführten DNA-Analyse das konservierte Kinderherz des achtjährigen Dauphins Louis das entsprechende Vergleichsobjekt und nicht das vermutete Herz des zehnjährigen Dauphins Louis (Ludwigs XVII.), an dessen angeblicher Leiche laut der eidesstattlichen Erklärung des Arztes Dumangin vom Februar 1815 keine Autopsie, also keine Leichenöffnung vorgenommen wurde? Hatte der Sicherheitsausschuss des Konvents vielleicht deswegen jene amtliche Order erlassen, das Kind Louis auf allen Landwegen Frankreichs auszuforschen, weil man im Konvent mittlerweile dahintergekommen war, dass man den beiden zur Leichenbeschau des Kleinen beauftragten Medizinern bei trübem Kerzenlicht eine gekrümmte Leiche gezeigt hatte,die nicht jene des kleinen Capet gewesen war?

Hatte sich denn nicht nach der Graböffnung jener gekrümmten Leiche von damals Ludwig XVIII. geweigert, diese Skelettteile in der Königsgruft neben Antoinette und Ludwig XVI. bestatten zu lassen? Warum denn, wo der königliche Onkel Ludwig XVIII. doch das allergrößte Interesse daran haben musste, dass sein kleiner Neffe Ludwig XVII. tatsächlich gestorben war und demnach er als sein Onkel dadurch erst der rechtmäßige Erbe des Thrones geworden war?

Hatten nicht bei der vorläufig letzten Graböffnung im Jahr 1894 die untersuchenden Mediziner und Anthropologen diese Skelettteile als solche einer männlichen Leiche zwischen 18 und 20 Jahren einwandfrei identifiziert? Der kleine Louis aber wäre erst zehn Jahre alt gewesen, wenn er tatsächlich bereits am 8. Juni 1795 gestorben wäre!

Ludwig XVIII. hatte absolut kein Interesse daran, die Öffentlichkeit glauben zu lassen, sein kleiner Neffe könnte aus dem Temple gerettet worden sein. Andererseits hatte aber der König nicht die geringste Neigung, die Skelettteile einer unbekannten Leiche in der Königsgruft bestatten zu lassen.

Noch ein kleines Detail am Rande: Die Trefferquote bei DNA-Analysen beträgt derzeit noch immer nicht 100 Prozent, sondern lediglich 70 Prozent. Wie man es dreht und wendet: Das Geheimnis um Ludwig XVII. bleibt nach wie vor bestehen...

In der Waffensammlung des Pariser Invalidenhotels wird der Kinderdegen Ludwigs XVII. aufbewahrt. Jener trägt folgende Inschrift:

„Dieser Degen gehörte dem Sohn Ludwigs XVI. Er war ein König ohne Krone und ist gestorben ohne Grab.

Das Schicksal wollte es, dass er einen Degen besitzen sollte...er, der Nachkomme mächtiger Könige, der aber niemals gegen andere als Simon zu kämpfen hatte, den er durch seine Geduld besiegte."

Die Weltgeschichte ist bisweilen starrsinnig und mit schweren Vorurteilen behaftet, die sich auf die Historiker übertragen.

So ist hinzunehmen, dass noch etliche Jahrhunderte lang in den Folianten der Weltgeschichte zu lesen sein wird, dass das Kind Ludwig XVII. am 8. Juni 1795 gestorben ist, und daran wird sich wohl kaum etwas ändern...

# Der Tag von Varennes

„Siehe, Ich mache alles neu...Gott wird alle
Tränen abwischen. Es wird keinen Tod
mehr geben und keine Traurigkeit..."
(Offenbarung an Johannes, 21,4 und 5).

Axel Fersen wird von Jahr zu Jahr schwermütiger. Obwohl ihn der jetzige König Gustav IV. von Schweden mit Gunstbeweisen überhäuft und ihn zum Senator ernennt, zum Seraphinen-Ordensritter, zum Kanzler der weltberühmten Akademie in Upsala und 1801 sogar zum schwedischen Adelsmarschall... Seine Erschütterung über den Tod Antoinettes können die dahineilenden Jahre nicht vermindern.

Als Mensch bleibt er fortan völlig einsam. Die klaffende Wunde seines Herzens ist unheilbar.

Am 9. Januar 1796 trifft Antoinettes und Ludwigs Tochter Marie Thérèse nach ihrer Freilassung aus dem Temple bei ihrem Cousin Franz II. in Wien ein.

Unverzüglich reist Fersen ihr nach, um die Tochter der heiß geliebten Frau wiederzusehen, um in ihr einen Abglanz der Mutter wiederzufinden.

Hierüber schreibt er seiner Schwester:

„...Der Eindruck war so stark, dass mir die Tränen in die Augen traten. Meine Knie zitterten, während ich die Treppen nach der Begegnung hinabstieg. Ich fühlte sehr viel Schmerz, aber auch sehr viel Lust und war zutiefst bewegt..."

Aber der kaiserliche Hof in Wien sieht nicht gern den treuen Ritter aus Schweden, der in Franz II. und dessen Umgebung nur ein schlechtes Gewissen wachruft.

Kein einziges Mal wird es der 18-jährigen Marie Thé-rèse erlaubt, das Wort an den 41-jährigen Fersen zu richten. Und der Hof in Wien atmet erleichtert auf, als der „sonderbare Schwede" endlich abreist.

Er wird mit der Zeit ein unfreundlicher, harter Mann, er, der einst in Versailles als der charmanteste von allen angesehen wurde. Er wird immer unsteter. Er bewirbt sich bei Gustav IV. um einen Gesandtenposten. Bald ist er in Karlsruhe, in Rastatt, in Österreich und Italien. Er knüpft zwar oberflächliche Beziehungen ohne Tiefgang zu Frauen an, aber das gibt ihm innerlich nichts, lässt ihn nicht von seinem großen Schmerz und Verlust ablenken.

An jedem 16. Oktober – „ihrem Todestag" – und an jedem 20. Juni - dem Abschied von Antoinette bei der Poststation Bondy auf der Flucht nach Varennes – schließt er sich in sein Appartement ein...zum Gedenken an „Sie".

Noch nach Jahren schreibt er am 16. Oktober:

„...Dieser Tag ist für mich ein Tag tiefster Ergriffenheit. Ich kann einfach niemals vergessen, was ich verloren habe. Mein Schmerz wird solange fortdauern wie ich lebe..."

Nie kann er es sich selbst verzeihen, dass er damals, am 20. Juni, dem Tag des Aufbruchs zur Flucht nach Varennes, dem Befehl Ludwigs Folge geleistet und Antoinette solcherart im Stich gelassen hat.

„Warum bin ich damals vor Varennes...nicht für sie gestorben, damals...am 20. Juni?" Immer wieder steht dieser Vorwurf in seinem Tagebuch.

Brieflich klagt er seiner Schwester:

„...Es wäre heldenhafter von mir gewesen, damals... vor Varennes...vom Volk in Stücke gerissen zu werden, als „sie" zu überleben, das Herz ohne wirkliche Freude, die Seele von Selbstvorwürfen zerfleischt..."

„Warum bin ich damals nicht für sie gestorben...am 20. Juni?" Diese Selbstanklage Fersens erhört das Schicksal in geradezu symbolischer Weise. Denn an diesem Tag...

An diesem 20. Juni 1810 ... neunzehn Jahre vorher wäre Fersen von dem aufgehetzten Pöbel der Pariser Vorstädte in Stücke gerissen worden, wenn man ihn als Begleiter Antoinettes in der Berline erkannt hätte, und jetzt...

Ein Jahr vorher, im März 1809, wird Gustav IV. durch einen Staatsstreich abgesetzt und des Landes verwiesen. Sein Nachfolger wird dessen Onkel Karl XIII. Nun aber ist sein Thronfolger Christian August von Augustenburg während einer Truppenparade vom Pferd gestürzt und gestorben.

An diesem 20. Juni 1810 also findet das Begräbnis statt.

Und eigenartig verbundene Symbolik der Geschicke Antoinettes und Fersens: Beider Mörder waren im Grunde genommen die ungeheuren Lügen und Verleumdungen, die man über sie im Volk ausgestreut hatte. Bei Fersen wird es nun das Gleiche:

Seine Feinde verbreiten das völlig widersinnige Gerücht, der harte Adelsmarschall habe den Thronfolger vergiftet, um selber König von Schweden zu werden und sich dann als solcher an Frankreich rächen zu können, indem er Schweden in einen Krieg zerren und am französischen Volk das Blut Antoinettes sühnen werde.

Axels Freunde warnen ihn daher rechtzeitig, nicht an den Begräbnisfeierlichkeiten teilzunehmen. Aber...fast könnte man annehmen, eine dunkle Todesahnung treibt Fersen dazu, sich an diesem 20. Juni von seinen jahrelangen Selbstvorwürfen zu befreien, indem er jetzt, neunzehn Jahre nach jenem unseligen 20. Juni 1791, eben vor diesem Datum nicht zurückschreckt, sondern sich ihm diesmal trotzig stellt.

In Paradeuniform verlässt er in seinem Wagen das Schloss, als der aufgeputschte Mob wie einstmals in Paris, so auch hier in Stockholm, die Kutsche angesichts des tausendfachen Truppenspaliers überfällt und den wehrlosen 55-jährigen Fersen aus dem Wagen zerrt.

Mit Schlagstöcken werfen sie den vorzeitig Gealterten nieder, mit Steinwürfen und Dolchstichen erledigen sie ihn. Vor dem Stockholmer Rathaus liegt, aus zahllosen Wunden blutend, bald darauf der Leichnam des einstmals „schönen Axel".

Der 20. Juni 1791 hat Fersen von Antoinette getrennt, der 20. Juni 1810 vereinigt die beiden in einer dauerhafteren Welt.

War denn keine Wache in der Nähe, um den Mord zu verhindern?, fragt man sich. Doch! Zu beiden Seiten der Straße bildeten Truppen Spalier. Sie rührten sich nicht. Es verlautet sogar, dass der König von diesem Anschlag wusste und ihn nicht verhindern wollte. Fersen war nämlich ein erklärter Gegner der neuen Neutralitätspolitik. Und die Weltgeschichte ist zwar die beste Lehrmeisterin, aber sie findet keine Schüler, wie Ingeborg Bachmann schreibt.

Jetzt schreitet ein Offizier gemächlich mit zwei Soldaten herbei.

„Es ist der Adelsmarschall", spricht er und deutet mit der Säbelspitze auf den am Boden Liegenden. „Er ist tot!", stellt er ungerührt fest.

„So viel Blut ringsumher!", sagt der eine Soldat.

„Holt Leute herbei! Man soll das Pflaster unverzüglich säubern. Die rechtschaffenen Bürger Stockholms wollen kein Blut in den Straßen sehen."

„Und der Leichnam?", fragt der zweite Uniformierte.

„Öffnet seinen Uniformrock!", befiehlt der Offizier. Es geschieht.

„Er trägt unter dem Hemd ein Medaillon mit dem Bild einer schönen Frau. Wer das wohl sein mag?"

Der Offizier beugt sich darüber. Nach einer Weile kommt es leise von seinen Lippen:

„Es ist ... Die einstige Königin von Frankreich, Marie Antoinette..."

# Zeittafel

**1729** Ludwig, Dauphin (Thronfolger) von
Frankreich, Vater Ludwigs XVI., geboren.

**1731** Maria Josepha von Sachsen,
Mutter Ludwigs XVI., geboren.

**1754** 23. August: Der nachmalige Ludwig XVI.
in Versailles geboren

**1755** 2. November: Maria Antonia
(Marie Antoinette), jüngste Tochter Franz I.
und Maria Theresias, in Wien geboren.
Geburt des schwedischen Grafen Axel Fersen.

**1756** 1. Mai: Allianzvertrag zwischen den bisher
verfeindeten Staaten Österreich und Frankreich.

**1765** 18. August: Franz I. Stephan von Lothringen
stirbt in Innsbruck mit 57 Jahren.
Dauphin Ludwig, Vater Ludwigs XVI.,
stirbt mit 36 Jahren.

**1767** Maria Josepha von Sachsen,
Mutter Ludwigs XVI., stirbt mit 36 Jahren.

**1770** 19. April: Hochzeit per procurationem
(per Stellvertreter) in Wien zwischen Maria
Antonia (in Frankreich Marie Antoinette) und
dem Dauphin Ludwig.
16. Mai: Hochzeit Marie Antoinettes und
Ludwigs in Versailles.

**1774** 30. Januar: Axel Fersen wird Antoinette in
Versailles vorgestellt.
10. Mai: Ludwig XV. stirbt, 64 Jahre alt.
König wird sein Enkel, Ludwig XVI.

**1780** 29. November: Maria Theresia, Mutter
Antoinettes, stirbt.

**1786** 31. Mai: Urteilsverkündung in der Halsbandaffäre.

**1789** 5. Mai: Eröffnung der Generalstände durch
Ludwig XVI.
14. Juli: Erstürmung der Bastille durch
Revolutionäre.

26. August: Die Nationalversammlung proklamiert die Menschen- und Bürgerrechte.
6. Oktober: Gewaltsame Rückholung der
Königsfamilie nach Paris.

1790 20. Februar: Joseph II., Bruder Antoinettes,
gestorben, 49 Jahre alt.
Juni: Abschaffung des Adels in Frankreich.

1791 20. bis 25. Juni: Flucht der Königsfamilie
nach Varennes wird vereitelt. Flucht Fersens
nach Schweden.

1792 13. Februar: Fersen kehrt heimlich nach Paris
zurück.
1. März: Leopold II., Bruder Antoinettes,
stirbt, 45 Jahre alt.
29. März: Gustav III. von Schweden ermordet,
46 Jahre alt.
20. April: Ludwig XVI. muss Österreich und
Preußen den Krieg erklären.
10. August: Erstürmung der Tuilerien.
Die Königsfamilie flieht in das Gebäude der
Nationalversammlung.

1793 21. Januar: Ludwig XVI. in Paris hingerichtet,
38 Jahre alt.
16. Oktober: Antoinette in Paris hingerichtet,
38 Jahre alt.
6. November: Herzog von Orléans in Paris
hingerichtet, 46 Jahre alt.

1794 5. April: Danton wird in Paris hingerichtet,
35 Jahre alt.
10. Mai: Madame Elisabeth, jüngste Schwester
Ludwigs XVI., in Paris hingerichtet mit
30 Jahren.
28. Juli: Robespierre in Paris hingerichtet,
36 Jahre alt, zugleich mit seinem Freund Saint
Just, 27 Jahre alt.

1795 8. Juni: Ludwig XVII. angeblich gestorben,
10 Jahre alt.

1803 17. Februar: Kardinal Rohan, bekannt durch
die sogen. Halsbandaffäre, in Ettenheim im
Exil gestorben, 69 Jahre alt.

1810 20. Juni: Fersen wird in Stockholm ermordet,
55 Jahre alt.

1815 23. Januar: Beisetzung Antoinettes und
Ludwigs XVI. in der Königsgruft in Saint
Denis.

1824 16. September: Ludwig XVIII., zweiter Bruder
Ludwigs XVI., in Paris gestorben, 69 Jahre alt.

1836 6. November: Karl X., dritter Bruder
Ludwigs XVI., in Gorizia gestorben,
79 Jahre alt.

1850 26. August: Bürgerkönig Louis Philippe,
Sohn des hingerichteten Herzogs von Orléans,
gestorben in Claremont im Exil (in England),
77 Jahre alt.

1851 18. Oktober: Marie Thérèse, kinderlose
Gattin des Herzogs von Angoulème,
Tochter Antoinettes und Ludwigs,
in Frohsdorf (Österreich) gestorben,
73 Jahre alt.

1999 April/Mai: Kosovo-Krieg. Erster Luftkrieg der
NATO zwecks Durchsetzung der von der
Französischen Revolution proklamierten
Menschenrechte.

Alljährlich am 14. Juli: Paris feiert mit Militärparaden
den Nationalfeiertag anlässlich der Erstürmung
der Bastille.

Alljährlich am 16. Oktober: Bischöfe lesen eine
Messe für Antoinette in der Pariser Chapelle
expiatoire. Kränze werden am Marmordenkmal
niedergelegt, das Antoinette darstellt, gestützt
auf die Religion. Im Sockel ist Antoinettes
letzter Brief an ihre Schwägerin Elisabeth
eingraviert, der dieser nicht zugestellt wurde.

# Bibliographie

Ergänzend zur höchst umfangreichen Literatur über die Französische Revolution:

| | |
|---|---|
| Andics Helmut, | Die Frauen der Habsburger. Wien, München, Zürich 1969. |
| Belgische, deutsche, französische Magazine. | Jahrg. 2000. |
| Castelot André, | Marie Antoinette. Wien, Berlin, Stuttgart 1955. |
| Cronin Vincent, | Louis and Antoinette. London 1974. |
| Christoph Paul, | Maria Theresia und Marie Antoinette, ihr geheimer Briefwechsel. Wien 1952. |
| Christoph Paul, | Die letzten Briefe Marie Antoinettes. Wien 1953. |
| Flaissier S. und Pernoud (Hgb.), | Die Französische Revolution in Augenzeugenberichten. München 1980 |
| Fröhlich Roland, | Große illustrierte Kirchengeschichte. Freiburg, Basel, Wien 1992. |
| Herm Gerhard, | Aufstieg, Glanz und Niedergang des Hauses Habsburg. Düsseldorf, Wien, New York 1988. |
| Klinckowström R. M. von, | Der Graf von Fersen, o. O., o. Z. |
| Moulton-Maier Dorothy, | The Tragic Queen. London 1968. |
| Reifenscheid Richard, | Die Habsburger. Graz, Wien, Köln 1982. |

| | |
|---|---|
| Sieburg Friedrich, | Robespierre. |
| | München 1978. |
| Schanovsky Hugo, | Den Tod auf der Zunge. |
| | Linz 1992. |
| Tapié Victor Lucien, | Maria Theresia. |
| | Graz 1980. |
| Vacha Brigitte (Hgb.), | Die Habsburger. |
| | Eine europäische Familien- |
| | geschichte. |
| | Graz, Wien, Köln 1992. |
| Verhörprotokolle, | Archives Nationales. |
| | Paris W 290. |
| Widl Robert, | Napoleons verhängnisvolle |
| | Familie. |
| | Mühlacker, Irdning 1992. |
| Zierer O., | Robespierre oder |
| | Die reine Ideologie. |
| | München 1980. |
| Zweig Stefan, | Marie Antoinette. |
| | Amsterdam 1948. |
| Zweig Stefan, | Fouché. |
| | Frankfurt/M. 1952. |

# Verzeichnis der Abbildungen

Robert Widl

# Frauen um Verdi

Verdis Aufstieg vom armen Dorfbuben zu einem der größten
Opernkomponisten der Neuzeit zeigt einen höchst sensiblen
Mann, der durch schwerste seelische Kämpfe hindurchgehen
mußte, um sein Lebensprogramm erfüllen zu können. Verdi wird
vor allem in seinem Privatleben geschildert, in seinen
Beziehungen zu seinen beiden Ehefrauen, sowie der Sängerin
Teresa Stolz, die bis zu seinem Tod an seiner Seite geblieben ist.
Die menschlichen Hintergründe bei der Entstehung seiner
berühmtesten Opern, wie *Nabucco, Macbeth* oder *Aida* werden
ebenso dramatisch dargestellt wie seine ergreifende Begegnung
mit Alexander Dumas jr., dem Schöpfer der Kameliendame, die
Verdi zu seiner *La Traviata* inspiriert hat.

*320 Seiten, Efalin, € „D" 19,90   € „Ö" 20,50   sFr 35,–*
*ISBN 3-7987-0338-8*

Jetta Sachs-Collignon

# Maria Stuart

Sie war jung, schön, aus eldem Geschlecht und dazu ausersehen, Königin zu sein: Maria Stuart – dank Schillers Drama zu literarischem Weltruhm gelangt – war eine Frau mit wahrhaft königlicher Ausstrahlung, voller Charme und Klugheit, ebenso gefühlvoll wie verantwortungsbewußt. Verstrickt in die Machtkämpfe der herrschsüchtigen schottischen Lords und die Auseinandersetzungen zwischen Protestanten und Katholiken, wird sie zum Spielball von Intrigen, Haß und den politischen Interessen ihrer Cousine Elisabeth I., Königin von England, die sie über 20 Jahre wie im goldenen Käfig gefangen hält und schließlich ihr Todesurteil unterzeichnet. Der Leser erlebt eine Frau aus Fleisch und Blut, ein junges Mädchen, das als künftige Königin von Frankreich schon früh Verantwortung lernt, eine strahlende Monarchin, die ihr Schottland zum Wohle der Bevölkerung regiert.

*349 Seiten, Efalin, € 19,90   € „Ö" 20,50   sFr 37,–*
*ISBN 3-7987-0352-3*